文化诗学理论与实践丛书

北京师范大学文艺学研究中心、
文学院211工程三期重点学科建设项目
主编：童庆炳、赵勇

文化诗学理论与实践丛书

赵 勇 著

法兰克福学派内外

知识分子与大众文化

图书在版编目(CIP)数据

法兰克福学派内外：知识分子与大众文化/赵勇著. —北京：北京大学出版社，2016.6
（文化诗学理论与实践丛书）
ISBN 978-7-301-27226-8

Ⅰ.①法… Ⅱ.①赵… Ⅲ.①法兰克福学派—研究 Ⅳ.①B089.1

中国版本图书馆 CIP 数据核字（2016）第 130535 号

书　　　名	法兰克福学派内外：知识分子与大众文化 Falankefu Xuepai Neiwai: Zhishi Fenzi yu Dazhong Wenhua
著作责任者	赵　勇　著
责 任 编 辑	张文礼
标 准 书 号	ISBN 978-7-301-27226-8
出 版 发 行	北京大学出版社
地　　　址	北京市海淀区成府路 205 号　100871
网　　　址	http://www.pup.cn
电 子 信 箱	pkuwsz@126.com　　新浪微博 @北京大学出版社
电　　　话	邮购部 62752015　发行部 62750672　编辑部 62767315
印 刷 者	北京虎彩文化传播有限公司
经 销 者	新华书店
	965 毫米×1300 毫米　16 开本　28 印张　447 千字 2016 年 6 月第 1 版　2022 年 12 月第 6 次印刷
定　　　价	98.00 元

未经许可，不得以任何方式复制或抄袭本书之部分或全部内容。
版权所有，侵权必究
举报电话：010-62752024　电子信箱：fd@pup.pku.edu.cn
图书如有印装质量问题，请与出版部联系，电话：010-62756370

目　录

导　言 ··· 1

第一辑　法兰克福学派再思考

关键词：法兰克福学派 ·· 15
 历史语境 ·· 15
 批判理论 ·· 19
 理论资源 ·· 23
 美学思想 ·· 33
 结语 ·· 40

大众文化的颠覆模式
 ——论法兰克福学派大众文化理论的肯定性话语 ············· 42
 "肯定性话语"生成的理由 ··· 43
 "肯定性话语"的基本思路 ··· 48
 "肯定性话语"与"否定性话语"的关系 ························ 52

政治哲学与激进美学
 ——马尔库塞思想扫描 ··· 57
 生平与著述 ··· 57
 政治哲学：对技术理性的批判 ···································· 61
 激进美学：解放爱欲与建立新感性 ······························ 70
 大众文化理论：从"整合"到"颠覆" ··························· 77

阿多诺《文化工业述要》的文本解读 ························· 83
 写作语境：法西斯主义与大众文化 ······························ 84
 文本解读："文化"变成"工业"之后 ··························· 90

艺术的二律背反,或阿多诺的"摇摆"

——"奥斯威辛之后"命题的由来、意涵与支点 …… 99
文化批评的破与立:"奥斯威辛之后"命题的由来 …… 100
阿多诺的"摇摆":"奥斯威辛之后"命题的追加意涵 …… 112
艺术的二律背反:在可能与不可能之间 …… 129
结语:在"疼痛"之处认识艺术 …… 146

第二辑　法兰克福学派与中国

法兰克福学派的中国之旅

——从一篇被人遗忘的"序言"说起 …… 155

未结硕果的思想之花

——文化工业理论在中国的兴盛与衰落 …… 164
文化工业理论:学术界的质疑与批判 …… 164
文化产业兴起之后:文化工业理论合法性的丧失 …… 172

法兰克福学派的"理论旅行"

——读《法兰克福学派在中国》 …… 180
批判理论在中国的早期接受 …… 181
哈贝马斯在中国 …… 187
法兰克福学派的文化与艺术理论 …… 192
未完的旅行 …… 198

去政治化:马尔库塞美学理论的一种接受

——以刘小枫和李泽厚为例 …… 200
删除政治维度:去政治化的一种症候 …… 201
告别革命:去政治化的历史语境 …… 204

批判精神的沉沦

——中国当代文化批评病因之我见 …… 212
丢失文学性:批评"文化批评"的误区 …… 212
批判精神的流失:文化批评之病因 …… 214
外部原因:批评资源的位移 …… 218
内部原因:从"立法者"到"阐释者" …… 220

第三辑　在法兰克福学派的视角下

关键词：大众文化 ······· 227
 大众文化的概念之旅 ······· 227
 大众文化的演变轨迹 ······· 235
 大众文化研究的基本走向 ······· 239
 中国学界对大众文化的认识过程 ······· 245
 结语 ······· 249

批判·利用·理解·欣赏
 ——知识分子面对大众文化的四种姿态 ······· 251
 前史：知识分子与大众 ······· 252
 批判：以阿多诺与利维斯为例 ······· 256
 利用：以本雅明与萨特为例 ······· 261
 理解：以威廉斯与霍尔为例 ······· 266
 欣赏：以费斯克为例 ······· 271
 结语 ······· 275

本雅明的"讲演"与毛泽东的《讲话》
 ——"艺术政治化"的异中之同与同中之异 ······· 277
 "讲演"的三个维度：技术、知识分子与大众 ······· 278
 《讲话》的三个关键词：群众、文艺工作者与语言 ······· 286
 从起点到归宿：异中之同与同中之异 ······· 296

文学介入与知识分子的角色扮演
 ——萨特《什么是文学？》的一种解读 ······· 303
 何谓"介入" ······· 303
 实践文学与介入政治的纠缠 ······· 309
 从作家到知识分子 ······· 315

被简化的本雅明
 ——略谈《艺术作品》在文化研究中的命运 ······· 323

关于文化研究的历史考察及其反思 ······· 329
 西方文化研究的演进逻辑 ······· 329
 文化研究在中国出场的学术语境及其意义 ······· 335

文化研究面临的问题及其对策 ·············· 341
结语 ······································· 350

附录一

我的这篇博士论文
  ——关于大众文化的通信 ·············· 355
贴着人物写，或如何"对付"阿多诺
  ——致在读硕士生、博士生的一封信 ········ 361

附录二

文化工业述要 ···················· 阿多诺 371
一个欧洲学者在美国的学术经历 ········ 阿多诺 380
法兰克福学派大事年表 ···························· 416

人名索引 ·· 419
名词索引 ·· 429
后　记 ··· 438

导　　言

在1983年发表的一个谈话中，法国思想家福柯（Michel Foucault）曾这样说过："假如我能早一些了解法兰克福学派，或者能及时了解的话，我就能省却许多工作，不说许多傻话，在我稳步前进时会少走许多弯路，因为道路已被法兰克福学派打开了。"①而差不多同样的意思此前他已表达过一遍，那一次出现在他与特隆巴多利（Duccio Trombadori）的对谈中：

> 当我认识到法兰克福学派所具有的所有这些优点之后，我真的是懊悔不已，想自己本应该更早地了解他们，研究他们。也许，如果我早些读那些书，就会省下许多有用的时间，肯定的：有些东西我就不需要再写了，有些错误我也可以避免了。不管怎么说，如果我年轻时就接触到法兰克福学派，就会被深深吸引住，此后的一生就不再做别的事情，就一门心思做他们的评注者。现在就不同了，他们对我的影响是回顾性的，当感受到他们的作用时，我已经不再是充满知识"发现"的年龄了。我甚至不知道，对此是应该感到高兴还是遗憾。②

我之所以一开篇就把福柯的话搬过来，自然是想说明法兰克福学派的重要性。福柯曾被德勒兹（Gilles Deleuze）誉为"当代最伟大的哲学家之一"③，但即便如此，面对法兰克福学派，他依然表达了足够的

---

① 〔法〕福柯：《结构主义与后结构主义》，钱翰译，见杜小真编选：《福柯集》，上海：上海远东出版社2003年版，第493页。
② 〔法〕福柯：《阿多诺、霍克海默、马尔库塞：谁是"历史的否定者"？》，李康译，http://www.douban.com/group/topic/4801223/?type=like。
③ 参见杜小真编选：《福柯集·编选前言》，第2页。

敬意。这至少说明,法兰克福学派理论家们的思想在一些层面触动了他,让他产生了英雄所见略同的快意;或者也可以说,他与法兰克福学派殊途同归,最终在某些思想的关节点上不期而遇。由此我们便可意识到,真正深刻的思想是不可能被冷落和遗忘的,就像阿多诺所说的那样:"曾经被深刻思考过的东西一定会在另外的地方被其他人继续思考。"①

对于中国学界来说,法兰克福学派的重要性无疑也是不言而喻的。20世纪八九十年代,随着法兰克福学派批判理论家的思想被陆续译介过来,我们这里也出现了传播、接受乃至争论法兰克福学派的热潮,这其实就是法兰克福学派重要性的一种体现。而世纪之交以来,这种译介与研究活动虽渐趋平稳,但据我观察,学界对他们的关注总体上似也呈某种颓势。这其中的原因固然复杂,但有一个原因或许更值得一提:在一些学者、作家、艺术家的心目中,批判理论家的思想可能已是一种过时的话语了。记得在"2007·北京文艺论坛/批评与文艺"的会议上有刘索拉发言,她主要是讲音乐,但讲着讲着就提到了阿多诺。她说阿多诺对现代音乐的解释很到位,但如今他已经过时了。会下我向她请教,问其故。她说,阿多诺对爵士乐的批判,实际上已阻止了后来者对相关问题的思考。20世纪后期,恰恰是爵士乐扮演着音乐先锋的角色。我说,那已不是现代音乐而是后现代的东西了吧。她说,不光是后现代,而是后后现代的音乐了。

刘索拉女士是作曲家,1990年代又曾在美国接受过爵士乐大师的指教。有这种背景,她去批评阿多诺时很可能就有了许多底气。实际上,这种观点在英美学界也是颇为流行的。但我依然感到疑惑的是,当我们说这帮理论家的思想早已"过气"或"落伍"时,我们对他们的理论究竟掌握、理解和吃透了多少?以阿多诺为例,"在1986年出版完毕的23卷册的阿多诺全集中,人们不无惊讶地发现,其中竟然有一半是论述音乐的!"②但实际上,这一半的音乐论述,译成英文的屈指可数,译成中文的更是寥若晨星。其他方面对阿多诺的译介也不尽如

---

① Theodor W. Adorno, "Resignation," in *Critical Models: Interventions and Catchwords*, trans. Henry W. Pickford, New York: Columbia University Press, 1998, p. 293.

② 张亮:《阿多诺的爵士乐批判》,http://www.ptext.cn/home4.php?id=3391。

人意。近十年来，汉语学界只是翻译了阿多诺的《道德哲学的问题》（谢地坤、王彤译，北京：人民出版社2007年版）、《克尔凯郭尔：审美对象的建构》（李理译，北京：人民出版社2008年版）、《贝多芬：阿多诺的音乐哲学》（彭淮栋译，台北：联经出版事业股份有限公司2009年版）。加上此前翻译的《启蒙辩证法》《否定的辩证法》《美学理论》《权力主义人格》四部译著和为数不多的几篇译文，我们对阿多诺的翻译还远远不够。① 假如我们对阿多诺的理解便是建立在这样一些有限的翻译之上，我们又怎敢口出狂言，说阿多诺早已是"明日黄花蝶也愁"了呢？

我是在世纪之交进入到法兰克福学派的研究之中的。由于专业原因和自己的兴趣所在，我主要面对的是这个学派大众文化理论方面的内容。而自从我完成并出版了那篇博士学位论文（《整合与颠覆：大众文化的辩证法——法兰克福学派的大众文化理论》，北京大学出版社2005年版）之后，我与法兰克福学派的关系便一直处在一种若即若离的状态：我并没有一门心思去做法兰克福学派的"评注者"，却也一直没有放松对法兰克福学派著作文章的阅读。有了阅读，就有了一些想法；有了想法，就形成了一些文字。如今，我把这些文字搜集起来，便有了这本专题论集。

为方便读者进入本书，我需要对里面文章的核心意思和相关情况稍作介绍和说明。

第一辑名为"法兰克福学派再思考"。所谓"再"者，意味着我曾经思考过法兰克福学派，后来的思考既与先前的思考形成了某种关联，也是对先前思考的进一步延续、拓展和深化。这一辑之下由五篇文章组成。

《关键词：法兰克福学派》确实是照着一个"关键词"的样子去写的，该文的写作起因于赵一凡先生的约稿：为《西方文论关键词》一书撰写一个词条。关键词有着统一的写作要求，且需要梳理得清楚，阐述得准确。在这个总要求之下，我则主要呈现了"社会研究所"得以

---

① 写完这篇导言之后我从湖北大学文学院梁艳萍教授那里获悉，由她和曹俊峰教授、马卫星教授合译的《音乐社会学导论》、由曹俊峰教授独立翻译的《新音乐哲学》已经完稿，可能会在2016年出版，可喜可贺。

形成的历史语境,解析了"批判理论"的含义,梳理了第一代批判理论家所借用的主要理论资源(马克思主义、黑格尔主义与弗洛伊德主义),并分别在"捍卫真艺术""强调艺术自律""艺术与大众文化的二元对立"和"美学作为救赎"等四个层面总结了法兰克福学派的美学思想。

《大众文化的颠覆模式——论法兰克福学派大众文化理论的肯定性话语》是对我那篇博士学位论文中一个核心观点的提炼,主要论述的是如下内容:法兰克福学派的大众文化理论以其"批判性""整合模式"和"否定性话语"著称于世,但通过其编外成员本雅明和核心成员洛文塔尔与马尔库塞的暧昧立场与相关表述,法兰克福学派内部亦生长出一套大众文化理论的"肯定性话语",并随之建构出一种大众文化的"颠覆模式"。"肯定性话语"的逻辑起点是大众,其基本的理论假定是通过大众文化对大众革命意识与批判态度的培养,最终可以达到颠覆资本主义制度的目的。整体而言,"肯定性话语"与"否定性话语"均为法兰克福学派的宝贵遗产,又都有其片面性。因此,它们可以统一在"批判理论"的基本宗旨之下,进而走向新的融合。

《政治哲学与激进美学——马尔库塞思想扫描》是应曹卫东教授之邀,为汝信先生主编的《西方美学史》(第四卷)写的一节内容。在法兰克福学派诸成员中,马尔库塞可谓最激进的成员,而从"生平与著述"开始,我就想把他的这种激进性呈现出来。于是围绕着马尔库塞对技术理性的批判,我梳理的是其政治哲学"改变世界"的构想;通过聚焦于解放爱欲和建立新感性,我释放的是其激进美学的革命锋芒。同时,由于马尔库塞的大众文化理论亦可看成其美学理论的一个组成部分,我也简略地分析了他对大众文化的认知过程。这种认知路线可大体概括为从"整合"到"颠覆"。

由于重新翻译了阿多诺的《文化工业述要》(原译为《文化工业再思考》),也由于此文凝聚着阿多诺文化工业批判理论的核心思想,我便觉得有了解读它的必要。这一解读主要在两个层面上展开:首先是对其写作语境的清理:指出了在阿多诺的特殊视角打量之下,德国法西斯主义与美国大众文化呈现了怎样的同构关系,进而回答了阿多诺对文化工业的态度是否前后发生过一些变化。其次是对《文化工业述要》高度密集的论述内容的释放:主要分析了此文与阿多诺其他著作文章(如《启蒙辩证法》《论流行音乐》《论音乐中的拜物特性与听的退化》等)所形成的互文关系。所有这些,构成了《阿多诺〈文化工业述要〉的文本解读》的主要内容。

《艺术的二律背反,或阿多诺的"摇摆"——"奥斯威辛之后"命题的由来、意涵与支点》算是一篇大块文章,也是想解决困扰我多年的一个问题。"奥斯威辛之后写诗是野蛮的"是阿多诺的一句名言,广为人知,但无论在西方世界还是中国本土,这句名言一直遭受着种种误读和误解。我所做的事情是想把这句名言产生的历史语境,以及阿多诺在其后不同著作文章中对它的再阐释弄清楚,说明白。而通过"文化批评的破与立:'奥斯威辛之后'命题的由来""阿多诺的'摇摆':'奥斯威辛之后'命题的追加意涵"和"艺术的二律背反:在可能与不可能之间"三部分内容,我最终表达的是这样一个意思:这句名言既非禁令,也非咒语,而是阿多诺面对文化重建问题的一种极端性表达,其中又隐含着他对奥斯威辛之后文学艺术何去何从、生死存亡的深刻关切。它固然是以单维而否定的面目横空出世的,但是却又隐含着对艺术的肯定之维。而在阿多诺后来的反复论述中,这种二律背反的结构框架也确实呈现得越来越清晰明目:如果说艺术的否定之维是批判,是对艺术不应该有的样子的拒绝,那么艺术的肯定之维则是拯救,是对艺术应该有的样子的期待。而阿多诺"摇摆"于反题与正题之间,既意味着这种选择的艰难,也意味着对终极问题进行"哲学反思"的重要,同时还反衬出当代艺术危机与生机并存的实际处境。

第二辑名为"法兰克福学派与中国",主要谈论的是法兰克福学派的"理论""旅行"到中国之后的情景,所收的文章亦五篇。

之所以会写《法兰克福学派的中国之旅——从一篇被人遗忘的"序言"说起》,是因为我在查阅资料时发现马丁·杰伊曾为《辩证的想象》中译本写过一篇序言。但由于《辩证的想象》一书并未出版,面世的也就只剩下了这篇序言。我从这篇序言谈起,指出了法兰克福学派的批判理论进入中国之后学界所出现的种种反思:一、错位说——法兰克福学派的批判理论与中国当代大众文化之间存在着一种错位。二、搔痒说——法兰克福学派的文化批判只不过是在资本结构的文化脂肪上搔痒痒。三、简化说——过于强调法兰克福学派当中个别人物所从事的文化批评实践,简单地把法兰克福学派的批判理论称为大众文化批判,其实是对其精神和原旨的一种简化。这些反思固然有其价值和意义,但也在一定程度上阻碍了法兰克福学派在中国的"旅行"之路。

《未结硕果的思想之花——文化工业理论在中国的兴盛与衰落》本来是为"批判—理论—批判理论:法兰克福学派在中国的影响"学术研讨会(由法兰克福大学语言文化学院汉学系、中国中山大学和法兰克福社会研究所共同主办,于 2008 年 9 月 25—28 日在法兰克福歌德大学举行)撰写的参会论文,但因忙中出错,我当时提交了论文却未能赴会。通过这篇文章,我想论证的是如下问题:法兰克福学派的文化工业理论进入中国之后,经历了从短暂兴盛到逐渐衰落的过程。在学术界,因徐贲等学者的反思、质疑和批判,文化工业理论的进一步研究、传播和接受受到了一定限制;而文化研究的兴起,也在很大程度上挤占了文化工业理论的学术市场。在现实界,文化产业的兴起和大力发展文化产业之国策的贯彻落实,致使文化产业的肯定性话语湮没乃至取代了文化工业的否定性话语。因此,借助于文化工业理论批判文化产业因其政治不正确而变得处境尴尬。在这种内外夹击下,文化工业理论便渐渐出局。由此亦可见出,文化工业理论在中国的兴衰枯荣映衬着中国政治、经济、文化变迁的诸多信息,也是思想界、学术界研究范式、价值观念、身份立场转换的风向标,其复杂性、丰富性和微妙性值得深思。

《法兰克福学派的"理论旅行"——读〈法兰克福学派在中国〉》是应台湾政治大学教授冯建三先生之邀,为《法兰克福学派在中国》一书写的长篇书评。此书便是上文提到的学术会议的论文集。在这篇书评中,我既对该书的部分论文进行解读,同时也融入了自己对法兰克福学派在中国接受问题上的相关思考:一、1980 年代,中国学界对法兰克福学派的接受主要是美学层面的诗意接受;而在 1990 年代,这种接受则主要是大众文化批判层面的顺应式接受和自反性接受。二、新世纪以来,中国对哈贝马斯"公共领域"思想的接受主要不是一个理论问题,而是一个实践问题。作为一个"准公共知识分子",韩寒较好地履行了哈贝马斯所谓的公共知识分子的社会职责和历史使命。三、在当下中国,性解放或性革命的践行者(如木子美等)并非马尔库塞的精神盟友,而是法兰克福学派所批判的对象,她们的所作所为似已成为文化工业的同谋。有学者借助于相关文本去挖掘其背后的法兰克福学派资源,进而在"女性自主"的层面释放其意义,似有过度阐释之嫌。

《去政治化:马尔库塞美学理论的一种接受——以刘小枫和李泽厚为例》主要通过对《诗化哲学》与《美学四讲》相关论述的分析,认为马尔库塞美学理论在中国的早期接受存在着一种去政治化的倾向。去政治化是"告别革命"的产物,马尔库塞的美学以此种方式参与中国新时期美学热的进程固然有其必然性和合理性,但也会带来诸多问题:一、把美学看作逃离或远离政治的一块飞地,也就自动取消了美学抵抗政治的功能;二、简化乃至删除了美学与政治的复杂关系,美学因而变成一种可爱而不可靠的东西;三、模糊了马尔库塞美学的本来面目,其阳刚之气一定程度上演变为某种阴柔之美。因此,恢复马尔库塞美学的本来面目,有助于我们对美学与政治之复杂关系的理解。

我记得《批判精神的沉沦——中国当代文化批评病因之我见》是应陈剑澜兄之邀写出来的。阿多诺曾写过《文化批评与社会》,我的这篇文章似乎便是在学阿多诺,其批判的火力和火气都有些大。该文认为,中国当代文化批评的主要问题不在于它丢失了文学性,而在于其批判精神的不断流失。形成这种局面的原因有二:越来越多地借用解构主义和后现代主义色彩的理论资源使得文化批评更注重追求一种即时反应的快感,文化批评变成了好看、好玩却不解决实际问题甚至有可能遮蔽实际问题的智力游戏,这是其外部原因;1990年代以来,知识分子的角色扮演发生了从"立法者"到"阐释者"的转型,"阐释者"一方面无力承担批判的重任,一方面又把相关的一套观念和理念带入到文化批评中而使其改变了颜色,这是其内部原因。如何把当下的文化批评从批判的昏睡中唤醒是一个亟待解决的问题。

第三辑名为"在法兰克福学派的视角下"。此辑中的文章或者牵涉法兰克福学派,或者是法兰克福学派视角观照下的产物,所收文章有六。

《关键词:大众文化》也是为赵一凡等人主编的《西方文论关键词》写的一个词条,但后来经过修订之后,其内容已发生了很大变化。目前的这篇文章便是《大众文化》与《大众文化的概念之旅、演变轨迹和研究走向》的糅合。此文涉及的问题主要有四:一、大众文化经过了Popular Culture→Kitsch→Mass Culture→Culture Industry→Popular Culture的概念之旅,其中隐含着西方学界在不同的历史时期对大众文化的认识、定位和价值判断。二、大众文化经历了从新兴文化到主导文化、从上层建筑到经济基础、从中产阶级文化到青年亚文化的演变过程,这意味着当今大众文化的构成、生产与消费机制等等已发生了种种变化。三、与此相对应,大众文化研究的姿态走向了公允平和,理论方法走向了多元共生,关联语境走向了后现代主义,聚焦领域走向了媒介文化,由此也带来了大众文化理论的不同景观。四、简要梳理了中国学界对大众文化的认识过程。大体而言,西方的大众文化理论都可看作"批判理论""文化研究"和"符号学"的变体。

《批判·利用·理解·欣赏——知识分子面对大众文化的四种姿态》是我对20世纪西方知识分子与大众文化关系的总体性思考,所概括出来的批判、利用、理解和欣赏四种姿态分别对应的代表人物是阿多诺和利维斯主义者、本雅明和萨特、威廉斯和霍尔、费斯克。通过呈现这些姿态背后的主要观点,分析相关姿态的形成原因,我想进一步指出如下问题:这些姿态在很大程度上代表着知识分子在不同的历史阶段对大众和大众文化的研究立场、思考路径、认知水平、解读模式和言说策略,也标志着知识分子身份从现代型到后现代型的位移。

对本雅明的《作为生产者的作家》和毛泽东的《在延安文艺座谈会上的讲话》进行比较分析,是我在做博士论文时就萌生的一个想法,而终于把它写成《本雅明的"讲演"与毛泽东的〈讲话〉——"艺术政治化"的异中之同与同中之异》这篇长文,则经历了十多年的时间。其写作契机源于马萨诸塞大学(University of Massachusetts)张正平(Briankle Chang)教授与我的同事吕黎博士的一次组稿:他们与《立场》(positions)杂志合作,想在"本雅明与中国"的话题之下刊发一组文章(由于种种原因,此文的英译稿已不可能面世了)。在这篇文章中,我想表达的是这样一个主要意思:本雅明的"讲演"与毛泽东的《讲话》均为"艺术政治化"的重要文本,但它们呈现出的异同却令人深思。"讲演"美化"技术",力论技术对于作为"生产者"的作家的重要性,其用意是要把知识分子争取到工人阶级一边,进而打造出反思的大众。《讲话》则圣化"群众",并围绕着工农兵大众展开相关论述,其目的是让知识分子转变自己的阶级立场,与工农大众打成一片。两个文本在对作家艺术家的定位("生产者"与"工作者"),对物与人的打磨("功能转变"

与"思想改造"),对技术的看重("技巧"与"语言"),对革命主体的期待("工人阶级"与"工农兵大众")等方面极为相似,但相异之处也非常明显:本雅明重视"物",所以便在"功能转变"上下功夫;毛泽东看重人,自然就在"思想改造"上做文章。前者的设计是"知识分子化大众",后者的归宿是"知识分子大众化"。由此也形成了两种不同的文学样式:"介入文学"和"遵命文学"。

之所以会把《文学介入与知识分子的角色扮演——萨特〈什么是文学?〉的一种解读》收录于此,是因为阿多诺不仅专门写过《介入》一文批判萨特,而且在许多场合他都曾拿萨特的文学或"介入"说事,对萨特的口诛笔伐可谓一以贯之。但究竟应该如何理解萨特的《什么是文学?》,长期以来却存在着不同程度的误读。笔者以为,此文本中的关键词"介入"既是一个哲学概念,又是一个政治学概念,两种概念的丰富含义交织在一起,共同在文学领域中寻找着栖身之地。与此同时,"介入"的含混又延伸至"实践文学"之中,造成了"实践文学"与政治介入的纠缠不清。而之所以会出现这种景观,又是因为萨特所论述的"作家"身份和他所期待的"知识分子"角色的相互渗透所致。所有的这些矛盾与含混使得这个文本充满了某种张力,并使文学介入和政治介入保持着某种平衡。因此,《什么是文学?》的重要性在于,它既是萨特从文学介入到政治实践过渡的桥梁,也是作家与知识分子角色转换的中介。

在文化研究的"导论"性著作中,本雅明的《机械复制时代的艺术作品》①是经常被提及和被分析的一篇文章,而分析的结果往往是:本雅明是"艺术民主化"的先驱,他的思考能给文化研究带来诸多启迪;本雅明是法兰克福学派的叛逆者,他对大众文化的态度可反证出法兰

---

① 此文的德语原名是"Das Kunstwerk im Zeitalter seiner technischen Reproduzierbarkeit",英译为"The Work of Art in the Age of Mechanical Reproduction"。汉语译界依据德文时,会译作《可技术复制时代的艺术作品》(参见〔德〕本雅明:《经验与贫乏》,王炳钧、杨劲译,天津:百花文艺出版社1999年版),但亦有例外,如最早依据德文翻译此文的王才勇先生便译作《机械复制时代的艺术作品》(参见〔德〕W.本雅明:《机械复制时代的艺术作品》,王才勇译,杭州:浙江摄影出版社1993年版);而依据英文时,则多译为《机械复制时代的艺术作品》(参见〔美〕汉娜·阿伦特编:《启迪:本雅明文选》,张旭东、王斑译,香港:牛津大学出版社1998版)。笔者在本书中涉及此文时,多用《技术复制时代的艺术作品》之译,而需照顾到来自英文的译名时,则写作《机械复制时代的艺术作品》。

克福学派主流观点的消极与保守。然而,如此看待问题,其实已把本雅明的思想大大简化了。因为本雅明的许多文章不但构成了一种"共振"关系,而且还应该存在一种"互补"关系。如果把"互补"关系考虑进来,他对大众文化的看法就会显得更为复杂。凡此种种,构成了《被简化的本雅明——略谈〈艺术作品〉在文化研究中的命运》一文的主要写作意图。

《关于文化研究的历史考察及其反思》也许与第二辑中的《批判精神的沉沦》形成了某种"共振"。此文想要论述的核心观点是:英国文化研究有其特定的思想传统,但文化研究进入美国等地的学术界之后却发生了较大变异。如今,它已陷入专业化和体制化的困境之中。中国的文化研究发端于世纪之交,学术自救和学科自救是其兴起的历史语境,积极介入当下文学现实和文化现实是它被倡导的潜在动因。在此前提下,学术有可能走出书斋而更贴近现实,其价值与意义不容忽视。但是,在学科或身份、研究对象、研究方法等方面,中国当下的文化研究也依然面临着诸多问题。如何反思自身的缺陷并积极寻求应对措施,从而避免陷入西方文化研究已经陷入的困境,很可能是摆在文化研究者面前的一个长期课题。

本书还有两组附录:第一组由两封书信组成。前一封写于2005年,是对一位研究生同学读我博士论文后所提问题(尤其是关于大众文化、学术研究方面)的一些回应。那里面有一些不无愤激的言辞,也在很大程度上体现了我那个时期的心情。后一封写于2014年,是我完成《艺术的二律背反,或阿多诺的"摇摆"》的长文之后写给我的几位在读硕士生、博士生同学的群发邮件。此信主要谈我琢磨阿多诺的一点心得体会,并提醒他们面对西方选题(尤其是面对阿多诺、本雅明这种难度系数极高的人物)时究竟应该注意些什么。

第二组附录由三篇译文组成。第一篇是阿多诺的《文化工业述要》,因我第一辑中有对此译文的解读文字,附上这篇译文也就有了充足的理由。第二篇《一个欧洲学者在美国的学术经历》是阿多诺对自己在美国十多年学术生活、经历和活动的回顾、反思与总结,其学术价值自然不言而喻。这大概是把它附录于此的原因。第三篇《法兰克福学派大事年表》译自弗雷德·拉什(Fred Rush)编辑的《批判理论》一书。因为我这本书涉及法兰克福学派,译出一个"大事年表"显然有助于读者对法兰克福学派的整体了解。需要说明的是,前两篇译文都是由我初译,再由美国的曹雅学女士帮我校对的。

最后,我也对这本书的书名稍作说明。从全书内容看,我并没有完全在法兰克福学派内部做文章,而是波及它在中国的理论旅行,它与毛泽东、萨特乃至文化研究的比较分析,于是便有了《法兰克福学派内外》之名。而在编辑这些文章的过程中,我又发现"知识分子"和"大众文化"(或"文化工业")频频出现,它们似也构成了本书两个重要的关键词。虽然知识分子与大众文化不可能完全涵盖每篇文章的内容,但我心里清楚,许多篇什又确乎与此命意有关。这样,"知识分子与大众文化"也就成了这本书的副题。

有了正副标题,这本书似乎也就有了某种旨归。那么,现在就请读者朋友走进《法兰克福学派内外:知识分子与大众文化》之中,看看这里面究竟有什么货色吧。

第一辑

法兰克福学派再思考

关键词:法兰克福学派

法兰克福学派(Frankfurter Schule/the Frankfurt School)是1960年代诞生的一个学术称谓。① 它原本是由法兰克福"社会研究所"(Institut für Sozialforschung/Institute of Social Research)的第一代成员所组成的一个学者/思想者集团,是以对现代社会(特别是对当代资本主义社会)进行跨学科、综合性研究与批判为主要任务的哲学/社会学/美学学派,同时也是"西方马克思主义"(Western Marxism)阵营中聚集人数最多、绵延时间最长、跨学科力度最大、理论体系最系统完备的一个学派。维格斯豪斯(Rolf Wiggershaus)曾经指出,作为一个"学派",它所具有的一些"特征"是非常明显的:它有一个组织机构:社会研究所;它有一个卡里斯马型的(charismatic)人物:霍克海默(Max Horkheimer, 1895—1973);它有一份宣言:霍克海默1931年的就职演说——《社会哲学的现状与社会研究所面临的任务》;它有一种新的范式:有关一般社会存在进程的"唯物主义"理论或"批判"理论;它还有一个支撑其学派研究工作的出版物:《社会研究杂志》(Zeitschrift für Sozialforschung)。②

历 史 语 境

法兰克福社会研究所诞生于一个特殊的历史语境之中。1917年,俄国"十月革命"的胜利对国际共产主义运动和整个欧洲的革命形势

---

① 威格斯豪斯指出:"'法兰克福学派'首先是由局外人于1960年代使用的一个标签,但是阿多诺本人最终也明显自豪地把它用起来了。"See Rolf Wiggershaus, *The Frankfurt School: Its History, Theories, and Political Significance*, trans. Michael Robertson, Cambridge: The MIT Press, 1994, p.1.

② Ibid., p.2.

产生了巨大影响。1918年,德国爆发"十一月革命";1919年3月,匈牙利爆发革命并成立了匈牙利苏维埃共和国;同年3月,第三国际成立。这些革命事件不仅在政治上引起了社会主义运动的进一步分化,而且在理论上开启了一个新旧理论激烈冲突、重新探索的时期。由于除十月革命之外,其他一系列革命均以失败告终,这就使人进一步去思考第二国际理论(以伯恩斯坦、考茨基为代表)的有效性,从而也促使人们对马克思主义的根本问题进行更深入的理论反思。1923年,卢卡奇(Georg Lukács, 1885—1971)的《历史与阶级意识》出版,这部后来被称为"西方马克思主义"之圣经的著作便是当时理论反思的重要成果。

正是在这一背景下,社会研究所开始了它的草创时期。1923年2月3日,该所正式成立于德国的法兰克福市,并与法兰克福大学保持着密切的联系。它的创始人是韦尔(Felix Weil, 1898—1975)、格拉赫(Kurt Albert Gerlach, 1886—1922),第一任所长是格吕堡(Carl Grünberg, 1861—1940)。但通常所谈及的"法兰克福学派"指的是霍克海默继任所长之后的"社会研究所"。1931年1月,霍克海默正式上任后,马上改变了格吕堡时代的研究方向,他把研究重心从原来那种经验的、具体的政治经济学、工人运动史研究转到了哲学与社会科学研究上来,并把"批判理论"(Critical Theory)作为社会研究所的指导思想。纳粹掌权(1933)后,社会研究所及其成员因其马克思主义倾向和犹太人身份,不得不开始流亡生涯。"研究所"先去日内瓦,后在巴黎等地设立了办事处,最终则在美国(1934年,起初在纽约,后来在哥伦比亚大学)安家落户,除个别成员外,绝大部分成员都先后到了美国。1949年,"研究所"结束了流亡生涯返回联邦德国,但部分成员永远留在了美国。

返回德国后,霍克海默继续担任所长并开始重建社会研究所的工作。1958年,霍克海默荣休,阿多诺(Theodor W. Adorno, 1903—1969)继任所长。阿多诺去世后,哈贝马斯(Jürgen Habermas, 1929—)开始担任所长,但不久便因内部矛盾而离开社会研究所,由霍克海默的学生施密特(Alfred Schmidt, 1931—)接任。1975年,福利德堡(Ludwig V. Friedeburg, 1924—2010)成为社会研究所的掌门人。2000年,哈贝马斯的亲炙弟子霍耐特(Axel Honneth, 1949—)被集体推选为福利德堡的接班人,出任社会研究所所长,社会研究所的发展从此进入一个新的历史时期。①

法兰克福学派开创至今,一般认为已历三代,②成员多达数十人。其中著名的成员,第一代有:哲学家、社会学家霍克海默,经济学家和国民经济计划专家波洛克(Friedrich Pollock,1894—1970),哲学家、社会学家、音乐理论家、美学家阿多诺,哲学家、社会学家、美学家马尔库塞(Herbert Marcuse,1898—1979),精神分析学家、社会心理学家弗洛姆(Erich Fromm,1900—1980),政治学家、法学家诺伊曼(Franz Neumann,1900—1954),政治学家、法学家基希海默(Otto Kirchheimer,1905—1965),政治经济学家、历史学家格罗斯曼(Henryk Grossmann,1881—1950),经济学家、社会学家古兰德(Arkadij R. L. Gurland,1904—1979),社会学家、文学评论家洛文塔尔(Leo Löwenthal,1900—1993),哲学家、散文作家、文学批评家本雅明(Walter Benjamin,1892—1940),社会学家、汉学家、美学家魏特夫(Karl August Wittfogel,1896—1988),政治学家博尔肯瑙(Franz Borkenau,1900—1957)等。第二代有:哲学家、社会学家哈贝马斯,哲学家、社会学家施密特,哲学家、社会学家耐格特(Oskar Negt,1934—)等。第三代有:哲学家、社会学家韦尔默(Albrecht Wellmer,1933—),政治学家、社会学家奥菲(Claus Offe,1940—),哲学家、政治学家霍耐特等。③

法兰克福学派虽已历三代,但毫无疑问,霍克海默执政时期(尤其是流亡时期)应该是法兰克福学派最有建树的时期。在霍克海默的领导下,社会研究所一个时期有一个时期的中心工作。流亡美国后,研究所成员当时面临的最紧迫的问题是法西斯主义在欧洲的兴起,于是极权主义、威权主义人格、法西斯主义、反犹主义、斯大林主义等成为研究所成员集体攻关的重大课题。到1940年代,大众文化(mass culture)和文化工业(culture industry)又成为研究所的主要研究对象。

---

① 有关福利德堡、霍耐特的情况,可参见曹卫东:《法兰克福学派的掌门人》,见《权力的他者》,上海:上海教育出版社2004年版,第9—13页。
② 最新研究成果表明,法兰克福学派已出现了第四代学术领袖弗斯特(Rainer Forst),但第四代的学术圈子还未真正形成,所以是"有领袖无圈子"。参见王凤才:《"法兰克福学派"四代群体剖析——从霍克海默到弗斯特》(下),《南国学术》2015年第2期。
③ 参见欧力同、张伟:《法兰克福学派研究》,重庆:重庆出版社1990年版,第3页

1950—1960年代,霍克海默、阿多诺、哈贝马斯等在德国致力于晚期资本主义国家及其合法性的研究,马尔库塞则在美国开始了对发达的工业社会的批判。而在其晚年,第一代成员中的一些人又开始了对美学和艺术问题的思考。如阿多诺最后留下来的未完成著作是《美学理论》,马尔库塞最后的著作是《审美之维》,洛文塔尔也对文学问题做出了深入思考。佩里·安德森(Perry Anderson)认为,西方马克思主义自始至终关注的问题是文化和意识形态问题,"自从启蒙时代以来,美学便是哲学通往具体世界的最便捷的桥梁,它对西方马克思主义理论家始终具有一种经久不衰的特殊吸引力"①。这种论断显然也适用于法兰克福学派。

从1930年代开始,法兰克福学派便陆续有重要的研究成果面世,但在流亡美国期间和返回德国相当长的一段时间里,社会研究所却基本上处于默默无闻的状态。究其原因,一方面是因为远在异乡和战时特殊的政治气候不得不让霍克海默等人格外谨慎;另一方面,也因为研究所大部分成员坚持用德语写作,其专门刊物《社会研究杂志》也以德语出版,法兰克福学派的思想无法走进德语以外的世界之中。真正使法兰克福学派名声大噪的是1968年以"五月风暴"为标志的、席卷整个西方世界的文化革命运动。在此运动期间,霍克海默与阿多诺的《启蒙辩证法》、马尔库塞的《单面人》(又译为《单向度的人》《片面发展的人》)等书成为造反学生手中重要的思想武器,法兰克福学派也终于浮出水面,迎来了它最辉煌的时期。学生运动失败后,随着它的几员大将的相继谢世和一些成员的陆续退休,法兰克福学派盛极而衰。一般认为,那个旗帜鲜明、队伍庞大的法兰克福学派已在这个时期走向终结。凯尔纳(Douglas Kellner)甚至认为,1940年代之后,在系统的理论或哲学意义上,法兰克福学派已无"学派"可言。② 其后,虽有第二代、第三代之说,但第二代只有哈贝马斯著述甚丰,影响巨大;第三代能否修成正果还是一个未知数。但不可否认的是,从1970年代开

---

① 〔英〕佩里·安德森:《西方马克思主义探讨》,高铦等译,北京:人民出版社1981年版,第100页。

② Douglas Kellner, "The Frankfurt School Revisited: A Critique of Martin Jay's The Dialectical Imagination," in *The Frankfurt School Critical Assessments*, Vol. I, ed. Jay Bernstein, London: Routledge, 1994, p.58.

始,法兰克福学派的思想已向西方世界的社会科学和人文科学领域广泛渗透,其影响也越来越大。1970年代后期至今,法兰克福学派的思想也成为影响汉语界哲学、社会学、美学、文艺学等领域的重要理论资源。

批 判 理 论

法兰克福学派的成员虽观点各异,并非铁板一块,但是这些观点却都受着一个指导思想的统领。因为这一指导思想,法兰克福学派有了动力和活力,也有了某种向心力和凝聚力。这个指导思想就是"批判理论"。

"批判理论"又称"社会批判理论",霍克海默在1932年6月为"研究所"自己创办的刊物《社会研究杂志》撰写的短序中指出:批判理论的目的是试图"按照每一种可能的理解水平来把握社会生活的进程"。① 当然,对批判理论进行更系统阐述的还是他在1937年所写的那篇长文——《传统理论与批判理论》。此文不仅进一步明确了批判理论的目的、方向、研究范围与方法,而且还为批判理论树立了一个对立面:传统理论。

那么,什么是传统理论呢?霍克海默认为,传统理论更多以实证主义和实用主义作为其哲学基础和主要方法,更多以科学的活动作为其基本依据。如此一来,传统理论虽貌似客观、中立,但是,它也因此而自然科学化了:"这种传统的理论概念表现出一种倾向,它正朝着纯数学的符号系统发展。作为理论的要素,作为命题和结论的组成部分,实验对象的名称越来越少,而数学符号则越来越多。"② 这种自然科学化了的理论显然已变得死板僵硬,变成了一种"物化的意识形态范畴",而无法对变动着的社会问题做出有效的阐释。另一方面,传统理论虽然在资产阶级上升时期起过进步作用,但是当它变得越来越成熟、精致,也越来越依赖于政府的指导和经费支持时,它也就与既存的社会秩序构成了一种同谋关系,即它再也无力对既存的秩序说三道

---

① 〔德〕H. 贡尼、R. 林古特:《霍克海默传》,任立译,北京:商务印书馆1999年版,第25—26页。
② Max Horkheimer, *Critical Theory: Selected Essays*, trans. Matthew J. O'Connell and Others, New York: The Continuum Publishing Corporation, 1982, p.190.

四,而是成了它的维护者。"理论以其传统的形式行使着一种肯定社会的功能"①,这种判断,很大程度上指明了传统理论所存在的重大缺陷。

与传统理论相反,批判理论则建立在这样一种构想之上。由于人类历史已步入启蒙辩证法的困境之中,人类便不得不陷入到"一种新的野蛮状态"。于是在晚期资本主义时代,人的生存与活动、人与自然的关系、现存的社会秩序等等都出现了极为严重的问题。在这种特殊的历史语境中,只有批判理论才能承担起拯救的重任,因为"在批判思想影响下出现的概念是对现存秩序的批判。马克思主义的阶级、剥削、剩余价值、利润、贫困化、崩溃等范畴都是这一概念整体的基本要素,而所有这些概念的意义并不是对当代社会的维护,而是要将它改造成一个合理社会"②。那么,如何才能落实批判理论的这一宗旨呢?霍克海默认为关键在于批判思想的确立,而批判思想的确立又依赖于批判思想的主体。这个主体不是其他,而就是克服了普通大众身上那种盲目性与软弱性、具有批判态度和批判能力、形成了批判思维的知识分子个体。霍克海默说:"理论家的职业就是斗争,他的思想则是这一斗争的组成部分,而不是自给自足、脱离斗争的东西。"③这可以看作他对知识分子个体所寄予的期望。而只有知识分子自身的问题能够得到妥善解决,真正的批判理论才能诞生。其后,在他为这篇长文所写的"跋"中,批判理论又被进一步概括为:"批判理论不仅是德国观念论(idealism)的后代,而且也是哲学本身的传人。它不只是在人类所进行的事业中显示其价值的一种研究假说;它还是在历史努力中创造出一个满足人类需求和力量之世界的根本成分。无论批判理论与各种具体科学之间的互动多么广泛……这一理论的目的绝非仅仅是增长知识本身。它的目标是要把人从奴役之中解放出来。"④

与此同时,马尔库塞也在《社会研究杂志》发表《哲学与批判理论》一文,与霍克海默相呼相应。马尔库塞除进一步强调了批判理论

---

① Max Horkheimer, *Critical Theory*: *Selected Essays*, trans. Matthew J. O'Connell and Others, New York: The Continuum Publishing Corporation, 1982, p. 205.
② Ibid., p. 218.
③ Ibid., p. 216.
④ Ibid., pp. 245-246.

所蕴含的"人类解放的旨趣"外,还着重论述了批判理论对个人自由与幸福的捍卫,对人之理性潜能的开掘。同时,批判理论对于现实还应该具有一种超越性质,甚至具有一种乌托邦气质。马尔库塞指出:"没有幻想,所有的哲学知识都只能抓住现在或过去,却切断了与未来的联系,而未来才是哲学与人类真正历史之间的唯一纽带。"①显然,当马尔库塞如此思考时,他已为批判理论增加了一个新的维度。相比之下,洛文塔尔对批判理论的定位则比较低调。1980年代,在法兰克福学派第一代成员大都过世之后,洛文塔尔曾对批判理论做过如下反思。他认为,批判理论"是一种视角(perspective),一种面对所有文化现象所采取的共同的、批判的、基本的姿态。它从来没有声称为一种体系"②。在洛文塔尔的反思中,他没有使用霍克海默与马尔库塞曾经使用过的"自由""幸福""理性""幻想""乌托邦""人类解放"等"大词"来对批判理论进行限定,这应该是一个很有意思的症候。但值得注意的是,洛文塔尔特别强调了批判理论的"实践"功能,他认为批评者指责批判理论远离现实、脱离实践是毫无道理的。面对那些指责,他气鼓鼓地甩出了一句名言:"我们并没有抛弃实践,恰恰相反,是实践抛弃了我们。"③

通过霍克海默、马尔库塞和洛文塔尔的相关论述,我们至少可以对批判理论形成如下几个方面的印象:首先,批判理论是面对现实问题的理论。当资本主义进入一个新的历史阶段后,新的问题也随之出现,这就需要一种新的理论框架去把握它和探究它,于是批判理论应运而生。其次,批判理论试图建构一种批判理性,以便与愈演愈烈的工具理性相抗衡。霍克海默之所以激烈地批判传统理论,就是因为传统理论本身也成了工具理性的俘虏。第三,尽管霍克海默等人对马克思主义颇有微词,但是批判理论中依然游荡着马克思的幽灵,它接通了马克思反复论述的人类解放的思想。正是在这一意义上,凯尔纳才指出,作为一种跨学科的研究,批判理论试图建构一种系统的、综合的

---

① Herbert Marcuse, *Negations: Essays in Critical Theory*, trans. Jeremy J. Shapiro, Harmondsworth: Penguin Books, 1972, p.155.
② Leo Lowenthal, *An Unmastered Past: The Autobiographical Reflections of Leo Lowenthal*, ed. Martin Jay, Berkeley: University of California Press, 1987, p.60.
③ Ibid., p.61.

社会理论来面对当时关键的社会与政治问题。"至少,批判理论的一些形式是对相关的政治理论进行关注和对受压迫、被统治的人们的解放予以关心的产物。因此,批判理论可以被看成对统治的批判,是一种解放的理论。"①第四,从某种程度上看,批判理论体现了霍克海默这一代知识分子介入社会实践的努力。虽然这种介入更多是一种理论层面的介入,但是从他们的思考中我们依然可以感受到鲍曼(Zygmunt Bauman)所谓的现代型知识分子的责任感和使命感。

现在看来,批判理论主要应该是法兰克福学派第一代成员所追寻和遵循的东西;到法兰克福学派第二代哈贝马斯那里,批判理论已变形走样,或者也可以说,他对批判理论进行了很大程度的修正和发展。在他看来,批判理论贡献不小,但它毕竟是特殊历史语境之下的产物,所以也就带着与生俱来的诸多缺陷。概而言之,其弱点有三:第一,批判理论靠"理性"起家,但是它并没有极力去挖掘资产阶级社会的理性潜力。与此相反,霍克海默与阿多诺"居然已经看到政治机构、一切社会机构和日常实践都没有丝毫理性的痕迹。对他们来说,理性已成了一个乌托邦字眼,丧失了任何立足之地;这暴露出否定辩证法的全部弊病"。第二,批判理论坚持一种哲学的、从黑格尔那里接受来的真理概念,但这种概念与科学工作的证伪主义完全是两码事。第三,在政治理论层面,批判理论从来没有公正地认真对待过资产阶级民主,这是批判理论最重大的失误。② 正是意识到批判理论的这些弱点,哈贝马斯才极力营构一种交往理性,以此来弥补批判理性的不足。他的弟子韦尔默曾如此总结哈贝马斯对批判理论的贡献:"一方面他继承了早期霍克海默及其同伴的社会理论纲领;另一方面,他又接受了语言分析哲学、功能主义社会学以及韦伯的合理化理论,因而在范畴上和早期批判理论以及整个马克思主义传统有所区别。有了他的理论,批判理论才找到了一条走出辩证法否定主义死胡同的出路。"③交往理性肯定是对当代资本主义社会种种危机和矛盾的积极应对,但是不是

---

① Douglas Kellner, *Critical Theory, Marxism and Modernity*, Cambridge: Polity Press, 1989, p. 1.
② 参见〔德〕哈贝马斯:《我和法兰克福学派——J. 哈贝马斯同西德〈美学和交往〉杂志编辑的谈话》,张继武摘译,《哲学译丛》1984年第1期。
③ 转引自曹卫东:《权力的他者》,第17页。

有了交往理性批判理论就走上了阳关道,似乎还值得商榷。因为从某种意义上看,交往理性其实也是对当代资本主义社会的一种妥协。有了交往理性,批判理论固然有了某种弹性或张力,但是其风格也从刚健硬朗走向柔和多情。而且,更重要的是,那种批判精神和批判的锋芒也大大地弱化了。

理 论 资 源

法兰克福学派接受的理论资源很多,康德、席勒、尼采、叔本华、韦伯、波德莱尔、卢卡奇、胡塞尔、海德格尔、德国浪漫派、犹太神秘主义的思想,包括达达主义和超现实主义在内的现代主义运动等等,都曾不同程度地影响到或作用于法兰克福学派的一些成员。但总体而言,法兰克福学派吸收得最多的理论资源应该是马克思主义、黑格尔主义和弗洛伊德主义。

1. 马克思主义

马克思主义无疑是法兰克福学派总体思想中的一个最重要的维度。"十月革命"的胜利对当时欧洲的知识分子产生了强烈的吸引力,而这一事件也为他们去认真思考和探究马克思主义带来了动力。在这一总体氛围中,马克思作为"圣人"被请到了社会研究所里。社会研究所建立之初,创始人韦尔便与科尔施(Karl Korsch,1886—1961)建立了密切联系,并对他的立场深表赞同。而科尔施其实就是马克思主义最早的传播者之一,他的《马克思主义与哲学》和《历史唯物主义观念》成了社会研究所早期成员的启蒙读物。与此同时,霍克海默、阿多诺与本雅明等人又通过卢卡奇的《历史与阶级意识》开始接近和接受马克思主义,卢卡奇遂成为霍克海默等人的马克思主义导师。格吕堡时代,研究所虽更注重经验调查和具体的历史研究,但其大目标则是马克思主义研究计划中的工人运动,这就意味着社会研究所从一开始即已打上了马克思主义的烙印。霍克海默担任所长的第二年(1932),马克思的《1844年经济学哲学手稿》以德文全文发表,马克思的思想再一次引起研究所成员们的震动。马尔库塞随即撰写长文《历史唯物主义的基础》,对《手稿》进行详细解读。迟至1961年,弗洛姆依然出版论著《马克思关于人的概念》,极力释放《手稿》中的人道主义思想。

于是,马克思主义与法兰克福学派结下了不解之缘。在以后相当长的一段时间里,"青年马克思"的人道主义思想、异化理论、社会主义/共产主义学说、人类解放的蓝图、《资本论》中的商品拜物教理论、剩余价值学说,经过卢卡奇翻译和改写的物化理论和阶级意识学说,成为法兰克福学派重要的思想武器。而在霍克海默时代,研究所成员之所以极力打造"批判理论",很大程度上也是受到了马克思的启发。

法兰克福学派虽然致力于接受和研究马克思主义,但是与正统的马克思主义相比却存在着明显区别。经济决定论、阶级斗争、通过武装革命夺取政权等等,这是正统马克思主义者所奉行的基本原则。但是法兰克福学派崛起于无产阶级革命的低潮时期,种种血的教训使他们不得不谨慎对待"老年马克思"的学说,转而去青睐"青年马克思"的思想。"青年马克思"的思想中一方面有一种浪漫主义的维度,一方面又打上了某种黑格尔主义的烙印,加上法兰克福学派所推崇的《历史与阶级意识》致力开掘的也是马克思主义的黑格尔之维,于是,法兰克福学派的马克思主义便也涂上了黑格尔主义的底色。布克-穆斯(Susan Buck-Morss)指出:"霍克海默1931年成为所长之后,正是他把黑格尔化的、具有卢卡奇倾向的马克思主义带到了法兰克福研究所里。"①马丁·杰伊(Martin Jay)也认为:"试图概括批判理论的特征,没有比黑格尔化的马克思主义(Hegelianized Marxism)更好的说法了。"②安德森则说得更干脆:"法兰克福学派从它形成一开始,就比欧洲的任何其他学派更加充满着黑格尔的影响。"③由此看来,把马克思主义黑格尔化是西方一些学者对法兰克福学派的一致看法。

既然马克思主义已经黑格尔化,那么,法兰克福学派远离政治实践、远离马克思关于费尔巴哈的第十一条提纲("哲学家们只是用不同的方式解释世界,问题在于改变世界")、更多关注上层建筑或意识形态领域、更多思考文化问题等等也就变得容易理解了。不过,根据凯尔纳的分析,法兰克福学派的这种变化并非一步到位,而是有一个过

---

① Susan Buck-Morss, *The Origin of Negative Dialectics*: *Theodor W. Adorno, Walter Benjamin, and the Frankfurt Institute*, New York: The Free Press, 1977, p.21

② Martin Jay, *The Dialectical Imagination*: *A History of the Frankfurt School and the Institute of Social Research 1923-1950*, London: University of California Press, 1996, p.46.

③ 〔英〕佩里·安德森:《西方马克思主义探讨》,第93页。

程。1930年代,霍克海默等人是马克思主义立场的追随者与捍卫者,批判理论因此植根于马克思的《政治经济学批判》之中而呈现出一种激进主义的姿态。这时候,批判理论蕴含着"解放的旨趣"(emancipatory interest),变成了"实践的哲学"(philosophy of praxis),同时也是一种"革命的理论"(revolutionary theory)。1940年代之后,随着对斯大林主义的认识更加清醒,随着对无产阶级革命主体的极度失望,法兰克福学派开始放弃马克思主义的激进立场,"他们的理论变得越来越远离任何实践,似乎包含和暗示着被动与顺从而不是革命希望和激进实践。叔本华取代马克思成为霍克海默的哲学圣人,阿多诺的否定的辩证法也变得更具有否定性而远离了改变世界的目标。马克思关于费尔巴哈的第十一条提纲遭到遗忘,有关实践可能性的悲观主义看法开始盛行"①。

凯尔纳的分析应该是符合实际情况的。从1930年代霍克海默等人的著述中,我们可以看到他们改变社会、致力于人类解放的宏伟构想,这时候他们所信奉的马克思主义显得刚健硬朗;1940年代,尤其是写作《启蒙辩证法》之后,霍克海默等人便开始了悲观主义之旅,甚至连"最忠实于研究所原初革命目标"的马尔库塞②也不得不承认这样一个事实:"在大多数工人阶级身上,我们看到的是不革命的、甚至反革命的意识占着主导地位。当然,只有在革命的形势下,革命的意识才会显示出来;然而与以前相反,工人阶级在当今社会中的状况与革命意识的发展是相对立的。工人阶级中的绝大部分被资本主义社会所整合,这并不是一种表面现象,而是植根于基础本身,植根于垄断资本主义的政治经济之中的;宗主国的工人阶级从超额利润、从新殖民主义的剥削、从军火预算与政府的巨额津贴中分得好处。说工人阶级可以失去比锁链更多的东西也许听起来粗俗,但却是一种正确的表述。"③在《共产党宣言》的结尾,马克思曾写过如下著名的句子:"让统治阶级在共产主义革命面前发抖吧。无产者在这个革命中失去的只

---

① Douglas Kellner, "The Frankfurt School Revisited: A Critique of Martin Jay's The Dialectical Imagination," in *The Frankfurt School Critical Assessments*, Vol. I, p.55.
② Ibid, p.58.
③ Herbert Marcuse, *Counterrevolution and Revolt*, Boston: Beacon Press, 1972, pp.5-6.

是锁链。他们获得的将是整个世界。"①这种表白隐含着如下事实:一无所有的工人阶级能够成为革命主体,他们在推翻资本主义制度的过程中承担着历史的重任。然而,法兰克福学派所面对的现实处境是,工人阶级早已刀枪入库,马放南山,服服帖帖地当起了资本主义社会的顺民。这时候,学派成员除了修正马克思主义之外,也许已没有更好的选择了。

2. 黑格尔主义

法兰克福学派被称为"黑格尔化的马克思主义"或"黑格尔主义的马克思主义"意味着这样一个事实:黑格尔的思想一直是批判理论中一条隐秘的线索。事实上,霍克海默、阿多诺、马尔库塞等人在接受马克思之前或之中已经接受了黑格尔,其后,黑格尔的幽灵便在他们的思想中游荡。当他们激进着的时候,马克思的声音便湮没了黑格尔;当他们由激进转为保守时,黑格尔则开始在他们的思想中显山露水。那么,他们从黑格尔那里继承了些什么呢?

首先是理性。强调理性是法兰克福学派著作中的一个显著特征,霍克海默在其一生中反复强调,理性是任何一个进步的社会的理论基础;马尔库塞专门撰写《理性与革命》一书,同样强调的是理性的重要性。而他们所谓的理性恰恰来源于黑格尔。因为在黑格尔看来,知性只是心灵世界中较低的能力,它赋予世界以结构。就知性而言,世界是由只与自身同一的、与其他事物全然对立的有限实体构成的,所以它无法透过现象看本质,也不能把握事物深层的辩证关系。而理性指的却是一种超越单纯的现象从而把握深层现实的能力,因此,理性高于知性。② 法兰克福学派的思想家正是继承了黑格尔的这种理性观,以和当时最大的非理性主义——法西斯主义相抗衡。这在马尔库塞的论述中可以看得很清楚,他指出:理性是哲学思想的基本范畴,是哲学与人类命运联系到一起的唯一方式。现存的一切并非是自然而然或合情合理的,相反,现存的一切必须带到理性的面前接受审判。"所有与理性相悖的东西或非理性的东西可以被设定为某种必须铲除的

---

① 《马克思恩格斯选集》第 1 卷,北京:人民出版社 1995 版,第 307 页。
② See Martin Jay, *The Dialectical Imagination: A History of the Frankfurt School and the Institute of Social Research 1923—1950*, p. 61.

东西。理性被确定为一个批判的法庭。"同时,他还直接引述黑格尔的论说,把自由看作理性的一个核心要素。① 由此看来,法兰克福学派之所以强调理性,一方面是要批判非理性主义,另一方面也是要为他们所设计的理想社会寻找到一种最牢靠的基石。

其次是辩证法。黑格尔哲学的最大成果是在唯心主义基础上阐述了辩证法的思想。马克思指出:"辩证法在黑格尔手中神秘化了,但这决没有妨碍他第一个全面地有意识地叙述了辩证法的一般运动形式。"②马克思正是批判地改造了黑格尔的哲学,才使他的辩证法成为了马克思主义的理论来源之一。法兰克福学派同样对黑格尔的辩证法情有独钟,并在继承之中又有创新。比如,阿多诺的哲学目标是建立一种"否定的辩证法"(negative dialectics),在他看来,古往今来的哲学,其基本精神是追求一种"同一性",即寻求某种秩序和不变性,但这种同一性实际上是一种神话。为了打碎这种神话,建立起一种他所谓的"非同一性"(non-identity)哲学,他认为唯一可行的方式是连续不断地否定。这样一来,他的辩证法就不仅超越了黑格尔,也超越了马克思。因为在黑格尔、马克思那里,辩证法虽然讲求否定,但这种否定是与肯定相伴相生的,所以才有了"否定之否定"的辩证法法则。但阿多诺所谓的否定则是绝对的否定,是不含任何肯定的否定。"否定之否定"不会导致肯定,只是证明了第一次的否定不彻底。③ 而本雅明则希望建立一种"定格的辩证法"(dialectics at a standstill),这种辩证法不是动态的,而是处于停滞状态可以"定格"的。让凝固化的"单子"(monad)、让结晶化的意象直接说话实际上构成了"定格的辩证法"的主要内容。总体上看,法兰克福学派对辩证法的继承与发展是对主客体关系重新阐释的产物,是他们在建构其历史哲学时所形成的一种哲学方法。

第三是否定性。否定或否定性是法兰克福学派热衷使用的一个概念,这一概念显然来自黑格尔。而在法兰克福学派中对黑格尔的否定性开掘力度最大者应该是马尔库塞。《理性与革命》一书就是对黑格尔的专门研究,通过这种研究,马尔库塞想在书中解决两个基本问

---

① Herbert Marcuse, *Negations: Essays in Critical Theory*, pp. 135-136.
② 《马克思恩格斯选集》第2卷,北京:人民出版社1995版,第112页。
③ 参见[德]阿多尔诺:《否定的辩证法·中译本序》,张峰译,重庆出版社1993年版,第4页。

题:第一,他想论证的是黑格尔的哲学并非法西斯主义的哲学基础;第二,他想拯救出掩埋在黑格尔哲学内部的否定性思想。谈到这本书的写作动机时马尔库塞指出:"写作此书是希望为复兴作点贡献;不是复兴黑格尔,而是复兴濒临绝迹的精神能力:否定性思想的力量。"①在他看来,"否定"是辩证法的核心范畴,"自由"是存在的最内在动力。而由于自由能够克服存在的异化状态,所以自由在本质上又是否定的。而否定、自由、对立、矛盾则是构成黑格尔所谓的"理性"的基本元素。然而,"随着经济、政治和文化控制的不断集中与生效,所有领域中的反抗已被平息、协调或消灭"②。于是,当技术文明的进程使人们在自己的言论与行动中只剩下承认甚至肯定现实或现状的能力时,呼唤、拯救并镀亮黑格尔辩证法中的否定性思想便显得尤其重要。因为否定性思想的作用是要"打破常识的自信与自满,破坏对事实的力量和语言的盲目信任,说明事物的核心极不自由,以致他们的内在矛盾的发展必然导致质变:既定事态的爆炸或灾变"③。马尔库塞如此强调"否定性力量"(power of Negativity)的功能,显然与法兰克福学派批判理论的总体旨趣是一致的。因为有无否定性,应该是区分批判理性与技术理性的主要标志。正是在这一意义上,法兰克福学派的批判理论接通了黑格尔的思想。

  法兰克福学派对黑格尔的思想既有继承与发展,也有批判和扬弃,这意味着两者的关系错综复杂,远非三言两语可以说清楚。而且,法兰克福学派在与黑格尔主义的交往中,一方面对黑格尔的精神革命(从主观意识的革命去摆脱异化现实的束缚,希望用艺术等意识活动粉碎日常生活对人的意识的扭曲)青睐有加,一方面也在此基础上拿来了青年黑格尔学派的东西,这就使得学派与黑格尔主义的关系变得更加扑朔迷离了。青年黑格尔学派把思辨哲学推到极端,把自我意识绝对化,把它看成是普遍的、无限的自我意识。与黑格尔相比,他们更

---

① 〔美〕马尔库塞:《理性与革命》,见〔美〕梅·所罗门编:《马克思主义与艺术》,杜章智等译,北京:文化艺术出版社1989年版,第569页。

② Herbert Marcuse, *Reason and Revolution*: *Hegel and the Rise of Social Theory*, N. J.: Humanities Press, 1983, p.434.

③ 〔美〕马尔库塞:《理性与革命》,见〔美〕梅·所罗门编:《马克思主义与艺术》,第571页。

彻底地把历史变成在纯思维领域内并借助于纯思维而实现的精神发展。法兰克福学派把理论批判本身看作变革社会的力量,如此一来,他们就犯了和青年黑格尔学派同样的错误。这种错误就是马克思所指出的:"改造社会的事业被归结为批判的批判的大脑活动。"①从这一意义上看,法兰克福学派无论从黑格尔那里拿来了多少有用的东西,但是它身上那种根深蒂固的黑格尔主义却又帮助其成员完成了某种退缩和逃避,而且,有了黑格尔主义的理论包装,这种退缩和逃避还具有了冠冕堂皇的借口和理由。

3. 弗洛伊德主义

弗洛伊德(Sigmund Freud,1856—1939)的学说成形于19—20世纪之交,其核心是力比多理论和无意识假说。而生命本能与死亡本能,本我、自我与超我则构成了其理论的主要支柱。《精神分析引论》之后,弗洛伊德的立足点越来越高,探讨的问题也越来越普遍化,研究的对象则从精神病患者扩大到了整个人类。当他把精神分析的基本原理广泛运用到人类社会生活和文化历史发展的各个领域中时,精神分析学也就变成了一种哲学学说,一种社会文化理论。正是在这种情况下,精神分析学才升格为"弗洛伊德主义"。

可以说,弗洛伊德的学说深刻地影响到了法兰克福学派的思想。霍克海默、阿多诺、马尔库塞、弗洛姆等人除了是马克思、黑格尔的信徒之外,还应该是弗洛伊德的信徒。这从他们的相关表述中便可以见出。1942年10月,心理学家克里斯(Ernst Kris)曾询问社会研究所对弗洛伊德的态度,霍克海默明确答复如下:"我们确实深深地受惠于弗洛伊德及其首批合作者。他的思想是我们的基石之一,没有它,我们的哲学就不会是这种样子。"②1950年代,当哈贝马斯到了社会研究所之后,阿多诺对他的忠告是:真正的研究首先是要吃透经典作家的原著,而二手著作总是无足轻重的,马克思和弗洛伊德就是这样的经典作家。③ 1960年代,弗洛姆在其著作中也依然承认:"马克思、弗洛伊

---

① 参见徐崇温:《"西方马克思主义"》,天津:天津人民出版社1982年版,第320—322页。
② Martin Jay, *The Dialectical Imagination: A History of the Frankfurt School and the Institute of Social Research 1923-1950*, p.102.
③ 〔德〕哈贝马斯:《我和法兰克福学派——J. 哈贝马斯同西德〈美学和交往〉杂志编辑的谈话》。

德和爱因斯坦都是现时代的设计师。……他们各人以自己独特的方式进行了研究,他们的著作不仅具有科学性,而且具有最高的艺术性,最高地体现了渴求理解、渴求知识的需要。"①由此可见弗洛伊德在法兰克福学派成员心中的位置。而当弗洛姆放弃力比多理论和俄狄浦斯情结,试图对弗洛伊德的理论进行修正时,他的这种举动甚至遭到了霍克海默和阿多诺等人的批判,这一事件成为弗洛姆1940年代初离开社会研究所的重要原因之一。

那么,为什么法兰克福学派会重视弗洛伊德的学说呢?概而言之,原因有三。

第一,弗洛伊德的学说为法兰克福学派的理论研究提供了一种有效的观察视角和方法。如前所述,在1930—1940年代,极权主义、威权主义人格、大众文化等成为社会研究所的主要研究对象,当研究所成员深入这些研究对象的内部之后,他们也就深入到了个体与群体的心理学层面。这时候,他们发现精神分析学说中的基本观念和思维方式可以为其研究提供一种有效的解释。比如,弗洛姆通过研究发现,施虐—受虐狂性格其实就是极权主义性格的主要特征,而极权主义性格又是产生法西斯主义的温床。这种结论实际上就是弗洛伊德理论视角分析之下的产物。"阿多诺对弗洛伊德最感兴趣的是他的《群体心理学与自我的分析》一书"②,借助于弗洛伊德的力比多能量、自居作用、催眠术等关键概念,阿多诺认为,法西斯主义的宣传之所以能够取得成功,关键在于其煽动者能"把原始的力比多能量保持在一个无意识的水平上,以便使它以适合政治目的的方式表现出来"③。这种分析之所以能让人耳目一新,依然是运用精神分析方法的结果。

第二,弗洛伊德一方面致力于挖掘人性中邪恶的一面,一方面对人类文明持一种悲观主义的看法,他的这种思想倾向暗合了法兰克福学派1940年代的思想基调。马丁·杰伊指出,法兰克福学派"对革命

---

① 〔美〕埃里希·弗洛姆:《在幻想锁链的彼岸》,张燕译,长沙:湖南人民出版社1986年版,第10页。

② Martin Jay, *The Dialectical Imagination: A History of the Frankfurt School and the Institute of Social Research 1923-1950*, p.197.

③ Theodor W. Adorno, *The Culture Industry: Selected Essays on Mass Culture*, ed. J. M. Bernstein, London: Routledge, 1991, pp.118-119.

可能性不断增长的悲观主义,很自然地伴随着对弗洛伊德强烈的欣赏。在一个社会矛盾看起来不仅无法解决,反而变得越来越晦暗不明的社会里,弗洛伊德思想中的自相矛盾是反对修正主义者和谐幻觉的必要堡垒,不仅弗洛伊德的思想,而且其思想中最极端、最骇人听闻的方面都是最有用的"①。

第三,法兰克福学派靠马克思主义起家,但其成员却越来越发现马克思主义总是在经济基础和上层建筑领域中打转转,它是一种哲学、政治学或社会学,却无法成为一种心理学;它从宏观上对阶级关系、革命方案、人类社会的走向做出了描述,但是却无法深入到人的微观世界之中;它关心的是作为集体的人的存在,却把个体的人放逐到了自己的视野之外。因此,马克思主义必须加以补充或修正,其修正方案就是把弗洛伊德的心理学拿过来,让它和马克思主义取长补短,携手共行。阿多诺说:"我们所采用的心理分析方法让我们意识到,越是深入到社会意识的深处,它也就越是能避免任何明显的和理性的社会经济因素作为其参考。正是在心理学范畴的底部,我们能重新发现那些社会要素。"②马尔库塞则说得更加明确:"最令人吃惊的是统治的权力结构对个人的意识、潜意识甚至无意识领域进行操纵、引导和控制的程度。因此,我在法兰克福学派的一些朋友认为,心理学是必须融入马克思主义理论的一个主要知识部门,这不是为了取代马克思主义,而是为了充实马克思主义。"③

在用弗洛伊德主义修正或充实马克思主义的过程中,法兰克福学派中的两个人物用力最大,不可不提。其一是马尔库塞,其二是弗洛姆。1955 年,《爱欲与文明》一书的出版,标志着马尔库塞思想的重要转变。在这本专门阐释弗洛伊德思想的著作中,马尔库塞对弗洛伊德边打边揉,然后提出了爱欲解放的理论。弗洛伊德认为,文明的历史就是人的本能欲望遭到压抑的历史,因此,文明与本能满足是一对不

---

① Martin Jay, *The Dialectical Imagination: A History of the Frankfurt School and the Institute of Social Research 1923-1950*, p. 105.
② Martin Jay, *Permanent Exiles: Essays on the Intellectual Migration from Germany to America*, New York: Columbia University Press, 1985, p.36.
③ [英]布莱恩·麦基编:《思想家——当代哲学的创造者们》,周穗明等译,北京:三联书店1987年版,第62页。

可解决的矛盾——要么毁灭文明,要么接受压抑,非压抑性文明是不存在的。然而,在马尔库塞看来,本能力量的解放与文明的发展并不矛盾,如果人们能够合理地使用自己的本能力量,那么非压抑性文明社会的出现是可能的。"在非压抑性生存的环境中,工作时间(即苦役)被降低到了最低限度,而自由时间也摆脱了统治利益强加于它的所有闲暇活动和被动状态。"① 这是马尔库塞描绘出来的文明社会的理想状态,也是爱欲解放之后的理想图景。经过马尔库塞的这番解释之后,弗洛伊德便与马克思胜利会师了,因为他们两人都认为只有受"压迫"和遭"压抑"的人才有解放的要求和冲动,而解放就是解除"压迫"和"压抑",使人获得身心的自由。于是,尽管两人的理论基础很不一样,但最终的目标却是相同的,即都是为了人类解放。而在马尔库塞看来,他的爱欲解放说实际上就是调和了马克思与弗洛伊德的思想,对人类解放构想的一种新设计。

弗洛姆虽然与马尔库塞有过争论,但是在调和弗洛伊德主义和马克思主义的问题上,两人的看法却是基本一致的。1940年代,弗洛姆虽然因为修正弗洛伊德的理论而不得不离开社会研究所,但是他从未放弃过精神分析,也从未放弃对马克思的思考。1962年,《在幻想锁链的彼岸》一书出版,标志着他打通马克思与弗洛伊德的帷幕已经拉开。在他看来,人道主义和人性的思想是马克思和弗洛伊德的思想赖以产生的共同土壤,两人思想的共同点可以概括为三句话:"1. 我们必须怀疑一切;2. 人所具有的我都具有;3. 真理会使你获得自由。"② 第一句话意味着两人身上都有一种批判精神,第二句话指的是两人思想中都蕴含着对完整人性的追求,第三句话说的是两人思想中都潜藏着对真理的解放力量的信念。"真理既是改造社会的基本手段,又是改造个人的基本手段";"他俩都希望人类从他的幻想的锁链中解放,其目的正是为了把他唤醒,使他能像一个自由人那样行动"。③ 正是通过种比照,弗洛姆把马克思主义和弗洛伊德主义糅到了一起。

现在看来,法兰克福学派对弗洛伊德主义的欣赏,对弗洛伊德主

---

① 〔美〕马尔库塞:《爱欲与文明·1961年标准版序言》,黄勇等译,上海译文出版社1987年版,第15页。
② 〔美〕埃里希·弗洛姆:《在幻想锁链的彼岸》,第12页。
③ 同上书,第16页。

义与马克思主义的调和,其实反映的是他们面对新的历史语境所出现的一种阐释焦虑,其理论价值远远大于实践意义。因此,我们不应该像正统马克思主义者那样,仅仅停留在对他们的指责上,而是应该看到他们直面现实、调整视角的良苦用心。当然,我们也应该记住,由于他们对弗洛伊德学说的欣赏、呵护和不断开掘,法兰克福学派除了被称为"黑格尔主义的马克思主义"之外,还被称作"弗洛伊德主义的马克思主义"。

美 学 思 想

安德森指出,西方马克思主义在美学方面所写的全部著作,"其内容之广博、种类之繁多,同历史唯物主义的经典遗产中所有其他著作相比,都要丰富得多,也深刻得多。也许最终可以证明,这些作品是西方马克思主义最永恒的集体成果"①。他的这种论述包括法兰克福学派。而事实上,经过历史长河的淘洗,法兰克福学派的美学思想也确实依然在今天熠熠生辉。可见,安德森的断言并不离谱。

那么,法兰克福学派的美学思想涉及怎样的内容,又具有怎样的特点呢?应该说,这是一个很大的问题。在以下几方面的归纳中,我们只是提供了一些接近和理解法兰克福学派美学思想的入口。从每一个入口进去,我们都会发现那里面有一片广阔的天地。

1. 捍卫真艺术

仔细思考法兰克福学派的美学思想,我们发现其成员有着大致相同的逻辑起点,这个起点便是对"真艺术"(genuine art)的钟情、痴迷与捍卫。当然,细究起来,那个真艺术的内涵又有细微的区别。比如,对于阿多诺来说,他更为关注的是包括勋伯格(Aunold Schönberg, 1874—1951)和贝克特(Samuel Beckett, 1906—1989)等人在内的现代艺术,而本雅明则对包括达达主义和超现实主义在内的先锋艺术情有独钟,因此,他们二人虽大体上可以称为审美现代主义者,但这个现代主义的内涵却并不相同。胡伊森(Andreas Huyssen)指出,阿多诺对包括波德莱尔、福楼拜、马拉美、霍夫曼斯塔尔(Hugo von Hofmannsthal)、瓦莱里(Paul Valéry)、普鲁斯特、卡夫卡、乔伊斯、策兰(Paul Celan)和

---

① 〔英〕佩里·安德森:《西方马克思主义探讨》,第100页。

贝克特等作家在内的现代主义文学给予了特别关照,而历史上的先锋派运动,如意大利未来主义、达达主义、俄国构成主义和生产主义、超现实主义却在他所指认的经典之作中一再缺席。正是因为这一原因,"阿多诺不是一个先锋派理论家,而是一个现代主义理论家。不仅如此,他还是打造'现代主义'的理论家,而这个'现代主义'已消化了历史上那个先锋派的失败"①。而由于本雅明更多地去维护先锋艺术并释放其潜力,他其实是先锋派美学的始作俑者。与阿多诺和本雅明相反,洛文塔尔更青睐于一些具有"古典"意味的作家作品,塞万提斯、莎士比亚、高乃依、拉辛、莫里哀、歌德、易卜生等人是洛文塔尔心目中伟大的作家,他们的作品构成了他所谓的真艺术。马尔库塞早年做的博士论文是《论德国艺术家小说》,在其晚年,他虽然在操作方案上更强调作为形式的艺术,但19世纪以前的高雅文学显然构成了他心灵世界的重要支柱。他说:"文学和艺术所要传达的信息是:现实世界就是从古至今所有恋人们体验过的世界;就是李尔王、安东尼和克娄巴特立体验过的世界。"②正是在这样的艺术作品中,他看到了艺术对既定的现实原则的超越。

　　法兰克福学派理论家尽管对真艺术的理解不尽相同,但毫无疑问,这些艺术曾滋养过他们的心灵世界,并成为他们生命体验中的一个重要支点。同时,与批判理论结合后,真艺术也开始塑造他们的思维方式,打造他们观察世界的方式。他们后来批判大众文化当然有其更为复杂的原因,但从既成的思维方式和观察方式出发去打量和思考大众文化,并进而去保护他们心目中真艺术,也应该是其中的一个重要原因。

2. 强调艺术自律

　　"自律"(autonomy)原本是康德伦理学中的范畴,意谓人的道德精神通过主体意志为自己立法,而不屈从于外部权威设立的规范。自律与他律相对,服从于外在于主体意志本身的力量就是他律。康德在《判断力批判》中确立审美的特殊性时也引入了自律观念,认为艺术和审美是无目的的合目的性,与功利的、实用的外在目的无关。后来,德

---

① Andreas Huyssen, *After the Great Divide: Modernism, Mass Culture, Postmodernism*, London: The Macmillan Press Ltd., 1986, p.31.
② 〔英〕布莱恩·麦基编:《思想家——当代哲学的创造者们》,第72页。

国音乐美学家汉斯立克(Eduard Hanslick,1825—1904)在《论音乐的美》中正式将自律概念引入音乐美学,提出音乐是自律的艺术、纯粹的艺术。在康德美学思想的影响下,汉斯立克的"艺术自律"概念成了现代西方美学的核心命题。①

受康德美学的影响,法兰克福学派同样强调艺术自律的问题。阿多诺指出,艺术自律意味着艺术日益独立于社会的特性。② 他认为,从艺术发展之初一直延续到现代极权国家,始终存在着大量的对艺术的直接控制,其结果是艺术沦落风尘,失去了自己的清白之身。虽然阿多诺始终是在自律与他律这个艺术的悖论中展开自己对艺术问题的思考的,但是可以看出,他对自律艺术演变成他律艺术流露出深深的焦虑。在《审美之维》的开头,马尔库塞便开宗明义:"我认为,艺术因其审美形式主要是自律的,它对应于既定的社会关系。在艺术的自律王国中,艺术既抗拒着这些关系,同时又超越它们。"③马尔库塞似乎并不关心阿多诺所谓的艺术的双重本质问题,他关心的是艺术如何才能走向自律,从而获得审美的形式,成为超越现实的维度。霍克海默则在美是自由的思维框架中进一步确认了艺术自律的价值。他认为真正的艺术能够唤起人们对自由的回忆,自由使得流行的标准显得偏狭和粗俗。"自从艺术变得自律以后,它就一直保留着从宗教中升华出来的乌托邦因素。"④

可以把法兰克福学派理论家对艺术自律的重视看作批判理论的合理延伸。因为在一个工具理性愈演愈烈的时代里,只有批判理性才能成为一种制衡的力量。但是,如果批判理性只是一种哲学的宣谕,它也就变成了一种空洞的说教或标语口号式的东西,这样,它就需要从审美理性中汲取营养,以使自己不断获得元气并获得一种感性形式。那么,审美理性又是来自何处呢?显然无法来自他律艺术,因为在阿多诺等人看来,他律艺术是商品而不是艺术品,那里面无法生长

---

① 参见冯宪光:《"西方马克思主义"美学研究》,重庆:重庆出版社1997年版,第213页。
② Theodor W. Adorno, *Aesthetic Theory*, trans. Robert Hullot-Kentor, London: The Athlone Press, 1997, p.225.
③ Herbert Marcuse, *The Aesthetic Dimension: Toward a Critique of Marxist Aesthetics*, Boston: Beacon Press, 1978, p.ix.
④ Max Horkheimer, *Critical Theory: Selected Essays*, p.275.

出审美理性;同时,按照阿多诺的观点,传统艺术也不可能养育出健全的审美理性,因为传统艺术遵循着"美是和谐"的审美法则,这是一种对历史苦难美化和遗忘的肯定性艺术,它所营造的那种和谐也只是一种幻觉和假象。如此看来,生长审美理性的丰壤沃土只能是自律艺术。因为自律艺术中蕴藏着自由的元素和阿多诺所谓的"真理内容"(truth content),保留着否定性、异在性、精神性、超越性的维度,肩负着批判现存秩序的使命,寄予着人们对解放的期望。只有在自律艺术中,批判理性才能获得一种美学合法性。正是因为上述原因,自律艺术才成为法兰克福学派理论家最后依托的对象,强调艺术自律也成了批判理论最重要的美学内容。

3. 艺术与大众文化的二元对立

1930年代末至1940年代初,分析大众文化曾是社会研究所的主要研究课题之一,在此基础上,霍克海默与阿多诺提出了"文化工业"的著名论断。其后,阿多诺就没有中断过对大众文化的批判,洛文塔尔也不断沉入历史的语境之中,去梳理和分析18世纪以来欧洲所出现的通俗文化现象。而马尔库塞则在1960年代延续社会研究所的流风遗韵,对美国的大众文化进行了猛烈的抨击。在对待大众文化的问题上,法兰克福学派理论家虽存在着一些分歧甚至有截然相反的看法,但批判大众文化一直是法兰克福学派的主流声音。而对于法兰克福学派来说,批判大众文化虽然有许多更为隆重的理由,但是毫无疑问,它也应该是一个美学事件。

为什么可以把它说成美学事件呢?因为阿多诺等人在分析大众文化时有一个共同的立场——他们常常是从维护艺术的角度去反思和批判大众文化的,所以,大众文化实际上是艺术、真艺术、自律艺术等等的对立面。比如,霍克海默曾写过《艺术与大众文化》的文章;在《启蒙辩证法》中,轻松艺术(light art,其实就是大众文化)和严肃艺术或自律艺术成了对举的概念;在马尔库塞的后期著作中,艺术与大众文化相对立的思路也非常明显。而对于这一问题,洛文塔尔的表述则更加明确。在《文学、通俗文化与社会》一书中,洛文塔尔一方面采用了"艺术与大众文化"两分法的分析方案,另一方面他也同时指出:"文学是由两种强大的文化合成物构成的:其一是艺术,其二是具有市场导向的商品。"①"与通俗文化相对应的概念是艺术。"②上述事实表明,法兰克福学派批判大众文化显然存在着一个美学的维度。

对于他们来说,建立起这样一个维度应该是顺理成章的。因为自律艺术的对立面是他律艺术,而大众文化或文化工业正是当代他律艺术的集中表现形式。这种形式一经出现,除了会成为控制大众、传播宰制的意识形态的工具外,还会对自律艺术构成威胁。霍克海默指出,大众文化产品是资本运作的结果,"这种经济需要阻止了对每件艺术作品的内在逻辑的追求——对艺术作品本身自律需要的追求。今天所谓的大众娱乐实际上是被文化工业唤起、操纵和暗暗败坏的需要。它与艺术无关,在它假装与艺术相关的地方就更是如此"③。而对于阿多诺来说,他之所以坚持自律艺术与他律艺术(亦即艺术与大众文化)的清晰边界,是因为在他看来,只有自律艺术才能成为抵制文化工业、乃至抗议社会的有效武器。阿多诺说:"全能的文化工业越是为了自身目的抓住照明/启迪原理(the principle of illumination)不放,并为了持久性的黑暗腐蚀它与人类的关系,艺术就越是起而反抗这种虚假的光明;它用那种受压制的黑暗外形,反对万能的霓虹灯风格(neon-light style),并且只有用其自身的黑暗证明这个光明的世界有罪,艺术才能有助于启迪。"④这种表述,一方面可以看出文化工业对人类的危害,一方面也可以看出阿多诺通过艺术向文化工业宣战的意图。

大众文化是否对自律艺术构成了某种威胁,自律艺术能否成为对抗文化工业的有效武器,显然这是一个更大的问题,这里暂不讨论。我们想要说明的是,一旦法兰克福学派理论家靠在艺术与大众文化的层面上思考问题,他们也就形成了一种二元对立的思维方式:为了维护艺术,必须批判大众文化;而批判大众文化的目的又是为了更有效地维护艺术。艺术与大众文化的关系因此可以描述为势不两立,你死我活。若用后现代主义美学的眼光加以审视,这种思维方式太死板且

---

① Leo Lowenthal, *Literature, Popular Culture, and Society*, Englewood Cliffs, NJ: Prentice-Hall, 1961, pp. xi-xii.
② Ibid., p.4.
③ Max Horkheimer, *Critical Theory: Selected Essays*, p.288.
④ Theodor W. Adorno, *Philosophy of New Music*, trans. Robert Hullot-Kentor, Minneapolis: University of Minnesota Press, 2006, p.16.

过于冬烘,完全不符合"怎么都行"的游戏规则。但是在大众文化甚嚣尘上的今天,当许多问题被遮蔽因而引起价值判断的混乱时,回到法兰克福学派的立场、视角和思维方式,也许不失为一种明智之举。

4. 美学作为救赎

"救赎"(redemption)原是神学术语,意谓通过耶稣的牺牲使人从罪恶中得到拯救。西方学者谈到法兰克福学派一些成员的美学思想时,喜欢用"救赎"一词。比如,祖德瓦特(Lambert Zuidervaart)分析阿多诺美学思想的书名是《阿多诺的美学理论:幻想的救赎》(Adorno's Aesthetic Theory: the Redemption of Illusion),沃林(Richard Wolin)研究本雅明美学思想的专著是《本雅明:救赎的美学》(Walter Benjamin, An Aesthetic of Redemption)。同时,"救赎"也成了国内一些学者对阿多诺美学思想的基本定位。① 可见,"救赎"应该是法兰克福学派美学的一个基本特色。

把艺术或美学看作救赎之途意味着法兰克福学派的美学有一种神学背景,那么,这种神学背景来自何处呢? 我们应该注意如下事实:法兰克福学派的第一代成员大都出生在一个被同化的犹太人家庭,这意味着在他们的思想中或多或少地存在着一种犹太情感。霍克海默在其晚年承认:"犹太教是我的宗教信仰,德意志帝国是我的祖国。"并相信"没有一种我表示赞赏的哲学会不具有神学因素"。② 阿多诺在给霍克海默的一封信(1935年2月25日)中也曾坦率地承认过自己的"神学倾向"③,以至于马丁·杰伊认为"沉寂无声却依然可以感觉到的犹太人的冲动"是阿多诺思想中的重要维度之一。④ 受朔勒姆(Gershom Scholem,1897—1982)影响,本雅明的犹太神秘主义思想非常浓郁。在《历史哲学论纲》中,他以犹太神学思想整合马克思主义/历史唯物主义的意图体现得更是淋漓尽致。马尔库塞身上的神学思想虽然相对较弱,但是当他晚年开始认同布洛赫(Ernst Bloch,1885—1977)的"具体的乌托邦"(concrete utopia)时,其神学思想最终还是呈

---

① 参见冯宪光:《"西方马克思主义"美学研究》,第255页;周宪:《20世纪西方美学》,南京:南京大学出版社1997年版,第103页。
② 〔德〕H.贡尼、R.林古特:《霍克海默传》,第105,111页。
③ 同上书,第69页。
④ Martin Jay, Adorno, London: Fontana Paperbacks, 1984, p.19.

现了出来。洛文塔尔在其晚年也承认了这个事实,他说:"深深植根于犹太形而上学与神秘主义中的乌托邦—弥赛亚主题(Jewish-messianic motif),对于本雅明起着重要的作用,当然,对于恩斯特·布洛赫、赫伯特·马尔库塞以及我本人同样也是如此。"①法兰克福学派成员的神学思想如此根深蒂固,以至于一些西方学者干脆把批判理论界定为"一种隐蔽的神学"。②

法兰克福学派的美学思想就是这种神学背景之下的产物,这也意味着,当他们面对这个充满了痛苦、灾难和工具理性之阴霾的世界而找不出更好的解决办法时,便只好把希望寄托在艺术之上,然后通过艺术所营造的那个审美乌托邦王国,去实现救赎的愿望。阿多诺在《最低限度的道德》③一书的结尾指出:"面对绝望,唯一能够尽责尽力

---

① Leo Lowenthal, *An Unmastered Past : The Autobiographical Reflections of Leo Lowenthal*, p. 232.
② 〔德〕H. 贡尼、R. 林古特:《霍克海默传》,第 72 页。
③ 此书的德语原名是 *Minima Moralia : Reflexionen aus dem beschädigten Leben*,英译为 *Minima Moralia : Reflections from Damaged Life*,但 *Minima Moralia* 究竟该如何翻译,汉语学界并未统一。较早且后来较流行的译法是《最低限度的道德》(参见〔美〕马丁·杰:《法兰克福学派的宗师——阿道尔诺》,胡湘译,长沙:湖南人民出版社 1988 年版,第 211 页),后有人译为《小伦理》(参见杨小滨:《否定的辩证法——法兰克福学派的文艺理论与文化批评》,上海:上海三联书店 1999 年版,第 170 页),《最小的道德》(参见罗松涛:《生命的辩证法——基于阿多诺的非同一性哲学思考》,《马克思主义与现实》2014 年第 5 期)等。2009 年,美国的曹雅学女士译出该书中几篇文字,并授权于我贴本人博客,随后她又写出《Minima Moralia 怎么译》的辨析文章,认为《最低限度的道德》翻译不佳,主张暂译为《伦理随想录》。后曹译书名曾被国内译者借用(参见〔德〕罗尔夫·魏格豪斯:《法兰克福学派:历史、理论及政治影响》上册,孟登迎、赵文、刘凯译,上海:上海人民出版社 2010 年版,第 85—86 页)。在与曹雅学女士讨论这一书名时,笔者曾向方维规教授请教,他认为译作《道德初阶》或许更好。其后他又修订为《伦理初阶》,并对如此翻译做了较详细的解释(参见方维规:《20 世纪德国文学思想论稿》,北京:北京大学出版社 2014 年版,第 107 页)。笔者以为曹译、方译均可圈可点,但考虑到阿多诺喜欢反用(其实也是戏仿一种)他人表达而在对比中推出自己的思考(如 *Minima Moralia* "题献"的第一句话中有"忧郁的科学"[melancholy science]之说,便是反用了尼采所谓的"快乐的科学"[joyful science]),*Minima Moralia* 又恰好是对亚里士多德 *Magna Moralia*(《大伦理学》)的反用和戏访(参见 https://en.wikipedia.org/wiki/Minima_Moralia),那么,把 *Minima Moralia* 译作《小伦理学》,或许也不失为一种较理想的译法。而且,亚氏《大伦理学》主要探讨的是至善、德性、幸福、美好的生活等问题(参见〔古希腊〕亚里士多德:《大伦理学》,徐开来译,见苗力田主编:《亚里士多德全集》第 8 卷,北京:中国人民大学出版社 1994 年版,第 250—251 页),阿多诺《小伦理学》则大量涉及至恶、不幸、错误的生活、已然没有生活、生活不再生活等,正好可以与前者形成一种对比。但由于《最低限度的道德》使用者众,流布也广,作为书名辨识度较高,也由于笔者还未深入研究 *Minima Moralia* 一书,故本书行文,依然暂用《最低限度的道德》之名。《小伦理学》的译法姑列于此,供笔者及学界同仁进一步思考。

去实践的哲学,是试图从救赎的层面去观照所有事物,考量它们在这个层面上会呈现的样子。只有通过救赎,知识才有照亮世界的光芒:其他的一切都是重构,雕虫小技而已。必须塑造出这样一些视角:将这个世界错置其位,使其陌生化,揭示其本相,包括它的裂缝与罅隙,就像有朝一日它终将在弥赛亚之光中呈现出贫困与扭曲之相那样。"①这种思考很大程度上代表了法兰克福学派理论家的共同想法。

法兰克福学派的美学因其神学背景而成为救赎的美学,但我们更应该把它看成一种失败者的美学,因为只有在失败者那里才会把宗教神学作为自己最后的皈依。然而,这样一种美学思想却被一些学者指责为"救世主心态""强式乌托邦主义""陈腐的理论范式"。② 法兰克福学派的美学正像其批判理论一样,同样是特殊历史语境下的产物,这就意味着它也带着诸多的历史局限。但是,我们也应该看到,他们的美学因其神学背景而变得更富有张力了,这种景象是在其他一些西方马克思主义美学(比如布莱希特、萨特的美学)那里无法看到的。

结　　语

有必要再次强调,法兰克福学派的哲学、社会学、美学、大众文化理论等等,都是特殊历史语境下的产物,它的魅力和缺陷,也必须还原到相关的历史语境之下才能获得充分的理解。这意味着在马克思主义发展的链条上,把法兰克福学派抬得过高不太合适,贬得过低也毫无道理。我们真正需要的是一种历史主义的眼光,以同情的理解来对待它留给我们的这份丰厚而驳杂的遗产。

而由于法兰克福学派在哲学、美学、文化等意识形态领域里沉浸最久、思考最深,所以,其遗产也会在这些方面呈现出更大的价值。事实上,当代西方的哲学美学研究,许多维度都是建立在阿多诺、本雅明

---

① Theodor W. Adorno, *Minima Moralia*: *Reflections from Damaged Life*, trans., E. F. N. Jephcott, London and New York: Verso, 1991, p.247.

② See Richard Wolin, *The Terms of Cultural Criticism*: *The Frankfurt School, Existentialism, Poststructuralism*, Columbia University Press, 1992, p.76.

等人的思想起点上的；或者说，法兰克福学派的理论已在很大程度上参与了当代西方的文化理论建设。我们现在谈论现代主义与后现代主义、现代性、大众文化、媒介文化、文化研究等等，是没办法绕过法兰克福学派的，因为阿多诺、本雅明等人在这方面已做出过卓有成效的思考，他们是这些问题的先知先觉者。只有正视他们的遗产，我们才可能有所作为。

对于中国的理论界来说，法兰克福学派的思想也应该能够成为其重要参照。1970年代后期至1990年代初期，法兰克福学派的思想曾参与了国内哲学、美学、文艺学的理论建设，然而，1990年代中后期至今，在对更新潮的西方理论（比如后现代主义）的译介中，研究界对法兰克福学派的兴趣渐淡，有些人甚至把法兰克福学派的理论看成一种过时或落伍的东西而加以抛弃。而事实上，由于中国开始了新一轮的市场化甚至资本化的进程，由于中国的精英文化本来就不成熟，却又受到主流文化的收编和商业大众文化的挤压，由于面对主流意识形态的恩威并施，知识分子群体不但被分化，而且很大程度上已落入犬儒主义的思维、表达和行为方式之中，所以，我们就更应该正视法兰克福学派的批判理论。对于中国的知识分子来说，批判理论显然不仅仅意味着"学术"，它更应该成为一种"介入"的武器。

2005年10月5—15日

（原载赵一凡等主编：《西方文论关键词》，北京：外语教学与研究出版社2006年版）

大众文化的颠覆模式
——论法兰克福学派大众文化理论的肯定性话语

法兰克福学派的大众文化理论一般被称作"大众文化批判理论",这种称谓的背后其实隐含着这样一个认知判断:法兰克福学派的"大众文化批判理论"实际上就是指阿多诺与霍克海默、马尔库塞分别在1930—1940年代和1960年代对美国大众文化的批判。泛泛而言,这样的判断是不成问题的,因为这应该是法兰克福学派呈现得最充分、表述得最明确的一套话语。这套话语的基本思路可概括如下:由于资本主义社会已变成了一个"全面管制的社会"(totally administered society)或"单维社会"(one-dimensional society),由于技术合理性就是统治本身的合理性,所以,大众文化并不是在大众那里自发地形成的文化,而是统治阶级通过文化工业(culture industry)强加在大众身上的一种伪文化。这种文化以商品拜物教为其意识形态,以标准化、模式化、伪个性化、守旧性与欺骗性为其基本特征,以制造人们的虚假需要为其主要的欺骗手段,最终达到整合大众的目的。通过阿多诺等人的相关思考与表述,大众文化批判理论遂成为法兰克福学派的主流话语。这也是诸多学者共同承认,且不论是赞扬还是批判,都会在这里大做文章的一套话语。可以把这套话语称为大众文化的"否定性话语","否定性话语"建构的是大众文化的"整合模式"。

那么,这是不是意味着法兰克福学派的大众文化理论只存在着一种声音呢?实际情况并非如此。如果深入到法兰克福学派成员生成其理论的个人化语境中,我们就会发现除阿多诺与霍克海默之外,其他成员对待大众文化往往都存在着一种矛盾的表述。这种表述一方面是对"否定性话语"的维护和强化,一方面却又对这套话语构成了一种消解,并在此基础上逐渐形成了另一种清晰的声音,同时也形成了法兰克福学派大众文化理论的另一套话语。我把这套话语看作大众文化的"肯定性话语",而"肯定性话语"又建构了大众文化的"颠覆模式"。由于这套话语常常被人忽略,我在下文中将着重论述三个问题:一、为什么说法兰克福学派的大众文化理论存在着一套"肯定性话语","肯定性话语"生成的逻辑前提是什么?二、如果存在着所谓的"肯定性话语",那么它的逻辑起点在哪里,与"否定性话语"相比,它又呈现出怎样的逻辑思路?三、"肯定性话语"与当今流行的大众文化赞美理论存在着怎样的区别,在法兰克福学派的内部框架中,"肯定性话语"与"否定性话语"究竟构成了一种怎样的关系?

"肯定性话语"生成的理由

像任何一个学派的理论体系那样,法兰克福学派的大众文化理论也是由其成员的大众文化理论构筑而成的。因此,选择其怎样的成员进行谈论,甚至选择其成员理论主张的哪一方面进行谈论,都会影响到我们对法兰克福学派大众文化理论的基本判断。如果把法兰克福学派的大众文化理论主要等同于阿多诺与霍克海默的大众文化理论,自然就会得出"否定性话语"的结论,如果把本雅明、洛文塔尔、马尔库塞的大众文化理论看作法兰克福学派大众文化理论中必不可少的组成部分,并对他们对待大众文化的立场、态度以及充满矛盾的理论主张予以剖析,所谓的"否定性话语"的判断便立刻显出了它的武断和片面。所以,首要的问题是,应不应该把本雅明、洛文塔尔、马尔库塞个人的大众文化理论放到法兰克福学派大众文化理论的总体框架中加以思考,如果放进去的话,又应该如何思考。

让我们先从本雅明谈起。在西方学界,尽管本雅明因其身份复杂而难以定论(比如,他究竟是不是"社会研究所"的正式成员便存在着不同说法①),但可以肯定的是,本雅明对法兰克福学派的其他成员(尤其是对阿多诺)产生了重要影响。而在 1930 年代,围绕着本雅明寄给"社会研究所"的几篇论文,阿多诺又与本雅明展开了三次著名的学术论争,②这就是所谓的"阿—本之争"(The Adorno-Benjamin Debate)。"阿—本之争"虽然涉及的问题很多,但其中最重要的问题之一是他们对大众文化的看法存在着严重的分歧。这就难怪为什么阿多诺除写出三封上纲上线言辞激烈的长信对本雅明进行正面批判之外,还要写出一篇《论音乐中的拜物特性与听的退化》(1938)的檄文来迂回进攻了。因为早在他与霍克海默的《启蒙辩证法》写作与出版(写于 1940 年代中前期,初版于 1947 年)之前,此文便已全面而系统地阐述了他对大众文化的基本看法,也表明了他对大众文化的"批判"态度。

指出上述事实是想说明这样一个问题,尽管本雅明已不可能参与"社会研究所"1940 年代的大众文化研究计划(他自杀于 1940 年),但是他的研究却依然属于"社会研究所"工作计划的一部分。③ 而他对大众文化的肯定性看法一方面"激怒"了阿多诺,并使其强化了大众文化的批判立场;另一方面,又通过阿多诺而与后来进一步成形的法兰

---

① 笔者见到两种说法,第一种说法来自洛文塔尔的回忆:"真实的情况是,本雅明并非'研究所'的正式成员,但他是阿多诺与阿多诺之妻的好友,我们也很了解他。自从法兰克福那段日子之后,尤其是他获取大学讲师职位失败之后,我们大都与他常有个人联系,后来是通过信件联系。"另一种说法来自维格斯豪斯,他说:"在阿多诺的帮助下,本雅明成为《社会研究杂志》的撰稿人,并最终成为研究所的成员。"《霍克海默传》的作者也认为:"本雅明从 1935 年起是研究所在巴黎的同事,1940 年成为研究所成员。"本雅明的研究者一般认为,从 1935 年开始,本雅明与"研究所"有了更为固定也更为密切的联系,原因是他给《社会研究杂志》写稿,"研究所"为无法维持生计的他提供必要的生活费用。1940 年晚夏,霍克海默为他搞到了去美国的担保与签证,但这是不是就意味着已接受本雅明为"研究所"成员,不得而知。所以,可以把本雅明看作是"研究所"的编外成员。See Leo Lowenthal, *An Unmastered Past: The Autobiographical Reflections of Leo Lowenthal*, ed. Martin Jay, Berkeley: University of California Press, 1987, p. 67. See also Rolf Wiggershaus, *The Frankfurt School: Its History, Theories, and Political Significance*, trans. Michael Robertson, Cambridge: The MIT Press, 1994, p. 3. 参见〔德〕H. 贡尼、R. 林古特:《霍克海默传》,任立译,北京:商务印书馆 1999 年版,第 43 页。

② 第一次由《拱廊计划》的写作提纲《巴黎:19 世纪的都城》引起(1935),第二次因《机械复制时代的艺术作品》而发生(1936),第三次的导火索则是《波德莱尔笔下第二帝国的巴黎》(1938)。

③ See Rolf Wiggershaus, *The Frankfurt School: Its History, Theories, and Political Significance*, pp. 191-193.

克福学派大众文化批判理论的主流话语构成了一种意味深长的对话关系。因此,是否法兰克福学派的正式成员对于本雅明来说并不重要,重要的是他与法兰克福学派主流话语的交往与碰撞。而交往与碰撞的结果又使他那种独特的声音融入到法兰克福学派大众文化理论的合唱之中,成为一个奇特的声部。

那么,对于大众文化理论来说,本雅明的独特之处又体现在哪里呢?罗威(Michael Lowy)认为,实际上存在着两个本雅明:一个是波德莱尔式的本雅明,一个是布莱希特式的本雅明。① 这样的区分显然有助于我们对本雅明大众文化理论的思考。实际上,本雅明的大众文化理论也存在着两个维度、两种视点甚至两套话语,即一方面是19世纪的巴黎——在这个特殊的时空结构中,城市、商品、商品拜物教、梦像以及文人与大众的交往构成了大众文化的核心内容;另一方面则是20世纪新型的大众文化——这时候,技术或技巧(如布莱希特的史诗剧、间离效果、电影的蒙太奇、复制等)、政治、大众媒介(主要是电影)则成了本雅明大众文化的理论元素。在第一个维度中,由于本雅明的主要任务是为大众文化祛魅(disenchant),因而他对大众文化的态度也就呈现出了更多的暧昧性。在第二个维度中,本雅明的出发点是对机械复制技术的肯定,所以当他肯定了一种新型的传播工具时,也就顺便肯定了这种传播工具所生产出来的产品(大众文化)。本雅明对大众文化的肯定性看法主要建立在他的第二个维度之上。

如果说因为身份问题,把本雅明的大众文化理论纳入到法兰克福学派大众文化理论的总体系统中还需要经过一种思维转换的话,那么,把洛文塔尔的大众文化理论看作法兰克福学派大众文化研究总体计划的一部分则显得顺理成章。在霍克海默的领导之下,"社会研究所"每一阶段都有一个研究的侧重点。而在1940年代,美国的大众文化则成了研究所全体成员的主要研究对象。现在看来,只有核心成员洛文塔尔与阿多诺是这一计划最忠实的执行者。而洛文塔尔的"忠

---

① See Michael Lowy, *On Changing the World: Essays in Political Philosophy, from Karl Marx to Walter Benjamin*, London: Humanities Press, 1993, pp.133-141.

实",甚至使他赢得了比阿多诺更多的赞誉。① 不过,洛文塔尔的研究又与阿多诺的做法大不相同。他曾如此解释他与阿多诺之间的分歧:"阿多诺曾屡屡劝我去写一些当代文学(contemporary literature)的东西,我没有这样做。在通常意义上,我大概更是一位文学史学家。至少,直到今天我依然拒绝把'社会学的'叙说与现代文学(modern literature)连在一起。这样做有两个原因:第一是因为现代文学还没有经过历史之筛(the sieve of history)的过滤,所以很难作出区分……另一原因是在我看来,文学社会学对于纯粹的审美沉思来说是辅助性的。"②洛文塔尔的这一解释实际上同样适用于他对大众文化的思考。也就是说,当他面对大众文化现象时,他也总是习惯于返回到具体的历史语境之中沉潜把玩。这样,主要进入"历史"沉思而不是面对"现实"发言就成了洛文塔尔恪守的基本信条。而一旦沉入历史之中去研究大众文化的发生史,他也就淡化了法兰克福学派的主流立场,③而试图在蒙田(为通俗文化辩护)与帕斯卡尔(对通俗文化进行谴责)的观念之争中架起一座沟通的桥梁。这种沟通的努力导致了他在帕斯卡尔与蒙田之间的摇摆不定(亦即究竟是要把通俗文化置于"道德语境"中进行道德的追问,还是把通俗文化放在"历史语境"中作出同情的理解)。因此,正如有两个本雅明一样,实际上也有两个洛文塔尔:一个是帕斯卡尔式的洛文塔尔,一个是蒙田式的洛文塔尔。前者与法兰克福学派批判大众文化的主流立场出入不大,而后者却又分明对主流立场构成了一种质疑、反驳与消解。而当洛文塔尔通过对历史的梳理,发现通俗文化这一领域长期被帕斯卡尔式的谴责统治着,并试图

---

① 法兰克福学派研究专家马丁·杰伊指出:"研究所成员中,对大众文化分析最广的是洛文塔尔。"罗伯特·萨耶尔也认为:"在1940年代,法兰克福学派把注意力转向了大众文化,洛文塔尔在大众文化研究中则是最积极的成员。"See Martin Jay, *The Dialectical Imagination*, London: University of California Press, 1996, p. 212. Robert Sayre, "Lowenthal, Goldmann and the Sociology of Literature," in *The Frankfurt School Critical Assessments*, Vol. Ⅱ, ed. Jay Bernstein, London: Routledge, 1994, p. 277.

② Leo Lowenthal, *An Unmastered Past: The Autobiographical Reflections of Leo Lowenthal*, pp. 128-129.

③ 洛文塔尔在其大众文化研究的代表性著作《文学、通俗文化与社会》中更多采用"通俗文化"(popular culture)这一中性的概念,而较少采用阿多诺与霍克海默所使用的带有贬义色彩的用词"大众文化"(mass culture[据笔者统计,此书中使用到 mass culture 不到十处]),即可看作他淡化法兰克福学派主流立场的症候之一。

改变通俗文化被谴责的局面时,①那个蒙田式的洛文塔尔的形象已被他逐渐放大,对大众文化的肯定性看法也业已形成。

洛文塔尔的摇晃立场令人深思,马尔库塞的所作所为更让人惊讶。一般而言,马尔库塞往往被描述成法兰克福学派主流立场的追随者,但是这种判断并不准确。早在1930年代,马尔库塞就因为霍克海默等人的远离"政治"而与"社会研究所"产生过分歧,②但这种分歧到1960年代才浮出水面。因此,在对待大众文化的问题上,马尔库塞实际上也有两副面孔:一副是阿多诺式的,一副则是本雅明式的。不过,在"社会研究所"集中研究大众文化的年代里,马尔库塞并没有对大众文化产生太大的兴趣。只是到了1960年代,"大众文化"才在他的著作中频繁出现,两个马尔库塞也才开始了一次意味深长的对话。

这场对话出现在"文化革命"的前后。"文化革命"前,马尔库塞出版了他的重要著作《单面人》(1964),现在看来,实际上完全可以把《单面人》解读为一本大众文化批判理论的论著。因为经过一层语义换算之后我们便会发现,马尔库塞在《单面人》中反复提到的"发达的工业社会"或"单维社会"实际上就是"现代大众社会","单面人"实际上就是丧失了反抗欲望与否定能力而被社会整合得服服帖帖的"大众",而所谓的"单维文化"其实也就是"大众文化";自然,"技术理性"作为控制的新形式实际上也就是"大众文化"作为控制的新形式。但是也必须指出,在这本著作中,马尔库塞并没有提出更多的新观点,他

---

① 洛文塔尔曾提出过如下建议:"只有以反驳的方式,或者以质疑'真正'艺术('genuine' art)保卫者的基本假定的方式,对通俗艺术进行理论保护似乎才是可能的。比如,我们可以对高雅艺术之功能这一普遍的假定提出质疑;还可以对通俗产品只能满足低级需要(来自于蒙田与帕斯卡尔)这一隐含的假定提出质疑;最后,由于对通俗产品的谴责总是与对大众媒介本身的谴责连在一起,我们还可以这样发问:是不是大众媒介就一成不变地注定会成为低俗产品的传播工具。" Leo Lowenthal, *Literature, Popular Culture, and Society*, Englewood Cliffs, N.J.: Prentice-Hall, Inc., 1961, p.45.

② 马尔库塞研究专家凯尔纳指出:"在1930年代,马尔库塞确实与'研究所'存在着一些政治和理论上的分歧。1974年,他曾与费尔·斯莱特(Phil Slater)讲过他与霍克海默有过政治上的争端,他认为研究所的工作与著作'太心理学'(too psychological)了,缺乏一种丰富的经济与政治维度。由于霍克海默严格地控制着研究所的出版物,成员之间的政治分歧与争端不允许被公开呈现。霍克海默觉得那种岌岌可危的流亡局面需要'研究所'格外谨慎地去表达其政治见解。马尔库塞跟我说,他别无选择,只能'服从这一纪律'(submit to this discipline)。" Douglas Kellner, *Herbert Marcuse and the Crisis of Marxism*, Berkeley: University of California Press, 1984, p.128.

的思路甚至用词很大程度上都是对法兰克福学派主流观点的重复。这种重复使他成为阿多诺大众文化批判理论的遥远回应者,也使那个阿多诺式的马尔库塞放射出了灿烂的光辉。

然而,"文化革命"来临之后,本雅明的幽灵开始在马尔库塞的记忆中复活了。而由于马尔库塞早年的经历和思想历程与本雅明有着惊人的相似,①由于本雅明在想象界寻找的"革命主体"(revolutionary subject)已在革命的年代里变成了现实,所以,马尔库塞这一时期所做的种种努力(比如建立"新感性")似乎都是在完成本雅明未竟的事业。与此同时,大众文化的"整合"功能也开始在马尔库塞的思维框架中淡出,取而代之的大众文化的"颠覆"模式。在一个特殊的历史语境中,马尔库塞终于抛弃了法兰克福学派的主流观点,而开始向一种革命的大众文化观靠拢。于是,在马尔库塞这里,大众文化的肯定性看法同样找到了一个落脚点和生长点。

以上,我们分别指出了本雅明、洛文塔尔和马尔库塞大众文化观的矛盾与裂痕。孤立地看,或许只能把它们看作一种纯粹的个人行为,但如果联系起来加以考察,我们就会发现他们对大众文化的肯定性看法足以形成与"否定性话语"相抗衡的另一套话语——"肯定性话语"。

"肯定性话语"的基本思路

"肯定性话语"的基本命题是建立在这样一种假定之上的:在资本主义社会中,大众不是被文化工业整合的对象,而是需要被大众文化武装起来的革命主体。通过新型的大众文化形式(电影、摇滚乐等),

---

① 罗威认为,马尔库塞与本雅明都是在对德国浪漫主义与艺术问题的研究中开始自己的思想生涯,又都是在 1920 年代开始倾心于马克思主义;而到了 1930 年代,他们又都是在卢卡奇与柯尔施(Korsch)的影响下开始了与"法兰克福社会研究所"的交往,他们都激烈地批评过社会民主主义,而期待社会主义的革命变革,但他们又都拒绝加入共产党。他们大概只在 1933 年的德国或者巴黎相遇过一次,以后就再也没有联系。罗威指出,本雅明的思想中无论是犹太救世主义还是乌托邦的无政府主义,都植根于"德国浪漫派"(German Romanticism)这样一种文化基础之中;而马尔库塞的马克思主义又在理性主义与浪漫主义两极之间左右摇摆,因此,当马尔库塞的浪漫主义情结在 1950 年代占了上峰之后,本雅明开始在他的记忆中复活了。Michael Lowy, *On Changing the World: Essays in Political Philosophy, from Karl Marx to Walter Benjamin*, pp.133-136.

通过大众文化所执行的新型功能(精神涣散、语言暴动、身体狂欢与本能欲望的解放等)对大众革命意识与批判态度的培养,最终可以达到颠覆资本主义制度的目的。如前所述,这套话语的始作俑者应该是本雅明,后经洛文塔尔与马尔库塞的补充论证与强调,同样在法兰克福学派大众文化理论的系统中走出了一条清晰的线索。

如果比照一下"否定性话语","肯定性话语"的思路可能会呈现得更加明显。在法兰克福学派大众文化理论的话语系统中,如果说"否定性话语"思考问题的逻辑起点是统治意识形态与资本主义社会,那么,"肯定性话语"的逻辑起点却是大众。本雅明指出:"无论怎样理想化,任何人都无法在某个时间点上以一种高雅艺术赢得大众;艺术只有接近他们才能把他们争取过来。而由于困难恰恰在于能寻找到这样一种艺术形式,所以人们可以问心无愧地认为这种艺术就是一种高雅艺术。在被资产阶级先锋派所宣传的大多数艺术中,这种情况将绝不会出现。……大众从艺术作品(对于他们来说,这些艺术作品在消费品中占有一席之地)中积极地寻求着某种温暖人心的东西。……今天,大概只有电影能胜此任——或者至少,电影比其他任何艺术形式更适合此任。"① 洛文塔尔在论述到大众接近流行传记的原因时,则以这样一种含糊其辞的口吻指出:"从未有心理学家说过,当大众参与到日常的欢愉中时,无聊是他们脸部的特征。也许,由于普通工作日所遵循的常常是在一生中都不会有任何变化的常规(routine),所以闲暇活动中的常规和重复特征就成了对工作日的一种辩护和美化。"② 而在 1960 年代的文化革命中,马尔库塞则同样把他的关注视线转向了大众。

洛文塔尔关注现代大众的原因很大程度上是因为蒙田对民众(people)的同情。当洛文塔尔对蒙田同情民众的行为产生了"极大的同情"③之后,这种同情心实际上也在一定程度上延伸到了现代大众那里。而本雅明与马尔库塞之所以会把大众当作关注的对象,主要的

---

① Walter Benjamin, *The Arcades Project*, trans. Howard Eiland and Devin McLaughlin, Cambridge: Belknap Press, 1999, p.395.

② Leo Lowenthal, *Literature, Popular Culture, and Society*, pp.134-135.

③ Leo Lowenthal, *An Unmastered Past: The Autobiographical Reflections of Leo Lowenthal*, p.252.

原因在于要强化理论的政治实践功能。1930年代,布莱希特成了本雅明心目中的重要人物,而本雅明之所以会亲近布莱希特,起因于他们对政治实践功能的痴迷,或者按照所罗门(Maynard Solomon)的说法,起因于他们对马克思关于费尔巴哈第十一条提纲的共同兴趣。① 而当布莱希特对本雅明的影响一度占了上风之后,左翼知识分子的激情、寻找革命武器的冲动、武装革命主体的渴望就成了本雅明思想中的重要内容。因此,他所谓的大众基本上依然是传统马克思主义意义上并被布莱希特所强调的无产阶级大众。另一方面,在马尔库塞的一生中,他虽然一直坚持着无产阶级已被整合的判断,但是他也一直没有放弃寻找新的革命主体的努力。在1960年代文化革命的高潮中,当他最终在造反学生、黑人、嬉皮士、知识分子新左派、受着性压迫的妇女、第三世界的人民大众那里看到了新的革命主体出现的希望时,他的思维方式与话语表述方式已完全转到那个布莱希特式的本雅明那里。因此,大众在本雅明与马尔库塞论述的语境中的所指虽然并不相同,但是他们的思维方式、操作手段与最终所要达到的目的却是完全一致的,即都是要把革命的理论转换为革命的行动。

对大众文化的肯定与欣赏实际上就是被这种革命理论书写出来的话语,于是,在"否定性话语"那里被构想出来的大众文化的负面意义,在"肯定性话语"这里则具有了蕴藏着革命能量的正面功能。受布莱希特"史诗剧""间离效果"与"中断"技巧的启发,本雅明在电影蒙太奇的震惊效果中不仅发现了精神涣散(distraction)的革命意义,而且发现了被阿多诺遗忘的"身体"。本雅明说:"集体也是一种身体(body)。在技术中为它组织起来的身体(physis),只能通过其全部政治的和实际的现实在那个形象的领域里产生出来,从而使我们获得世俗启迪(profane illumination)。只有身体与形象在技术中彼此渗透,所有的革命张力变成了集体的身体神经网,而集体的身体神经网又变成了革命的放电器,现实才能使自己超越到《共产党宣言》所需求的那种程度。"② 显然,在本雅明的设计里,身体的美学效果在于它经过技术

---

① 〔美〕梅·所罗门编:《马克思主义与艺术》,杜章智等译,北京:文化艺术出版社1989年版,第579页。
② Walter Benjamin, *One-Way Street and Other Writings*, trans. Edmund Jephcott and Kingsley, London: Verso, 1992, p.239.

的重新装备之后能够成为革命的武器。如此一来,蒙太奇的震惊效果对人的感官的刺激,电影院里观众的笑声在本雅明那里就变得更容易理解了。因为对于本雅明来说,所有这些都是身体苏醒的信号,是身体成为革命的放电器之前必不可少的热身活动。而当马尔库塞从黑人所使用的"污言秽语"(obscenities)中,在造反学生所痴迷的爵士乐与摇滚乐中挖掘出一种否定性或颠覆性因素时,他一方面是要为他的"新感性"(new sensibility)的建构寻找依据,一方面同样也像本雅明那样强化了身体的"放电器"功能。伊格尔顿指出:"对于本雅明来说,必须根据感性形象的力量来重新安排和塑造身体。审美再一次成为身体性的政治,但这一次伴随着彻底的物质性变化。……他把身体视为工具,是有待组织加工的原料,甚至把身体视为机器。关于这一点,看来不会有比与巴赫金的狂欢化理论更为接近的理论了。"[①]巴赫金(Mikhail Bakhtin)狂欢化理论的核心是通过对"物质—肉体下部形象"的变形、夸张甚至放纵,使广场上人民的笑声变成颠覆官方意识形态的工具。从这一意义上说,本雅明的身体政治学、马尔库塞的身体美学与巴赫金的狂欢化理论确实有异曲同工之妙。于是,与大众文化理论的"否定性话语"相比,"肯定性话语"更多是建立在对狂欢身体的期待之上,而不是主要建立在对法西斯主义的痛苦记忆之中。

这样,相对于"否定性话语"来说,"肯定性话语"也就完成了一次全方位的转移:通过对大众的关注,它强调的是革命主体的力量与能动作用;通过对大众文化的肯定性思考,它否定的是高雅文化的懦弱与保守,强化的是大众文化的政治实践功能。于是,自下而上的颠覆模式取代了自上而下的整合模式,改变世界的激情取代了解释世界的冲动。而革命理论对大众文化的重新书写,也在一定程度上消解了批判理论所传达出的自律个体与顺从大众、现代艺术与大众文化紧张对峙的状态,淡化了批判者对大众文化所采取的精英主义姿态,从而使大众文化呈现出一种民间性(尽管它已不可能是真正意义上的民间文化),使大众文化的肯定者拥有了一种平民主义的立场。这种立场当然不是与生俱来的,而是被一种特殊的语境催生出来的。然而,世界

---

① 〔英〕特里·伊格尔顿:《美学意识形态》,王杰等译,桂林:广西师范大学出版社1997年版,第336—337页。

范围之内的事实业已证明,当某个历史阶段需要知识分子以政治行动主义的姿态出现时,他们常常会从精英主义走向平民主义,以文化贵族的身份去弹奏民间立场的乐章。俄国的民粹主义运动是如此,中国五四时期的知识分子是如此,法兰克福学派的文化贵族也是如此。

"肯定性话语"与"否定性话语"的关系

如果"肯定性话语"之说可以成立的话,我们究竟该如何认识这套话语?"肯定性话语"与"否定性话语"又构成了一种怎样的关系呢?

首先,我们必须意识到"肯定性话语"是从法兰克福学派内部生长出来的一套话语,这就意味着这套话语虽然与当今西方流行的大众文化理论表面上存在着相似之处,但实际上却有天壤之别。自从英国的伯明翰学派(the Birmingham School)创办(1964)"当代文化研究中心"(CCCS)并进行文化研究以来,对大众文化的肯定性呼声便越来越高。及至后来,肯定乃至赞美大众文化已成为一种理论时尚,其代表人物是美国的大众文化理论家费斯克(John Fiske)。费斯克的思想资源虽比较复杂——比如,他既认同霍尔(Stuart Hall)的编码与解码理论,又大量使用了罗兰·巴特(Roland Barthes)、米歇尔·德塞都(M. De Certeau)的符号学理论与巴赫金的狂欢化理论,但大体上可以把他的理论看作在后结构主义与后现代主义的语境中书写出来的一种话语。他认为,大众文化不是由文化工业强加到大众身上而是由大众自己创造出来的。"大众文化是对其从属地位感到愤愤不平的从属者的文化",它"并不是从属的文化将人们一体化或商品化成作为牺牲品的资本主义的受人操纵的傀儡"。① 因此,"不可能存在一种宰制性的大众文化,因为大众文化之形成,往往是对宰制力量的反作用,且永远不会成为宰制力量的一部分"②。依据这种判断,他更侧重于从"抵抗"(resistance)的角度来论述大众文化的颠覆功能。在他看来,"年轻的游击队员"穿条破牛仔裤,看回搞笑的电视节目,在商店里玩一把顺手牵羊的恶作剧,就构成了他所谓的文化反抗。

---

① 〔美〕约翰·菲斯克:《解读大众文化》,杨全强译,南京大学出版社2001年版,第8页。
② John Fiske, *Understanding Popular Culture*, Boston: Unwin Hyman, 1989, p.42.

显然,费斯克大众文化理论的主旨一方面是要建立一种新型的大众文化的颠覆模式,一方面也是要反驳法兰克福学派的主流话语——整合模式。但是,当他把西方马克思主义语境中的沉重转换成后结构主义符号学游戏中的轻松时,尽管他的"颠覆说"貌似先锋,却又无法与法兰克福学派内部生成的"颠覆说"同日而语。因为当本雅明与马尔库塞强调大众文化的颠覆功能时,他们起码是在身体力行,是要把"革命主体"武装起来从而进行一次不无悲壮的政治实践。这种举动尽管充满了乌托邦色彩,但是却体现了一种知识分子薪火相传的珍贵气质。然而,自从1960年代的文化革命结束之后,美国大学里的学者如今已不可能再有这样的壮举,①于是,在符号界游戏、在想象界撒野、"在文化的脂肪上搔痒"②就成了他们的日常功课。"后结构主义无力打碎国家权力结构,但是他们发现,颠覆语言结构还是可能的。"③伊格尔顿的这一论断尤其适用于费斯克的大众文化理论。因此,他的"颠覆说"既无法与法兰克福学派的"肯定性话语"相提并论,也无法对法兰克福学派的"否定性话语"构成致命的一击。

其次,既然"肯定性话语"是从法兰克福学派内部生长出来的话语,我们就必须同时意识到"肯定性话语"应该也必须被纳入到法兰克福学派"批判理论"(Critical Theory)的总体战略规划中来加以思考。"批判理论"又称"社会批判理论",1932年6月,霍克海默在为"研究所"自己创办的刊物《社会研究杂志》撰写的短序中已对"批判理论"

---

① 在今日西方世界,甚至连西方马克思主义也已经学院化了。法兰克福学派研究专家马丁·杰伊指出:"几乎所有美国的马克思主义者都集中在各个大学,几乎所有的人都不参与改变社会的政治活动。我自己也是如此。我对马克思主义的兴趣,主要是通过激进知识分子的文化圈子形成的,而不是因为我参加了什么社会政治活动。因此,可以毫不隐讳地说,我们都是'学院化的马克思主义'。"西方马克思主义者尚且如此,后现代主义者也就可想而知了。参见王逢振:《今日西方文学批评理论——十四位著名批评家访谈录》,桂林:漓江出版社1988年版,第110页。

② 这里借用的是国内学者朱学勤的说法,但输入的意涵与他并不相同。朱学勤认为,相对于上一代富有革命气质的批判者(如恩格斯)来说,法兰克福学派对资本主义的批判是"在文化的脂肪上搔痒"。但在笔者看来,实际上比法兰克福学派更不堪的是后结构主义或后现代主义。朱学勤对法兰克福学派的批评虽一针见血,却也存在着某种偏颇。从思想谱系上看,这种来自"自由主义"者的言论却更像西方新左派的中国版本。参见朱学勤:《书斋里的革命》,长春:长春出版社1999年版,第168—175页。

③ 〔英〕特雷·伊格尔顿:《二十世纪西方文学理论》,伍晓明译,西安:陕西师范大学出版社1986年版,第178页。

的目的有所交待。① 1937 年,霍克海默与马尔库塞又分别撰写了《传统理论与批判理论》和《哲学与批判理论》,进一步明确了批判理论的目的、方向、研究范围与方法。前者认为:"批判理论不仅是德国观念论(idealism)的后代,而且也是哲学本身的传人。它不只是在人类所进行的事业中显示其价值的一种研究假说;它还是在历史努力中创造出一个满足人类需求和力量之世界的根本成分。无论批判理论与各种具体科学之间的互动多么广泛……这一理论的目的绝非仅仅是增长知识本身。它的目标是要把人从奴役之中解放出来。"②而后者除了进一步强调了批判理论所蕴含的"人类解放的旨趣"外,还着重论述了批判理论对个人的自由与幸福的捍卫,对人的理性潜能的开掘,同时,批判理论对于现实还应该具有一种超越性质,甚至具有一种乌托邦气质。③ 而对于法兰克福学派的批判理论,美国哲学教授凯尔纳(Douglas Kellner)则从方法论的角度提升了它的意义。他说,作为一种跨学科的研究,批判理论试图建构一种系统的、综合的社会理论来面对当时关键的社会与政治问题。"至少,批判理论的一些形式是对相关的政治理论进行关注和对受压迫、被统治的人们的解放予以关心的产物。因此,批判理论可以被看成是对统治的批判,是一种解放的理论。"④

尽管洛文塔尔在 1980 年谈到"批判理论"时显得比较低调,⑤但是从霍克海默与马尔库塞的论述以及凯尔纳的总结中可以发现,"批

---

① 〔德〕H. 贡尼、R. 林古特:《霍克海默传》,任立译,北京:商务印书馆 1999 年版,第 25—26 页。

② Max Horkheimer, *Critical Theory*: *Selected Essays*, trans. Matthew J. O'Connell and Others, New York: The Continuum Publishing Corporation, 1982, pp. 245-246.

③ 马尔库塞指出:"没有幻想,所有的哲学知识都只能抓住现在或过去,却切断了与未来的联系,而未来才是哲学与人类真正历史之间的唯一纽带。" Herbert Marcuse, *Negations*: *Essays in Critical Theory*, trans. Jeremy J. Shapiro, the Penguin Press, 1968, p. 155.

④ Douglas Kellner, *Critical Theory*, *Marxism and Modernity*, Cambridge: Polity Press, 1989, p. 1.

⑤ 在与杜比尔(Dubiel)的交谈中洛文塔尔反复强调,批判理论"是一种视角(perspective),一种面对所有文化现象所采取的普通的、批判的、基本的态度。它从来没有自称为一种体系"。洛文塔尔虽然明确了批判理论的"实践"功能,但是他并没有使用霍克海默与马尔库塞使用过的自由、幸福、理性、幻想、乌托邦、人类解放等"大词"对批判理论进行限定。这应该是一个值得注意的症候。See Leo Lowenthal, *An Unmastered Past*: *The Autobiographical Reflections of Leo Lowenthal*, pp. 60-62.

判理论"是借用马克思《资本论》的研究方法并在马克思主义的传统中加以运作,尊重科学的发展但是却与种种科学化的社会研究与哲学方法(尤其是实证主义)划清界限,批判权力统治及各种社会文化现象同时也批判自身,旨在拯救个体并致力于人类解放的理论。而自由、幸福、理性、幻想、乌托邦、人类解放等既是批判理论的核心概念,同时也构成了批判理论特殊的叙述方式。实际上,"批判理论"就是被后现代主义理论家(比如利奥塔)所批判的"宏大叙事"。大众文化的"否定性话语"无疑是这种"宏大叙事"的合理延伸,而大众文化的"肯定性话语"则更应该被看作是这种"宏大叙事"直接催生出来的产物。因为它虽然没有"批判"大众文化,但是在其精神气质与价值取向上却与"批判理论"更加吻合协调。

这样,大众文化的"肯定性话语"虽然从表面上与大众文化的"否定性话语"构成了一种对立关系,但是这却是法兰克福学派内部与西方马克思主义语境中左翼激进的一面与右倾保守的一面的对立,甚至是同一个人思想中两种不同的思想资源的较量交锋(本雅明与马尔库塞身上恰恰存在着来自激进知识分子与来自浪漫怀旧的文人的两股拉力)。这种对立起因于思考问题的不同逻辑起点(自上而下还是自下而上),分野于对大众意识水平的不同理解(被动顺从还是能动反叛),胶着于对大众文化功能与作用的不同解释(是统治者整合的帮凶还是被统治者颠覆的武器),然而它们又统一于"批判理论"的基本宗旨之下。也就是说,由于它们革命的目标(资本主义制度)与批判的对象(极权主义社会)是一致的,由于无论是否定还是肯定都是被救赎、人类解放、乌托邦主义的宏大叙事书写出来的话语,所以它们并不是势不两立水火不容的。在对共同的目标的追寻中,它们可以也应该握手言和,从而走向新的融合。

然而,这种融合却是扬弃各自片面性的融合。"否定性话语"对大众文化与大众传播的分析与批判性评价无疑是深刻而精湛的,但是这种思路也把大众置于永远的愚昧、顺从与受奴役的位置。不相信民间存在着力量,拒绝民众的支援,完全否认大众拥有认知的能力与反抗的愿望,而把希望寄托在少数的精英身上,那么,所谓的批判也就真的成了只能在一小部分专家学者的书斋里秘密旅行的密码语言,批判因其回避了实践的功能而变得空洞了。"肯定性话语"意识到了武装并发动大众的重要性,因而也就加强了理论与实践的联系,并进而强化了知识分子的民间立场,这样一种心态与姿态当然是非常珍贵的。但是由于这套话语的逻辑前提是"艺术政治化",这就使它与政治形成了种种暧昧关系。因为无论从历史的境遇思考还是在现实的层面考察,大众文化本身并没有固定的立场,它既可以成为"革命"政治的武器又可以成为"反革命"政治的工具。既然如此,肯定性的理论话语又如何保证大众文化只成为指向共产主义的"放电器"而不成为极权主义的"传声筒"呢?

因此,我们虽然可以承认法兰克福学派对大众文化的理解存在着"整合"与"颠覆"两种基本的运作模式,但是我们并不承认对大众文化一味地否定或肯定就可以抵达一个理想的彼岸。这应该是我们对待法兰克福学派大众文化理论的基本态度。

2003 年 3 月 24 日
(原载《文学评论》2004 年第 3 期)

政治哲学与激进美学

——马尔库塞思想扫描

生平与著述

1898年7月19日,赫伯特·马尔库塞(Herbert Marcuse,1898—1979)出生在柏林一个家资丰盈、颇有名望、具有犹太血统的资产阶级家庭。青少年时代,他便在哲学与历史学方面深受德国传统文化熏陶,同时对现实社会产生了特殊的兴趣。1916—1918年,马尔库塞曾在德国某预备军中服役,但并未直接参与战争,而是留驻柏林。1917年,他加入德国社会民主党(Social Democratic Party);卢森堡(Rosa Luxemburg)和李卜克内西(Karl Leibknecht)被害后,因不满该党的背叛行为而退党。1918年,他曾成为短命的革命士兵委员会的成员。在该委员会被镇压和退出社会民主党之后,马尔库塞结束了他早年有组织的政治活动。①

退出政治活动后,马尔库塞重新开始了因战争而中断的学业:先在柏林洪堡大学(Humboldt University in Berlin)学习(1919—1920),后转入弗赖堡大学(University of Freiburg)集中研究德国文学。1922年,他完成了博士学位论文《论德国艺术家小说》(*Der deutsche Künstlerroman/The German Artist-Novel*),以此获得博士学位。此后,他在柏林从事过一段图书销售工作。1925年,出版了自己的第一本书:

---

① 参见〔美〕罗伯特·戈尔曼编:《新马克思主义传记辞典》,重庆:重庆出版社1990年版,第564—565页。

一本有关席勒的传记作品。①

　　此时,海德格尔(Martin Heidegger)声誉渐高,特别是《存在与时间》(1927)出版后,他已成为德国最有影响的哲学家之一。在海氏哲学的感召下,马尔库塞于1928年重回弗赖堡,成为海德格尔的助手,在其指导下研究哲学(1928—1932)。而对于他的通往弗赖堡之路,马尔库塞曾吐露过如下心曲:"德国革命的失败具有决定性意义,随着卡尔·李卜克内西和罗莎·卢森堡的被害,我和我的朋友们在1921年,也许还要早一些,亲身经历了这次失败。当时的我们似乎无所适从。不久,海德格尔出场了,他在1927年发表了《存在与时间》……革命失败时究竟发生了什么事情?这是我们面临的一个重大问题。当然,那时当局也在向我们灌输哲学思想,但当时的学术界被新康德主义和新黑格尔主义所主宰,然而突然间,《存在与时间》作为一种真正的具体哲学诞生了。海德格尔谈到了'生命'(此在,Dasein)、'实在'(实存,Existenz)、'他们'(常人,das Man)、'死亡'(终结,Tod)、'关切'(操心,烦,Sorge)。它好像就是对我们说的。"②正是由于海德格尔的影响,马尔库塞也常被人称为"海德格尔式的马克思主义者"或"存在主义的马克思主义者"。

　　由于对哲学与政治之间的内在关系发生兴趣,马尔库塞于1933年加入法兰克福社会研究所,从此成为法兰克福学派的核心成员之一。希特勒上台后,他于1934年随社会研究所流亡美国,并展开相关研究。在此期间,他写出的最重要的著作是《理性与革命:黑格尔与社会理论的兴起》。但从1941年开始,由于研究所面临财政困难,霍克海默不得不给马尔库塞等人减薪。迫于经济压力,马尔库塞开始寻找其他工作。1942年12月,他加入美国战争情报办公室(Office of War Information)下属的情报局,任高级分析师。来年3月,又转入秘密服务局(Office of Secret Services, OSS),在中欧部的研究和分析部门工作,一直到战争结束。1945年9月,OSS解散后,马尔库塞转到美国国

---

　　① Douglas Kellner, *Herbert Marcuse and the Crisis of Marxism*, Berkeley: University of California Press, 1984, pp. 22, 33.
　　② 转引自〔美〕理查德·沃林:《海德格尔的弟子:阿伦特、勒维特、约纳斯和马尔库塞》,张国清、王大林译,南京:江苏教育出版社2005年版,第145页。

务院,任中欧局的领导,最终在1951年离开政府部门。①

在政府部门的供职结束后,马尔库塞重新开始了学术生活,并先后在哥伦比亚大学(1952—1953)和哈佛大学(1954—1955)任教。1958年,马尔库塞在布兰戴斯大学(Brandeis University)获固定教职。而随着《爱欲与文明》《单面人》等著作的出版,他也成为最受欢迎的教师和最有影响力的学者之一。1965年,马尔库塞接受了加州大学圣地亚哥分校(University of California, San Diego)的职位,一直工作到1970年代退休。

由于身处发达的资本主义的最前沿,也由于对法兰克福学派社会批判理论的忠诚与捍卫,马尔库塞在对经典马克思主义、政治和社会斗争的态度等方面,要比法兰克福学派的其他成员显得激进。1960年代中后期,随着美国与欧洲文化革命的展开,马尔库塞也声名远播。他被称作"学生运动的导师"(guru of the student movement)、"新左派之父"(father of the New Left)和"三M"之一(另两个"M"指的是马克思和毛泽东,因他们的英文名字均以M打头,故有"三M"之说)。而关于"出名",英国广播公司(BBC)马基(Bryan Magee,一译麦基)在采访(1978)马尔库塞时曾与他有过如下问答:

> 马基:我想向你请教一个私人的问题。你经历了历史上为数极少之人所曾遭逢的际遇,作为一个学者,你花了几乎一辈子的时间,并且是十分漫长的一生,却仅知名于一个小圈子——你的学生和特殊品味的读者阶层——而一夜之间,在垂暮之年你竟声名大噪成为一个世界性的人物,对任何人来说都是令人震惊的事情,你个人的感受如何呢?
>
> 马库色:一方面我极其欣慰,但另方面,我发现多少有些名过其实。如果这就是结局,我或许结束在一个很不恰当的虚名中……不,这名声不应该说成不恰当,我常讲——当我被问及:"你怎可能如此?"时——我总是说:"或许我只不过是在他人似

---

① See Rolf Wiggershaus, *The Frankfurt School: Its History, Theories, and Political Significance*, trans. Michael Robertson, Cambridge: The MIT Press, 1994, pp. 299-301. 参见陆俊:《马尔库塞》,长沙:湖南教育出版社1999年版,第7页。

乎更不该得此声名的情况下脱颖而出的吧!"①

这一问答很有趣,其中也隐含着多层信息。但在我看来,他的名声大噪一方面与法兰克福学派这座"靠山"有关,另一方面又与他对法兰克福学派理论的通俗化解读有关。实际上,法兰克福学派对当代资本主义社会政治、经济、文化诸领域的批判,很大程度上是通过马尔库塞的理论与实践并通过他的通俗化阐释之后才广为人知的。与此同时,我们还不应该忘记他的激进姿态。麦克莱伦(David McLellan)指出:"赫伯特·马尔库塞是法兰克福学派最著名的代表,也是其中唯一没有放弃自己早年革命观点的创始成员。"②应该说,这一评价是非常中肯的。

1979年,马尔库塞应西德一家研究机构的邀请前去讲学,于7月29日去世于慕尼黑附近的施塔恩伯格(Starnberg),享年81岁。这一消息以及对马尔库塞思想的述评马上成为西方媒体报道的重要内容,而中国当年的《哲学译丛》(1979年第6期)亦以《法兰克福学派的重要代表人物马尔库塞》为题,编译了德国媒体的报道,由此可见国内学界对马尔库塞的重视。

马尔库塞一生著述甚丰,从他为获博士学位提交的第一篇论文到1979年逝世前出版的《无产阶级的物化》为止,共出版论著、论集、论文、谈话录近百篇(部)。影响较大的有:《历史唯物论的现象学导引》(1928)、《辩证法的课题》(1930)、《黑格尔本体论与历史性理论的基础》(1932)、《历史唯物论的基础》(1932)、《理性与革命》(1941)、《爱欲与文明》(1955)、《苏联的马克思主义》(1958)、《单面人》(1964)、《文化与社会》(1965)、《革命伦理学》(1966)、《否定》(1968)、《论解放》(1969)、《反革命与造反》(1971)、《审美之维》(1978)等。

马尔库塞去世后,致力于马尔库塞散佚文章或未发表文章搜集整理的人是美国学者道格拉斯·凯尔纳(Douglas Kellner)。自1998年以来,他所编辑的六卷本《马尔库塞文选》(*Collected Papers of Herbert*

---

① 《马库色与法兰克福学派——马库色访问录》,罗晓南译,见陈荣灼等编译:《当代社会政治理论对话录》,台北:巨流图书公司1986年版,第190页。亦参见〔英〕布莱恩·麦基编:《思想家——当代哲学的创造者们》,周穗明、翁寄松译,北京:三联书店1987年版,第78页。

② 〔英〕戴维·麦克莱伦:《马克思以后的马克思主义》(第3版),李智译,北京:中国人民大学出版社2004年版,第293页。

Marcuse)已陆续面世。分别是卷一:《技术、战争与法西斯主义》(Technology, War and Fascism, 1998);卷二:《走向一种社会批判理论》(Towards a Critical Theory of Society, 2001);卷三:《新左派与1960年代》(The New Left and the 1960s, 2005);卷四:《艺术与解放》(Art and Liberation, 2007);卷五:《哲学、精神分析学与解放》(Philosophy, Psychoanalysis and Emancipation, 2011);卷六:《马克思主义、革命与乌托邦》(Marxism, Revolution and Utopia, 2014)。

政治哲学:对技术理性的批判

根据西方学界的看法,马尔库塞的哲学是政治哲学,他的美学又可归结为"激进美学"或"浪漫美学"。根据中国学者的研究,马尔库塞在改造马克思主义思想和建构自己美学理论的过程中,大致经历了如下三个阶段:一、1932年马克思的《手稿》发表后,即以存在主义和康德、席勒、黑格尔的思想重新解释马克思主义,提出了"两个马克思"以及回到青年马克思中去的观点。二、从1955年《爱欲与文明》发表起,开始对弗洛伊德学说加以吸收,以弗洛伊德主义补充甚至改造马克思主义。三、晚年将上述两方面结合起来,形成融存在主义与弗洛伊德主义于一体的新的马氏人本主义和人的解放理想。① 根据这些研究线索,让我们首先走进马尔库塞的哲学思想中。

像法兰克福学派社会研究所所长霍克海默所倡导的那样,马尔库塞的学术生涯也是从哲学研究开始的。但是,与法兰克福学派其他研究哲学的成员不同,马尔库塞一开始就对政治充满了浓厚的兴趣。从政治进入哲学然后又从哲学返观政治与社会,使他具有了不同于常人的视角,也使他的学说获得了更多的走向现实的机会。因此,在1960年代的学生运动中,当他被视为精神导师,当他的学说被视为思想武器时,这绝非一次巧合;同样,当学界把他的哲学与美学看作一种广义的政治学时,这也绝非故作惊人之语。他的哲学与美学确实和政治存在着一种内在的关系。

---

① 杨志学:《艺术·革命·人的解放——马尔库塞美学理论探讨》,见《外国美学》第13辑,北京:商务印书馆1997年版,第130页。

谈论马尔库塞的哲学思想，我们首先想到的可能是他那本出版于1964年《单面人》，但是更需要提到的则应该是他的早期著述和那篇发表于1941年却几乎不被人所知的重要文章——《现代技术的一些社会含义》("Some Social Implications of Modern Technology")。因为在这些著述中，马尔库塞已打造好了他后来用于批判发达的工业社会的基本武器。

马尔库塞在1930年代后期完成了家庭与权威、资产阶级文化等一系列论文之后，便埋头于法西斯主义意识形态的研究，并于1941年出版了他的研究成果——《理性与革命》。而从1942年年底他到战争情报局任职开始，直至1955年《爱欲与文明》面世为止，这十多年的时间往往被称为马尔库塞的学术沉默期。然而，通过凯尔纳的发掘整理，我们发现马尔库塞在他的所谓学术沉默期其实并不沉默。在那些诉诸文字的思考中（多数文章在当时并未发表），他一方面延续了《理性与革命》中所形成的基本主题，一方面又偏离了在这部著作中已经成形的思维轨道，从而构成了他早期理论与后期思想的过渡地带。

《理性与革命》是马尔库塞在"社会研究所"期间写就的一部重要著作，由于这部著作，这一时期的马尔库塞一般被学界称为"黑格尔主义的马克思主义者"。形成这样的说法是毫不奇怪的，因为这部著作实际上就是对黑格尔哲学的正名和重新命名，其中也分明携带了马尔库塞对黑格尔的某种旨趣；而通过对黑格尔的研究，马尔库塞在书中又形成了两个基本主题：第一，他想论证的是黑格尔的哲学并非法西斯主义的哲学基础；第二，他想拯救出掩埋在黑格尔哲学内部的否定性思想。对于马尔库塞来说，在1930年代后期埋头于黑格尔研究表面上显得偶然，但实际上却是情势所迫，现实的需要。因为当法西斯主义甚嚣尘上的时候，学界形成了这样一种说法：黑格尔的国家哲学导致了法西斯主义的兴起。显然，对于钟爱着黑格尔的马尔库塞来说，这是一个无法接受的论断，于是，批判这种歪理邪说也就成了他义不容辞的责任。与此同时，抨击法西斯主义并揭示其形成的根源，又是1930年代后期摆在"社会研究所"面前的头等大事。正是在这样一种背景之下，马尔库塞选择了黑格尔。

正是在对黑格尔的研究中，马尔库塞的哲学思想开始成型。谈到这本书的写作动机时马尔库塞指出:"写作此书是希望为复兴作点贡献;不是复兴黑格尔,而是复兴濒临绝迹的精神能力:否定性思想的力量。"①在他看来,"否定"是辩证法的核心范畴,"自由"是存在的最内在动力。而由于自由能够克服存在的异化状态,所以自由在本质上又是否定的。而否定、自由、对立、矛盾则是构成黑格尔所谓的"理性"的基本元素。然而,"随着经济、政治和文化控制的不断集中与生效,所有领域中的反抗已被平息、协调或消灭"②。于是,当技术文明的进程使人们在自己的言论与行动中只剩下承认甚至肯定现实或现状的能力时,呼唤、拯救并镀亮黑格尔辩证法中的否定性思想便显得尤其重要。因为否定性思想的作用是要"打破常识的自信与自满,破坏对事实的力量和语言的盲目信任,说明事物的核心极不自由,以致它们的内在矛盾的发展必然导致质变:既定事态的爆炸或灾变"③。显然,当马尔库塞如此强调"否定性力量"(power of negativity)的功能时,他已经暗示出了他以后的批判方向。因为有无否定性,既是区分批判理性与技术理性的主要标志,也是衡量社会与人是否"单面"的重要尺度。

从这个意义上看,《现代技术的一些社会含义》就成了一篇承前启后的重要文章。在这篇文章中,马尔库塞描绘了个人主义在一个特殊的历史时期(从资产阶级革命时代开始到现代技术社会出现为止)由盛到衰的过程。在他看来,个体理性(individual rationality)在反对迷信、非理性和统治的过程中取得了胜利,并由此确立了个体反对社会的批判姿态。批判理性(critical rationality)因此成为一种创造性原则:它既是个体解放之源,又是社会进步之本。当资产阶级意识形态在18、19世纪形成之后,新生的自由—民主社会确保了这样一种价值观的流行:个人可以追求自己的切身利益,同时也是在为社会的进步添砖加瓦。然而,现代工业与技术理性(technological rationality)的发展却

---

① 〔美〕马尔库塞:《理性与革命》,见〔美〕梅·所罗门编:《马克思主义与艺术》,杜章智等译,北京:文化艺术出版社1989年版,第569页。
② Herbert Marcuse, *Reason and Revolution: Hegel and the Rise of Social Theory*, N. J.: Humanities Press, 1983, p.434.
③ 〔美〕马尔库塞:《理性与革命》,见〔美〕梅·所罗门编:《马克思主义与艺术》,第571页。

暗中破坏了批判理性的基础,并让个体在潜滋暗长的技术—社会机器的统治面前俯首称臣。而随着资本主义与技术的发展,发达的工业社会又不断滋生着调节于经济、社会机器,屈服于总体的统治与管理的需要,结果,"顺从的结构"(mechanics of conformity)扩散于整个社会。个体逐渐被技术/工业社会的效率与力量所征服或吞噬,他们也就逐渐丧失了批判理性的早期特征(比如自律、对社会持有异议、否定的力量等),而正是由于个体与个性的衰落才导致了马尔库塞后来所谓的"单向度社会"和"单面人"的出现。①

从这篇文章中可以看出,原来在《理性与革命》中没有怎么现身的"技术"已从马尔库塞的思想中浮出水面,从而成为他的一个新的认知视角。因为在他的后期著作中,技术以及由此带来的一切问题就是他对极权主义社会进行判断、认识进而批判的一个主要依据。虽然在此文中他并没有一味地否认技术,而是在"工艺"(technics)的层面论述到了技术给人带来的自由和解放,但相比较而言,他实际上更重视技术所带来的负面效果。因为现代社会实际上就是靠技术维持、装备起来的官僚体制社会;技术把法西斯主义武装到了牙齿,从而导致了战争;而建立在技术基础之上的技术理性,一方面维持了统治的合理性,一方面又摧毁了个体的反抗欲望。马尔库塞在文章中引用霍克海默的话并阐释道:"技术理性的工具主义概念几乎扩散到了整个的思想领域,并赋予不同的智识活动以一种共同的特征。这些活动变成了一种技术,一种涉及培训而不是关乎个体的事情,它们需要的是专家而不是完整的人之个性。"②因此可以说,技术理性的猖獗之日也就是批判理性的衰微之时,而批判理性的衰微则意味着个体的消亡,个体之死又意味着大众之生。

必须指出,"技术理性"并非马尔库塞的发明,而是他与霍克海默、阿多诺流亡美国期间共同使用的一个认知性概念。不过,尽管霍克海默在1967年出版了《工具理性批判》一书,但是与霍克海默和阿多诺相比,马尔库塞对技术理性的开掘与思考似更执着。他始终把"技术

---

① Herbert Marcuse, *Technology*, *War*, *and Fascism*, ed. Douglas Kellner, London and New York: Routledge, 1998, pp. 41-65. 此处主要依凯尔纳的归纳。见凯尔纳为该书写的长篇导读"Technology, War and Fascism: Marcuse in the 1940s",同上书,第4—5页。

② Herbert Marcuse, *Technology*, *War*, *and Fascism*, p. 56.

理性"放在批判理性的对立面,以此来认识它在资本主义社会中扮演的角色。经过二十多年的思考之后,马尔库塞最终把技术理性定性为发达的工业社会的意识形态:

> 技术理性这一概念也许本身就是意识形态的。不仅是技术的应用,而且技术本身就是(对自然和人的)统治——有计划的、科学的、计算好的和正在计算的控制。统治的特殊的目的与利益并不是"后来"或从外部强加于技术之上的;它们早已进入技术设备的构造中。技术始终是一种历史—社会的规划(project):一个社会与其统治利益打算用人或物所做的事情都被技术规划着。这样一种统治的"目的"是"实质性的",而到了这种程度它便属于技术理性的形式。①

这段论述出自于马尔库塞1964年发表的《马克斯·韦伯著作中的工业化与资本主义》一文,是他对韦伯(Max Weber)合理性的"价值中立"说的一个批判性清理。韦伯认为,价值判断不可能是合理的,因为根本不存在客观的或"真实的"价值。因此,唯一真实的合理性就是他所谓的"工具理性"(instrumental rationality),即把手段有效地用于目的。而由于这些目的处在合理的判断之外,所以你无法判断它们是否合理。② 正是在这样一种理性观的指导下,韦伯得出了如下结论:资本主义在现阶段虽然是由国家的强权政治所统治着的,但它的管理(官僚的科层统治)依然保持着形式上的合理性。而形式合理性又为价值中立的技术赋予了某种特权,因为"无生命的机器是凝固的精神,只有这样它才具有让人进入其服务范围的力量"。马尔库塞对此评论道:所谓"凝固的精神"(congealed spirit),实际上也是人对人的统治。"因此,这种技术理性再生产出了奴役。对技术的服从变成了对统治本身的服从;形式上的技术合理性转变成了物质上的政治合理性。"③ 显然,在马尔库塞的眼中,韦伯的技术价值中立说是一个不折不扣的

---

① Herbert Marcuse, *Negations: Essays in Critical Theory*, trans. Jeremy J. Shapiro, the Penguin Press, 1968, pp.223-224.
② 参见[英]迈克尔·H. 莱斯诺夫:《二十世纪的政治哲学家》,冯克利译,北京:商务印书馆2001年版,第59页。
③ Herbert Marcuse, *Negations: Essays in Critical Theory*, p.222.

骗局。由于它只考虑"资本核算"中的成效与收益,取消了对技术的价值判断,它也就成了为既存的统治合理性进行辩护的最好的学说。如此推论下去,资本主义的形式合理性就完全可以在电子计算机时代的来临中庆祝自己的胜利,因为"电子计算机计算一切,却不问目的如何"。它为统治者提供了计算赢利与亏损的机会,同样也为它们提供了去计算毁灭一切的机会。[1] 在马尔库塞看来,这样的理论显然应该在扫荡之列。

在批判韦伯的意义上,可以把"技术理性就是意识形态"的论断看作马尔库塞面向历史的一次对话,但我们同时也应该意识到这一思考面向现实的挑战色彩。因为在1960年,保守主义者丹尼尔·贝尔(Daniel Bell)出版了他的社会学专著《意识形态的终结》。这部著作在对1950年代的美国进行了方方面面的考察之后认为:技术治国是历史的必然,大众社会的出现是进步的标志,工人阶级普遍满足于社会现状,而"接受福利国家,希望分权、混合经济体系和多元政治体系"已经成为人们的普遍共识。"从这个意义上讲,意识形态的时代也已经走向了终结"。而对于激进的知识分子来说,所谓的意识形态只不过是他们制造出来的一种政治话语。"这些飘浮无根的知识分子有一股使自己的冲动变成政治冲动的'先天'冲动",然而,随着商业文明的来临,"旧的意识形态已经丧失了它们的'真理性',丧失了它们的说服力"。[2] 对于这种意识形态终结论,马尔库塞显然无法苟同。因为随着麦卡锡主义(McCarthyism)时代的结束,恐怖的政治统治虽然终结了,但是随着"富裕社会"来临,极权主义的统治只不过是鸟枪换炮,以一种更隐蔽的方式开始了对人们身心世界的全面管制与操纵。这种隐而不见的东西就是技术理性对社会各个领域的渗透。从这个意义上说,意识形态没有终结,也不可能终结。

无论从哪方面看,把技术理性定位成发达工业社会的意识形态都是一件意义重大的事情。因为对于美国来说,从"二战"结束到1960年代初是一个举世公认的繁荣的年代。有资料表明,美国的国民生产

---

[1] Herbert Marcuse, *Negations: Essays in Critical Theory*, p.225.
[2] 〔美〕丹尼尔·贝尔:《意识形态的终结》,张国清译,南京:江苏人民出版社2001年版,第461—464页。

总值从1945年的3552亿美元上升到1960年的4877亿美元,1950年代工业年增长率高达4%。1945—1960年,美国人均全年可支配收入按1958年的美元价值计算,从1642美元上升到1883美元,增加了近15%。物价指数在1945年为62.7,1953年涨至93.2,且以后几年一直保持相对平稳。1950年代,美国已进入高消费时代,越来越多的人开始使用信用卡,他们每月的开支常常超过其收入,到1950年代末期,美国家庭平均消费支出比战争结束时增加了1.7倍,超过了同期美国国民生产总值的增长。与此同时,1950年代的美国人比以往有了更多的闲暇时间。他们平均每周的工作时间从1940年的44小时减为41小时。一年一度的休假在1950年代已相当普遍,且休假期较长。大批美国人把他们的闲暇时间用于旅游、体育运动等等,人们更多地关注开了个人小家庭的生活享受。[①] 由此看来,技术的广泛应用,经济的高速增长,工作时间的缩短,闲暇时间的增多——种种迹象表明,这个资本主义最发达的国度已经进入一个国家兴旺富强、人民安居乐业的时代。然而,正是在这样一个欢乐祥和的时期,马尔库塞却发布了他的盛世危言。

那么,当马尔库塞带着这样一种眼光打量西方成熟的政治体制、发达的工业文明社会时,他又发现了什么呢？在他看来,当代工业社会已经变成了一个新型的极权主义社会,因为它成功地压抑了这个社会中的反对派和反对意见,压制了人们心中的否定性、批判性和超越性的向度,从而使这个社会变成了单向度的社会,使生活于其中的人变成了单面人。而构成发达工业社会极权主义性质的东西主要不是恐怖与暴力,而是技术的进步。技术的进步造成了一种"控制的新形式"。技术的进步使发达工业社会处于富裕的生活水平之上,它让人们满足于眼前的物质需要,而付出不再追求自由、不再想象另一种生活方式的代价；技术的进步可以使发达工业社会通过电视、电台、电影、收音机、报纸杂志等大众传媒,无孔不入地侵入人们的闲暇时间,占领人们的私人空间,却又不激起人们的逆反心理与抗争心理；技术的进步为政治经济运行提供了合理操作方式,使其达到高度有序化,

---

① 参见庄锡昌：《二十世纪的美国文化》,杭州：浙江人民出版社1993年版,第140—141页。

从而使统治者与被统治者在理性层面上达到了和谐统一;技术的进步导致唯科学主义与实证主义思维方法大行其道,从而把人们的思维变成可供分析和操作的领域,思维的怀疑、否定、批判、超越等特性消失殆尽。通过对发达工业社会文明的研究,马尔库塞得出了如下结论:技术进步是发达工业社会文明最集中也是最高的表现,它造福于社会,却也使这个社会付出了高昂的代价,这就是造就出了缺乏否定精神、没有批判意识、更无超越欲望的"单面人"。

在马尔库塞对发达的工业社会的分析与批判中,有两个方面一直是他主要关注的焦点:第一是极权政治,第二是处于这种政治体制中的人。他明确指出:

> 作为一个技术世界,发达工业社会是一个政治的世界,是实现一项特殊历史谋划的最后阶段,即在这一阶段上,对自然的实验、改造和组织都仅仅作为统治的材料。①

在与麦基的对话中,他坦率地谈到了他与传统马克思主义的分歧:

> 马克思的确不大关心个人的问题,而且他也不必去那样做,因为在他那个时代,无产阶级的存在本身,就使得这个阶级成了一个潜在的革命阶级。但从那以后情况发生了很大的变化,现在的问题是:"当今西方发达工业国家中的工人阶级在多大程度上仍然能够被称之为无产阶级?"欧洲共产主义政党已经完全放弃了这一概念。现实情况是出现了大规模的整合,甚至可以说大多数人都已被整合到现存的资本主义制度中去了。组织化的工人阶级已经不再是"一无所有、失去的只有锁链",而是可以失去的东西很多;这种变化不仅发生在物质层面,而且也发生在心理层面。依附人口(dependent population)的心理意识已经发生了变化。最令人吃惊的是,统治的权力结构所进行操纵、管理和控制的程度不仅包括个人的意识方面,而且也延伸到了潜意识甚至无

---

① 〔美〕马尔库塞:《单向度的人——发达工业社会意识形态研究》,刘继译,上海译文出版社1989版,第7页。

意识的领域。①

从以上所引的两段文字中,我们一方面发现了马尔库塞"拿来"弗洛伊德的真实动机,一方面也可以看出,在他的思想天平上,政治依然是一个很重的砝码。只不过是写作《单面人》时期,马尔库塞在他的政治学辞典里已更多删除了无产阶级、工人阶级等具有古典意味且政治色彩浓郁的词汇,而以"(抽象的)的'人'(Man),而不是(具体的)的'人'(Men)"②取而代之。但是,关心人被极权政治的操控程度,打破技术文明尤其是技术理性对人的禁锢,进而让人的内心世界焕发出革命的冲动,去砸碎那个让人身心遭到异化的世界,则是马尔库塞著作中一个隐蔽而潜在的动机。于是,尽管马尔库塞自己声称他与传统马克思主义存在着分歧,但是在这一层面,我们依然看到了他与传统马克思主义的内在关联。

然而,实际的情况是,随着1960年代后期学生运动的失败,马尔库塞那种激进甚至革命的理论失去了神圣的光辉。或者换句话说,这次失败至少说明了革命的理论在直接转换为革命的行动时还存在诸多问题。而对于马尔库塞来说,寻找否定性一直是他追寻的一个目标,但遗憾的是,在无产阶级大众和1968年的大学生中他并没有发现这种否定性。于是,如何培养并发展人的这种否定性就成了马尔库塞必须解决的重要课题。正是在这样一种背景下,他选择了艺术和美学。他认为:"艺术不能改变世界,但是它却可以致力于变革那些能够改变世界的男人和女人的意识与冲动。60年代的那场运动,旨在全面改变人的主体性、本性、感性、想象力与理性。它开启了认识事物的全新视野,也开启了上层建筑对基础的渗透过程。"③这是他对1960年代学生运动一个意味深长的总结,也是他决定改弦更张的重要信号。于

---

① 〔英〕布莱恩·麦基编:《思想家》,第61—62页。同时参考罗晓南译文略有改动,译文见陈荣灼等编:《当代社会政治社会理论对话录》,第179—180页。《反革命与造反》中亦有类似论述。See Herbert Marcuse, *Counterrevolution and Revolt*, Boston: Beacon Press, 1972, pp. 5-6.

② 〔英〕阿拉斯代尔·麦金太尔:《马库塞》,邵一诞译,台北:桂冠图书股份有限公司1992年版,第18页。

③ Herbert Marcuse, *The Aesthetic Dimension: Toward a Critique of Marxist Aesthetics*, Boston: Beacon Press, 1978, pp. 32-33. 中译文参见〔美〕马尔库塞:《审美之维——马尔库塞美学论著集》,李小兵译,北京:三联书店1989年版,第229页。

是,像阿多诺一样,马尔库塞在其生命的最后阶段也把美学当成了他思想的最后停泊地。

"西方马克思主义整个说来,似乎令人困惑地倒转了马克思本身的发展轨道。马克思这位历史唯物主义的创始人,不断从哲学转向政治学和经济学,以此作为他的思想的中心部分;而1920年以后涌现的这个传统的继承者们,却不断地从经济学和政治学转回到哲学——放弃了直接涉及成熟马克思所极为关切的问题,几乎同马克思放弃直接追求他青年时期推论的问题一样彻底。""自从启蒙时代以来,美学便是哲学通往具体世界的最便捷的桥梁,它对西方马克思主义理论家始终具有一种经久不衰的特殊吸引力。"①安德森(Perry Anderson)的这番分析有助于我们理解马尔库塞最后的选择。不过对于马尔库塞来说,这种选择尤其显得意味深长,因为在整个法兰克福学派阵营中,他的理论最具有实践性和变革世界的可能性。而当他选择美学开始了自己的思想之旅时,我们可以说这是他实施整个拯救工程的一种迂回战术,但又何尝不是一种思想立场上的后撤呢?

激进美学:解放爱欲与建立新感性

说马尔库塞最后选择了美学作为其思想皈依,并不意味着这是一场"突发性事件"。因为假如以回溯性的目光来打量一下他以前的著作,我们马上就会发现,在他那些哲学或哲学化的论著中早已散落了一些美学的碎片。而正是由于他最后的选择,才使得那些碎片有了聚拢起来的可能。概而言之,马尔库塞在美学方面的突出贡献有二:第一,把爱欲引入了审美活动中;第二,提出了建立新感性的具体构想。

马尔库塞激进美学的逻辑起点是人的本能的解放。由于在技术统治的世界里人的身心已遭到了全面的异化,变成了单面的人,所以若要把人从这个物化的世界里拯救出来,使人走出工具理性的沼泽,首要的任务就是挽救人的爱欲、灵性、激情、想象、直觉等感性之维。

---

① 〔英〕佩·安德森:《西方马克思主义探讨》,高铦等译,见陆梅林选编:《西方马克思主义美学文选》,桂林:漓江出版社1988年版,第147、167页。

于是,在马尔库塞的构想中,审美解放成为人的历史使命,本能革命又成为审美解放的必由之路。

马尔库塞的这一构想并非空穴来风,他的思想灵感首先来自马克思的《1844年经济学哲学手稿》。把人的感觉从"粗陋的实际需要"中解放出来,进而让人带着"人的感觉"在对象世界中肯定自己,这是马克思《手稿》中的核心命题。然而,在马尔库塞看来,尽管人们对《手稿》再三阐释,但是对于这一命题却多有忽略。于是,在马克思论述的基点上他进一步发挥道:"所谓'感觉的解放',意味着感觉在社会的重建过程中有'实际作用的'东西,意味着它们在人与人、人与物、人与自然之间创造出新的(社会主义的)关系。同样地,感觉也成为一种新的(社会主义的)理性的'源泉':这种新的理性摆脱了剥削的合理性。而当这些解放了的感性摒弃了资本主义的工具主义的理性时,它们将保留和发展这种新型的社会的成就。"① 显然,在马尔库塞的心目中,这种感觉的解放在变革现实的斗争中将起着关键性的作用。于是他所谓感觉,决不仅仅是个人身上的某种心理现象,而是使社会变革成为个人需要的一种中介。

马尔库塞思想灵感的第二个来源是他对康德—席勒美学理论的批判性扬弃。受康德思想的影响,席勒在对近代工业社会的考察中发现,劳动与享受相分离、手段与目的相分离已成了早期资本主义社会中一个触目惊心的事实,原本完整、和谐、统一的人已变成了资本主义机器大生产中的一个小小零件。席勒认为这一切的根源在于人性的分裂与堕落,而造成这种堕落的原因则是近代以来日益严密化的科学技术分工割裂了人性中原本处于和谐状态的感性与理性、自由与必然。因而要克服现代社会中的不合理现象,唯一的办法就是走审美之路,培养高尚的人格,通过游戏活动即审美活动,使人性中分裂的因素重新合而为一。通过消除一切压迫,最终使人在物质/感性方面与精神/理性方面都恢复自由。"只有当人充分是人的时候,他才游戏;只有当人游戏时,他才完全是人。"② 席勒的这句名言实际上是他对人的理想状态的向往与描绘。

---

① 〔美〕马尔库塞:《审美之维——马尔库塞美学论著集》,第135—136页。
② 转引自朱光潜:《西方美学史》,北京:人民文学出版社1979年版,第450页。

席勒把审美活动放到了一个中心地位上,这是马尔库塞非常感兴趣的;但是让他不能满意的是,审美活动在席勒那里最终依然只不过是沟通纯粹理性与实践理性、调和感性冲动与形式冲动的一座桥梁。席勒虽然认识到现代科技理性的发达对人类生存状况的多重影响,但他并不反对理性本身。恰恰相反,他所设想的未来社会正是要恢复遭到破坏的人类理性。所以在论述审美之路时,席勒虽然也认为要限制理性的权利,但他并没有对理性与感性的任何一方有所偏爱,而是极力强调二者的调和,以期建立一种不与感性直接对立的理性社会。然而,在马尔库塞看来,文明发展史就是人类的感性逐渐淡出、理性逐渐走上前台的历史;而近代以来,由于这种理性过分发达,人类已丧失了原本完整美好的生存状态,劳动变成了苦役,人的存在则沦为理性的工具。因此,若要建立新的文明秩序,首要的任务是必须清除理性施加于感性的暴政,恢复感性的权力与地位。于是,当马尔库塞谈到审美的时候,这个审美已不是桥梁而是归宿,不是手段而是目的本身。①只有在审美活动中,感性才能被拂去灰尘、擦去锈迹,放射出灿烂的光辉。

把审美活动看作感性获得新生的途径,把感性解放看作人类解放的必由之路,这是贯穿于马尔库塞美学思想中的中心线索。这种观点的提出在当时固然也称得上振聋发聩,但是在其现实化的过程中却会遇到诸多难题。比如,在发达的工业社会中,人的正常的感性世界已遭污染甚至已不复存在,那么,如何才能唤醒人们沉睡的感性并让感性焕发出力量呢?把审美看作拯救感性的有效途径,但它真有如此大的威力吗?审美活动可以凭依的力量又来自何处?假如不能解决诸如此类的问题,那么审美云云难免显得空泛。从美学的角度看,或许正是为了解决这一理论难题,马尔库塞才把弗洛伊德请进了他的美学殿堂,让他去充当打开僵硬之理性缺口的急先锋。

但是,马尔库塞并不同意弗洛伊德那种悲观主义的观点。弗洛伊德的一个基本假设是,文明的历史就是人的本能欲望遭到压抑的历史,因此,文明与本能满足是一对不可解决的矛盾:要么毁灭文明,要

---

① 此处参考了刘红兵先生的分析,见朱立元主编:《法兰克福学派美学思想论稿》,上海:复旦大学出版社1997年版,第217—218页。

么接受压抑,非压抑性文明是不存在的。然而,在马尔库塞看来,本能力量的解放与文明的发展并不矛盾,如果人们能够合理地使用自己的本能力量,那么非压抑性文明社会的出现是可能的。"在非压抑性生存的环境中,工作时间(即苦役)被降低到了最低限度,而自由时间摆脱了统治利益强加于它的所有闲暇活动和被动状态。"①这是马尔库塞所描绘出来的文明社会的理想状态。为了在理论上更好地论证非压抑性文明的可能性,马尔库塞又在弗洛伊德压抑假说的基础上进一步把压抑分为基本压抑和额外压抑两种。前者主要由不可避免的生存原因所导致,因而具有合理性;后者则由人为的"不合理的组织方式"所造成,不具有必然性与合理性,因而是多余的,是应该消除的对象。马尔库塞认为,随着科技和生产力的高度发展,基本压抑在当今大体上已失去了存在的理由,现代社会中存在的压抑形式主要是额外压抑。这样,消除额外压抑就与推翻现行的体制建立起了一种必然的联系。

解放爱欲、消除额外压抑是马尔库塞所制定的人类解放的总体战略,那么,延伸到美学领域,爱欲解放与美学革命的联结点又在哪里呢?在对弗洛伊德"幻想说"的开掘中,我们可以发现马尔库塞的良苦用心:

> 幻想,作为一种基本的、独立的心理过程,有它自己的、符合它自己的经验的真理价值,这就是超越对抗性的人类存在。在想象中,个体与整体、欲望与实现、幸福与理性得到了调和。虽然现存的现实原则使这种和谐成为乌托邦,但是幻想坚持认为,这种和谐必须而且可以成为现实。……因此对幻觉的认识功能的分析产生了作为"审美科学"的美学。美学形式的背后乃是美感与理性的被压抑的和谐,是对统治逻辑组织生活的持久抗议,是对操作原则的批判。②

把幻想或想象看作反抗现实原则的得力拐杖,这是马尔库塞从弗洛伊德那里拿来并加以改造的理论武器。但是假如没有某种实质性

---

① 〔美〕马尔库塞:《爱欲与文明·1961年标准版序言》,黄勇等译,上海译文出版社1987年版。
② 〔美〕马尔库塞:《爱欲与文明》,第103—104页。

的内容来为幻想或想象撑腰打气,它们就成了无源之水,美学革命的暴动将成为纸上谈兵。于是,为了充实幻想与想象的力量,马尔库塞又从包括弗洛伊德在内的哲人那里拿来了"回忆"。在他看来,回忆"不是对充满童心的天真、原始人等东西的记忆,也不是对'黄金时代'的追忆(这个时代从未存在过)。回忆作为认识的功能毋宁说是一种综合,是把在歪曲的人性和扭曲的自然中所能发现的那些支离破碎的东西重新组合在一起。这种回忆出来的素材,就成为想象的领域,它在艺术被压抑的社会中得到确认,它以一种'诗的真理'出现——也仅仅作为诗的真理"[①]。国内学者刘小枫在解读马尔库塞的这一思想时认为,回忆作为人类极为重要的价值器官,其功能的意义决不亚于灵性、想象和激情。而当马尔库塞在"回忆"的功能上反复思考时,他的真实意图是"努力想为回忆的功能加入一些对历史困境的价值关怀的成分,努力想使回忆成为人类历史的审美解放中重要的精神机能"[②]。应该说这种分析是很有道理的。而在我看来,马尔库塞尽管从回忆的内容上否认了回忆与原古时代的联系,但是从回忆的功能上看,他的"回忆说"又分明是对人类早已荒芜的"诗性智慧"的打捞。如此说来,作为幻想的材料,回忆出来的东西也不可能多么新颖别致。而在这里,我们也恰恰看到了一个历史的或美学的悖论:当现代文明的这驾战车把人的感性世界碾得粉碎的时候,理论家往往想到的是去招"诗性智慧"之魂。然而,从根本上说,像回忆、幻想、想象、灵性等诗性智慧,应该是人类童年时代的产物。而当生产这种诗性智慧的历史背景消失之后,我们还能找到诗性智慧得以生成的丰壤沃土吗?即使能够找到,现代人那种性灵枯萎的身躯还能承载得动那种浩荡的精魂之气吗?显然,当马尔库塞在诗性智慧的花园里流连忘返时,他已经开始营造他的那个审美乌托邦的王国了。

从幻想、回忆等出发去寻找否定性的力量,马尔库塞也就必然会遭遇艺术。"因为从古以来的艺术,就像埋藏在地层深处的矿脉,携带着巨大的信息:所有遭到压抑的冲动,所有遭到禁忌的意象,自由的渴

---

① 〔美〕马尔库塞:《审美之维——马尔库塞美学论著集》,第141—142页。
② 刘小枫:《评马尔库塞批判的浪漫美学》,见《外国美学》第4辑,北京:商务印书馆1987年版,第307页。

望、幸福的期待,等等,都包含在它里面。像弗洛伊德从人的本能力量中单单挑出幻想一样,马尔库塞也从幻想中看到了自由和希望的图景。"① 而在马尔库塞看来:"艺术,在其基本的层次上,就是回忆:它欲求达到一种前概念的经验和理解。而这些前概念的东西,又都再现于、或相悖于经验和理解的社会功用的框架,也就是说,这些东西都相悖于工具主义的理性和感性。"② 显然,在马尔库塞的思考中,艺术之所以能成为审美的依托,关键在于艺术可以凭借幻想和回忆创造出直觉的而非逻辑的、感性的而非理性的审美形式,建构出受"享乐原则"而非"现实原则"支配的新的感性世界。这种孕育着"新感性"的艺术世界与审美形式,可以打破人们的日常生活经验,把沦落的感性之维从工具理性的泥沼中钩沉出来,把禁忌的爱欲从被压抑的文明中解放出来。也正是在这一意义上,马尔库塞提出了他的"艺术即大拒绝"的著名命题:"无论是否仪式化,艺术都包含着否定的合理性。在其先进的位置上,艺术是大拒绝(Great Refusal),即对现存事物的抗议。"③

艺术既要成为审美的依托,又要成为对现存事物的抗议,那么后一种功能的逻辑依据又是什么呢？这牵涉到马尔库塞的又一重要命题:艺术即异在。

　　无论艺术怎样被流行的价值观、趣味和行为的标准、经验的限制所决定、塑造和引导,它都总是超越着对现实存在的美化和崇高化,超越着对现实的消遣和确认。即使是最现实主义的作品也建构着它自己的现实:它的男人和女人、它的对象、它的风景、它的音乐,皆揭示出那些在日常生活中尚未述说、尚未看见、尚未听到的东西。艺术即"异在"(Art is "alienating")。④

实际上,马尔库塞的这一命题包含在一个更大的命题之中:艺术

---

① 程巍:《否定性思维——马尔库塞思想研究》,北京:北京大学出版社2001年版,第152页。
② 〔美〕马尔库塞:《审美之维——马尔库塞美学论著集》,第171—172页。
③ 〔美〕马尔库塞:《单向度的人——发达工业社会意识形态研究》,第59页。参照原文略有改动。Herbert Marcuse, *One-Dimensional Man: Studies in the Ideology of Advanced Industrial Society*, London: Routledge, Beacon Press, 1991, p. 63.
④ 〔美〕马尔库塞:《审美之维——马尔库塞美学论著集》,第194页。参照原文有改动。See Herbert Marcuse, "Art as Form of Reality," in *Art and Liberation: Coliected Papers of Herbert Marcuse*, ed. Douglas Kellner, London and New York, Routledge, 2007, p. 143.

应成为现实的形式。使艺术成为现实的形式,并不是要美化给定的现实,而是要创造出一个与给定的现实相对抗的新的现实。马尔库塞并不否认,无论现代艺术还是古典艺术都具有某种双重品格:"作为现存文化的一部分,艺术是肯定的,即它依附于这种文化;作为现存现实的异在,艺术是一种否定的力量。艺术的历史可以理解为这种对立的和谐化。"①但是从建立"新感性"的宏伟战略出发,他更看重艺术异在性所表现出的否定性力量,因为只有艺术的异在性才可以使艺术与现实世界保持一种批判的距离。而艺术之所以能具有异在性,关键还是在于构成艺术的重要元素——想象、回忆等具有异在性。因为在人类的想象中始终保存着对过去和谐生活的回忆,正是这种回忆时时提醒人们注意到理想与现实之间的距离,使艺术始终保持着与现实的对立、异在和超越。现代工业社会的主要罪状之一就是取消了艺术的这种异在性。当艺术品沦落为商品之后,它的超越性、否定性和颠覆性也就荡然无存了。

到此为止,马尔库塞的美学思路已大体清楚了。他的美学目标是要建立"新感性",因为这是促使人们用一种"新的方式去看、去听、去感受事物"②的前提。而由于既成的感性要不在美学世界中被纯粹理性和实践理性所挤压,要不在工业社会中被科技理性或工具理性所污染,所以人的感性世界必须大换血。于是,借助于马克思、席勒、弗洛伊德等思想家的理论武库,他用回忆、幻想、想象、激情、灵性等诗性智慧作为他输血再造新感性的主要武器,同时他又强化艺术的拒绝、异在、否定等功能,以和这些武器成龙配套。而立足于"新感性"的审美世界一旦成型,即意味着拥有了与现实世界分庭抗礼的资本;从本能革命到美学革命的道路一经贯通,人们也就可以踏上人类解放的征途了。——大体而言,这就是马尔库塞所构想出来的美学方案,也是他设计出来的人类解放的宏伟蓝图。

那么,当马尔库塞经营着自己的审美园地时,他是不是已经淡忘了政治呢?回答应该是否定的。在他晚期的著作中,政治依然是他美

---

① 〔美〕马尔库塞:《审美之维——马尔库塞美学论著集》,第194页。参照原文有改动。See Herbert Marcuse, "Art as Form of Reality," in *Art and Liberation: Collected Papers of Herbert Marcuse*, p. 143.

② Herbert Marcuse, *An Essay on Liberation*, Boston: Beacon Press, 1969, p. 37.

学合唱中的一个不可或缺的声部:"我认为艺术的政治潜能在于艺术本身,即在审美形式本身。""艺术借助其内在的功能,要成为一股政治力量。"①这样的表述不仅明白无误地昭示着马尔库塞的政治情结,而且也意味着把美学政治化依然是他坚定不移的追求目标。如此看来,他的美学火药味十足也就变得不难理解了,因为这很可能是真正让人"行动的美学"。然而,唯其如此,也就更显出了这种美学的乌托邦意味。因为实际的情况是,在 1970 年代来临、保守主义开始回潮的时代里,那些 1968 年造反的大学生们早已偃旗息鼓,他们开始进入资本主义统治的秩序中,进而开始了对中产阶级体面生活的追求。这样,马尔库塞的美学也就失去了忠实的听众,他的那种"变革男人和女人的意识和冲动"的计划也就成了真正的理论假设。

而更让人深思的是这种美学被消费社会的利用,甚至它有可能成为消费社会的同谋。格拉夫指出:"激进美学用以界说革命和自由的那些名词,使得它和消费社会的许多因素一拍即合了,因为摆脱传统的制约正是扩大消费的一个必要条件。消费社会由于利用风气、短暂的新奇和人为的商品废弃而毁坏了连续性,造成了一种'有计划的感官错乱',使得先锋文化反熟悉化的分裂行为和陌生化相形见绌。"②如果说《爱欲与文明》在 1960 年代不经意成了"性解放"的教科书是一次历史的误会,那么以感觉革命为宗旨的激进美学成为消费社会的同谋又意味着什么呢?马尔库塞播下的是龙种,却总是收获跳蚤,这一事实提醒我们,在今天这个时代里,对于激进美学,更重要的可能不是一味的褒扬,而是深刻的反思。

大众文化理论:从"整合"到"颠覆"

马尔库塞的大众文化理论是法兰克福学派大众文化批判理论的重要组成部分,但是他与阿多诺和霍克海默等人的观点又不太相同。一方面,他认同法兰克福学派的主流观点,认为大众文化是宰制的工

---

① 〔美〕马尔库塞:《审美之维——马尔库塞美学论著集》,第 203,198 页。
② 〔美〕杰拉尔德·格拉夫:《反现实主义的政治》,见马尔库塞等:《现代美学析疑》,绿原译,北京:文化艺术出版社 1987 年版,第 96—97 页。

具,是极权主义的传声筒,具有整合大众的作用;另一方面,在特定的历史时期,他又看到了大众文化具有颠覆资本主义的功能。只有意识到马尔库塞大众文化观的矛盾性和复杂性,我们才能对他的大众文化理论有一个全面的认识。

当阿多诺与霍克海默等人在1930—1940年代研究大众文化的时候,马尔库塞主要是把自己的精力集中在对法西斯主义意识形态、资产阶级文化、家庭与权威等问题的研究上,他对大众文化并没有多大的研究兴趣。但是进入1960年代之后,大众传媒与大众文化却频频出现在他的文章与著作中,从而构成了他对新型的极权主义社会和控制的新形式进行判断与定位的主要依据。比如,他认为:"通过大众媒介、学校、运动队、青少年团伙等,社会直接控制了初生的自我(nascent ego)。""儿童意识到,玩伴、邻居、团伙的头头、体育比赛、电影而非父亲才是他们相宜的心理行为和身体行为的权威。"而在一个无父的时代里,大众并不感到焦虑,因为大众媒介与大众文化成了他们的亲密伙伴:"每一座房子上的天线,每一个海滨上的收音机,每一个酒吧与饭馆里的自动电唱机,如同种种绝望的号叫——他不会扔下它们不管,他无法与这些现代怪物分离开来,他不会谴责这些东西的无聊或憎而恨之,也不会抱怨它们搅了自己的美梦。这些号叫吞没了其他人,甚至吞没了那些虽遭谴责但依然渴望实现其自我的人。在庞大的被捕获的听众中,绝大多数人陶醉在那些号叫声里。"①把这些论述与《单面人》结合起来一并考虑,我们完全可以把这部著作解读为一本大众文化批判理论的论著。因为马尔库塞反复提到的"发达的工业社会"或"单向度社会"实际上就是"现代大众社会","单面人"实际上就是丧失了反抗欲望与否定能力而被社会整合得服服帖帖的"大众",而所谓的"单向度文化"其实也大体上相当于"大众文化"。那么,与阿多诺等人的大众文化理论相比,马尔库塞有哪些新思想呢?

第一,更多地集中在消费领域来论述大众文化的整合功能。阿多诺等人主要是从生产方式的角度着手对大众文化进行批判的,虽然他的批判理论无疑也涉及消费领域,但是由于他更多借助于马克思的商

---

① Herbert Marcuse, *Five Lectures*: *Psychoanalysis*, *Politics*, *and Utopia*, trans. Jeremy J. Shapiro and Shierry M. Weber, Boston: Beacon Press, 1970, pp. 47, 52, 49.

品拜物教理论来思考大众文化,而马克思又主要是从生产方式、生产关系的角度来进入资本主义制度的,所以,生产决定消费的思维定式使得阿多诺不可能更多地关注消费领域。但是马尔库塞却认为:"在马克思的用语中,'异化'代表一种社会—经济概念,它基本上是说(只能非常简略地表述一下),在资本主义制度下,人们在其工作中不能实现自己的才能和满足自己的需要;而这种情况是资本主义生产方式造成的;因此要克服异化,就必须从根本上改变资本主义生产方式。今天,异化概念的涵义已经大大扩展,它原来的含义几乎丧失殆尽了。如今人们已经用它来解释各种各样的心理毛病。但并不是人们所遇到的一切麻烦和问题——如男女恋爱中的问题——都必然是资本主义生产方式的结果。"①而事实上,从1950年代的《爱欲与文明》起,马尔库塞就已经开始了对马克思的改写;而从《单面人》开始,马尔库塞又把自己的思考集中在了资本主义世界的消费领域。这一举动一方面是对马克思理论的进一步扩充,一方面也可以把它看作对阿多诺的大众文化批判理论的充实与发展。

第二,指出了"虚假需要"与大众文化的关系。马尔库塞认为,为了特定的社会利益而从外部强加在个人身上的那些需要,使艰辛、侵略、痛苦和非正义永恒化的需要,以及休息、娱乐、按广告宣传来处世、消费和爱爱仇仇的需要都属于虚假的需要。②而真实的需要则是指自由、爱欲、解放、审美等等的需要。在他看来,作为他律的虚假需要是由大众文化和大众传媒制造出来的。当统治者的文化工业机器开动起来之后,它实际上是要推销其意识形态,并对消费者进行控制,但它又打着为大众着想的旗号,于是文化工业首先向大众输出的是一种虚假意识。而由于这种虚假意识事先以技术合理性的名义经过了消毒处理,所以在它输出的过程中已盗用了真实的名义。而当它被大众接受并变成一种生活方式时,说明这种虚假意识的输出已经获得了满意的接受效果。此后,按照这种生活方式做出某种设计与构想就会成为大众的一种自觉的行为,文化工业接下来所要做的只不过是不断地强

---

① 〔英〕布莱恩·麦基编:《思想家》,第68—69页。
② Herbert Marcuse, *One-Dimensional Man*: *Studies in the Ideology of Advanced Industrial Society*, pp. 4-5.

化这种意识,并让大众在不断滋生的虚假需要的冲动中获得一种真实的心理满足。假作真时真亦假,长此以往,大众也就既失去了真实需要的动机,又失去了区别真假需要的能力。

那么,为什么说马尔库塞的大众文化理论中还有一种颠覆的思想呢?这主要指的是马尔库塞在1960年代文化革命中所形成的一种思想。在文化革命之前,由于马尔库塞看到的更多的是资产阶级意识形态通过大众文化对大众的整合,马克思意义上的无产阶级已经"有产",从而也丧失了革命的动力和斗志,所以,马尔库塞一度非常悲观。但是随着文化革命的来临,马尔库塞发现了新的"革命主体"——造反学生、黑人、嬉皮士、知识分子新左派、受着性压迫的妇女、第三世界的人民大众。这样一支革命队伍虽然成分复杂且难免鱼龙混杂,但他们都是发达工业社会与不发达国家的弱势群体与边缘群体,是没有被强大的国家机器整合的"剩余者",同时,他们又有着相同的革命要求。而在马尔库塞的心目中,虽然这些人离他所需要的"革命主体"还有一定距离,但是,在革命的高潮当中,他们显然是一支比工人阶级更革命的革命力量。而为了提高革命主体的革命意识并让革命主体拥有一种革命的武器,马尔库塞发现了大众文化的颠覆功能。

在《单面人》中,马尔库塞对语言领域的革命已不抱任何希望,因为政治与商业已联手把这个世界彻底征服了。然而在《论解放》中,他却发现了一个没有被征服的地方——亚文化群体(subcultural groups),因为这一群体创造了属于他们自己的语言。在嬉皮士对 trip、grass、pot、acid 等语词的变形使用中,尤其是在黑人所说的"污言秽语"(obscenities)中(如 fuck、shit 等),马尔库塞发现了语言的否定性与颠覆功能:"话语中一种更富有颠覆性的领域,是以黑人斗士们的语言来宣告自己的存在的,这是一场有系统的语言造反,它粉碎了语词所被使用和被规定的意识形态语境,进而把它们置于一个对立的语境——置于对既定语境的否定之中。"[①]从相关的论述语境中可以看出,当马尔库塞赋予这种"污言秽语"以如此这般的革命功能时,他一方面接通的是俄国形式主义中的陌生化理论,一方面又从本雅明所欣

---

① Herbert Marcuse, *An Essay on Liberation*, p.35. 中译文参见〔美〕马尔库塞:《审美之维——马尔库塞美学论著集》,第116—117页。

赏的布莱希特的"间离效果"那里汲取了灵感。① 而更让人感兴趣的是,他在思考这一问题时呈现出了与巴赫金几乎相同的思路。在巴赫金论述的语境中,"官方话语"以其单义、严肃、假正经与故作威严,并因其空洞的说教、陈腐的观念与僵硬的道德指令而成为一种无趣的语言。然而,这样一种话语由于在其生产中经过了权力的渗透与整合,所以也就不可避免地制造出了民众的恐惧心理和全社会的恐怖气氛。因此,官方话语是语言的异化形式,无论从内容上还是形式上看,它的美学特征只能是无趣。与此相反,"广场话语"则是一种鲜活的、宽容的、充满了生命活力和自由精神的话语,在插科打诨、打情骂俏、污言秽语、降格以求、亵渎、冒犯、粗鄙、狎昵、詈骂、辱骂、笑骂以及"言语中充满着生殖器官、肚腹、屎尿、病患、口鼻、肢解的人体"②等形式的话语表述中,"广场话语"一方面确认了自身的民间立场,一方面又完成了对"官方话语"的解构。而马尔库塞同样是把"污言秽语"放在一个与官方话语相对立的语境中来展开自己的思考的,因此,"污言秽语"的革命性在于它能打破虚假的意识形态话语的垄断,并在对某个国家领导人的"秽称"与"淫骂"中(如 pig X, Fuck Nixon)剥去他的神圣光环。③ 显然,马尔库塞在这里使用了与巴赫金相似的策略与技巧,即通过"物质—肉体下部语言"的降格处理,使貌似严肃性、神圣性的东西现出原形。

在为那些"污言秽语"赋予了一种革命性意义之后,马尔库塞又对爵士乐、摇滚乐发表了一番肯定性评论。他说:"非写实的、抽象的绘画与雕刻,意识流和形式主义文学,十二音阶曲式,布鲁斯和爵士乐,这些东西并不仅仅是修正和强化了旧感性的新的感觉形式,而毋宁说它们摧毁了感觉结构本身,以便腾出空间。"④虽然这些艺术形式还不

---

① 在《论解放》中,马尔库塞曾引用过什克洛夫斯基那段论述艺术陌生化的经典文字来为自己的"新感性"提供理论依据;而在《单面人》中,他又用布莱希特的"间离效果"强化过自己所论述的"艺术异在性"(artistic alienation)。See Herbert Marcuse, *An Essay on Liberation*, p.40. See also Herbert Marcuse, *One-Dimensional Man: Studies in the Ideology of Advanced Industrial Society*, pp.65-69.

② 〔苏〕巴赫金:《拉伯雷研究》,李兆林等译,石家庄:河北教育出版社1998年版,第370页。

③ Herbert Marcuse, *An Essay on Liberation*, p.35. See also Herbert Marcuse, *Counterrevolution and Revolt*, p.80.

④ Herbert Marcuse, *An Essay on Liberation*, p.38.

是马尔库塞心目中真正的艺术对象(他认为新的艺术对象还没有出现),但是它们在对旧感觉结构的破坏与新感觉结构的建立中无疑扮演着重要的角色。就这样,爵士乐与摇滚乐变成了一种革命的武器。

马尔库塞这一时期的大众文化理论是和他的"爱欲解放""建立新感性"的美学构想联系在一起的,所以他在美学层面的思考有助于我们对其大众文化理论的认识。同时,需要说明的是,虽然马尔库塞对大众文化的肯定性评价并不是他的最终立场,但是与阿多诺相比,马尔库塞毕竟向前迈了一大步。这一大步的含义并不是因为从"整合"到"颠覆"就必然意味着观念的更新换代和与时俱进,而是说马尔库塞所看的大众文化要比阿多诺更为复杂丰富:阿多诺只看到了大众文化那副"整合"的面孔,而马尔库塞却看到了大众文化"整合"与"颠覆"时的两张脸。另一方面也必须指出,当文化革命的高潮过去之后,马尔库塞所期望的革命主体和大众文化并没有对资本主义构成什么触动。从某种意义上说,这样一种结局对马尔库塞的刺激是很大的,因为他后来又不得不修正自己的理论主张,抛弃了那种貌似革命的大众文化,而是选择了艺术和美学作为他最后的皈依之所。

2004 年 12 月 13 日

(原载汝信主编:《西方美学史》第 4 卷,北京:中国社会科学出版社 2008 年版)

阿多诺《文化工业述要》的文本解读

特奥多尔·W. 阿多诺(Theodor W. Adorno, 1903—1969)是德国著名的哲学家、音乐社会学家和美学家,也是"文化工业"批判理论的创始人之一。他的《文化工业述要》("Résumé über Kulturindustrie")是 1963 年为黑森广播公司(Hessian Broadcasting System)的"国际广播大学节目"(International Radio University Program)做的一个演讲,于 1967 年正式发表。1975 年,此文被拉宾巴赫(Anson G. Rabinbach)译成英文,并以《文化工业再思考》("Culture Industry Reconsidered")之题刊发于《新德意志评论》(New German Critique 6, Fall 1975, pp. 12-19),后被伯恩斯坦(J. M. Bernstein)收入他本人编辑的《文化工业》(Theodor W. Adorno, *The Culture Industry: Selected Essays on Mass Culture*, 1991)一书。2000 年,国内学者高丙中先生把拉宾巴赫的英译翻译成中文,该文发表于《文化研究》第 1 辑(陶东风等主编,天津社会科学院出版社 2000 年版)。

由于《文化工业再思考》凝聚着阿多诺文化工业批判理论的核心思想,此文被译成中文后影响很大。我在中国知网"中国期刊全文数据库"中检索,发现这十年(2000—2010)中,有近八十篇论文曾以此译文作为参考文献。我也曾把此译文编选进教材《文学理论新编》(童庆炳主编,赵勇副主编,北京师范大学出版社 2005 年版)中,并在课堂上反复使用过几次。但在教学过程中我也逐渐发现,此文虽由高丙中先生率先译出,功不可没,但其中也存在一些问题(如误译,一些地方译得较为生涩等),这就增加了理解此文的难度。出于教学的需要,我决定据英译文重译此文。初译过程中,笔者曾就一些疑难之点向北京师范大学文学院方维规教授请教,他找到德语原文为我解疑释难。初译既成,又请西安外国语学院艺术学院苏仲乐博士帮我把关。最后,我又把译文交给远在美国的曹雅学女士,请她帮我校对。曹雅学女士从事职业翻译工作,她以认真、严谨、负责的态度,逐字逐句帮我校译,以确保译文的质量。所以,此篇译文笔者不敢掠美,实为多人合作之结果,其中曹雅学女士的贡献最大。而之所以如此与阿多诺的文章较劲,确实是想为读者提供一篇通透、畅达的译文,以把阿多诺关于文化工业的思想更准确地传播到汉语学界。

现在我们奉上这篇译文,请专家学者和读者朋友批评指正。

需要首先说明的是,此文题目未据英译文译为《文化工业再思考》,而是据德文原题译为《文化工业述要》。之所以这样做,是因为此文主要是阿多诺对自己以往观点的回顾、概括与总结,"再思考"的用意并不明显。

以上情况有所交代后,我们便可以进入阿多诺的这篇文章中了。

写作语境:法西斯主义与大众文化

此文一开篇,阿多诺就谈到"文化工业"是他与霍克海默在《启蒙辩证法》一书中首先使用的概念,这意味着此文与《启蒙辩证法》,同时也与阿多诺其他关于大众文化的论文关系密切。在《启蒙辩证法》写作之前,阿多诺便写有《论爵士乐》(1936)、《论音乐中的拜物特性与听的退化》(1938)、《论流行音乐》(1941)等论文,文化工业批判理论已初具规模。至1944年,阿多诺又与霍克海默合作完成了《启蒙辩证法》,其中的一章内容"文化工业:作为大众欺骗的启蒙"("The Culture Industry: Enlightenment as Mass Deception")由阿多诺执笔,可谓文化工业批判理论的正式诞生。在此章内容中,阿多诺对文化工业在资本主义社会中所扮演的角色、所行使的功能进行了深入细致的分析,并对文化工业对大众的欺骗行为进行了尖锐的批判。而《文化工业述要》则延续了《启蒙辩证法》的整体思路,重申了《启蒙辩证法》中的基本主张。因此,大体而言,我们可以把这一文本看作对《启蒙辩证法》中那一章内容的概括、阐释和进一步说明,也可看作他对自己为什么批判文化工业所做的一个交代。于是,若要理解这一文本,我们首先需要返回到阿多诺与霍克海默写作《启蒙辩证法》的历史语境之中。

《启蒙辩证法》写于法西斯主义甚嚣尘上的日子里。虽然那个时候阿多诺与霍克海默已流亡美国,但研究法西斯主义为什么兴起则成为"社会研究所"的主要工作。《启蒙辩证法》便是这种研究的哲学成果之一。此书的核心命题是要论述经过技术理性或工具理性的渗透之后,启蒙为什么走向了它的反面——"为什么人类没有进入真正的合乎人性的状态,反而陷入到一种新的野蛮之中。"①而关于"文化工业"的内容则是这一命题的合理延伸。阿多诺与霍克海默在这本书的"导言"中指出:"《文化工业》一文阐释了启蒙如何退化为意识形态,而电影和无线电广播则是这种退化的典型表现。在电影和电台中,启蒙最终只在于对效果、对生产与发行技术的精心算计;意识形态殚精竭虑地对现存事物和操控技术的权力顶礼膜拜,而这与其内容是相一致的。"②由此可见,文化工业是与启蒙的退化联系在一起的,这也正是《文化工业述要》中"文化工业的总体效果是反启蒙(anti-enlightenment)"③所要表达的意思。在此基础上,阿多诺又进一步论述了法西斯主义如何利用文化工业(电影、广播等)开动宣传机器,把"个体"变成了"群众"。显然,文化工业理论渗透着阿多诺对法西斯主义和极权主义的思考与批判。

另一方面,作为一个"上流文化保守主义"者④,阿多诺接受的是欧洲高雅文化或精英文化传统。然而,自从他1938年流亡到美国之后,他便置身于一个与他原来的文化环境完全不同的国度里。美国是大众文化非常发达的国家,这种发达在1930年代就已经成了一个显而易见的事实。在谈到大众媒介与大众文化迅猛发展的势头时,美国学者曾经指出:"在整个30年代,几乎没有什么比新闻影片、画报、广播节目以及好莱坞电影更能影响人们对世界的看法了。对于知识界以及一般公众而言,大众传播媒介的影响是无孔不入,无法回避的。不管电台播放些什么,不管电影公司放映些什么,数以百万计的人每

---

① Theodor Adorno & Max Horkheimer, *Dialectic of Enlightenment*, trans. John Cumming, New York: Herder & Herder, Inc., 1972, p. xi.
② Ibid., p. xvi.
③ Theodor W. Adorno, *The Culture Industry: Selected Essays on Mass Culture*, ed. J. M. Bernstein, London: Routledge, 1991, p.92.
④ 关于阿多诺"上流文化保守主义"(mandarin cultural conservatism)的论述,可参见 Martin Jay, *Adorno*, London: Fontana Paperbacks, 1984, p.17。

天晚上听无线电,每星期看两场电影,已养成习惯。"① 由于美国的普通公众长期浸淫于大众文化的世界里,他们对大众文化已浑然不觉,但这种情况却让阿多诺深感震惊,初到纽约时,一位女佣曾向他描述:"以前这座城市里的人们常常去听交响乐,现在他们则去无线电城(Radio City)看演出。"这番话让阿多诺非常吃惊。② 不久之后,阿多诺又意识到了"物化"在美国的无处不在。他曾如此描述过他在这方面的感受:

> 尤其是在美国,大众媒介社会学必须予以关注的现象,与标准化、艺术创造向消费品的转化、精心计算出来的伪个性化以及诸如此类在德语中被称为"物化"(Verdinglichung/reification)的种种表现是不能分开的。与此状况相匹配的是一个物化了的、大体上可操纵的、已经不会产生自发经验的意识。不必借助任何详细的哲学解释,只用一个实际经历我就能以最简单的方式例证我所意谓的东西。在普林斯顿项目频繁更换的同事中,有位年轻女士与我有过接触。几天之后她开始与我谈心,并以一种非常迷人的方式问道:"阿多诺博士,问一个私人问题您介意吗?"我说:"这要看是什么问题,不过您尽管往下说。"于是她继续道:"请告诉我,您性格外向还是内向?"这就好像她作为活生生的个体生命进行思考,但其思路却是根据问卷调查上那些所谓的"自助餐式"问题("cafeteria" questions)模式展开,她已被这种模式控制了。她能使自己适应到这种僵硬的、预设好的分门别类中,就像人们在德国时常观察到的那样。例如,在征婚广告中,男女双方用出生星座来描述自己的特征——室女座与白羊座。物化意识(reified consciousness)绝不仅限于美国,而是社会的普遍趋向所培育和提倡的。但我只是在美国才第一次意识到它的存在。③

"自助餐式"问题是调查问卷中多选题式问题的一种特殊形式,答

---

① RICHARD H. PELLS:《激进的理想与美国之梦——大萧条岁月中的文化和社会思想》,卢允中等译,上海:上海外语教育出版社1992年版,第312—313页。
② See T. W. Adorno, "Scientific Experiences of a European Scholar in America," in *The Intellectual Migration: Europe and America, 1930-1960*, eds. Donald Fleming and Bernard Bailyn, trans. Donald Fleming, Cambridge and Massachusetts: Harvard University Press, 1969, p.338.
③ Ibid., pp.346-347.

案一般由数个完整的句子构成。回答者通过选择某些答案,能表明对某一问题的态度或看法。阿多诺把那位女士的问题看作"自助餐式"问题,意味着这位女士的思维方式已被"物化"成一种固定的套路。同理,用星座来描述性格特征,也是物化思维的一种体现。这种思维方式来自何处?显然与媒体的宣传和大众文化对人们的无形塑造有关。而通过研究广播电台中的流行音乐,《洛杉矶时报》上的占星术栏目和一些电视节目,更是让阿多诺感受到了大众文化与大众媒介对普通民众的整合和控制作用。这样,在美国的生活经历和对美国大众文化的感受,便一并构成了阿多诺思考、研究和批判大众文化的主要动力之一。

既然文化工业的一端是法西斯主义,另一端是美国的大众文化,那么这两端的连接点又在哪里呢?美国学者希尔斯(Edward Shils)在谈到法兰克福学派时曾经指出:

> 在这块土地上,他们首次体验了现代社会的"大众"。他们的价值观,原本就是反对资本主义的,推而广之,这又成了反对美国的态度。而他们在美国体验到的流行文化,又使他们留下了刻骨铭心的伤痛。凡此种种,在在强化了他们来到美国之前的价值观,使他们加倍认为,这些见解实乃正确无误……国家社会主义崛起于德国的原因,在他们看来,源出于现代人饥渴地耽溺于琐碎、低下与浮华无实的文化;他们眼中的这些低俗文化,包括了经由收音机、电影、连环图画、电视而传达的东西,以及所有大量生产的物品。顺此逻辑推论,他们声称,虽然创造大众文化的用意,原本就是要满足那些已然失根者及已然异化的需求,但时至今日,大众文化更加地变本加厉,形形色色的需求为之而更加恶质化,最后的结局,注定是法西斯主义的出现。[①]

这番推想颇有见地,由此进一步推想阿多诺的思考,我们便会发现他对法西斯主义与大众文化互动关系的观察与分析存在着两个基本视角:一方面,他以饱受法西斯主义之害的心灵创伤之眼打量着美

---

① E. Shils, *The Ingellectuals and the Powers*, p.263. 转引自〔英〕阿兰·斯威伍德:《大众文化的神话》,冯建三译,北京:三联书店2003年版,第25页。

国的大众文化,这种文化也就不可能被他打量出多少好感;另一方面,当美国的大众文化构成了他流亡生涯中的主要生活环境时,他又不得不通过"这里"的大众文化回看或反观"那里"的法西斯主义,于是心中的隐痛也就不时被唤醒,心灵的创伤也始终无法愈合。如果说从法西斯主义到大众文化是创伤体验与相关思路的一种顺延,那么从大众文化到法西斯主义则更多是一种假定或臆测。而两种视角的不断切换,两种经验的彼此渗透,现实中的美国景象与记忆中的德国画面的相互交映,又使得法西斯主义与大众文化不时叠印在一起。到最后,这两者已是你中有我,我中有你,不再是一分为二,而是合二为一了。因此,在阿多诺的辞典中,德国法西斯主义与美国大众文化的同构关系主要不应该是现实层面的连接,而更应该是阿多诺的思维模式、体验方式与特殊视角打量之下的产物。

从《启蒙辩证法》初版面世(1947)到《文化工业述要》正式发表,整整二十年的时间过去了,阿多诺也早已从美国回到了德国,那么,他对文化工业的态度是否发生了一些变化呢?应该说这是一个非常有趣,也颇值得研究的问题。而关于这一问题,法兰克福学派及阿多诺研究专家马丁·杰伊(Martin Jay)认为,阿多诺在《电影的透明性》("Transparencies on Film", 1966)一文中第一次承认,文化工业的主流中有一种批判的潜力;他进一步的退让是:"文化工业的意识形态本身在其试图控制大众时,已变得与它想要控制的社会那样内在地具有了对抗性。文化工业的意识形态包含着对自身谎言的解毒剂。"而在《闲暇》("Free Time", 1969)一文中,阿多诺又借助"社会研究所"对荷兰公主贝娅特丽克丝(Dutch Princess Beatrix)[①]与德国外交官克劳斯·冯·阿姆斯贝格(Claus von Amsberg)的婚礼研究,发现媒体对此事的宣传与德国公众对此事的反应存在着距离——前者夸大其辞,力呈此事的重要性,而后者却普遍怀有某种疑虑。于是,他又形成了如

---

① 贝娅特丽克丝·威廉明娜·阿姆加德(Beatrix Wilhelmina Armgard, 1938—)是朱丽安娜女王和贝恩哈德亲王的长女,1966年3月10日,她与比自己年长十二岁的克劳斯亲王结婚。因克劳斯曾参加过希特勒青年团,并在驻意大利的第九十坦克师服役,这一消息激怒了许多荷兰人,亦引发了一场媒体事件。1980年4月30日,贝娅特丽克丝登基继承王位,成为荷兰第六代君主。2013年1月28日晚发表全国电视讲话,宣布于2013年4月30日退位。参见"Beatrix of the Netherlands", http://en.wikipedia.org/wiki/Beatrix_of_the_Netherlands。

下结论:"显而易见,对意识与闲暇的整合尚未完全成功。个人的现实利益在某种限度内依然很有力量,足以抵制总体的控制。"杰伊由此指出:阿多诺批判文化工业的立场有所松动固然不错,"但是,把阿多诺的再思考描述为他对整个文化工业敌意的缓和,也是一种夸张。也许顶多可以说,这里反映出来的是他早该抛弃他的那种假定了——美国大众文化与其法西斯主义的对应物之间有着不言而喻的一致性"①。

而另一位美国学者黛博拉·库克(Deborah Cook)的看法则相对乐观一些。她指出,《文化工业述要》中所谓的文化工业虽然"对千百万民众的生活发挥着影响,但事物的功能并不能保证它就一定具备某种特定品质",这种说法虽显得暧昧与间接,却也暗示着阿多诺后来在《电影的透明性》中对文化工业相对缓和的思考。与此同时,阿多诺在1960年代的多篇文章中也一再重复着这样一个观点:"文化工业的意识形态是虚弱的。"而《闲暇》一文中的相关说法更是表明,消费者具有一种双重意识,即一方面他们会被媒体宣传蛊惑,另一方面他们又会对媒体宣传持有疑虑。这样一来,《启蒙辩证法》中的某些假定也就立脚不稳了。因为"在阿多诺看来,启蒙运动的自由主义意识形态并不只是仅仅作为宰制和压制的工具发挥着作用,而是实际上也可解释民众不能完全被宰制和压制的原因。因为他们在某种程度上已'被启蒙',个体至少无意中便可意识到文化工业的欺骗性和露骨的谎言"②。

在对阿多诺晚期文化工业思想的理解上,杰伊更谨慎,而库克较乐观,这本身就反映出美国学者在此问题上的看法还不尽一致。而在我看来,不一致的原因固然是因为后来的一些文章中,阿多诺对文化工业是非问题的表述有些含混,这很可能也意味着他在这一问题上的矛盾与犹疑;但更重要的是,自从他形成美国大众文化与法西斯主义对应物相一致的假说之后,他已很难跳出这种思维定式了。于是,尽管也有一些例证促使他进一步反思文化工业的批判潜力,大众意识的识破能力,但这种修修补补的工作并没有对他既成的文化工业批判理

---

① Martin Jay, *Adorno*, pp. 127, 128. See also Theodor W. Adorno, *The Culture Industry: Selected Essays on Mass Culture*, pp. 157, 170.

② Deborah Cook, *The Culture Industry Revisited:Theodor W. Adordo on Mass Culture*, Lanham: Rowman & Littlefield Publishers, Inc., 1996, pp. 68, 70, 72.

论构成多大颠覆。也就是说,对于文化工业来说,把阿多诺定位于一个始终如一的批判者,依然是可以成立的。至少,我们在《文化工业述要》的文本中还看不到多少阿多诺后撤的迹象。同样,在他的遗著《美学理论》中,大凡提到文化工业时,那里依然响彻的是疾言厉色的批判之音。

文本解读:"文化"变成"工业"之后

《文化工业述要》言简意赅,思想丰富。由于此文与阿多诺的其他著作文章构成了一种互文关系,所以若想理解此文,需要与阿多诺的其他文本形成某种互动。在以下的解读中,笔者将由此出发,尽量释放这一文本背后的含义。

不过,在进入解读之前,首先需要搞清楚一个问题:什么是文化工业?阿多诺在这篇文章的一开篇便写道:当年他们在写作《启蒙辩证法》一书时,草稿中使用的还是"大众文化"(mass culture)。为避免引起误解,后来才发明了"文化工业"(culture industry)这一用语,取代了原来的"大众文化"表述。既如此,文化工业可以与大众文化画上等号吗?不太严格地说,让二者等同是没有太大问题的,因为无论在阿多诺与霍克海默最初的构想中,还是在现实的文化语境里,文化工业与大众文化确有许多重叠之处。

但是,我们也必须意识到,文化工业的说法一经启用,其内涵和外延与大众文化相比都已扩而大之。杰姆逊(Fredric Jameson)曾经指出:在《启蒙辩证法》中,题为"文化工业"的章节本身已提醒我们,阿多诺所使用的文化概念与晚期威廉斯(Raymond Williams)已经发展出来的思想并不相同。[1] 威廉斯发展出来的思想是什么?应该是与"文化是整个的生活方式"相关联的论说。[2] 而阿多诺所谓的文化在更多的情况下主要还是指高雅文化,或者按照威廉斯对文化的三种界定,阿多诺所谓的文化更接近第一种,即"用来描述18世纪以来思想、精

---

[1] Fredric Jameson, *Late Marxism: Adorno, or The Persistence of the Dialectic*, London: Verso, 1990, p.230.

[2] 〔英〕雷德蒙·威廉斯:《文化与社会》,吴松江、张文定译,北京大学出版社1991年版,第403—404页。

神与美学发展的一般过程"。① 另一方面,按照威廉斯的梳理与分析,自工业革命以来,Industry 也拥有了新的意涵:"从 19 世纪初起,由于 industry 与有组织的机械生产及一系列的机械发明结合在一起,而具有了一个主要意涵,指的是那种类型的生产机制;而像重工业(heavy industry)与轻工业(light industry)的区分便由此产生。……然而自 1945 年以来,也许是受到美国的影响,industry 已再度被普泛化,沿着从'努力'到'有组织的努力'再到'一种机制'的路线前行。现在我们普遍可以听到 holiday industry(度假产业)、leisure industry(休闲产业)、entertainment industry(娱乐工业)以及曾经区分的一种逆转:agricultural industry(农业产业)。这反映出以往被认为是非工业(non-industrial)类型的服务与工作,现在则不断被资本化、组织化与机械化了。"②

之所以罗列"文化"与"工业"的含义如上,是因为这两个词组合成"文化工业"之后确实形成了崭新的意涵。因为在阿多诺与霍克海默发明这个新词之前,"文化还被理解为只是听高雅的音乐,欣赏绘画或看歌剧,文化仍然是逃避现实的一种方法"③。而工业也只是和物质生产机制(重工业如煤炭开采、钢铁制造等,轻工业如食品加工、纺织等)联系在一起。然而,一旦"文化"也成了一种"工业"之后,则意味着文化已不再是原来的文化,工业也扩大到了精神生产领域。也就是说,一旦人类的精神产品(如文学艺术诸形式)纳入到文化工业这架机器的生产之中,它们也就必然会遵循物质生产的一般规律(如程式化、批量化、商业化、市场化等),从而大大改变精神产品的性质。阿多诺在其文章中虽然没有阐明这个新概念的含义,但是从其使用的语境来看,它与物质生产确实已没什么两样了。也正是在这一意义上,阿多诺的传记作者才对文化工业做出了如下界定:"这个概念意指借助文化在社会上传输的整个网络,换句话说,它指的是文化产品(被生产

---

① 〔英〕雷蒙·威廉斯:《关键词:文化与社会的词汇》,刘建基译,北京:三联书店 2005 年版,第 106 页。

② 同上书,第 240—241 页。据原文有改动。Raymond Williams, *Keywords: A Vocabulary of Culture and Society*, New York: Oxford University Press, p. 167.

③ 〔美〕杰姆逊:《后现代主义与文化理论》,唐小兵译,西安:陕西师范大学出版社 1987 年版,第 129 页。

者造出来并被代理商推销)、文化市场和文化消费。文化工业包括大众媒介,例如,报纸和报纸业,公共与私人拥有的广播和电视机构,音乐和电影业,还有涉及促进文化发展的各类机构,以及娱乐业的不同部门。"①而通过这一界定,我们也可以看到文化工业的义项确实已大大丰富了。

在《文化工业述要》中,阿多诺跳过了对文化工业的这种界定,直接进入到定位环节,并在此基础上指出了文化工业的基本特征。在阿多诺看来,大众文化并非民众艺术,因为民众艺术来自于民间,是民众自发形成的一种文化形式,而大众文化则是被文化工业这架机器生产出来的,"它把分离了数千年、各自为政、互不干扰的高雅艺术与低俗艺术强行拼合在一块,结果是两者俱损。高雅艺术的严肃性在于其精确的效力,文化工业对这种效力进行投机追求而毁坏了它;低俗艺术的严肃性在于社会控制尚不彻底的情况下它与生俱来的反叛性抵抗,但是文化工业将文明化制约强加于其上,消灭了它的这种特征"②。这样的论述其实并非第一次出现,因为在《启蒙辩证法》中阿多诺就曾说过:"把轻松艺术吸收到严肃艺术中或者反过来,尤其不能使两者的对立得到和解,然而文化工业却企图玉成此事。马戏表演、西洋镜与妓院的古怪跟勋伯格和卡尔·克劳斯(Karl Kraus)的古怪一样,都会让文化工业困窘难堪。"③在阿多诺看来,当高雅艺术(严肃艺术)与低俗艺术(轻松艺术)的分化成为不可避免的时候,这种分化的状态或许是一种不得已而求其次的选择。在这种分化中,让高雅艺术保持一种超越的品格,让低俗艺术存留一种叛逆的个性,也许它们就可以在不同的层面抵达阿多诺所向往的"否定性"的彼岸。然而,当高雅艺术与低俗艺术被强行婚配到一起之后,不仅使新产品变成了一种文化怪胎,而且还出现了一种"全面抹平"的效果。因此,文化工业的产品往往具有一种齐一化、同质化、标准化的特征。

这种特征又紧密联系着文化工业的另一个特征——伪个性化。阿多诺说,文化工业"每一件产品都给人一种独特而有个性的感觉,在

---

① Stefan Müller-Doohm, *Adorno: A Biography*, trans. Rodney Livingstone, Cambridge: Polity Press, 2005, p. 285.
② Theodor W. Adorno, *The Culture Industry: Selected Essays on Mass Culture*, p. 85.
③ Theodor W. Adorno & Max Horkheimer, *Dialectic of Enlightenment*, pp. 135-136.

人们心里唤起一种幻觉,好像这种完全物化的、经他人从中处理过的东西乃是逃脱现时与生活的避难所一样。如此一来,所谓的个性又在起着强化意识形态的作用。"① 这里的论述显然与《论流行音乐》一文的观点构成了一种呼应关系。在分析了流行音乐的整体结构、相关细节和技巧(如切分音、半声乐半器乐的乐音、滑音、华彩乐段、蓝调和弦、即兴演奏等)之后,阿多诺指出:"只要仔细注意一下流行音乐的基本特征——标准化(standardization),就可以对严肃音乐与流行音乐的关系做出清晰的判断。流行音乐的全部结构都是标准化的,甚至连防止标准化的尝试本身也标准化了。从最普遍的特征到最特殊的品性,标准化无处不在。"② 另一方面,阿多诺又认为标准化与伪个性化是密切相关的:"音乐标准化的必然关联物是伪个性化(pseudo-individualization)。我们的意思是通过伪个性化,在标准化本身的基础上赋予文化大量生产以自由选择或开放市场的光环。可以说,走红歌曲的标准化,其控制消费者的办法是让他们觉得好像在为自己听歌;就伪个性化而言,它控制消费者的手法是让他们忘记自己所听的歌曲早已被听过或已被'事先消化'过了。"③ 由此看来,流行音乐之所以要标准化,就是因为它已纳入到文化工业的生产体制中,唯其标准化才能批量生产;之所以要伪个性化,是"因为它必须不断地许诺给听众一些不相同的东西,因此来激发他们的兴趣并使自身与平庸之物拉开距离,但是它又不能离开那条踏平的道路,它必须是常新的同时又必须是常常相同的"④。如此看来,文化工业的个性化不过是一种营销策略,是诱使消费者上当受骗的把戏。

标准化与伪个性化的论说是很有创意的,因为一旦面对流行音乐,阿多诺作为精通古典音乐和现代音乐的行家里手便看出了它的破绽。不过,尽管阿多诺言之凿凿,他还是遭到了一些学者的反击。例如,吉安德隆(Bernard Gendron)在《阿多诺遭遇凯迪拉克》一文中便系

---

① Theodor W. Adorno, *The Culture Industry: Selected Essays on Mass Culture*, p.87.
② Theodor W. Adorno, "On Popular Music," in *Cultural Theory and Popular Culture: A Reader*, ed. John Storey, London: Prentice Hall, 1998, p.197.
③ Ibid., p.203.
④ Theodor W. Adorno, *Prisms*, trans. Samuel and Shierry Weber, Cambridge, Ma.: The MIT Press, 1981, p.126.

统批驳了阿多诺的观点。① 这也意味着阿多诺的论说并非无懈可击。不过也必须承认,若拿流行音乐与古典音乐相比,前者标准化的套路便立见分晓,这种情况甚至连没有多少音乐知识的人也能够判断出来。中国的老作家陈冲曾讲过这样一个事例:一次驾车出游,他播放的是王菲的CD,播放了十多首歌后,随车听歌的老妻突然间说了一句话,声调略带迟疑,内容却振聋发聩:"这个CD机是不是坏了?它怎么总是放一首歌?"②许多歌曲被听成了一首歌,这个判断不是恰恰暗合了阿多诺所谓的"标准化"理论吗?

无论是标准化还是伪个性化,这种特征自然与文化工业的产品变为商品有关。阿多诺认为,真正的艺术之所以能称之为艺术,正是在于它的"自主性"(即"自律"),亦即它能不为"他律"的经济原则、市场原则所掌控,而应该具有康德所谓的"无目的的合目的性"。阿多诺说:"伟大的现代艺术作品的无目的性依赖于市场的无名。"③这既可看作对康德思想的遥远回应,也是他对艺术与市场辩证关系的一种思考。然而,"文化工业从自己的意愿出发,铲除了艺术的这种自主性",这样一来,文化工业也就把其产品变成了"彻头彻尾、不折不扣的商品"。④ 既然大众文化已是商品,它们也就只能遵循商品的逻辑和商品背后的工具理性逻辑行事。所谓工具理性是通过精确计算的方法或手段最有效达到目的的理性,是一种以工具崇拜和技术主义为核心的价值观。按照韦伯(Max Weber)的解释:量化是可计算性的条件,可计算性是整个工具理性存在的前提。在工具理性面前,再也没有什么神秘莫测的力量在起作用,人可以通过计算掌握一切,这就是所谓的"世界的祛魅"(Entzauberung der Welt)。⑤ 而当文化工业的第一要务是直截了当,毫不掩饰地"追求精确而彻头彻尾地算计出来的效力"时,这固然是商品的逻辑在起作用,但我们也可以说是文化工业已被工具理性的逻辑所支配,从而让艺术世界进入到了祛魅状态。文化工

---

① 参见〔美〕伯尔纳·吉安德隆:《阿多诺遭遇凯迪拉克》,陈祥勤译,见陆扬、王毅选编:《大众文化研究》,上海:上海三联书店2001年版,第209—231页。
② 陈冲:《谈基本判断》,《文学自由谈》2011年第1期。
③ Theodor W. Adorno & Max Horkheimer, *Dialectic of Enlightenment*, p.157.
④ Theodor W. Adorno, *The Culture Industry: Selected Essays on Mass Culture*, pp.86, 87.
⑤ 参见〔德〕韦伯:《学术与政治》,钱永祥等译,桂林:广西师范大学出版社,第168页。

业是在"祛"艺术之"魅"。

文化工业不光是要"祛"艺术之"魅",同时它还制造出一种"返魅"效果。意识到这一点恰恰显示了阿多诺的敏锐。不过,若要说清楚这一问题,我们需要从马克思谈起。马克思认为商品有两种价值,一是使用价值,二是交换价值。与此同时,马克思也揭示了"商品拜物教"的神秘特征:"商品形式的奥秘不过在于:商品形式在人们面前把人们本身劳动的社会性质反映成劳动产品本身的物的性质,反映成这些物的天然的社会属性,从而把生产者同总劳动的社会关系反映成存在于生产者之外的物与物之间的社会关系。由于这种转换,劳动产品成了商品,成了可感觉又超感觉的物或社会的物。"①阿多诺认同马克思的这一观点,并在《论音乐中的拜物特性与听的退化》中运用此观点对流行音乐进行了分析。在阿多诺看来,当文化工业的产品变成一种商品拜物教时,它的质的规定性已发生了重大变化——交换价值取代了使用价值,原来支撑着商品的双维结构变成了单维,文化商品因此被抽去了所指(使用价值)而变成了没有实际意义指涉的空洞能指,从而进一步具有了马克思所谓的"幽灵般的"特征。而在《文化工业述要》中,阿多诺则指出:"文化工业的面貌基本上成为以下两方面的混合物:一方面是经流线处理的、摄影的硬性与精确;另一方面是个性化的残余,感伤的表达与经过理性处理和改造之后的浪漫主义。采用本雅明(Benjamin)在定义传统艺术作品时使用的光晕(aura)概念(一种不在场的在场),文化工业在严格意义上并没有另立一个与光晕相对的原则,而是保存了一个残败的、薄雾般的光晕。"②这里所谓的"残败的、薄雾般的光晕",某种程度上可看作商品拜物教那种"幽灵般的"特征的同义语。③ 而无论是"幽灵般的"商品拜物教还是"残败的、薄雾般的光晕",其客观效果都是让商品化了的艺术世界返魅,从而让消费者产生一种迷离的幻觉。而既要祛魅又要返魅,一方面让文化工业充满了矛盾,另一方面也让它变得更加诡异了。

---

① 〔德〕马克思:《资本论》第 1 卷,北京:人民出版社 1975 年版,第 88—89 页。
② Theodor W. Adorno, *The Culture Industry: Selected Essays on Mass Culture*, p.88.
③ 有人指出,本雅明"光晕"概念的形成,与他绝妙运用马克思商品拜物教的概念有很大关系。参见〔美〕梅·所罗门编:《马克思主义与艺术》,杜章智等译,北京:文化艺术出版社 1989 年版,第 582 页。

或许也正是文化工业的这种诡异性,才让消费者深受其害。在《启蒙辩证法》中,阿多诺把"欺骗"看作文化工业的惯用伎俩,并指出:"文化工业中广告宣传的胜利意味着消费者即使能识破它们,也不得不去购买和使用它们的产品。"①《文化工业述要》一文也进一步延续了这一思考:"'上当受骗,心甘情愿'这一谚语从未像现在这样贴切。正如这句谚语所言,民众上当受骗不说,而且如果被骗的确能够带给他们哪怕一瞬间的满足,他们也心知肚明地对这欺骗趋之若鹜。他们对文化工业递到他们手里的东西睁一只眼闭一只眼,发出赞美之声,心里则完全知道这些文化产品的目的为何,对自己这样则怀着某种厌恶。他们虽然不愿意承认,但是他们感觉到如果自己一旦摈弃那原本就不存在的满足,生活将会变得完全不可忍受。"②为什么文化工业具有如此"厉害"的效果,以致让消费者甘愿受骗呢？究其因,一方面是因为文化工业总在向受众许愿并做出种种承诺,受众不知不觉放松了警惕;另一方面也因为文化工业生产出了与其产品配套的消费者。消费者长期与文化工业产品为伍,便会像吸食毒品的瘾君子一样,虽明知那是有害之物,但因它已改变了受众的生理结构和心理结构,所以便对它有了依赖。而如此恶性循环,最终则给受众带来了严重的后果:心智水平与意识的退化。阿多诺说:"文化工业将他们的意识进一步朝着倒退的方向发展。据说那些玩世不恭的美国电影制片人说,他们的电影必须考虑 11 岁小孩的理解水平,这绝非巧合。以他们的所作所为看,他们十分乐意把成年人变成 11 岁的少年儿童。"③这里其实回应了他对流行音乐的研究成果。在阿多诺看来,流行音乐造成了听众漫不经心、心神涣散的听赏效果,从而把人的听觉器官抑制在婴幼儿时期,最终造成了听觉的退化。听觉退化又影响到人们整体的接受水平,于是人们再也听不懂古典音乐,而只能变本加厉地向流行音乐靠拢,因为"听觉退化的听众,其行为就像一个孩子,他们满怀

---

① Theodor W. Adorno & Max Horkheimer, *Dialectic of Enlightenment*, p. 167.
② Theodor W. Adorno, *The Culture Industry: Selected Essays on Mass Culture*, p. 89.
③ Ibid., p. 91.

积怨,一次又一次地要求着他们曾经享用过的那道菜"①。当受众的心智能力和意识水平发生了变化,文化工业也就达到了它的最终目的:对大众进行操纵和控制。因此,文化工业的胜利是建立在奴役人的意识、阻挠人的解放的基础上的。而通过文化工业,宰制的意识形态(dominant ideology)那种自上而下的整合才算是落到了实处。

  以上,我大体上梳理了《文化工业述要》所隐含的意思。由此可以见出,直到1960年代,阿多诺也依然是文化工业坚定不移的批判者。而当他如此批判文化工业时,显然他是在行使着知识分子的责任和使命。按照萨义德(Edward W. Said)的说法,流亡生涯造就了阿多诺典型的知识分子的精神气质。② 而根据鲍曼(Zygmunt Bauman)的分类,我们又可以把阿多诺看作一个"现代型知识分子",他终生都在扮演着"立法者"的角色。③ 从这一角度重新面对《文化工业述要》中的相关表述,我们便会发现阿多诺在批判文化工业时,也顺便批判了那些面对文化工业"卑躬屈膝的知识分子"(servile intellectuals)。他指出:"有些知识分子极其希望与这种现象握手言和,他们渴望找到一个通用的公式,既表达他们对文化工业的保留态度,又表达对其权力的尊敬。这些知识分子要么已经从强加于人的退化中创造出了一套20世纪的神话,要么就是持一种带点挖苦的容纳态度。"④考虑到1960年代后期,知识分子已经开始了从"立法者"到"阐释者"的转型,而在这种转型的过程中,越来越多的知识分子开始成为文化工业的合作伙伴,"企业精神"在大学校园蔓延,学者已变成商人,⑤那么,阿多诺在这里的警觉便可看作他对知识分子命运的某种忧虑。很可能他已经意识到,文化工业不仅会成为操纵大众的工具,也会成为蚕食知识分子价值立场的利器。而后来出现的事实表明,一些知识分子与文化工业最

---

  ① Theodor W. Adorno, "On the Fetish-Character in Music and the Regression of Listening," in *The Essential Frankfurt School Reader*, eds. Andrew Arato and Eike Gebhardt, New York: Urizen Books, 1978, p.290.
  ② 〔美〕爱德华·W. 萨义德:《知识分子论》,单德兴译,北京:三联书店2002年版,第50页。
  ③ 参见〔英〕齐格蒙·鲍曼:《立法者与阐释者——论现代性、后现代性与知识分子》,洪涛译,上海:上海人民出版社2000年版,第4—5页。
  ④ Theodor W. Adorno, *The Culture Industry: Selected Essays on Mass Culture*, p.89.
  ⑤ 参见〔美〕拉塞尔·雅各比:《最后的知识分子》,洪洁译,南京:江苏人民出版社2002年版,第172页。

终超越了"双面互悖关系"阶段,而是形成了唇齿相依、荣辱与共的新型关系。

当然,我们也有必要指出,阿多诺的文化工业批判理论毕竟是特殊历史语境中的产物,同时也打上了他本人那种"上流文化保守主义"的烙印。这样,此种理论也就不可避免地具有了某种精英主义和悲观主义的色彩,这也正是它后来遭人质疑、为人诟病的地方。但是,阿多诺那种毫不妥协的批判姿态,他在文化工业中所发现的种种问题,今天看来依然是让人警醒、启人深思的。也许我们更应该看到的是文化工业批判理论的正面价值,而不是在它面前绕道而行,或者把这种理论作为过时之物轻易抛弃。这应该成为我们面对阿多诺文化工业批判理论的基本态度。

2011 年 1 月 6 日

(原载《贵州社会科学》2011 年第 6 期)

艺术的二律背反,或阿多诺的"摇摆"
——"奥斯威辛之后"命题的由来、意涵与支点

"整体是虚假的。"①
"错误的生活无法过得正确。"②
"意识形态不真实,是虚假意识,是谎言。"③
…………

在阿多诺写出的许多警句格言中,很可能"奥斯威辛之后写诗是野蛮的"(Nach Auschwitz ein Gedicht zu schreiben, ist barbarisch/To write poetry after Auschwitz is barbaric)是其中最有名的一句。然而,也恰恰是这句名言,一方面因其通俗易懂而广为流传,一方面又因其语境的被剥离而遭遇到种种误解。阿多诺生前便已在面对这种误解,并不得不对这句话反复解释,既削弱其锋芒,也修改其表达。这种解释中的退让和退让中的解释本身已构成了一个有趣的症候;而更重要的是,通过他的解释,这句话也不断获得了一些追加意涵,它们与原意叠合在一起,共同深化和完善了这一表达。

这句名言也常常被称为"奥斯威辛之后"(after Auschwitz)命题,它最初出现在《文化批评与社会》("Cultural Criticism and Society", 1949/1951)④一文中,此文后来又被收入《棱镜集》(Prisms, 1955)一

---

① Theodor Adorno, *Minima Moralia*: *Reflections from Damaged Life*, trans. E. F. N. Jephcott, London and New York: Verso, p. 50.
② Ibid., p. 39.
③ Theodor W. Adorno, "On Lyric Poetry and Society," in *Notes to Literature*, Volume One, trans. Shierry Weber Nicholsen, New York: Columbia University Press, 1991, p. 39.
④ 《文化批评与社会》写于1949年,首次发表于1951年的 *Soziologische Forschung in unserer Zeit* 卷中。See Stefan Müller-Doohm, *Adorno: A Biography*, trans. Rodney Livingstone, Cambridge: Polity Press, 2005, p. 564.

书。而据笔者统计,阿多诺对这句话的直接回应与解释性文字至少还在如下几个文本中出现过:《介入》("Commitment",1962)、《形而上学:概念与诸问题》(*Metaphysics*: *Concept and Problems*,1965)、《否定的辩证法》(*Negative Dialectics*,1966)、《艺术是欢快的吗?》("Is Art Lighthearted?",1967)。而通过考察这些文本并呈现这一命题在阿多诺思想内部"旅行"的相关语境,从而还原其本来面目,揭示其丰富内涵,将是本文的主要意图。

文化批评的破与立:"奥斯威辛之后"命题的由来

阿多诺的这个命题是在《文化批评与社会》一文行将结束时出现的。为便于分析,我在这里首先译出与这个句子相关的上下文:

> 一个社会的极权程度越高,精神的物化程度就越严重,而精神单靠自己逃离其物化的尝试也就越自相矛盾。就连最极端的末日意识也有沦为茶余饭后之闲谈的危险。文化批评发现自己面临着文化与野蛮之辩证法的最后阶段。奥斯威辛之后写诗是野蛮的。这甚至侵蚀到这样一种认识:为什么写诗在今天已变得不可能了。绝对的物化曾把智识进步预设为自己的要素之一,如今却有吸收整个精神的架势。如果批判精神(critical mind)将自己局限于自我满足的沉思之中,它就无法应对这种挑战。①

在这段文字中,"奥斯威辛之后写诗是野蛮的"是单独冒出来的一个句子,它虽然不难理解,却又显得非常突兀,因为这段文字乃至整篇文章并未涉及任何诗歌写作的问题,也未提及奥斯威辛。但让人感到奇怪的是,为什么阿多诺会让这个句子孤零零地出现在这里呢?而且,进一步追问,这个句子与其他句子是什么关系?为什么说社会的

---

① Theodor W. Adorno, "Cultural Criticism and Society," in *Prisms*, trans. Samuel and Shierry Weber, Cambridge, Ma.: The MIT Press, 1981, p.34. 需要说明的是,此译本"critical mind"处译作"critical intelligence",这里采用的是其他译本的译法。See Theodor W. Adorno, *Metaphysics*: *Concept and Problems*, ed. Rolf Tiedemann; trans. Edmund Jephcott, Stanford, CA: Stanford University Press, 2001, p.179.

极权程度与精神物化呈正比？什么是阿多诺所谓的文化？什么又是文化与野蛮的辩证法？文化批评究竟在其中扮演了怎样的角色？一旦产生这样一些疑问，也就意味着仅仅面对这段文字是远远不够的。为了弄清楚这个句子，很可能我们不但要面对整篇文章，而且甚至还要面对与这篇文章构成某种互文关系的其他文本。

让我们从头说起。

1949年年底，阿多诺结束了在美国的流亡生涯，返回联邦德国。还在战争刚结束时，流亡美国的文坛领袖托马斯·曼（Thomas Mann）便在德国的《巴伐利亚州报》上发表了一篇《谈德国责任问题》的文章。此文因为其中的一个观点——德国人对纳粹暴行负有一定的集体责任——而引发了一场论战，史称"托马斯·曼风波"。反对托马斯·曼的人主要有莫洛（Walter von Molo）和蒂斯（Frank Thiess）等作家，他们为自己在纳粹统治期间的默默抵抗而辩护，蒂斯更是把他们这些人的所作所为视为一种"内部流亡"（inner emigration），①进而指责那些真正的流亡者是站着说话不腰疼。这种回应激起了托马斯·曼的愤怒，他不无偏激地还击道："凡从1933年至1945年能在德国出版的书籍，比毫无价值还无价值，总之不堪沾手。它们散发着血腥味，寡廉鲜耻，应当统统地销毁，捣烂，打成纸浆。"②显然，这场风波并非一般的义气之争，而是隐含着两类德国知识分子（"滞留国内"与"流亡国外"）互不信任的敌对情绪，呈现着两种流亡方式（"真正的流亡"和"内部流亡"）孰是孰非的重大分歧。正是出于这一原因，托马斯·曼最终并没有返回西德或东德，而是选择了在瑞士定居（1952）。但他的忘年交阿多诺却在霍克海默的召唤下返回了当时的西德。

因此，联邦德国并没有敞开怀抱热情欢迎这些流亡知识分子的归来，恰恰相反，冷淡、疏远、心存芥蒂甚至隐隐的敌意才是知识界对待

---

① 研究纳粹德国文学的英国专家里奇（J. M. Ritchie）经过一番辨析后指出："内部流亡"（该书中的汉译是"国内流亡"）一词原来既可指消极抵抗也可指积极抵抗，这场论战则进一步限定了这个词的含义。"1945年之后，这个词严格限制用在那些留在德国国内、运用文学手段消极抵抗的作家们身上。这个词也标示出非流亡作家和流亡作家之间的鸿沟。"〔英〕里奇：《纳粹德国文学史》，孟军译，上海：文汇出版社2006年版，第129页。

② 参见李昌珂：《德国战后的"托马斯·曼风波"》，《译林》1997年第4期。Stefan Müller-Doohm, *Adorno: A Biography*, pp. 330-331. 〔英〕里奇：《纳粹德国文学史》，第128—133页。

他们的基本表情。回到德国的阿多诺自然也遭到了这种冷遇,与此同时,他又意识到一种极不正常的氛围弥漫在整个社会之中——各阶层的人们都讳言罪责。于是,在给托马斯·曼的一封信中,他如此描述了自己当时的感受:纽伦堡审判(Nuremberg Trials)之后,德国人的"难以启齿之罪"(unspeakable guilt)似乎也随之"蒸发"了。在战败的德国,很难发现有任何纳粹。不仅没有人坦白承认他是纳粹,而且德国人相信"没有一个人曾经是过……我注意到所有认同希特勒主义或新近具有国家主义色彩的那些人都坚定地宣称,他们对整个战争期间所发生的最坏的事情一无所知——然而,那些有意反对的人却证实了最平庸的智力所告诉我们的东西:那就是自1943年以来,所有的事情都是常识"①。阿多诺的这种感受是非常准确的,因为斯坦纳(George Steiner)在写于1959年的一篇文章(《空洞的奇迹》)中也特别指出了这一事实。在他看来,战争结束后的最初三年里,许多德国人还能以现实主义的眼光客观审视希特勒时代的屠杀与肆虐。然而,从1948年开始,却出现了一个新的神话:"上百万的德国人开始对自己和容易轻信别人的外国人说,过去那段历史其实根本就没有发生,那些恐惧是被同盟国的宣传和喜欢编造轰动事件的记者恶意夸大。不错,确实存在些集中营,据说是有许多犹太人和其他一些不幸儿被灭绝。'但不是六百万,亲爱的朋友们,根本没有死那么多人。你知道,那都是传媒的宣传。'"于是,"各行各业的德国人开始宣称,他们对纳粹政权的暴行一无所知",而"'让我们遗忘'成了德国新时代的祈祷文。即便有些人无法遗忘,他们也力劝他人遗忘"。因为只有遗忘、忽略或佯装对那段历史概不知情,人们才能继续生活。② 由此看来,阿多诺所返回的德国并不是一个牢记着自己罪与耻的国度,那时的德国人已开始习惯否认和遗忘,并试图与那段历史划清界限。

与此同时,战后的重建工作也在德国紧锣密鼓地进行着。然而,在阿多诺看来,其他方面的重建相对容易,文化的重建却难乎其难。因为早在1944年,他就对所谓的文化重建深表怀疑:"这场战争之后

---

① Stefan Müller-Doohm, *Adorno: A Biography*, p.332.
② 〔美〕乔治·斯坦纳:《语言与沉默:论语言、文学与非人道》,李小均译,上海:上海人民出版社2013年版,第121—123页。

生活将'正常'继续,甚而至于文化也能被'重建'(rebuilt)——好像文化重建已不是对它加以否定——这种想法是愚蠢的。数百万犹太人已被谋杀,而这却被看作一个插曲,且与大屠杀本身毫无关系。这种文化还有什么好等待的? 即便无数的民众还有时间等待,难道可以想象发生在欧洲的这一切将没有任何结果,遇难者的数量也将难以转变成整体野蛮之社会的新质量(new quality)吗?"① 而阿多诺之所以认为不经过否定之后的文化重建无法进行,关键在于在他看来,纳粹发动的这场战争以及他们灭绝犹太人的行动已充分证明了文化的失败。而文化一旦失败,它将变得理屈词穷,因为"迄今为止已然失败的文化并不能为它的继续失败提供正当理由,就像童话里的那个姑娘不能用储藏的精面粉撒在流满啤酒的地方"②。如此看来,文化重建对于阿多诺来说基本是一件不可能的事情。因为道理很简单,文化不能像战后的建筑物一样可以推倒重来,它必须以先前的文化为基础。但先前的文化又问题重重,已成失败的赝品。如果重建是在已经失败的文化上展开,那无异于错上加错。

阿多诺正是带着这样一种对文化的"前理解"返回德国的,而德国人遗忘历史、否认屠杀的景象也让阿多诺感到极为震惊。在这种现实语境的逼迫下,阿多诺准备出手了。而对于他这次的出手,阿多诺的传记作者德特勒夫·克劳森(Detlev Claussen)是这样描述的:当时德国人在战后想回到正常状态的心情非常迫切,但因为太迫切了反而不能如愿以偿。面对这种局面,阿多诺则扮演着一个信使的角色,只不过他带来的并非好音信,而是不折不扣的坏消息。作于1949年的《文化批评与社会》便是阿多诺进入"后纳粹德国"(post-Nazi Germany)的入场券。③ 既然是入场券,便意味着这是阿多诺在阔别德国知识界多

---

① Theodor Adorno, *Minima Moralia*: *Reflections from Damaged Life*, p. 55.
② Ibid., 44. 阿多诺在此处所打的比方来自于格林童话中《弗里德尔和卡特丽丝》的故事。弗里德尔下地干活时嘱其妻子卡特丽丝守在家里,做好烤肉,备好饮料,等他收工。卡特丽丝煎香肠时想起了要去地窖接啤酒,用酒壶接啤酒时又想到狗没拴好,会衔走锅里的香肠,于是接了半截便急忙上来查看。狗果然叼走了香肠,于是她又去追狗。等她回来后发现啤酒流满了地窖。她担心丈夫回来后生气,便把一袋精面粉撒在啤酒流过的地方。参见〔德〕雅各布·格林、威廉·格林:《格林童话全集》,杨武能、杨悦译,南京:译林出版社1993年版,第215—217页。
③ Detlev Claussen, *Theodor W. Adorno*: *One Last Genius*, trans. Rodney Livingstone, Cambridge, MA: The Belknap Press of Harvard University Press, 2008, p. 261.

年之后的首次亮相,也意味着他带来的"坏消息"必须足够振聋发聩,这样才能引起德国知识界的高度重视。而从此文的效果史来看,阿多诺显然达到了这一目的。

那么,阿多诺带来的又是怎样的"坏消息"呢?当然首先是文化批评所存在的种种问题。但文化批评的问题仅仅是"果",文化本身的问题才是"因"。而由于文化问题又是被这个社会整合之下与精神一道沉沦的产物,所以,文化又与社会、精神紧密地纠缠在一起,组成了一系列的问题链。于是,要想理解阿多诺所谓的文化批评,必须首先理解他对文化的批判。

在阿多诺的心目中,文化首先是一个很成问题的概念。而之所以成问题,一方面来自于它对既定传统的因袭,一方面也意味着它被管理起来之后早已变形走样。马丁·杰伊曾经指出:"在那篇置于文集之首的纲领性文章——《文化批评与社会》中,阿多诺延续了1930年代'研究所'对'肯定性文化'(affirmative culture)——此谓霍克海默和马尔库塞的命名——的抨击。他坚决反对把高雅文化当作凌驾于物质利益之上的偶像加以崇拜。"①如此看来,阿多诺在这里虽然避开了"肯定性文化"和"高雅文化"等等表达,但他所谓的文化实际上又与"肯定性文化"或"高雅文化"存在着千丝万缕的联系。而对于"肯定性文化",马尔库塞早在1937年就做过界定。在他看来,文化这一概念除了狭义的用法外,还有一种广义的用法。后者把文化看作一种具有独立自足性的精神王国,这样它便与"文明"(物质再生产领域)区分了开来。而所谓的"肯定性文化"便是在这种用法的基础上所指认的一种文化形式,它是资产阶级发展到一定阶段之后的产物。马尔库塞在分析这种文化所存在的问题时特别指出:"对孤立的个体的需求来说,它反映了普遍的人性;对肉体的痛苦来说,它反映着灵魂的美;对外在的束缚来说,它反映着内在的自由;对赤裸裸的利己主义(egoism)来说,它反映着美德王国的义务。在新社会蓬勃兴起的时代,所有这些观念因其指向对生存的既有组织的超越,它们具有了一种进步的特征;而一旦资产阶级统治开始稳固之后,它们就越来越效力于压制不满的大众,越来越效力于纯为自我满足的提升。它们隐藏着对个

---

① Martin Jay, *Adorno*, London: Fontana Paperbacks, 1984, p.48.

体的身心残害。"①由此看来,在马尔库塞的论证中,"肯定性文化"主要被分析出来的是一种负面的价值。

尽管传统意义上的"肯定性文化"并非阿多诺谈论的重点,但他的批判显然是从这一逻辑起点开始的。因为根据他的描述,我们看到"文化发端于脑力劳动与体力劳动的彻底分离。正是从这种分离(似乎也可以说是原罪)中文化才汲取了自己的力量"②。但是,在随后的发展中,它又经历了一个中立化和物化的过程。而按照阿多诺在《文化与管理》("Culture and Administration")一文中的说法:"中立化的过程——文化转变为某种独立的和外在的东西,脱离了与任何可能的实践的关系——使得文化有可能被整合进那个它从中不知疲倦地纯化自己的组织之中。"③由此看来,文化的中立化实际上就是文化远离物质生产实践活动并把自己进一步打造得冰清玉洁的过程。而这种远离和打造,又让文化耗尽了自己的潜力,从而也让它与真正的艺术和哲学有了明显的区分。"因为值得信赖的艺术作品和真正的哲学,按照它们的实际含义,都不曾单独在自身内部、在其自在的存在(being-in-itself)中耗尽自己",它们还能对自由的实现做出某种承诺。但文化却是另一番景象:

> 假如文化依靠着五迷三道的现实(bewitched reality)存在,并最终依靠控制他人的劳动成果存在,文化对自由的承诺就依然是含糊且可疑的。整个欧洲文化——抵达消费者那里的文化,如今已由管理者和心理技术员为全部人口量身定做的文化——退化为纯粹的意识形态,起因于文化的物质实践功能所发生的变化:它放弃了干预(interference)。④

退化为意识形态意味着文化已成"虚假意识",放弃了干预又意味

---

① 〔美〕马尔库塞:《审美之维》,李小兵译,北京:三联书店1989年版,第10页。据英译文有改动。Herbert Marcuse, "The Affirmative Character of Culture," in *Negations: Essays in Critical Theory*, trans. Jeremy J. Shapiro, London: Allen Lane, the Penguin Press, 1968, p.98.

② Theodor W. Adorno, "Cultural Criticism and Society," in *Prisms*, trans. Samuel and Shierry Weber, Cambridge, Ma.: The MIT Press, 1981, p.26.

③ Theodor W. Adorno, *The Culture Industry: Selected Essays on Mass Culture*, ed. J. M. Bernstein, London: Routledge, 1991, p.101.

④ Theodor W. Adorno, "Cultural Criticism and Society," in *Prisms*, p.23.

着文化可以自视清高,超然物外,可以对现实世界的杀戮与灾难不闻不问,三缄其口。在阿多诺看来,这样一种文化本来就存在着先天不足(阿多诺把它形容为"文化的阉割或去势"[the emasculation of culture]①),而在一个越来越被管理起来的社会里,它又进一步被物化了。大体而言,这种物化体现在以下两个方面:文化的商业化和文化的官方化。

文化的商业化显然更多延续了《启蒙辩证法》中的思路,这不仅是因为阿多诺在开篇不久便提到了他与霍克海默发明过的术语——文化工业(culture industry),而且也因为此文多处回响着《启蒙辩证法》的声音。区别只在于,如果说阿多诺在《启蒙辩证法》中谈到的文化工业更多面对的是美国的大众文化,那么他在《文化批评与社会》中却不得不直面德国乃至整个欧洲的文化问题了。阿多诺认为:"在整个自由主义时代,文化跌落到了流通领域之中。因此,这一领域的逐渐凋敝也击中了文化的要害。随着企业中精于计算的分配机器消除了交易与其不合逻辑的漏洞,文化的商业化也在荒诞中达到顶点。完全被征服被管理之后,在某种意义上彻底'被养殖'(cultivated)之后,文化已经灭绝了。"②当然,灭绝的只是阿多诺心目中的那种具有否定性和干预性的文化,而兴盛起来的则是被"置于市场意志之下"的文化,把外来文化"作为稀有之物进行投资"的文化。当这种已被贬值为"文化商品"(cultural goods)的文化还要寻求所谓的"文化价值"(cultural values)时,它也就彻底断送了自己的声名。③

文化的官方化并非阿多诺的明确表达,但我以为这一思路贯穿在整篇文章的始终,其批判的力度甚至远远超过了他对文化商品化的抨击。阿多诺认为存在着"两种类型的极权主义政体(totalitarian regimes)"④,其中的一种自然是指纳粹德国的法西斯主义,而另一种则

---

① Theodor W. Adorno, "Cultural Criticism and Society," in *Prisms*, p. 24.
② Ibid., p. 25.
③ Ibid., p. 22.
④ Ibid., p. 26.

应该指的是苏联的社会主义。① 两种政体的共同特点一是"军营式的严格管制(regimentation)",二是"整体之网(the network of the whole)"拉得越来越紧。② 而在严格管制中,在所有的一切都要归并到一个整体的过程中,个体意识被预先塑形而失去了逃避的空间,新闻自由变成了发布谎言和发作兽性的掩护,文化批评被整合掉"批评"而只剩下了所谓的"文化"。在谈到这一现象时,阿多诺特别指出:

> 当德国法西斯分子诽谤批评这个词语并用空洞的"艺术欣赏"(art appreciation)概念取代它的时候,他们只是被这个专制国家的粗野利益引导着如此操作,而这个国家面对鲁莽的新闻记者依然惧怕波萨侯爵(Marquis Posa)的那种激情。但是,这种叫喊着要废除批评、追求自我满足的文化野蛮行为,这种野蛮部落入侵精神保护区的行为,并没有意识到回报它的是以牙还牙(repaid kind in kind)。……法西斯分子除了像批评家那样天真地信任文化本身并屈从于这种信任之外,他们还把文化简化为一种典礼般的盛大景象(pomp),并认可了精神这个庞然大物。他们把自己看作文化的医生,并认为自己能够从文化身上拔掉批评之刺。因此,他们不仅把文化降低到官方的层面上,而且除此之外,他们还无法认识到文化与批评无论好坏,二者都是相互缠绕在一起的。③

这里提到的波萨侯爵是席勒历史悲剧《唐·卡洛斯》(*Don Carlos*,1785)中的人物。面对专制国王菲利普二世,波萨侯爵曾把自由提到一种自然人性的高度,发出了"请您允许思想自由"的呼吁。④ 然而,现实世界的专制国家面对记者要求自由的呼声,却依然害怕得要命。于是那些文化官员一方面会用武力去围剿那种敢于犯上作乱、兴师问罪的文化(阿多诺曾引用希特勒帝国文化议院发言人的话说:"一听到

---

① 阿多诺在此文中有三次明确提及苏联或俄国人:第一次表达为"新俄罗斯暴君的恐怖",第二次说苏联制造了"犬儒式恐怖",第三次他说俄国人糟蹋了传统文化:"被俄国人假惺惺地回收利用的文化遗产已最大程度地变成了可消耗的、多余的垃圾。"Theodor W. Adorno, "Cultural Criticism and Society," in *Prisms*, pp. 28,31,34.
② Ibid., p. 21.
③ Ibid., pp. 22-23.
④ 参见《席勒文集》第 3 卷,张玉书译,北京:人民文学出版社 2005 年版,第 194 页。

'文化'这个词,我就伸手抓起了自己的枪。"①)另一方面,他们又通过对文化的无害化处理(拔掉批评之刺),把文化绑在"政治美学化"的战车上,让它去装点官方的门面,让它为权利歌功颂德。只要想想里芬斯塔尔(Leni Riefenstahl)所导演的纪录片《意志的胜利》(*Triumpf des Willens*,1935)和《奥林匹亚》(*Olympia*,1938)等文化产品,我们便会意识到这个时候的文化究竟扮演着什么角色了。

弄清楚阿多诺所谈的文化究竟是怎样一种文化之后,我们也就能理解为什么他要对文化批评痛下杀手了。如果在英国的批评传统中谈论文化批评,我们可能马上会想到阿诺德(Matthew Arnold)、利维斯(Frank R. Leavis),然后再想到伯明翰学派所开创的文化研究。想到前者,意味着文化批评是从精英主义立场出发而对文化(尤其是大众文化)进行的批判;想到后者,则意味着文化批评更是从平民主义视角出发而对文化进行的分析。而无论是前者还是后者,文化批评都应该是对文化(甚至是对社会、政治等)现象的批评。然而,被阿多诺押上审判台的文化批评却并非如此。《文化批评与社会》一开篇便这样写道:"对于任何一个习惯于用其耳朵思考的人来说,复合词'文化批评'(Kulturkritik/cultural criticism)肯定是一种令人讨厌的铃声,不仅仅是因为像'汽车'(automobile)那样,它是由拉丁语与希腊语拼凑而成的。这个复合词使人想到了一种明目张胆且声名狼藉的矛盾。"②为什么文化批评矛盾重重名声不佳呢?理查德·沃林(Richard Wolin)对此曾有过如下解释:

> 阿多诺发现"文化批评"天生就是一个很成问题的术语。他的怀疑与德国语境的特殊性有关。Kulturkritik(文化批评)这个术语会让人想起学究们的价值观,也就是像托马斯·曼在1916年的小册子中描述的那种"不谙时政者"(unpolitical man)的价值观。正因为如此,它的言外之意主要涉及臭名昭著的"文化与文明"(Kultur/Zivilisation)的二分法:亦即涉及德国把自己当作一个"文化民族"(Kulturnation)的自我理解,而这种理解又与英、法、美西方各国那种没有灵魂、利欲熏心的商业精神截然对立。这

---

① Theodor W. Adorno, "Cultural Criticism and Society," in *Prisms*, p. 26.
② Ibid., p. 19.

样,在德语的意义上,文化批评与那种从虚无缥缈的"文化"立场出发形成的批评(即对生活中一切庸俗与卑鄙之事、"文化之敌"的批评)相比,就较少具有"对文化的批评"(criticism of culture)的意味,由此也暴露出后者的缺陷和不足,等等。①

在这里,沃林对"文化"与"文明"二分法的解释与我在前面所引的马尔库塞的解释是基本一致的,即文化更多是德国人在精神层面对自己民族国家的一种想象,而文明则主要涉及物质生产和再生产,更多与西方其他国家的商业主义进程形成了一种关联。因而,在沃林的解释中,文化批评的矛盾首先体现在它所隐含的"文化"与"文明"的二元对立上。而按照阿多诺的思路,更重要的矛盾还在于:首先,虽然"文化批评最最崇拜的还是文化这一概念本身",但这种文化恰恰又缺少文化。② 其次,当文化变成一种意识形态(亦即虚假意识)时,文化批评也难辞其咎,因为正是它的参与,文化才成为一种被设计出来的谎言。在《文化批评与社会》中,阿多诺虽触及了这一问题,但并未完全展开。倒是他写于1944年的"孩子与洗澡水"一节内容反而说得更加清楚:"在文化批评的种种主题中,确立时间最长和最重要的主题是这样一种谎言:文化制造了一种与不存在的人类相匹配的社会幻觉;它隐藏了产生出所有人类作品的物质条件;而且通过安慰和哄骗,它也足以使糟糕的经济决定的存在保持生机。这就是作为意识形态的文化概念,乍一看来,它似乎既与资产阶级的暴力学说相一致,又与其对手尼采与马克思的思想相吻合。但恰恰是这一概念像所有有关谎言的忠告那样,本身具有成为一种意识形态的可疑趋向。可以在私人层面看到这种趋向。金钱思维及其伴随的冲突已不屈不挠地发展到最温柔的性爱领域,延伸到最崇高的精神关系之中。"③在这段论述中,阿多诺再明白不过地指出了文化的谎言色彩:文化脱离了物质生产条件,最终成了一种意识形态幻象。这应该看作文化批评的"功劳"之一。

---

① Richard Wolin, *The Terms of Cultural Criticism: the Frankfurt School, Existentialism, Poststructuralism*, New York: Columbia University Press, 1992, pp. xi-xii. 中译文参见〔美〕理查德·沃林:《文化批评的观念》,张国清译,北京:商务印书馆2000年版,第13页。
② Theodor W. Adorno, "Cultural Criticism and Society," in *Prisms*, pp. 23, 19.
③ Theodor Adorno, *Minima Moralia: Reflections from Damaged Life*, p. 43.

第三,文化批评已经与文化形成了一种共谋关系,而这种共谋主要体现在,当文化商业化时,文化批评及文化批评家扮演着运输代理商(traffic agents)和估价信息收集者(appraising collector)的角色:"大体而言,文化批评会让人想起讨价还价的姿态,想起专家质疑一幅画的真实性或把它归到某大师次要作品一类中的情景。人们贬低一件东西是为了得到更多的东西。当文化批评家进行估价时,他因此也就不可避免地卷入到一个被'文化价值'玷污的领域,甚至当他对文化的抵押咆哮如雷时也是如此。他在文化面前做沉思状也必然包含着仔细观察、全面调查、权衡轻重、做出选择:这件东西适合他,那件东西他拒绝。"[1]另一方面,当文化官方化时,文化批评又成了体制的维护者,而这种维护又是通过已经变异的精神现象完成的。阿多诺指出,在一个全面管制的社会里,精神现象也会刻上社会秩序的标记:"它们可能会以娱乐或教化的面目出现,直接有助于那个体制的万古长存;同时恰恰由于其特性在社会上预先形成,它们也很乐意成为体制的鼓吹者。这就仿佛是被众所周知的《好管家》(Good Housekeeping,旧译为《家政》)'批准'盖章后,它们巧妙地获得了一种退化的意识,然后再以'自然而然的'(natural)样子出场,并允许自己认同于诸种权力。"而由于"文化批评依托经济体制而存在,无论其内容如何,它都卷入到了那种体制的命运之中",[2]所以,文化批评也就间接地成为这种体制的吹鼓手。这里需要稍作解释的是,《好管家》是美国的一家老牌女性杂志(创办于 1885 年),而由于该杂志刊发有关产品测试的内容,所以它也以"好管家印章"(Good Housekeeping Seal)和"好管家批准印章"(Good Housekeeping Seal of Approval)而知名于世。这也意味着,只要是通过《好管家》测试认可的产品,它也就获得了"产品质量许可证"。通过这一类比,阿多诺强调了精神现象在其退化的过程如何获得了质量可靠的检测。换句话说,当文化批评面对这种盖过戳的精神现象时,它已可以大放其心,而不需要承担失察、失职等风险了。

大体而言,这就是阿多诺所呈现出来的文化与文化批评的种种问题。而由于此文像他的其他著作文章一样,依然呈现的是一种齐头并

---

[1] Theodor W. Adorno, "Cultural Criticism and Society," in *Prisms*, pp. 22-23.
[2] Ibid., p. 25.

进、密不透风、机锋暗藏、碎片写作(fragmentary writing)的话语风格,所以我的这种拆分、归类和解读已不可避免地简化了阿多诺的思想。如果再把这种思想通俗化地稍作总结,可以说阿多诺眼中的文化是旧罪(原罪)既未去,新罪又加身,它早已成为许多人(包括文化批评家在内)浑然不觉但实际上又非常可疑的东西。文化批评则守着问题多多的文化,扮演着美容师的角色——粉饰现实,美化社会。而精神(我并没有拿出更多篇幅来探讨阿多诺的这个概念)一方面"在摆脱开封建神学监护的同时,它已在这个现状中分不清是谁的影响下日益陷落"①;另一方面,当文化批评最终接管了精神之后,它又干起了倒卖精神的勾当。正是在这一语境中,阿多诺才指出了一个令人痛心的事实:"文化批评一旦越出它与物质生活状况的辩证逻辑而扭曲了精神,它就会毫不含糊和直截了当地抓住精神,把它当作宿命原则(the principle of fatality),并因此廉价出售精神自身的反抗。"②于是,像失败的文化那样,精神也彻底失败了。虽然精神还具有反思能力,但这种反思也依然于事无补。因为"甚至精神单靠自己的失败所进行的最彻底的反思也局限在这样一个事实里:它仅仅停留在反思层面,却没有改变证明其失败的存在"③。而最终的景象是,当生活、文化、精神和文化批评都被物化或成为一种"物化的意识形态"之后,这个世界已经变得相当恐怖了。因为物化的意识形态被阿多诺形容成了"一种死人的面膜(death mask)"④。

那么,有什么办法能改变这种局面呢? 阿多诺在指出了种种问题之后自然也亮出了他的拯救方案:让"对所有物化毫不妥协"的辩证法去穿透那个"凶险的、被整合成整体的社会";⑤让内在批评(immanent criticism)去"分析智识现象与艺术现象的形式和意义",从而"努力抓住它们的客观理念与其借口之间的矛盾";⑥让文化的否定性(negativity of culture)去揭示"认识的真实或虚假,思想的重要或残缺,结构的

---

① Theodor W. Adorno, "Cultural Criticism and Society," in *Prisms*, pp.20-21.
② Ibid., p.24.
③ Ibid., pp.32-33.
④ Ibid., p.30.
⑤ Ibid., pp.31, 34.
⑥ Ibid., p.32.

紧凑或松散,修辞手法的结实与空洞"①。通过这番武装,阿多诺对批评家与文化批评就都提出了新的要求:"文化辩证批评家必须既参与到文化之中,又游离到文化之外。"②"批评的任务绝不是去寻找被分配到特定利益集团那里的文化现象,而更是去破译那些体现在这些现象中的社会趋势……文化批评必须成为社会的观相术。"③

显然,让文化批评成为社会的观相术意味着对现有文化批评的大力改造。而改造既是一种清理——清理文化批评与负罪的文化、假面的社会所形成的暧昧关系,也是要为它输入新鲜血液——让辩证法、否定性和内在批评成为文化批评的动力。如此这般之后,它才能戳穿社会之物化、文化之野蛮、意识形态之虚假的伪装,成为文化批评家手中批判的武器。在"这个世界正在变成一座露天监狱(open-air prison)"④的残酷现实中,阿多诺这种带有乌托邦色彩的拯救无疑显露出一种理想主义的微光,从而也接通了本雅明的那句名言:"只是因为有了那些不抱希望的人,我们才获得了希望。"⑤

阿多诺的"摇摆":"奥斯威辛之后"命题的追加意涵

较为详细地梳理与分析了《文化批评与社会》的基本思路之后,再来面对它最后的那段文字也许就不难理解了。如前所述,阿多诺在此文中谈到了两种极权主义体制,而阿多诺从卢卡奇那里继承过来的物化(reification)也频频在这篇文章中亮相。根据杰姆逊的解释:"物化指的是将人与人之间的关系转化成为物或物与物之间的关系,即卡莱尔(Carlyle)所说的'现金交易关系',把社会现实转化成交换价值和商

---

① Theodor W. Adorno, "Cultural Criticism and Society," in *Prisms*, p.32.
② Ibid., p.33.
③ Ibid., p.30.
④ Ibid., p.34.
⑤ Walter Benjamin, "Goethe's Elective Affinities," in *Selected Wrirings*, Volume 1: 1913-1926, eds. Marcus Bullock and Michael W. Jennings, Cambridge, Mass., and London: The Belknap Press of Harvard University Press, 1996, p.356.

品。"① 这种说法更适合解释一种普遍的社会状况与生活状况,而在精神层面,我们更应该把物化理解为一种人的心灵世界的简单化、粗鄙化、动物化和野蛮化,它接通的是马克思所谓的"异化"(alienation)。而一旦社会被极权主义接管,一方面意味着生活世界的全面物化,一方面又意味着精神世界的整体异化。在这样一个世界中,由于所有的东西都处在盘根错节的物化关系之中,所以精神单凭自己的一己之力是无法改变现状的,它想摆脱物化、洁身自好的努力也像抓着自己的头发离开地面那样变得难乎其难。

那么,什么又是"文化与野蛮的辩证法"呢? 这时候,我们不应该忘记阿多诺是一位黑格尔式的马克思主义者。也就是说,当阿多诺还没有大力修正黑格尔的"辩证法"时,他一般是在黑格尔所呈现的意义上使用这一概念的,即对象自身具有一种矛盾性。于是,文化与野蛮的辩证法也就意味着文化与野蛮的相互缠绕和对立统一。通俗地说,也就是文化中包含着野蛮因素,野蛮中渗透着文化内涵,二者相互交融,彼此依靠,形成了一个奇怪的矛盾统一体。验之于阿多诺在整篇文章中所谴责的文化,文化确实已不成体统。而这里所谓的野蛮也绝不只是一种修辞手法,它更应该指的是一种非人性的状态。因为早在写作《启蒙辩证法》的时候,阿多诺与霍克海默研究的逻辑起点便是要探讨"为什么人类没有进入真正的合乎人性的状态,反而陷入到一种新的野蛮之中"②。从此往后,人性状态的对立面——野蛮或野蛮状态,就成为阿多诺的一个固定表达,并在其著作文章中频繁出现(例如,在《最低限度的道德》一书中,阿多诺使用"barbaric"与"barbarism"的地方约有35次之多)。当他在《文化批评与社会》的结尾处使用这一表达时,一方面接通了《启蒙辩证法》的思路,另一方面也已在此文中做了许多铺垫(据我统计,野蛮一词在文中出现过6次),所以无论从哪方面看,"文化与野蛮的辩证法"都并不显得突兀。而所谓的"最后阶段",则是指出了这一形势的严峻。因为一旦在"合题"阶段生效之后,这种情景就成了生活的常态,也成了合理的存在。因此,文化批

---

① 〔美〕杰姆逊:《后现代主义与文化理论》,唐小兵译,北京:北京大学出版社 1997 年版,第 268 页。
② Theodor W. Adorno & Max Horkheimer, *Dialectic of Enlightenment*, trans. John Cumming, New York: Herder & Herder, Inc., 1972, p. xi.

评面临着一个危急关头,或者面临着本雅明所谓的"紧急状态"(state of emergency)①。

正是在这一背景下,阿多诺说出了那个著名的句子:"奥斯威辛之后写诗是野蛮的。"阿多诺的学生蒂德曼(Rolf Tiedemann)曾解释说:"在阿多诺的这个句子中,'写诗'是一种提喻法(synecdoche);它代表着艺术本身,并最终代表着整个文化。"②从阿多诺全文的逻辑走向上看,这种解释是可以成立的。也就是说,阿多诺通篇都在谈文化(偶尔涉及艺术问题),当谈到高潮部分时,他便以局部代整体,亮出了提喻这把撒手锏,从而进一步指出奥斯威辛之后艺术创作的不可能性与文化的非正义性。继续思考下去,我们甚至可以把阿多诺的这句表达理解为一种话语策略,即为了呈现文化问题的严重性,他用一个提喻把这种严重性推向了极致:当文化已经充分野蛮化之后,以文化的名义所进行的艺术创作或艺术创作所呈现出来的文化内容也很难逃脱野蛮的魔掌。尤其是当艺术"为了美化这个社会"而"肯定着和谐原则(principle of harmony)的有效性"③时,它也就成了文化的同谋。这样一种艺术当然是野蛮的。

但问题是,许多人并没有把这个句子看作提喻,而是看作一道文学或艺术的禁令。这些人中不仅有诗人,而且还有像京特·安德斯(Günther Anders,哲学家汉娜·阿伦特的第一任丈夫)这样的作家。④安德斯在这一问题上的结论性看法是:"唯有通过文学,事实才能澄清;唯有通过具体的情景,大量难以述说的事情才能得以澄清并令人难忘。"⑤而据史蒂芬·米勒-多姆(Stefan Müller-Doohm)梳理,在1950年代,反对这一定论的作家有一长串名单,其中又尤以安德施(Alfred

---

① Walter Benjamin, *Illuminations*, trans. Harry Zohn, London: Fontana Press, 1992, p.248.
② Rolf Tiedemann, "'Not the First Philosophy, but a Last One': Notes on Adorno's Thought," in Theodor W. Adorno, *Can One Live after Auschwitz?: A Philosophical Reader*, ed. Rolf Tiedemann, trans. Rodney Livingstone and Others, Stanford, Califonia: Stanford University Press, 2003, p. xvi.
③ Theodor W. Adorno, "Cultural Criticism and Society," in *Prisms*, p.27.
④ Rolf Tiedemann, "'Not the First Philosophy, but a Last One': Notes on Adorno's Thought," in Theodor W. Adorno, *Can One Live after Auschwitz?: A Philosophical Reader*, p. xv.
⑤ 转引自〔荷兰〕塞姆·德累斯顿:《迫害、灭绝与文学》,何道宽译,广州:花城出版社2012年版,第195页。

Andersch)、恩岑斯伯格(Hans Magnus Enzensberger)和希尔德斯海默(Wolfgang Hildesheimer)最为著名。安德施曾与阿多诺有过长长的通信,他们在信中虽未涉及奥斯威辛后的诗歌问题,但安德施在1959年的一次演讲中有意在呼吁一种勇敢面对恐怖的文学,一种文学终结之后的文学。这似乎就是针对阿多诺的。而恩岑斯伯格则在1959年提供了一个文学的例证——在其诗作中重点思考过杀戮与被杀戮、追逐与逃亡、暴力与死亡之关系的犹太诗人奈莉·萨克丝(Nelly Sachs),以此来回敬阿多诺:"救赎语言并让其具有魅力是写过《在死亡的寓所》(In the dwellings of death)那样的人的职责。"①"如果我们要生存下去,就必须反驳这个命题——阿多诺关于'奥斯威辛集中营'的命题,只有少数人能做到这一点,而萨克丝就是这少数人中的一个。"②

作家们的反驳让阿多诺意识到了问题的严重性,在沉默了十年左右的时间之后,他终于在1962年的一次广播讲话中开始公开回应了:

> 我并不想缓和"奥斯威辛之后继续写诗是野蛮的"这一说法;它以否定的方式表达了鼓励介入文学(committed literature)的冲动。在萨特的戏剧《死无葬身之地》(Morts Sans Sépulture)中,有一个人物曾问过这样的问题:"要是有人打你,打得你都骨折了,这时活着还有什么意义吗?"同样的问题是,艺术在今天是否还有存在的权利;社会本身的退化是否还未强加到介入文学概念中的精神退化之上。但是恩岑斯伯格的反驳同样也是正确的——文学必须反抗这种定论,换言之,必须意味着奥斯威辛之后文学的存在还没向犬儒主义屈服投降。文学自身的处境就是一个悖论的处境,而不仅仅是如何对它作出反应的问题。大量真实的苦难不允许被遗忘;帕斯卡尔的神学格言"不应该再睡觉了"(On ne doit plus dormir)必须被世俗化。但是,这种苦难,也就是黑格尔所谓的不幸意识(consciousness of adversity),在禁止艺术存在的同时也要求着艺术的继续存在;实际上也只有在现在的艺术中,苦难才依然能感受到它自己的声音,获得慰藉,没有被艺术直接

---

① Stefan Müller-Doohm, *Adorno: A Biography*, pp. 405-406.
② 转引自〔日〕细见和之:《阿多诺——非同一性哲学》,谢海静、李浩原译,石家庄:河北教育出版社2002年版,第134页。

背叛。这个时代最重要的艺术家们已经实现了这一目标。他们作品中那种毫不妥协的激进主义,被诋毁为形式主义的种种特征,让其作品具有了一种令人生畏的力量,而这也正是软弱的诗歌(impotent poems)面对受害者所缺少的东西。①

在这篇题为《介入》的文章中,阿多诺从萨特的《什么是文学?》(What is Literature?)入手,思考介入文学存在的问题和自律文学(autonomous literature)存在的理由,进而质疑和批评萨特和布莱希特"艺术政治化"的主张。实际上,这也是他与本雅明争论(即所谓的"阿—本之争"[The Adorno-Benjamin Debate])的延续和对所争论问题的进一步清理。而上面所引的这段文字则是作为"苦难问题"(The Problem of Suffering)②插入到这些问题之中的。这也意味着阿多诺的回应一方面是顺便提及,一方面也把这种回应纳入到了他对介入文学问题的思考之中。在他看来,"奥斯威辛之后写诗是野蛮的"这一说法本身并无问题,因为它不仅不是禁令,而且还是对介入文学的一种鼓励。然而,这种鼓励又是通过否定的方式(in negative form,另一译本这里译作 negatively)表达出来的。仅从英译文的角度看,这一句式让我想到了布鲁克斯(Cleanth Brooks)的那个表达:"作为批评家,他只能以挑剔指谬的方式给(艺术家)提供帮助。"(As critic, he can give only negative help)。③ 这样,"否定的方式"既可以指涉"奥斯威辛之后写

---

① Theodor W. Adorno, "Commitment," in *The Essential Frankfurt School Reader*, eds. Andrew Arato and Eike Gebhardt, trans. Francis McDonagh, New York: Urizen Books, 1978, p. 312. See also Theodor W. Adorno, "Commitment," in *Notes to Literature*, Volume Two, trans. Shierry Weber Nicholsen, New York: Columbia University Press, 1992, pp. 87-88. 此段文字据前一译本译出,又据后一译本略作改动。

② 此文的德语原文应该是没有小标题的,英译者 Francis McDonagh 为读者把握方便,增加小标题如下:《介入之争的乱象》("The Confusions of the Debate on Commitment")、《萨特那里的哲学与艺术》("Philosophy and Art in Sartre")、《布莱希特的说教》("Brecht's Didacticism")、《布莱希特如何对待法西斯主义》("Brecht's Treatment of Fascism")、《政治与诗歌语调》("Politics and Poetic Tone")、《苦难问题》("The Problem of Suffering")、《卡夫卡、贝克特与当代实验主义》("Kafka, Beckett, and Contemporary Experimentalism")、《法国与德国的文化传统》("French and German Cultural Traditions")、《自律艺术的政治》("The Politics of Autonomous Art")。通过这些标题,我们亦可约略了解到阿多诺此文的大致走向。

③ Cleanth Brooks, "The Formalist Critics," in Charles E. Bressler, *Literary Criticism: An Introduction to Theory and Theory and Practice—5th ed.*, Boston: Pearson Education, Inc., 2011, p. 250.

诗是野蛮的"一说,也可以说阿多诺对介入文学的鼓励本身就含有挑剔指谬的意味。说得再通俗些,阿多诺的这种鼓励并非正面鼓励,而是批评式的鼓励,甚至有可能带有某种反讽的意味。因为介入文学虽然不能与"野蛮"等量齐观,但或许正是这种文学让阿多诺意识到了艺术是否还有合法存在的理由。同时,他也怀疑社会与精神齐退化的局面是否已作用于介入文学,让文学落入到了他所批评过的那种"肯定性文化"之中。如果阿多诺在这里的说法还显得比较含糊的话,那么在此段文字的结尾,他的这一想法已变得非常明确了。因为他认为,当种族灭绝(genocide)成为介入文学的文化资产时,这种文学与那种产生过谋杀的文化进行合作就会变得更加容易。而之所以如此,是因为介入文学一方面在所谓的极限处境(extreme situations)中制造了人类依然兴旺繁荣的幻觉;另一方面,它又把恐怖和暴行制作成局限处境(limiting situations),并认为这种处境可以揭示人类的真实存在。"在这样一种亲切友好的存在主义氛围中,刽子手与受难者的区分变得模糊了;毕竟,二者同样都悬浮在可能的虚无之上,而一般来说,这种状况当然是不会让刽子手感到很不舒服的。"①

虽然阿多诺对介入文学颇有微词,但他毕竟承认了恩岑斯伯格的反驳具有合理性。当然,我们也必须意识到,这种承认也只是一种有限的承认,因为第一,如果承认奥斯威辛之后文学艺术有其继续存在的理由,那么前提是犬儒主义或极权主义没有使它屈服;第二,虽然当今重要的艺术家通过其作品呈现了苦难,但即便是像勋伯格的《华沙幸存者》(*Survivor of Warsaw*)也难以逃脱艺术的悖论处境。因为一旦把苦难转换为艺术形象,不谐调的刺耳乐音就会消解掉我们在受害者面前的那种羞耻感。而且更重要的是,"人们被枪托击倒在地的肉体痛苦无论多么遥远,这种情景经过所谓的艺术再现后都包含着从中生发出某种快感的力量"②。既如此,又该如何解决这一艺术难题呢?

阿多诺在这里并没有提供答案。而从这种回应中我们也能看出,他的立场虽然有所后撤,但这种后撤又可称之为战略撤退,因为他在撤退中既有对介入文学的进攻,又有对艺术难题的确认。而经过如此

---

① Theodor W. Adorno, "Commitment," in *The Essential Frankfurt School Reader*, p. 313.
② Ibid., p. 312.

这般的解释之后,这一问题显然也被进一步复杂化了。与此同时,我们还要注意到一个事实:在阿多诺所看重的那些能够呈现苦难的的艺术样式中,诗歌依然难入他的法眼。因为在他的心目中,虽然像毕加索的《格尔尼卡》、勋伯格的《华沙幸存者》、卡夫卡的小说和贝克特的戏剧通过形式创新具有了力量,但诗歌却是软弱无力的。也就是说,尽管恩岑斯伯格是以诗人诗作为例向阿多诺叫板,但阿多诺却没有以此接招。他依然把诗歌打入了另册。

这么说,是不是因为萨克丝一个人的诗歌还不够分量?倘如此,另一位诗人保罗·策兰(Paul Celan, 1920—1970)呢?策兰其人其作又在阿多诺的心目中占据一个怎样的位置呢?看来,我们有必要交代一下阿多诺与策兰的交往了。

策兰是犹太人,1920年出生于切尔诺维茨(今属乌克兰),从小说德语。他的父母在德国入侵苏联时被纳粹关入集中营,并惨死在那里。他本人也在劳改营中被强迫劳动达一年半之久。"二战"结束后,策兰先后在布加勒斯特和维也纳居住过,并最终定居巴黎,以教书和翻译为生,同时开始诗歌写作。策兰的成名作《死亡赋格》(*Todesfuge*)写于1940年代中期,并于1947年首次以罗马尼亚文发表。1952年,随着诗集《罂粟与记忆》(*Mohn und Gedachtnis*)在德国出版,策兰开始在德语世界产生影响,尤其是收入诗集中的《死亡赋格》一诗备受关注,"被喻为战后欧洲的'格尔尼卡'"。①

据阿多诺的传记作者米勒-多姆介绍,阿多诺与策兰的交往是从1959年8月那次错过的会面开始的。当时阿多诺正在瑞士恩加丁地区的锡尔斯—玛利亚(Sils Maria)村度假,由于此前二人都有相互认识的兴趣和愿望,与他们相熟的斯丛迪(Peter Szondi)便从中撮合,安排了一次会面,但策兰却携妻儿提前返回了巴黎,致使会面落空。而据策兰解释,他与阿多诺的失之交臂"并非出自偶然的因素"。一个月之后,策兰根据这次未竟之遇写出一篇虚构的散文(prose),这便是那篇著名的《山中对话》("Conversation in the Mountains")。②

---

① 〔美〕约翰·费尔斯坦纳:《保罗·策兰传:一个背负奥斯威辛寻找耶路撒冷的诗人》,李尼译,南京:江苏人民出版社2009年版,第28页。

② Stefan Müller-Doohm, *Adorno: A Biography*, p.402. 亦参见〔美〕约翰·费尔斯坦纳:《保罗·策兰传:一个背负奥斯威辛寻找耶路撒冷的诗人》,第165—166页。

在这篇谜一般的想象的对话中,策兰把阿多诺比作"大犹"(Jew Big),而把自己比作"小犹"(Jew Little)。这既应该是指阿多诺的年龄之大(文中说他比自己"大出犹太人正常寿命的四分之一"。阿多诺实际上比策兰年长十七岁),也应该是指阿多诺的个子之高(实际上阿多诺的个子并不高),同时也可看作策兰对阿多诺的仰慕之词。两位犹太人在两边长满"头巾百合"和"野莴苣"的路上相遇了:

> 可怜的头巾百合,可怜的野莴苣!就站在那儿,表兄表弟,站在山中一条道路上,拐杖没声了,石头沉默了,但这沉默绝不是沉默,没有一言一语停下来,只不过是一个间歇,一道词语缺口,一个空格,你看见所有的音节站在四周;那是舌头和嘴巴,这两样东西还和从前一样,只是眼睛里蒙上了一层云翳,而你们,可怜的你们,站不直,也不开花,你们不在了,这七月也不是七月。①

策兰把他们两人比作"第一对表兄弟",似乎也把这次相遇看作一个重要事件。而在那场用诗一般的梦幻语言虚构出来的交谈中,我们仿佛也听到了策兰向阿多诺的倾诉:语言、命名、创伤体验、写作的可能性、犹太人的命运……有资料显示,当阿多诺写出"奥斯威辛之后写诗是野蛮的"这一名句时,他很可能并没有读过策兰的《死亡赋格》,但策兰却是熟悉阿多诺那个富有挑战性的论点的,因为他在诗集《换气》(Atemwende,1967)出版前后的一则笔记中还曾这样写道:"奥斯威辛之后不能写诗(阿多诺):这里暗指哪一种'诗歌'观念?竟敢从夜莺和歌鸫(song thrushes)的视角靠假设和推测去评论或描述奥斯威辛,这种人胆子真大,简直是狂妄至极。"②如果在写《山中对话》时策兰已对阿多诺有了这样一种认识,那么,这个文本除了其他层面的寓意之外或许还有一层深藏不露的意思:他想通过这种特殊的表达非常含蓄地暗示阿多诺,他那句争议很大的定论很可能是有问题的。

错过这次会面之后不久,策兰与阿多诺终于在法兰克福相遇。而当他得知自己将会获得毕希纳奖(Büchner Prize)时,便把《山中对话》

---

① 转引自《保罗·策兰诗选·译者弁言》,孟明译,上海:华东师范大学出版社2010年版,第9页。

② Lorenz Jöger, *Adorno: A Political Biography*, trans. Stewart Spencer, New Haven and London: Yale University Press, 2004, p.187.

寄给了阿多诺,并在写于 1960 年 5 月 23 日的信中说:这篇散文的题目也可以叫作《犹太德国人》("Jewish German"),"我真的很想知道您是不是喜欢它"。阿多诺读后则在回信(1960 年 6 月 13 日)中表示了他对这篇作品的肯定,并引用其新著《马勒:音乐的观相术》(*Mahler: Eine Musikalische Physiognomik*, 1960)中对马勒第九交响乐的解释与之呼应。阿多诺这样做是想表明,这篇散文中那种你来我往的对话结构并未逃出他的注意:"在我看来,音乐元素确实已进入到诗歌之中。"与此同时,他也对策兰的即将获奖表示祝贺:"在德国所有的文学奖项中,毕希纳奖大概是唯一真正有些意味的奖项。"而当策兰于 1960 年 10 月获得此奖时,他在致辞中的一些观点也与阿多诺《文学笔记》中的思想不谋而合。① 据策兰传记作者的研究,策兰从当年 5 月开始便在准备题为《子午线》的获奖致辞,所做的笔记和打的草稿达 314 页之多。他在致辞中提到了《山中对话》,并反复提到了"相遇"(诗歌与语言、与他人、与他自己的相遇),而类似"艺术要进入你最深层的困境。让你彻底自由"之类的句子②,或许也正是阿多诺所欣赏的表达。于是,当阿多诺的《瓦莱里的种种偏离》("Valéry's Deviations")与策兰的《山中对话》于 1960 年先后发表于德国同一家杂志上,前者收进《文学笔记》第二卷并于第二年出版时,阿多诺特意在题目之下加了一句"给保罗·策兰"的题献,这也被看作是对《山中对话》的间接回应。③ 1961 年春,阿多诺在法兰西公学院有三次讲座,他曾给策兰发去了邀请。他还想把策兰引荐给贝克特,但没有成功。然而,在 1960 年代初的"戈尔事件"(Goll affair,即伊凡·戈尔的遗孀克莱尔·戈尔公开指控策兰剽窃了戈尔的某些德语诗)中,阿多诺虽然已听说策兰在这件事情上饱受冤屈,但他并没有站出来声援策兰,而只是想为策兰的诗集《语言栅栏》(*Sprachgitter*, 1959)写一篇评论文章,以此表示其支持。

---

① Stefan Müller-Doohm, *Adorno: A Biography*, pp. 403, 588.
② 参见〔美〕约翰·费尔斯坦纳:《保罗·策兰传:一个背负奥斯威辛寻找耶路撒冷的诗人》,第 192—195 页。策兰的《子午线》参见《保罗·策兰诗文选》,王家新、芮虎译,石家庄:河北教育出版社 2002 年版,第 178—200 页。
③ 参见〔日〕细见和之:《阿多诺——非同一性哲学》,谢海静、李浩原译,石家庄:河北教育出版社 2002 年版,第 207—208 页。See also Theodor W. Adorno, *Notes to Literature*, Volume One, pp. x, 137.《瓦莱里的种种偏离》发表于《新评论》(*Die Neue Rundschau*)第 71 卷第 1 期,《山中对话》发表于《新评论》第 71 卷第 2 期。

为写这篇文章,阿多诺已做了一些笔记,但因为此时他已投入到《美学理论》的写作准备之中,此文的写作只得一拖再拖,终未成篇,这让策兰深感遗憾。但尽管如此,当《否定的辩证法》(Negative Dialektik, 1966)面世时,策兰依然不吝赞许之词。而策兰的夸赞则给阿多诺带来了极大的满足。之所以如此,是因为在此书"关于形而上学的沉思"部分,阿多诺收回了他原来的那个命题。①

从以上的交往情况可以看出,策兰其人其作确实进入到了阿多诺的视野之中。而阿多诺在《否定的辩证法》中虽未提及策兰的名字,但当他又一次郑重其事地面对奥斯威辛之后写诗是否可能的问题时,他对策兰诗歌的感受与理解很可能已直接参与到了他的相关思考之中。但这是不是意味着阿多诺因此就"收回"了他原来的那个命题,却是值得认真辨析的。② 许多人只是看到阿多诺说了一句"以前的说法也许错误"之类的话,就觉得阿多诺已改弦更张,这其实已大大简化了阿多诺的思想。因此,我们在这里有必要回到《否定的辩证法》中相关论述的具体语境。

《否定的辩证法》论述到的问题很多,但其核心问题显然是对传统形而上学中同一性辩证法的批判;通过这种"破",从而"立"起阿多诺自己所追求的那种"非同一性"(nonidentity)的否定的辩证法。阿多诺在此书的开篇不久就说过:"从历史上看,哲学真正的兴趣是在那些黑格尔及其传统一致地表示不感兴趣的地方:在于那些非概念的、个别的和特殊的东西;自柏拉图以来,这些东西就被作为易逝的、微不足道的东西来处理,被黑格尔贴上'惰性实存'的标签。哲学的主题应该是被它贬低为在定额上可忽略不计的量的质。概念急切要求的是那些它够不着的、被它的抽象机制排除的东西,那些并未成为概念之样本

---

① See Stefan Müller-Doohm, Adorno: A Biography, pp. 403-404.
② 关于"收回"云云,兹举三例:耶格尔说:"到写作《否定的辩证法》时,阿多诺已读过《死亡赋格》,也熟悉了策兰后来用更冷峻的诗歌语言写出的诗歌,这就促使他收回了他原来的那句格言。"(See Lorenz Jöger, Adorno: A Political Biography, p. 187.) 费尔斯坦纳说:"策兰的诗在德国被人反复研读期间,特奥多尔·阿多诺终于发表了撤回自己的著名言论的声明。"(参见〔美〕约翰·费尔斯坦纳:《保罗·策兰传:一个背负奥斯威辛寻找耶路撒冷的诗人》,第281页。)库切说:"阿多诺于1966年不大情愿地收回他的话,也许是向《死亡赋格》让步。"(〔南非〕J. M. 库切:《保罗·策兰与他的译者》,见《内心活动:文学评论集》,杭州:浙江文艺出版社2010年版,第126页。)

的东西。"①这段论述显然可以丰富我们对"非同一性"的理解。长期以来,黑格尔等哲学家关心的是普遍和一般的东西(同一性),却把个别、特殊和异质的东西(非同一性)轻易地排除在了他们的体系和思考之外。日本学者细见和之在解读"非同一性"时曾经形象地指出:如果把男女之爱完全理解为异性恋,那么这就是一种同一性的思维。从这种同一性立场出发,同性恋就是一种非同一性事物。"不能认同异性恋以外的爱的人,就好像纳粹分子,他们要抹杀掉同性恋这种'非同一性事物'。"②明白了这个道理,我们也就能理解为什么阿多诺要对布莱希特的那种谬论大加批判了:"布莱希特的说法——政党有上千双眼睛,而个人却只有一双——像任何陈词滥调一样虚假。一个异议者的精准想象要比上千双戴着同样粉红色眼镜、把自己之所见和普遍真理混为一谈的退化之眼看得更清楚。"③在这里,由于布莱希特强调了集体的力量(同一性)却抹杀了个体的思考与认知(非同一性),他的论述也就成了同一性哲学的回声,从而呈现出一种虚假之相。

正是在这一语境之中,阿多诺进入了此书的最后一部分内容:关于形而上学的沉思。而这种沉思并没有拐弯抹角,而是一开始就端上了"奥斯威辛之后"的话题。在阿多诺看来,第一自然的灾难(里斯本的大地震)与第二自然的灾难(奥斯威辛的大屠杀)相比只能算是小巫见大巫,因为"正是这种对数百万人管理式的谋杀方式使得死亡成了一件并不可怕的事情"。而"在集中营中,死掉的也不再是个人,而是样品"。因此,"种族灭绝是绝对的整合。无论人们在哪里被消灭——或者用德国军队的说法是'被干掉'——直到把他们当作与总体上无价值的概念之偏差而被彻底灭绝,运用的就是这种方式。奥斯威辛确认了纯粹同一性的哲学原理就是死亡"。④ 可以说,正是通过剖析那种进入管理模式的大规模屠杀,阿多诺对同一性哲学的批判

---

① 转引自谢永康:《形而上学的批判与拯救——阿多诺否定辩证法的逻辑和影响》,南京:江苏人民出版社2008年版,第36页。参见〔德〕阿多尔诺:《否定的辩证法》,张峰译,重庆:重庆出版社1993年版,第6页。

② 〔日〕细见和之:《阿多诺——非同一性哲学》,第146—147页。

③ 〔德〕阿多尔诺:《否定的辩证法》,第46页。据英译文有改动。Theodor W. Adorno, *Negative Dialectics*, trans. E. B. Ashton, London and New York: Taylor & Francis e-Library, 2004, pp.46-47.

④ 同上书,第362页。据英译文有改动。Ibid., pp.361-362.

才落到了现实的地面;而在阿多诺的眼中,奥斯威辛或法西斯主义则成了同一性哲学的同谋。既然这场灾难如此沉痛,那么,经历了这场浩劫之后人们该如何面对这种痛苦呢?让我们看看阿多诺的以下说法:

> 经年累月的痛苦有权利表达出来,就像一个遭受酷刑的人有权利尖叫一样。说奥斯威辛之后你不能再写诗了,这也许是错误的。但提出一个不怎么文雅的问题却并不为错:奥斯威辛之后你是否还能继续活下去,特别是那种偶然幸免于难的人、那种依法本应被处死的人,他们还能否继续活下去?他的幸存需要冷漠,需要这种资产阶级主观性的基本原则,没有它们就不会有奥斯威辛;这就是那种被赦免的人的莫大罪过。通过赎罪,他将受到梦的折磨,梦到他根本不再活着,他在 1944 年就被送进焚尸炉里了,他的整个存在一直都是虚构的,是一个二十年前就被杀掉的人的荒唐心愿的流淌。①

这就是那个被许多人认为是"收回"了以前命题的著名段落。但仔细分析,我们又会发现阿多诺在这里采用的是一种"以退为进"的表达。也就是说,他一方面承认了人们表达痛苦的权利,在这个前提下,以前那个命题可能有错(阿多诺在此处特意用了一种不确定的说法,其英译是 it may have been wrong to say that…);另一方面,他马上又提出了一个更尖锐的问题:"奥斯威辛之后你是否还能继续活下去?"如果说前面的问题还停留在文学或艺术领域,那么后面的问题则进入到了形而上学的框架之中。或者也可以说,他把文学或艺术问题拖进了形而上学的问题之中,让它也在"第一哲学"中进一步敞开自己,接受检验。而在随后的论述中,阿多诺不但又回到了《文化批评与社会》一文的总体思路中,而且其用词和表达也更加激烈。他说:"文化憎恶恶臭,因为它发出恶臭——正如布莱希特用华丽的词句所说的那样,因为文化的大厦是用狗屎建造起来的。在写出这句话的几年之后,奥斯威辛无可辩驳地证明文化失败了。""所有的后奥斯威辛文化(post-

---

① 〔德〕阿多尔诺:《否定的辩证法》,第 363 页。据英译文有改动。Theodor W. Adorno, *Negative Dialectics*, pp. 362-363.

Auschwitz culture），包括对它的迫切批判，都是垃圾。"而由于文化已变成了意识形态，所以，"无论谁为维持这种应被彻底谴责和破烂不堪的文化而进行辩护，他都成了它的同谋；而那种对文化说'不'的人则直接推进了我们的文化所呈现出的野蛮状态"。① 与此同时，他也没有忘记东方国家是如何去对待文化的："当共产党官员（apparatchiks）把他们行政管理的野蛮当作文化喝彩并把其危害当作不可分割的遗产加以保护时，他们宣告了文化现实（即基础）的野蛮，如同受其控制而被大卸八块的上层建筑那样野蛮。"另一方面，德国却是另一种情况："当法西斯分子拼命反对具有破坏性的文化布尔什维主义时，海德格尔却正把破坏弄成了一种值得尊敬且能穿透存在的手段。文化批判与野蛮状态不是不可以一致的。"②

通过以上引述，我们马上会发现这样一个事实：一旦进入到文化领域，阿多诺的问题意识、用词习惯（如频繁地使用"野蛮"）与《文化批评与社会》并无任何区别。如前所述，如果我们承认"奥斯威辛之后写诗是野蛮的"在提喻的意义上指涉着整个文化的破败和失败，那么，这是不是意味着阿多诺表面上在说这一命题有误，而实际上却通过强化文化方面的思考和论述，反证出了这一命题的冷峻与严肃？或者也可以说，虽然他暂时放弃了"奥斯威辛之后写诗是野蛮的"这种太刺耳的说法，却又不断用"奥斯威辛之后文化是野蛮的"之类的表达来填补那种因其放弃所留下的空间，仿佛是在用后者的"在场"暗示着前者的"缺席"，又仿佛意味着"缺席"与"在场"的东西本是同根生，与"在场"的东西相比，"缺席"的东西并不见得就无足轻重。

那么，又该怎样对待阿多诺在《否定的辩证法》中这一处的退让呢？除了此书已经呈现的那些论述，他是不是还有一些没有挑明的未尽之意或言外之意？若想弄明白这些问题，我们就必须面对《形而上学：概念与诸问题》中的那处回应了。

据这本书的编者蒂德曼介绍，《形而上学：概念与诸问题》是根据阿多诺当年上课的录音整理出来的一部讲稿，迟至 1998 年，它才被编

---

① 〔德〕阿多尔诺：《否定的辩证法》，第 367 页。据英译文有改动。Theodor W. Adorno, *Negative Dialectics*, pp. 366-367.

② 同上书，第 368、369 页。据英译文有改动。Ibid., pp. 367, 368. 需要说明的是，英译本中并无"文化批判与野蛮状态不是不可以一致的"一句，可能是漏译。

入阿多诺的遗著中,由苏尔坎普(Suhrkamp)出版社出版。蒂德曼说,从 1960 年开始,阿多诺分别开设过几次课程,而这些课程的内容实际上就是在为《否定的辩证法》的写作做着相关的前期准备。"形而上学:概念与诸问题"也是其中的一次课程,此课程开设于 1965 年的夏季学期,其内容直接关联着《否定的辩证法》中的最后一个"模式":关于形而上学的沉思。① 在这 18 讲内容中,阿多诺从"什么是形而上学"谈起,一直谈到了"形而上学经验"。而在进行到第 14 讲"自我的清除"("The Liquidation of the Self", 15 July 1965)时,阿多诺在结束部分又一次触及了奥斯威辛之后能否写诗的话题。由于这部分文字关注者寡,也由于它们恰好可以与《否定的辩证法》中的相关论述形成对照,所以,我将较完整地翻译和引述阿多诺的原话如下:

> 我曾经说过奥斯威辛之后人们不能再写诗了,写出这句话时我没料到会引发一场讨论。出乎我的意料是因为就哲学的本性而言——我写下的所有东西都是哲学,这是在所难免的事情,即便它没有涉及所谓的哲学主题——没有什么东西能完全按照字面意思去意会。哲学从来都只涉及各种趋势而不包含事实陈述。根据表面意思来判断这一陈述并且说:"他曾写过奥斯威辛之后不能再写诗了,所以要么人们真的不能写诗——假如有人去写,那这个人就是个无赖或冷血动物;要么他是错的,他说了不应该说的话。"这是对哲学的一种误解,这种误解起因于哲学越来越亲近全能的科学发展趋势。那么,实际上我想说的是,哲学反思恰恰存在于这两种不同的、如此截然对立的可能性的缝隙之间,或者借用康德的术语,是存在于这两者的"摇摆状态"(vibration)之间。正如我说过奥斯威辛之后不能(could not)写诗了——借助于这一说法,意味着我指向了那个时候复苏后的文化的空洞虚伪;另一方面,这句话表述为人们必须(must)写诗同样也是顺理成章的,这样就和黑格尔在其《美学》中的陈述——只要人类还存在着苦难意识(awareness of suffering),那就必须也有作为这种意识之客观形式的艺术同时存在——谐调一致了。不过天晓得,这

---

① See Theodor W. Adorno, *Metaphysics: Concept and Problems*, ed. Rolf Tiedemann; trans. Edmund Jephcott, Stanford, California: Stanford University Press, 2001, pp.191-192.

并不是说我能解决这种二律背反(antinomy),而自从我自己的冲动在这种二律背反中正好站在艺术一边之后,也意味着我更少这么去做了,这样我就被错误地指控为想要压制写诗。东部地区的报纸甚至说我已公然宣称与艺术为敌,说我因此已采取了一种野蛮的立场。不过人们必须问一个更深层的问题,这是一个形而上学问题,尽管它所依据的形而上学整体上已暂时失效。实际上,所有那些否定和规避了形而上学的问题如何还能正好呈现出一种奇妙的形而上学特征,这本身就令人好奇。我要谈论的是奥斯威辛之后人们是否还能活着(*live*)的问题。比如,这一问题就反复出现在那些折磨着我的梦中,在梦中我有一种感受:我真的不再活着了,我的存在只不过是一些奥斯威辛遇难者心愿的流淌(emanation)。这样,那些希望拿到证据而默许此说的抱怨者很快就会把我的这番话转化成一种论据:对于任何一个像我这样思考着的人来说,这也正是他应该自我了断的时候——对此,我只能回应道:我敢肯定那些先生们会说,再没有比这更好的事情了。但是只要我能表达我正试图表达的东西,只要我相信我正在为那些找不到表达的东西寻求着语词,我就不应该在那种希望和心愿面前让步,除非遇到了被强迫的极端情况。①

由于阿多诺是在面向学生授课,他在这里呈现出来的思考与《否定的辩证法》中那处简短的论述相比,内容显得更丰富,表达也显得更婉转、细腻。归纳一下,阿多诺在这里主要涉及以下几层意思:首先,奥斯威辛之后不能写诗是一个哲学问题,且不能理解得过于机械。而通过他自己的解释,也反证出"提喻"之说是可以成立的。其次,奥斯威辛之后不能再写诗和必须去写诗是一个二律背反问题,而这也是阿多诺第一次(同时也是唯一一次)以如此方式来解释自己的命题。第三,借用黑格尔的论说为自己的这种思考提供证据,这样也就接通了他在《介入》一文中的类似说法。第四,推出了奥斯威辛之后人们是否还能继续活着的命题,并以自己被噩梦折磨为例,呈现这一问题的残酷性。第五,在我没有引述的部分(近三百字内容),阿多诺呼应了他

---

① See Theodor W. Adorno, *Metaphysics*: *Concept and Problems*, ed. Rolf Tiedemann; trans. Edmund Jephcott, Stanford, California: Stanford University Press, 2001, pp.110-111.

在《介入》中所举的《死无葬身之地》的例子,并认为萨特通过年轻的抵抗战士说出的那番话实际上涉及一个严肃的形而上学问题。只有吸收了这一问题的思想才有力量。这其实是第四层意思的进一步延伸。而通过这五层意思,我们也可看出阿多诺讲课时那种呈现着思考过程且相对柔和的陈述如何演变成了《否定的辩证法》中那种更执着的追问和更冷硬的表达。

值得注意的是第二层意思。为便于分析,我们可以把阿多诺所谓的二律背反进一步明确为:

正题:奥斯威辛之后写诗是可能的。
反题:奥斯威辛之后写诗是不可能的。

这组命题更尖锐的表达应该是:

正题:奥斯威辛之后不写诗是野蛮的。①
反题:奥斯威辛之后写诗是野蛮的。

显然,当阿多诺在二律背反的层面并在康德所论的来回摇摆中呈现自己的犹疑时,这其实已拓宽了我们理解这一命题的思路。众所周知,康德曾在《纯粹理性批判》中提出了四对二律背反命题,同时他也指出了理性面对这些命题时的困窘:"不幸的是,对于思辨而言(但也许对于人的实践使命而言倒是幸运的),理性感到自己在它的那些最大的期望中陷入了被正反论据争夺的困境,以至于无论是为了它的荣誉还是哪怕为了它的安全,都不宜退缩,也不宜于把这种纷争淡然视作只是一种战斗游戏,更不能要求完全和解,因为争执的对象是利害攸关的。"②与此同时,康德还进一步思考了人们面对二律背反难题的摇摆状态:"假如一个人可以宣布摆脱一切利益,而对理性的各种主张不管任何后果、只按照其根据的内容来进行考察;那么一个这样的人,假定他不知道走出困境的任何其他出路,只知道信奉一个或另一个有

---

① 实际上,也确实早已有中国学者针对阿多诺的命题制作了一个针锋相对的反命题:"奥斯威辛之后不写诗是野蛮的。"参见潘知常:《生命的悲悯:奥斯维辛之后不写诗是野蛮的——拙著〈生命美学论稿〉序言》,《杭州师范学院学报》2002年第6期;王晓渔:《"奥斯威辛"之后不写诗是野蛮的》,《人民文学》2005年第8期。
② 〔德〕康德:《纯粹理性批判》,邓晓芒译,杨祖陶校,北京:人民出版社2004年版,第388页。

争议的学说的话,他就会处于一种不断的动摇状态。今天在他看来显得可以确信的是,人的意志是自由的;明天,如果他考察那不可解开的自然链条的话,他又会认为自由无非是一种自欺,而一切都只是自然而已。"①阿多诺提及康德时虽然没有点明出处,但他所谓的摇摆显然与康德的上述所论形成了某种关联。同时,我们还需要注意阿多诺在其他地方对康德二律背反的解读。比如,在《道德哲学的问题》(Probleme der Moralphilosophie,1963)的讲稿中,他就反复提醒过康德所谓的二律背反中存在着不可解决的矛盾:"二律背反学说的本质就在于,这种矛盾是在我已经说过的那种理性批判的澄明意图与形而上学的拯救意图之间得到了表达。康德并没有说出这些意图,但它们却深深地浸透在他的哲学里面,按照康德的观点,这两种意图在理性中是同等重要的,因为它们在理性中使自己发生同等效用,因此,这种两种意图之间的矛盾情结导致了不可消除的矛盾。"②把阿多诺对康德的解读代入到他在艺术中设置的二律背反命题之中,我们一方面可以说这对命题本身就存在着无法解决的矛盾;另一方面,我们同样可以说,当阿多诺把它们看成一对二律背反的命题时,他也像康德那样在其命题中蕴含着自己那种理性批判的澄明意图和形而上学的拯救意图。也就是说,虽然从《文化批评与社会》开始,阿多诺一直出示的是"反题",但也正是通过这种"怀疑的方法"(die skeptische Methode)③,他既逼迫着知识界进入到对这一问题的哲学反思之中,同时他也在其所批判的文化批评终止的地方开始了自己的文化批判。而"反题"背后隐含的那个"正题",则表明了他的形而上学的拯救意图。明乎此,我们也就能理解为什么阿多诺要把这一命题带入到形而上学的层面加以讨论了。

如果我的以上分析可以成立,那么接下来的问题是,当"奥斯威辛之后"命题由原来的反题变成后来的一正一反时,这是不是一种合理的延伸?进一步追问,假如该命题中隐含着一个二律背反的问题框

---

① 〔德〕康德:《纯粹理性批判》,邓晓芒译,杨祖陶校,第394页。
② 〔德〕T. W. 阿多诺:《道德哲学的问题》,谢地坤、王彤译,北京:人民出版社2007年版,第32—33页。
③ 阿多诺解释说:康德本人把二律背反辩证法中,"即在反题中所应用的方法称之为'怀疑的方法'(die skeptische Methode)"。同上书,第35页。

架,这个框架能否被他的相关思考支撑起来?如果能够支撑起来,其支点又在哪里?我们又该如何去破译他的那些思考,走近他的种种关切?显然,这些问题不是三言两语就可以说清楚的。我们需要继续走进阿多诺思考的核心部位,随着他的思路起伏绵延。

艺术的二律背反:在可能与不可能之间

假如我们跳出提喻之后去把握阿多诺的这对二律背反命题,那么它应该涉及更深广的内容,也应该触及一个更形而上的终极追问:奥斯威辛之后艺术是否可能。事实上,只要注意一下阿多诺遗著《美学理论》(Ästhetische Theorie,1970)中开头那句话,我们就会明白他终生都在面对着这一理论难题:"时至今日,不言而喻的是,所有与艺术相关的东西都并非不言而喻,更非无须思考。有关艺术的所有东西,诸如艺术的内在生命,艺术与社会的关系,甚至艺术的存在权利等等,均已成了问题。"[1]而这些原来不成问题的问题如今之所以成了问题,很大程度上都与奥斯威辛之后艺术是否可能这个元命题有关。也就是说,当阿多诺在艺术层面展开自己的一系列思考时,这个元命题应该是他思考的逻辑起点。因此,弄清楚这个元命题中阿多诺后来追加的意义,是理解其他艺术问题的关键所在。

让我们从这对二律背反的反题说起。

如前所述,从《文化批评与社会》开始,阿多诺就是从反题进入到他对艺术问题的思考之中的。而经过《介入》《形而上学:概念与诸问题》和《否定的辩证法》中的相关论述,我们一方面看到了那个二律背反命题的逐渐清晰,另一方面也看到了他在此命题中对反题的逐步强化。于是,他对失败的文化的批判便此伏彼起,直到在《否定的辩证法》里奏出了批判的最强音。而一旦把艺术问题置于这种批判的逻辑框架中,阿多诺也就不可能不形成一种悲观的看法:奥斯威辛之后艺术是不可能的。

---

[1] Theodor W. Adorno, *Aesthetic Theory*, trans. C. Lenhardt, London: Routledge & Kegan Paul, 1984, p.1. 参见〔德〕阿多诺:《美学理论》,王柯平译,成都:四川人民出版社1998年版,第1页。

那么,为什么阿多诺会如此悲观呢?我以为有两个关键词值得认真对待:其一是奥斯威辛,其二是文化工业。

纳粹对犹太人的大屠杀是从1941年开始的,此后,有关大屠杀的消息便陆续出现在美国的主要报纸上。而至1943年,第一份有关德国死亡集中营的报道也到了美国。① 作为流亡者,也作为只有一半犹太血统的犹太人,已在美国的阿多诺虽然对这场大屠杀已有心理准备,但可以想象的是,一旦大屠杀变成残酷的现实,它对阿多诺构成的心理冲击一定是非常巨大的。如果说此前他对犹太民族的认同意识还处在朦胧之中,那么这种灭绝行动应该是对其意识的一次唤醒。也正是在这一意义上,马丁·杰伊才把"犹太人的自我认同"看作阿多诺的五个思想力场(force-field)之一,并指出了这样一个事实:"在阿多诺从纳粹德国流亡出来并在大屠杀广为人知的那些岁月里,他开始更加坚定地承认自己犹太家世的真实谱系了。尤其是他于1953年最后回到一个不愿面对与清理自己'无法掌控的过去'(unmastered past)之德国后,奥斯威辛的含义实际上就几乎成了纠缠他的一个问题。""阿多诺从大屠杀中所获得的主要教训是,反犹主义与极权主义思维是连接在一起的。他后来开始明白,犹太人已被看作他物、差异和非同一性的最顽固堡垒,是20世纪的极权主义极力要铲除的对象。"②

于是,从1941年开始,阿多诺与霍克海默频繁地讨论反犹主义的话题。阿多诺说:"反犹主义确实是今天的主要不义,我们的观相术形式必须关注反犹主义呈现出其最可怕面孔的世界。"③这是阿多诺给霍克海默写信时(1941年10月2日)的说法,而用观相术的形式去关注反犹主义问题,进而关注艺术、文化等问题,实际上也预示了阿多诺后来的整体研究路径。当然,讨论的重要成果是《启蒙辩证法》中有了这样一章内容:《反犹主义要素:启蒙的界限》。而当他们写出"法西斯分子认为犹太人不是少数民族,而是敌对民族,这个民族本身体现

---

① See Rolf Wiggershaus, *The Frankfurt School: Its History, Theories, and Political Significance*, trans. Michael Robertson, Cambridge: The MIT Press, 1994, p. 310. See also Rolf Tiedemann, "'Not the First Philosophy, but a Last One': Notes on Adorno's Thought," in Theodor W. Adorno, *Can One Live after Auschwitz?: A Philosophical Reader*, p. xviii.

② Martin Jay, *Adorno*, pp. 19, 20.

③ Rolf Wiggershaus, *The Frankfurt School: Its History, Theories, and Political Significance*, p. 309.

着消极原则。世界的幸福依靠的是对这个种族的灭绝"①之类的句子时,不仅意味着他们在希特勒灭亡之前就对法西斯主义的残暴与犹太民族的命运有了清醒的认识,而且也意味着从此以后,奥斯威辛将作为纳粹灭绝犹太人的象征符号深深嵌入到阿多诺的思维框架中,成为他思考哲学、美学和文学艺术问题的重要参照物。

因此,借用拉康(Jacques Lacan)的说法,我们不妨把奥斯威辛看作阿多诺的创伤性内核(traumatic kernel)。因为有了这样一种创伤体验,他才会把"冷漠"看作资产阶级主观性的基本原则,进而对资产阶级事不关己的冷漠批而判之;也是因为这种创伤体验,他才会推己及人,形成"受到梦的折磨"之类的思考,进而提出奥斯威辛之后人们是否还能活着的重大问题;②还是因为这种创伤体验,时刻警惕奥斯威辛的重现便成了他对世人的重要提醒。阿多诺在《否定的辩证法》中曾经说过:"希特勒已把一项新的绝对律令强加给不自由的人类;要如此这般的安排人们的思想和行动,以使奥斯威辛不再重演,以使类似的事情不再发生。"③而就在此书出版的同一年,他还做过一次题为《奥斯威辛之后的教育学》("Pädagogik nach Auschwitz", 18 April 1966)的广播讲话,其后改题为《奥斯威辛之后的教育》("Erziehung nach Auschwitz"),于1967年正式发表。他在演讲中开宗明义:"对所有教育提出的第一要求是奥斯威辛不再发生。""与'奥斯威辛绝不再重演'这一独一无二的理想相比,每一种有关教育之理想的论争都是无关紧要和微不足道的。所有反抗这种理想的教育都是野蛮之举。"④如此看

---

① Theodor W. Adorno & Max Horkheimer, *Dialectic of Enlightenment*, p.137.
② 其实这是一个非常残酷的问题,我可以用一个极端的例子稍作说明。美籍华裔女作家张纯如(Iris Chang)在写作《南京浩劫:被遗忘的大屠杀》(*The Rape of Nanking:The Forgotten Holocaust of World War II*)一书时因每天接触大量日军的暴行录(砍头、活焚、活埋、在粪池中溺淹、挖心、分尸、在肉体上浇硫酸、用军犬咬死、先奸后杀、剖腹取胎、割乳房、割生殖器、用刺刀捅入阴户、强迫儿子强奸母亲、父亲强奸女儿、兄强奸其妹,日军奸淫妻子逼令丈夫观看,等等),精神上受到了很大的创伤。于是她失眠,掉头发,成书时体重锐减。后患抑郁症,于2004年11月9日饮弹自尽,年仅36岁。这个例子可加深我们对阿多诺这一命题的理解。参见孙隆基:《是谁杀害了张纯如?》,《南方周末》2004年12月24日。亦参见张纯如:《南京大屠杀》,谭春霞、焦国林译,北京:中信出版社2013年版。
③ Theodor W. Adorno, *Negative Dialectics*, p.365. 此处参考了谢永康的翻译,见《形而上学的批判与拯救——阿多诺否定辩证法的逻辑和影响》,第223页。
④ Theodor W. Adorno, "Education After Auschwitz," in *Critical Models:Interventions and Catchwords*, trans. Henry W. Pickford, New York:Columbia University Press, 1998, p.191.

来,阿多诺每一次与奥斯威辛有关的思考,每一次对奥斯威辛不再重演的呼吁和警示,应该都是这种创伤经验在其思想深处不断显影曝光的产物。而一旦这种经验参与到思想之中,其所思所想便不但被助推到了极致,而且还拥有了一种常人往往无法理解的否定之姿与决绝之态。阿多诺曾把尼采"快乐的科学"(joyful science)反用为"忧郁的科学"(melancholy science),以此自况;西方学者便也往往拿来"忧郁",为其思想把脉定位。① 但在我看来,"忧郁"似乎还不足以彰显其重要特征,也许,"悲愤"才是其思想底色上涂抹得最多的一种油彩。

应该说,这种"悲愤感"一直就贯穿在阿多诺对艺术问题的思考中,而一旦让艺术与奥斯威辛的语境形成某种关联,他的这种"悲愤"一方面有了更多的出场机会,另一方面又逼使他生发出越来越精细的思考和追问。凯吉尔(Howard Caygill)在分析了一番奥斯威辛之前的诗歌和与阿多诺相关的诗歌观念后指出:阿多诺的那个著名命题似乎位于可能的本体状态与那项新的绝对律令之间,它指出了抒情诗在其历史中的一种断裂,这就意味着某种类型的诗歌在本体层面和伦理层面变得不可能了。"这种断裂以多种特定的方式显示出来。以幸福的名义写诗已变得不再可能,这种情感曾引导着阿多诺读过奥斯威辛之前的大部分诗歌;与之相反,如今诗歌必须表达苦难。"② 如此看来,奥斯威辛在阿多诺的心目中俨然已成一道分水岭。如果说在奥斯威辛之前,艺术还可以有表情达意的更多空间,还能够更多去书写幸福和欢乐的话,那么在奥斯威辛之后,它已失去了合法存在的理由。也正是在这一背景下,阿多诺又一次重申了他的"奥斯威辛之后"命题:

> 艺术必须自动与欢快一刀两断,假如它不去反省自身,它就不再是可能的了。艺术这么去做首先是被新近发生的事情推动

---

① See Theodor Adorno, *Minima Moralia*: *Reflections from Damaged Life*, p. 15. See also Martin Jay, *Adorno*, p. 24. Gillian Rose, *The Melancholy Science*: *An Introduction to the Thought of Theodor W. Adorno*, London and Basingstoke: The Macmillan Press Ltd., 1978, p. ix.

② Howard Caygill, "Lyric Poetry Before Auschwitz," in *Adorno and Literature*, eds. David Cunningham and Nigel Mapp, London and New York: Continuum International Publishing Group, 2006, p. 81.

的结果。奥斯威辛之后写诗是不可能的那个说法不能把握得过于绝对,但可以确定的是,奥斯威辛之后欢快的艺术则不再是可能的了,因为奥斯威辛在可以预见的未来仍然是可能的。无论艺术多么仰仗善意和理解之心,它在客观上已退化为犬儒主义。事实上,这种不可能性早已被伟大的文学意识到了,首先是被欧洲这场大灾难前将近一个世纪的波德莱尔意识到,然后又被尼采意识到,并且它还体现在格奥尔格派(George School)①对幽默的戒除中。②

这次重申是通过《艺术是欢快的吗?》一文进行的。此文从席勒的名言"生活是严肃的,而艺术则是欢快的"③谈起,指出了艺术的欢快、愉悦或轻松如何演变为艺术存在的理由,进而成了一种真理的标准。然而,在阿多诺看来,席勒的这句名言和由此形成的艺术观虽然进入了资产阶级日常生活的库存之中,供人适时引用,但它们也成了总体的意识形态,成了人们浑然不觉的虚假意识。在他的心目中,真正的艺术应该像莫扎特的音乐那样,于和谐中有不谐和音的鸣响;也应该像荷尔德林的诗歌对句那样,喜中含悲,悲中见喜。因此,艺术中仅有欢歌笑语且仅能带来快感是浅薄的,严肃性必须成为对所有艺术作品的基本要求。"作为逃离现实却又充满着现实的东西,艺术摇摆于这种严肃与欢快之间。正是这种张力构成了艺术。"同时,也正是"艺术中欢快与严肃之间的矛盾运动"构成了"艺术的辩证法"。④

由此再来看上面那段引文,我们便会意识到如下事实:阿多诺的

---

① 此处的 George School 可能对译于 George-Kreis(有"格奥尔格圈""格奥尔格派"或"格奥尔格团体"等译法)。格奥尔格是指施特凡·安东·格奥尔格(Stefan Anton George, 1868—1933)。他是德国诗人,1892 年创办了以"为艺术而艺术"为宗旨的文学杂志《艺术之页》,其艺术主张和思想倾向体现了鲜明的唯美主义和反理性主义的色彩,并得到了相当一部分人的赞赏。因此,在他周围形成了一个文学集团,史称"格奥尔格派"。

② Theodor W. Adorno, "Is Art Lighthearted?" in *Notes to Literature*, Volume Two, p.251.

③ 此句的德语原文是"Ernst ist das Leben, heiter ist die Kunst."英译为"life is serious, art is lighthearted."黑格尔在其《美学》中也引用了席勒的这句话,朱光潜先生译为"生活是严肃的,艺术却是和悦的"。他特意加注解释道:"heiter,兼有'欢乐'、'明朗'两义。与'严肃'对立的是'幽默',这里'和悦'包含'幽默',但比'幽默'较深较广。"笔者以为译为"和悦"(即和蔼愉悦)较古雅,但似乎显得含蓄平稳了一些,故试译为"欢快"。见〔德〕黑格尔:《美学》第 1 卷,朱光潜译,北京:商务印书馆 1979 年版,第 202 页。

④ Theodor W. Adorno, "Is Art Lighthearted?" in *Notes to Literature*, Volume Two, p.249.

这次重申不只是又一次演练了"以退为进"的战略战术,而且还明确挑明了奥斯威辛之后不再可能的是何种艺术样式和艺术风格。而这种不可能性又与奥斯威辛再度发生的可能性纠缠在一起,越发暗示出这一问题的严峻。因为自从波德莱尔笔下出现了那个"审美现代性"之后,传统的诗情画意时代已走向终结;几十年之后,法西斯又把现代性做成了杀人工厂,"社会现代性"也宣告破产——为什么奥斯威辛不是现代性的失败而是现代性的一个产物,这是英国社会学家鲍曼(Zygmunt Bauman)极力要论证的一个观点。① 在这种双重的幻灭中,阿多诺先是退后一步,但他紧接着又推出一个重要的判断:奥斯威辛之后欢快的艺术已不再是可能之举。

当阿多诺形成如此判断时,这固然是他那种创伤体验的再度显身——此为阿多诺思考艺术的重要维度;但同时我们也必须注意到另一个常常被人忽略的维度:文化工业。

文化工业是阿多诺毕生批判的对象,但如果仅仅把他的批判局限于大众文化(尤其是美国的大众文化),则应该是对其理论的一种简化。实际上,阿多诺在批判文化工业时,既有法西斯主义的维度,也有艺术的维度。前者意味着,一方面在法西斯主义与大众文化之间可能存在某种同构关系;②另一方面,奥斯威辛的杀人工业(在肉体上消灭个体)与欣欣向荣的文化工业(从精神上麻痹个体)很可能在深层的逻辑上也暗通款曲。而后者则意味着,一方面"艺术作品反映并内化了社会的统治。假如记住这一点,那么批判文化工业就不可能不同时批判艺术";③另一方面,在艺术与文化工业的对比中展开自己的思考,从而确认艺术在多大程度上受到了文化工业的侵蚀,艺术又该如何抵抗文化工业的侵蚀,也一直是阿多诺的一个基本思路。于是,在《文化批评与社会》中,阿多诺所要演示的一个基本观点是,极权主义与文化工业联手之后如何对文化构成了伤害;在《介入》中,阿多诺批

---

① 参见〔英〕鲍曼:《现代性与大屠杀》,杨渝东、史建华译,南京:译林出版社 2002 年版,第 7、11 页。

② 参见拙著《整合与颠覆:大众文化的辩证法——法兰克福学派的大众文化理论》,北京:北京大学出版社 2005 年版,第 77—90 页。

③ Theodor W. Adorno, *Aesthetic Theory*, trans. C. Lenhardt, p. 26.

判萨特时也没忘记指出他的戏剧有可能正好适用于文化工业。① 而在这篇《艺术是欢快的吗?》一文中,阿多诺更是多次把他对艺术的思考纳入文化工业的问题框架中。他说,席勒关心艺术的效用,尽管他的姿态很贵族,但他却暗自期待着文化工业的情境,因为在那里艺术可以作为兴奋剂给疲惫的商业人士开出治疗的处方。他还说,在文化工业的规定下,艺术的肯定特征就变得无所不在了,就连笑话也成了广告漫画上的假笑。而"自从艺术被文化工业接管并被置于消费商品之中后,艺术的欢快性已成为人造的、虚假的和蛊惑人心的东西。没有什么欢快能与武断的做作之物和谐相处"②。如此看来,奥斯威辛之后欢快的艺术之所以不再可能,除了伦理层面的原因之外,文化工业使其变形走样也是很重要的原因。也就是说,艺术一经文化工业之手的抚摸,其艺术价值便会土崩瓦解。于是严肃的不再严肃,欢快的难以欢快,笑是傻笑,哭是假哭,严肃与欢快的张力或辩证法也就荡然无存了。阿多诺在《美学理论》中曾经说过:"一方面,文化工业吞噬了所有的艺术产品,甚至包括那些优秀的产品……另一方面,文化工业的客观冷漠性及其巧取豪夺的能力最终也的确影响着艺术,使其变得同样冷漠了。"③这一论述可以看作阿多诺对艺术与文化工业之关系的部分总结。除此之外,我们还应该想到,文化工业的这种客观冷漠很可能也与作为资产阶级主观性之基本原则的那种冷漠存在着某种同构关系。

如果说一般题材的艺术难以逃出文化工业的戕害,那么特殊题材的艺术呢? 直接呈现奥斯威辛的艺术呢? 实际上,自从"二战"结束后,呈现奥斯威辛创伤经验的艺术便不计其数,但是,除极少数作品成功外,大部分作品或者是平庸之作,或者被文化工业重新制作后,其严肃性和欢快性均已大打折扣。凡此种种,都既对幸存者构成了一种伤害,也为后来者提供了一种虚假的信息。典型的例子之一是斯皮尔伯格(Steven Spielberg)根据同名小说改编的《辛德勒的名单》(*Schindler's*

---

① Theodor W. Adorno, "Commitment," in *Notes to Literature*, Volume Two, p. 81.
② Theodor W. Adorno, "Is Art Lighthearted?" in *Notes to Literature*, Volume Two, pp. 247-248, 250, 251.
③ Theodor W. Adorno, *Aesthetic Theory*, trans. C. Lenhardt, p. 345. 〔德〕阿多诺:《美学理论》,王柯平译,第416页。

List，1993）。此片虽包揽了第 66 届奥斯卡金像奖的七大奖项,也在全世界引起了巨大的轰动,但在奥斯威辛集中营幸存者凯尔泰斯·伊姆雷(Kertész Imre)看来,它却是一部"拙劣之作",因为通过辛德勒对一千多名犹太人的拯救,这部影片制造了一种"胜利"的神话,但是"把劫后余生看作胜利是绝对荒唐的"。① 除此之外,影片中一群脱光衣服的犹太女性在一片惊恐中没有被毒气灭杀而是"享受"了一次淋浴的场景,辛德勒在希特勒灭亡之后的那场演讲和那番声泪俱下的说辞(如果不是自己挥霍无度,他就可以再多救一些人),影片在结尾处由黑白片转为彩色片由此象征着人类跨越了恐怖的暗示等等,无不是典型的好莱坞风格(把恐怖的场景戏剧化,把复杂的人性简单化等等)的体现。如果更加仔细地分析,我们甚至会发现那种典型的"三幕结构"式编剧风格同样体现在这部影片之中,而这种结构"被认为是针对大众市场的影片的最佳设计形式"。② 由此看来,即便是《辛德勒的名单》这样的获奖影片,它也没有逃脱阿多诺当年的批判:大众在文化工业中并非主体,而是"被精心算计的对象"③;艺术虽然释放出了快感(它的欢快性恰好体现在这里),却最终演变成了廉价的安慰。与其说它体现了奥斯威辛的部分真实,不如说它制造了更大面积的虚假,因为它用一种意识形态的幻觉遮蔽了更残酷的真实。而被遮蔽掉的黑暗面(而不是呈现来的光明面)才是最重要的。

由此看来,一旦进入反题之中,艺术便受到了奥斯威辛和文化工业的前后夹击。一方面,有过奥斯威辛之后,意味着艺术的一切(尤其是题材、表现形式等等)都必须发生重大变化;假如不去求新求变,艺术不但难胜其职,而且还会透支它以前的信誉。另一方面,文化工业又对艺术虎视眈眈,一旦从艺术那里发现了可资利用的资源,它便会迫不急待地对艺术张开血盆大口,艺术因此失去了自主性,也失去了自己的清白之身。正是在这样一种局面之中,艺术陷入到前所未有的

---

① 参见《集中营里也有幸福的存在——诺贝尔文学奖得主凯尔泰斯·伊姆雷访谈录》,吴蕙仪译,《译林》2005 年第 5 期。〔匈〕凯尔泰斯·伊姆雷:《无命运的人生·译者序》,许衍艺译,上海:上海译文出版社 2003 年版,第 3 页。
② 〔美〕大卫·波德维尔:《好莱坞的叙事方法》,白可译,南京:南京大学出版社 2009 年版,第 15 页。
③ Theodor W. Adorno, *The Culture Industry: Selected Essays on Mass Culture*, p.85.

困境之中。

但是,我们也要同时意识到,阿多诺进入反题的绝望之日,也正是他发现正题的希望之时,而他那些不断的警示和不懈的言说,既是在渲染反题的紧迫感和危机感,仿佛也是为他正题的出场进行着某种前期铺垫。这样,我们就必须琢磨一下阿多诺所暗示的那个正题(奥斯威辛之后艺术是可能的)了。

与反题相比,阿多诺对其正题的表述虽然从来都不是十分明确,但其中的内涵还是可以把握的。如果简化一下其正题的思路,我们会发现其中蕴含着两个核心内容:写什么和怎么写。前者涉及题材和内容问题,而后者则主要涉及语言和形式等问题。

无论从哪方面看,苦难问题都是阿多诺在思考写什么时的重要议题,这不仅是因为这一问题关联着黑格尔所谓的"不幸意识"①,而且也因为奥斯威辛之后,苦难成为一个亟须严肃关注和认真对待的重大问题。与此同时,阿多诺也意识到,苦难虽然可以像他那样通过其哲学思辨和美学思考在理论的层面加以展开论证,但它们却无法呈现苦难,这时候,艺术就有了用武之地:"与论证性知识不同,艺术不需要以理性的方式去理解现实……理性认知有其严重的局限,它没有处理苦难的能力。理性可以把苦难归入到概念之下,可以提供缓解苦难的手段,但它却从来不能以经验之媒介来表现苦难,因为倘若如此操作,按照理性自身的标准衡量,这就成了非理性的东西。因此,即便苦难能被理解,它也依旧哑然无声,微不足道——顺便提及,任何人只要看一看希特勒之后的德国,便能够自行证明这一真理。于是,在这个充满着不可思议的恐怖和苦难的时代,那种认为艺术可能是唯一存留下的真理媒介的观念是颇为可取的。"②而在另一处地方,阿多诺对艺术表现苦难的看法显得更加干脆:"人类的苦难迫切需要艺术,需要一种不

---

① "不幸意识"的德文为 das unglückliche Bewußtsein,一般英译为 unhappy consciousness,中文的通常译法是"苦恼意识"。黑格尔在《精神现象学》中曾专门论述过这种意识,主要是指那种"意识到自身是二元化的、分裂的、仅仅是矛盾的东西"。在前面所引的论述中,阿多诺曾两次谈及这种意识,其英译不尽相同,可能主要是指黑格尔在《精神现象学》中的相关论述。参见〔德〕黑格尔:《精神现象学》上卷,贺麟、王玖兴译,北京:商务印书馆1979年版,第140页。

② Theodor W. Adorno, *Aesthetic Theory*, trans. C. Lenhardt, p. 27. 〔德〕阿多诺:《美学理论》,王柯平译,第33页。

去粉饰苦难和减轻苦难的艺术。艺术用其厄运之梦呈现人性,以便人性能从梦中惊醒、把握自己并幸存于世。"①由此看来,当阿多诺在反题的绝望中走投无路时,他首先想到的还是艺术,因为既然苦难需要表达,除了艺术就不可能再有真正意义上的媒介形式了。而当苦难进入艺术之中后,艺术因其与厄运之梦紧密相连,它便负有了唤醒人性之责。这种人性显然不是与资产阶级肯定性文化相关联的那种人性,而是戳穿"冷漠"的坚硬外壳,直指人心深处残存之良知的人性。艺术唯有如此去表达苦难,才会出现效果:使后世观者,如冷水浇背,陡然一惊。

如果说写什么的问题解决起来还相对容易,那么相比之下,怎么写则会面临更大的挑战。因为在阿多诺的心目中,传统的艺术表达方式已经失效,它们不足以肩负起表达苦难的重任;介入的艺术与文学也存在着重大缺陷;"社会主义现实主义"的革命艺术更是浅薄、幼稚之物,他甚至多次宣称"宁可艺术消亡,也不要社会主义现实主义"。②这样,艺术的希望也就寄托在他所命名并不断提及的"反艺术"(anti-art)那里。而一些现代主义的作家作品则被阿多诺浓墨重彩地予以分析,并释放其相应的艺术能量。在阿多诺所提及的作家中,我们尤其应该注意他对贝克特和策兰的论述。

贝克特是阿多诺非常钟爱的作家,他不仅熟读过贝克特的所有作品,而且在读完长篇小说《无法称呼的人》(*The Unnameable*)后非常兴奋,并郑重其事地推荐给朋友说"你绝对应该去读一读它"。首次看过荒诞剧《终局》(*Endgame*)的演出(1958 年 4 月)后,他又情不自禁地给霍克海默写信,认为该剧呈现出某种"与我们自己的意图相吻合"的东西。随后他又撰写了《〈终局〉试理解》("Trying to Understand *Endgame*")的长文,并在题目之下特意加上了"给塞缪尔·贝克特,纪念 1958 年秋天的巴黎"的题献,因为就是在那时,他与贝克特在巴黎

---

① Theodor W. Adorno, "Art and the Arts," in *Can One Live after Auschwitz?: A Philosophical Reader*, p. 385.
② 〔法〕马克·杰木乃兹:《艺术、意识形态与美学理论》,栾栋、关宝艳译,台北:远流出版事业股份有限公司 1990 年版,第 21 页。

有了第一次的相见与会谈。其后这种会谈还有过四次。① 阿多诺的遗著《美学理论》本来就是想献给贝克特的②,而贝克特的名字与相关分析也确实在这部著作中大面积地出现,约有35次,是阿多诺提及次数最多的作家之一。那么,为什么阿多诺会对贝克特如此着迷呢?归纳一下阿多诺散见于各处的论述,我们大体上可以清理出这样一条思路。

通过既定的内容和相关的形式去生产出某种积极的"意义",一直是艺术的一个重要使命。然而奥斯威辛之后,艺术却面临着一种"意义的危机"(crisis of meaning)。在文学层面,是像现实主义文学或介入文学那样去拯救意义进而去肯定意义,还是独辟蹊径,形成一种特殊的意义风景,确实是摆在作家艺术家面前的重要问题。在阿多诺看来,贝克特在当时的作家中之所以独树一帜,是因为他的作品制造了一种意义的矛盾效果:一方面,贝克特的思考在其作品中成了一种生成意义的手段,这是一种无法在明确的形式中直接提出的意义;另一方面,这种思考又体现为一种"意义缺席"(absence of meaning)的方法。"因此,解读《终局》,不能追求那种通过哲学中介去表现戏剧意义的荒唐目的。理解《终局》只能意味着去理解它的不可理解性(unintelligibility),去具体重构它没有意义的意义这一事实。"③这样,"没有意义的意义"便成为贝克特作品的一个重要特征。阿多诺抓住这一特征大做文章,进而在《美学理论》中进一步释放其意义。他指出:贝克特既迷恋积极的虚无,同样也迷恋在历史上业已形成的无意义性,而生活在虚无之中又无法为这种虚无添加任何积极意义,便是人类的一种现实处境。"贝克特剧作的荒诞并非因为它们缺乏任何意义(如果这样它们就只是毫不相干的东西了),而是因为它们让意义经受着考验;它们呈现了意义的历史。"④这也意味着,贝克特用其戏剧制造出

---

① See Stefan Müller-Doohm, *Adorno: A Biography*, pp. 359, 357, 575. See also Theodor W. Adorno, "Trying to Understand *Endgame*," in *Notes to Literature*, Volume One, p. 241.

② See Gretel Adorno and Rolf Tiedemann, "Editors' Epilogue," in Theodor W. Adorno, *Aesthetic Theory*, trans. C. Lenhardt, p. 498.

③ Theodor W. Adorno, "Trying to Understand *Endgame*," in *Notes to Literature*, Volume One, pp. 242, 243.

④ Theodor W. Adorno, *Aesthetic Theory*, trans. Robert Hullot-Kentor, London: The Athlone Press, 1997, p. 153.

来的矛盾效果是用来拷问意义的,而通过这种不断的拷问,那些以往固定、明确且不受质疑的意义也就受到了一轮又一轮的审判。阿多诺认为,贝克特如此这般创作的艺术才是"真艺术"(authentic art),它与那种"顺从的艺术"(resigned art)划出了一条清晰的边界。因为前者呈现了"意义的危机",生成了否定的特质,且意义内在于"意义的否定"(negation of meaning)之中;而后者虽然也有否定,但这种"意义的否定"一方面是对现状的顺从,另一方面也是被积极复制出来的东西。①

那么,在阿多诺看来,为什么贝氏作品会呈现出如此特征呢?原因在于作者主要追随着盎格鲁—撒克逊先锋派(Anglo-Saxon avant-garde)的写作传统(尤其是乔伊斯和艾略特的写作传统),同时其写作脉络也与卡夫卡紧密相连。于是,当萨特的戏剧依然采用传统形式聚焦于戏剧效果时,贝克特却让形式压倒了所表现的内容并让它去改变内容。这样,其作品的冲击力"就被提高到了最先进的艺术技巧的水平,提高到了乔伊斯和卡夫卡的水平。对于贝克特来说,荒诞不再是被稀释成某种观念并被阐述的'存在主义处境'(existential situation)。在他那里,文学方法屈从于荒诞并非预先构想的意图。荒诞消除了存在主义那里所具有的普遍教诲,清除了个体存在不可化约的信条,从而把荒诞与西方世界普遍而永恒的悲苦连接在一起。"②如此看来,当阿多诺试图确认贝克特作品的价值时,他首先是拿贝克特的"荒诞剧"与萨特的"处境剧"进行比较,而这种比较既符合实际情况,后来也成了西方理论界的一种共识;③另一方面,他又把贝克特所经营的形式置于乔伊斯、卡夫卡等人的写作传统之中,进而去分析这种形式的特殊价值,比如语言。

如今,一些学者已把能指(人物话语)出场、所指缺席,语言指涉功

---

① Theodor W. Adorno, *Aesthetic Theory*, trans. Robert Hullot-Kentor, p. 154.
② Theodor W. Adorno, "Trying to Understand *Endgame*," in *Notes to Literature*, Volume One, p. 241.
③ 比如,英国学者马丁·埃斯林(Martin Esslin)在1961年为《荒诞派戏剧》一书写的导论中就认为:"萨特和加缪赋予传统形式以崭新的内容,荒诞派作家则向前走了一步,他们试图寻求内容及其内容表达方式的统一。如果将其理论的艺术表达方式与哲学表达方式加以区别,萨特和加缪的戏剧在表现其哲学观点时在很多方面都比荒诞派戏剧稍逊一等。"〔英〕马丁·埃斯林:《论荒诞之荒诞性》,周汉斌译,《法国研究》1998年第2期。

能的消解等看作贝克特语言艺术的重要特征,或者把沉默分类,把停顿与沉默概括为贝克特语言艺术中的"沉默美学"。① 而实际上,阿多诺早在分析《终局》时便指出了言说与沉默的关系,②进而在《美学理论》中又把哑口无言(speechlessness/muteness)的状态看作一个特殊的时刻,正是在这种时刻中,审美超越与祛魅(disenchantment)聚集在一起:"远离所有意义的语言是无法言说的语言,这种语言与哑口无言的沉默关系密切。也许所有的表达在最类似于超越的地方都接近于沉默,就如同在伟大的新音乐中,空空如也在逐渐平息时才表现得如此饱满——乐音明显脱离了密实的音乐结构——艺术在那里凭借其自身的运动与其自然的元素相聚在一起。"③显然,在阿多诺的眼中,贝克特作品中的停顿与沉默构成了最有艺术张力的部分:人物本来已在言不及义的唠叨中呈现了"意义的否定",沉默又不断撞击着那种言不及义的言说,把"意义的否定"推向了极致,从而逼使人们去思考处境的荒诞,存在的价值。于是,这种沉默既让作品有了审美超越的时刻,又让它具有了一种祛魅的功能——祛传统艺术之魅,祛美丽谎言之魅,祛温情现实之魅。通过这种祛魅之举,贝克特的作品也就释放出巨大的艺术能量。

如果再结合阿多诺对策兰的论述,我们或许能更清晰地把握他在这一问题上的思路。在《美学理论》的"补遗"部分,阿多诺对策兰有了这样一番评论:

---

① 例如,沃尔顿认为,停顿在贝克特的《终局》中是至关重要的,它们又体现为三种沉默方式:不充分的沉默(silences of inadequacy)、压抑的沉默(silences of repression)和期待的沉默(silences of anticipation)。国内的学者李维屏和曹波也以"沉默美学"之名论述过贝克特戏剧的艺术特征。参见 Michael Worton, "*Waiting for Godot and Endgame*: Theatre as Text," in *The Cambridge Companion to Beckett*, ed. John Pilling, Cambridge: Cambridge University Press, 1994, p.75。李维屏:《英美现代主义文学概观》,上海:上海外语教育出版社1998年版,第416页。曹波:《论贝克特的荒诞派戏剧艺术》,《外语与外语教学》2004年第3期。

② 阿多诺说:"贝克特戏剧趋向于渐近线(asymptote)的东西是沉默,而沉默在莎士比亚式的现代悲剧起源中已被界定为一种暂停。《终局》被一种'没有语词的行动'(Acte sans paroles)追随着,像是一种收场戏,这一事实便是《终局》自身的目的(terminus ad quem)。《终局》中那些出声的语词如同权宜之计,因为沉默无言的状态还没有圆满实现;它们更像一种干扰着沉默的伴奏。" Theodor W. Adorno, "Trying to Understand *Endgame*," in *Notes to Literature*, Volume One, p.260.

③ Theodor W. Adorno, *Aesthetic Theory*, trans. Robert Hullot-Kentor, p.79.

在保罗·策兰这位当代德国秘奥诗歌(hermetic poetry)①最重要的代表人物的作品里,秘奥者的体验内容已颠倒过来。他的诗歌渗透着无法去体验和升华苦难的艺术愧疚。策兰的诗作想通过沉默言说最极端的恐怖。其真理内容(truth content)本身则具有了一种否定性。它们模仿着一种人类无助的语言之下的语言,甚至是所有有机语言之下的语言:这是一种无生命的石头和星星言说的语言。有机物的最后残余被清除一空;本雅明在波德莱尔那里注意到的情况——他的诗歌毫无光晕(aura)可言——开始进驻到策兰的作品中。通过激进的方式反复考量,不断推敲,策兰汇聚起了自己的力量。对于被剥夺了所有意义的死亡来说,死气沉沉的语言成了最后的可能的安慰。策兰不仅在其秘奥主题里行进在通往无机物的途中,而且在其秘奥诗作中重构了从恐怖到沉默的轨迹。与卡夫卡对表现主义画作的处理方式大体相似,策兰改写语言的过程也越来越使景物抽象化,越来越使它近似于无机物。②

如前所述,当策兰非常希望阿多诺能对其诗作评论一番时,阿多诺没能写出相关文章;当他再也无法看到阿多诺的赞美之词时,阿多诺的评论文字却在他的遗著中出现了(策兰从塞纳河上的米拉波桥投河自尽的时间是1970年4月20日左右,《美学理论》出版于1970年

---

① hermetic poetry 有多种译法,王柯平先生译为"遁世诗歌"(《美学理论》,第539—541页),黄灿然先生译为"隐逸诗"(〔南非〕库切:《内心活动》,第121页),王家新先生译为"密封诗"(《策兰,卫墙,与"密封诗"》,http://site.douban.com/106826/widget/articles/303644/article/18891459/),并特意解释如此译的合理性。笔者觉得阿多诺此处所谓的 hermetic poetry 可能与意大利的 Hermeticism 有关,而 Hermeticism 在国内又通译为"隐逸派"。但早有学者指出,意大利文的 ermetismo(译成英文是 hermeticism)应该译为"奥秘主义"而不是"隐逸派",而无论是其名词还是形容词(ermetico,英译为 hermetic),其词源均与希腊的神话人物赫耳墨斯(Ermes/Hermes)有关。赫耳墨斯的名字演化成形容词进入欧洲各国的语言之后均获得两条标准的词义:1. 奥秘难解的;2. 密封的。而意大利奥秘主义诗歌的基本特征是:1. 内向,奥秘,往往给人以晦涩难解、深奥莫测的印象;2. 简约,精练,其中含有暗示,但又像符咒一样,非一般人所能揭开,似有拒绝交流的封闭性。笔者以为,用此特征衡量策兰的后期诗歌,亦很恰如其分。因此,我这里稍作变通,把 hermetic poetry 试译为"秘奥诗歌"或"秘奥诗"。参见飞白:《意大利奥秘主义辨析——兼对"隐逸派"译名提出商榷》,《外国文学评论》1988年第4期。

② Theodor W. Adorno, *Aesthetic Theory*, trans. Robert Hullot-Kentor, p. 322. 可参考王柯平据 C. Lenhardt 译本译出的这段文字。〔德〕阿多诺:《美学理论》,第540—541页。

后半年)。而尽管这番评论非常简短,阿多诺还是抓准了策兰的写作特点。在阿多诺看来,以往的秘奥诗已成一种艺术宗教,它为自己找到的理由是,"世界就是为了一首优美的诗歌或一句措辞巧妙的短语而被创造出来的"①。然而策兰的秘奥诗却颠覆了这种观念。像他早期的《死亡赋格》那样,他后来的诗歌主题依然是死亡和恐怖,但是其言说方式却发生了极大的变化。策兰的读者们发现,他"诗中原有的音乐性和抗议主题消失了,其完美的形式结构似乎也'破裂'了。词语和诗节日趋破碎、浓缩,一些隐喻也像密码一样难以破译,这一切令他们不知所措"②。

然而,阿多诺却认为,恰恰是这种令人不知所措的诗歌体现了艺术的深度和高度:首先,它们清除了传统诗歌的光晕观,在这个意义上,策兰的秘奥诗像贝克特的荒诞剧一样也是祛魅之举。其次,策兰远离了人类的有机语言,他用一种毫无生命、死气沉沉的语言写作,并试图把它变成"最后的可能的安慰"。但是,为什么策兰要使用这样一种语言呢?阿多诺没有进一步解释,而从一些作家与学者的回忆与分析中,我们或许能推测出一些原因。

不妨先来看看奥斯威辛的幸存者普里莫·莱维(Primo Levi)的回忆。他认为集中营里的德语"词汇贫乏、高声嗥叫、充满污言秽语和恶毒咒骂"。他接着举例说:

> 在奥斯威辛,"吃"被说成"fressen",在正式德语仅用于牲畜的一个动词。而"走开"则说成"hau' ab"——动词"abhauen"的祈使形态,在正式德语意为"切,砍断",但在集中营行话中,它等于"见鬼去,滚开"。战后不久,一次商业会议结束时,我诚心诚意地向贝尔公司(Bayer)彬彬有礼的职员们告别,碰巧使用了这种表达方式(Jetzt hauen wir ab)。那就像是在说:"现在让我们都从这滚出去吧。"他们都惊讶地看着我——那些字词与我们之前讨论的议题格格不入,仿佛属于另一种语言,并且当然不会在任何"外语课程"中教授。我向他们解释,我的德语不是在学校学习的,而是在一个叫做奥斯威辛的集中营里。但由于我是买方,所

---

① Theodor W. Adorno, *Aesthetic Theory*, trans. Robert Hullot-Kentor, p.79.
② 王家新:《从黑暗中递过来的灯》,见《保罗·策兰诗文选》,第4页。

以他们伪殷勤周到地招待我。①

这是德语被法西斯主义全面污染和毒化一个典型例证。而对于这种污染和毒化,斯坦纳则认为:"有些谎言和施虐会残留在语言的骨髓里。刚开始很难发现,就像辐射线的毒性一样会悄无声息地渗透进骨内。但是癌症就这样开始了,最终是毁灭。"于是,后来用德语写作的作家不得不与语言展开残酷的斗争。比如,"格拉斯开始撕裂或融合语词。他把语词、方言、陈词、标语、双关和引语统统倒进熔炉,生产出火热的熔浆。格拉斯的小说中有一种滂沱的黏液力量,充满了瓦砾和刺鼻的碎片。它把大地弄得鼻青脸肿、伤痕累累,成为生动的奇形怪状"②。顺着这一思路再去考察策兰对语言的处理方式,我们便会发现他同样也是在与德语较劲:"在自己的世界被彻底摧毁之后,他紧紧抓住既属于他、也属于凶手的母语——他剩余的一切的确也只有母语了。现在,这语言遭受了破坏,他的诗也许能弥补这一损失。"③于是,他不信任那些活蹦乱跳的有机语言,他把语言打碎、重组,使其变得怪诞、枯涩、抽象和神秘,以此作为他对抗恐怖与死亡的一种方式。也许这就是"石头和星星言说的语言"的含义。

第三,像对贝克特的概括那样,阿多诺同样把策兰秘奥诗的重要特征之一概括为沉默。这种概括既触及策兰写作的核心机密,④同时也应该指出了言说与沉默的辩证关系。策兰想使"沉默"入诗,却又不得不通过无机语言的言说去显示这种"沉默"。因为沉默并不能凭空产生,而只能通过语言的引领与暗示。于是,言说成为催生沉默的一种伴奏,成为生成意义又摧毁意义的特殊媒介。当喑哑与沉默最终成

---

① 〔意〕普里莫·莱维:《被淹没和被拯救的》,杨晨光译,上海:上海三联书店2013年版,第101、104—105页。
② 〔美〕乔治·斯坦纳:《语言与沉默:论语言、文学与非人道》,第116,131页。
③ 〔美〕约翰·费尔斯坦纳:《保罗·策兰传:一个背负奥斯威辛寻找耶路撒冷的诗人》,第32页。
④ 策兰的译者王家新在解读策兰时曾触及过这一机密,他指出:策兰的后期写作"要求有更多的足够的'黑暗'和'沉默'进入他的诗中。甚至,一种深刻的对于语言表达和公众趣味的不信任,使他倾向于成为一个'哑巴'。像《带上一把可变的钥匙》、《在下面》这样的诗表明,策兰已进入到语言的黑暗内部和一种巨大的荒谬感中写作,'而我谈论的多余:/堆积出小小的/水晶,在你沉默的服饰里'(《在下面》)。"王家新:《从黑暗中递过来的灯》,见《保罗·策兰诗文选》,第5页。

为诗歌的主题时,空无或缺席反而积聚起更大的控诉的力量。在这一层面,策兰的秘奥诗与贝克特的荒诞剧所使用的写作策略应该是大体相同的,或者说,正是因为阿多诺的解读,他们的写作才具有了某种相似性。而当阿多诺如此解读时,我们或许还应该联想到本雅明。本雅明因布莱希特史诗剧中的中断(interruption)技术而欣喜若狂,阿多诺则因贝克特和策兰的沉默技巧而浮想联翩。尽管二者的语境很不相同,但是在对写作技术的推举上,他们却极为相似。这种相似性使他们都成了技术主义或形式主义的铁杆盟友。

维格斯豪斯(Rolf Wiggershaus)曾经指出:"贝克特与策兰是阿多诺毫无保留地承认的仅有的两位当代艺术家。"①通过以上的梳理与呈现,我们也可看出阿多诺对贝克特与策兰的文学寄寓了怎样的厚望。而在我看来,阿多诺之所以如此看重贝克特和策兰,是因为他们像阿多诺所欣赏的卡夫卡、乔伊斯、勋伯格和毕加索那样,解决了艺术如何呈现(具体到文学便是"怎么写")的艺术难题。于是,在阿多诺的心目中,贝克特的荒诞剧、策兰的秘奥诗和勋伯格的无调音乐等等,组成了他所期望的艺术先锋队。尽管这支队伍缺员少编,不成体统,但阿多诺还是通过他(它)们的种种表现,在普遍存在的艺术危机中看到了一线希望,因为他们的所作所为非常符合阿多诺所珍视的一个观念:"对社会的批判永远不会出现在对社会内容明显的揭露中;当内容被掩盖,完全纳入形式中时,对社会的批判就变得激烈,于是,形式也就变成本来意义上的社会批判。"②除此之外,我们还应该意识到这样一个事实:阿多诺的那套美学理论有一半应该是为贝克特、策兰这样的现代主义艺术家创立的,另一半则是这些艺术家们不同角度的对立面(如萨特、布莱希特、社会主义现实主义、文化工业等)。阿多诺盛赞前者是要为艺术的继续存在寻找理由,从而指出艺术应该怎样做;批判后者则是为了挑明威胁着艺术存在的种种因素,从而指出艺术不应该那样做。

回到我们前面所谈的艺术的二律背反之中,阿多诺所要表达的意

---

① Rolf Wiggershaus, *The Frankfurt School*: *Its History, Theories, and Political Significance*, p.647.
② 〔法〕马克·杰木乃兹:《艺术、意识形态与美学理论》,第154页。

思也就大体清楚了。在奥斯威辛之后艺术是否可能的问题上,阿多诺显然一直被两股截然相反的力量拉扯着。当他意识到奥斯威辛和文化工业的前后夹击,全面管制的社会已然来临时,"艺术之不可能"的警钟便在他耳边长鸣。阿多诺说:"目前的处境不再为艺术提供空间——这就是关于奥斯威辛之后诗歌的不可能性之说法的含义——然而它又需要艺术。"①这番说法应该是他吃透了艺术与现状之关系后的痛切之言。然而,当他看到贝克特、策兰等艺术家的不懈努力时,他似乎又获得了某种安慰,"艺术之可能性"的正题才有了一个落脚点。阿多诺在《美学理论》中曾经说过:"'必须继续下去'(Il faut continuer)——贝克特《无法称呼的人》中的这个结尾句所浓缩的便是这种二律背反的本质:从外部看,艺术已显得是不可能的了;而就其内在的层面而言,艺术又必须继续下去。"②《无法称呼的人》中完整的结尾句是"必须继续下去,我不能继续,我将继续"③。这一表达或许可以更全面地展示阿多诺在面对艺术的二律背反时的困惑、犹疑、否定中的肯定、肯定中的否定等矛盾状态。而就在这种矛盾和纠结中,阿多诺走向了生命的终点,留下了一部几近完成却还没有最后定稿的《美学理论》。

结语:在"疼痛"之处认识艺术

正如本文一开篇所指出的那样,"奥斯威辛之后写诗是野蛮的"这一名言是伴随着种种误解传播开来的。可以毫不夸张地说,它的接受史便是一部误解史。阿多诺生前固然已意识到了这种误解所带来的问题的严重性,所以他不得不一而再、再而三地加大再阐释的力度,但这丝毫也没有改变此名言继续被误解的走向。我在文中已罗列过一些作家们的误解,那只是与阿多诺同时代的作家们的声音。阿多诺谢世之后,这种误解依然顽强地存留在人们的意识之中。比如,这几位

---

① Theodor W. Adorno, "Art and the Arts," in *Can One Live after Auschwitz?: A Philosophical Reader*, p. 387.

② Theodor W. Adorno, *Aesthetic Theory*, trans. Robert Hullot-Kentor, p. 320.

③ 〔法〕贝克特:《无法称呼的人》,余中先、郭昌京译,见《等待戈多》,长沙:湖南文艺出版社 2006 年版,第 232 页。

诺贝尔文学奖获得者的言论就很能说明问题。

布罗茨基(Joseph Brodsky,1987年诺贝尔文学奖获得者)在获奖演说中说过:"文学,既不是对历史的逃避,也不是记忆的消音器,它不似旁观者所以为的那样。'奥斯维辛之后还能写出音乐吗?'——阿多诺问道;一个熟悉俄国历史的人也能重复提出同样的问题,只要更换一下集中营的名称——也许他更有理由重复这一问题,因为,死在斯大林集中营的人数,远远超出死在德国集中营的人数。'奥斯维辛之后你还能吃上午餐吗?'——美国诗人马克·斯特兰德(Mark Strand)曾经反驳道。无论如何,我所属的这一代人已经证明是能够写出这样的音乐的。"①格拉斯(Günter Grass,1999年诺贝尔文学奖获得者)在获奖演说中同样说过:在1950年代初,"像我这样稍微年轻一点的作家,在一定程度上曾经陷入过困境,原因就是特奥多·阿多诺的一句禁令:'在奥斯威辛之后,写诗是一种野蛮的行为,这就是在今天写诗已经成为了一件不可能的事情的原因……'换句话说,'未完待续……'将在以后的岁月中消失。可是我们依然在进行写作。……唯一的解决方法就是我们要绕着这句禁令行走。即便是这样,阿多诺关于那堵墙的写作已经保持着它的力量直至今日。属于我这一代的所有作家都与之进行了公开的抗争。"②凯尔泰斯(Kertész Imre,2002年诺贝尔文学奖获得者)在接受记者采访时指出:"我坚决反对阿多诺的这句话,在奥斯威辛之后,我们能够创作小说,但不是现实主义小说。阿多诺并没有深入思考这个问题。不妨设想一下,难道艺术会绕开这样的历史,这样的悲剧吗?从另一个角度来看,如果一个诗人感到了为奥斯威辛写作的必要,却同时不能满足美学的要求,这同样也是荒唐的。奥斯威辛有一种特殊的美学。"③库切(John Maxwell Coetzee,2003年诺贝尔文学奖获得者)在评论策兰的诗歌且为之辩护时也曾

---

① 〔美〕布洛茨基:《诺贝尔奖受奖演说》,见《文明的孩子》,刘文飞、唐烈英译,北京:中央编译出版社2007年版,第37页。据英译文有改动。Joseph Brodsky," Nobel Lecture," trans. Barry Rubin, http://www. nobelprize. org/nobel_prizes/literature/laureates/1987/brodsky-lecture. html.

② 〔德〕君特·格拉斯:《未完待续……》,见《诺贝尔文学奖获奖演说》,杨一兰选译,武汉:武汉出版社2011年版,第71页。

③ 《集中营里也有幸福的存在——诺贝尔文学奖得主凯尔泰斯·伊姆雷访谈录》,吴蕙仪译,《译林》2005年第5期。

以反讽的口吻说道:阿多诺"先是在 1951 年宣布继而在 1965 年重申'在奥斯威辛之后写诗是野蛮的'。阿多诺还大可以再加上:用德语写诗则加倍野蛮"①。

学者对这句名言的误解也不在少数,兹举一例。荷兰著名文学批评家德累斯顿(Sem Dresden)指出:"阿多诺说:'奥斯威辛之后再写诗,那就是野蛮之举……'这句话不容读者有误解作者的任何余地。令人不快的是,我未能找到这样绝对形式的措词。……我不费力就可以假定,他反对战争文学,这是因为他说'野蛮'并不是无的放矢。并非无的放矢,那目的何在呢?翻一翻他的《美学理论》,'野蛮'一词反复跳入眼帘,出现在不同的语境中,所以我真难以理解,严格地说,他在这些详细的文化和社会论述中瞄准的是什么目标。……总之,我不得不承认,阿多诺这些言论并不能使人深受启发。他数十次断言或判定文学的终结,但无论野蛮与否,文学还是继续前进;虽然对文学的执著已经过去,或表现为不同的方式,但文学的作用注定还是要继续维持下去。"②

在这场声势浩大的误读误解中,我们往往会发现一个有趣的现象,几乎所有的误解者要不没有去认真追寻阿多诺的思路与理路(而且甚至有可能像格拉斯那样仅凭"道听途说"就形成了相关的反应③),要不即便思考过阿多诺曾经思考过的问题,却也依然像伊格尔顿那样,把阿多诺的问题看作他对法西斯主义的"过度反应",进而对他抱以一种"同情的理解"。④ 无论是哪种情况,都大大简化了阿多诺思想的深刻性和丰富性。如果总结一下我在前面的梳理与分析,我们不妨形成如下结论:

"奥斯威辛之后写诗是野蛮的"既非禁令,也非咒语,而是阿多诺

---

① 〔南非〕J. M. 库切:《保罗·策兰与他的译者》,见《内心活动:文学评论集》,第126页。
② 〔荷兰〕塞姆·德累斯顿:《迫害、灭绝与文学》,第193页。
③ 参见〔德〕格拉斯:《奥斯威辛后的写作》,见《与乌托邦赛跑》,林笳、陈巍等译,上海:上海译文出版社2005年版,第350页。
④ 伊格尔顿说:"阿多诺和德曼共同具有一个重要的特征:对于法西斯主义作出了过度的反应。作为一种过度的反应,他们的策略看起来有些古怪,但的确是可以理解的。"〔英〕特里·伊格尔顿:《审美意识形态》,王杰等译,桂林:广西师范大学出版社2001年版,第363页。

面对文化重建问题的一种极端性表达,其中又隐含着他对奥斯威辛之后文学艺术何去何从、生死存亡的深刻关切。它固然是以单维而否定的面目横空出世的,但是却又隐含着对艺术的肯定之维。而在阿多诺后来的反复论述中,这种双向逆反的结构也确实呈现得越来越清晰明朗:如果说艺术的否定之维是批判,是对艺术不应该有的样子的拒绝,那么艺术的肯定之维则是拯救,是对艺术应该有的样子的期待。而在我看来,奥斯威辛之后写诗是否野蛮、艺术是否可能的问题虽然重要,但更重要的是阿多诺形成了如此看待文学艺术问题的视角,进而逼迫人们在这样的问题面前注目沉思。他在两种可能性之间的"摇摆状态"也恰恰说明,对这种终极问题进行执着的"哲学反思"才是最为重要的。而反思的目的也并不在于解决问题,而是在于呈现问题。阿多诺在《道德哲学的问题》第16讲中(1963年7月23日)曾以易卜生的《野鸭》为例,讲述过观念伦理学与责任伦理学的关系。他引施伦特尔的话说:"野鸭没有解决矛盾,取而代之的是表现矛盾的不可解决性。"随后他又进一步评论说:"简言之,当我向你们讲矛盾的不可解决性被显示出来,这句话就意味着,这里不仅完成了认识,而且还实现了彻底的具体化,即'在错误的生活里不存在正确的生活'。"①实际上,我们完全可以把他的番说法挪用过来,作为理解他的艺术二律背反命题的入门钥匙:阿多诺解决了奥斯威辛之后艺术是否可能的矛盾了吗?回答应该是否定的。但他的功劳就像易卜生那样,不仅在于呈现了这种矛盾,而且呈现了这种矛盾的不可解决性。在不可解决的矛盾面前,反思展开了,认识也完成了。

那么,这种认识又是什么呢?我倾向于借用阿多诺在《道德哲学的问题》中的一个说法加以引申发挥。在第2讲(1963年5月9日)中,阿多诺非常欣赏法国社会学家涂尔干(Émile Durkheim)一处表达:"应当经常在'疼痛'的地方,也就是某些集体的规范与个人的利益发

---

① 〔德〕T. W. 阿多诺:《道德哲学的问题》,第182、183—184页。需要说明的是,笔者开篇所引的"错误的生活无法过得正确"即是对"在错误的生活里不存在正确的生活"的一种译法。此句的英译有 Wrong life can not be lived rightly 和 There is no right life in the wrong one 等。方维规教授对此句的译法是"谬误的人生中不存在正确的生活",罗松涛先生的译法是"错误的生活无法过得正确"。参见方维规:《20世纪德国文学思想论稿》,北京:北京大学出版社2014年版,第107页。罗松涛:《"正确生活"何以可能——从阿多诺对康德与萨特的自由观谈起》,《马克思主义与现实》2011年第1期。

生冲突的地方去认识社会,而社会正是存在在这里,而不是在任何其他地方。"接着,他马上以"赶山羊"这种私刑为例来解释这种"冲突",并进一步指出:"法西斯所犯下的令人发指的罪行不外乎是这种习俗的扩大,其原因就在于这些习俗离开了理性,接受了理性的东西和暴力。正是这样一些事情迫使人们对此作出理论思考。"①如前所述,奥斯威辛是阿多诺永久的心理创伤,他对欢快艺术的拒绝,对文化工业的批判,以及对哲学和美学诸问题的思考,均与这个创伤点存在着紧密关联。因此,我们不妨说,当他提出艺术的二律背反命题并对它进行反思的时候,他也提供了一种衡量艺术的尺度:应当经常在"疼痛"的地方去认识艺术,艺术正是存在于这里,而不是在任何其他地方。卡夫卡、贝克特、策兰和勋伯格等人的艺术之所以被阿多诺看重,原因当然很多,但是如果简化到最后,很可能就剩下了一个原因:他们的艺术总是能以极度扭曲的方式触摸到人们心灵深处最为沉痛的地方。这样,"疼痛"之处便成为阿多诺认识艺术的基本视角,而是否让人"疼痛"也成了阿多诺判定文学艺术是否成功乃至是否继续存在的一个基本标准。

　　那么,这种标准能够成为文学艺术的一个标高吗?反抗着阿多诺那道"禁令"的作家们写出了足够让人"疼痛"的作品了吗?新一轮的"文学终结论"是否在某种程度暗合了阿多诺的二律背反命题的一方?如果文学艺术要继续存在,那么在越来越远离了奥斯威辛之后的今天,它们是不是更需要一种"责任伦理"?显然,这些问题并不是轻而易举就可以回答出来的。但只要我们还存在着诸如此类的问题,也就说明阿多诺的二律背反命题还没过时,它依然可以参与到我们对当下问题的思考之中。

　　或许,这也正是阿多诺的希望所寄,因为他在生前的最后一篇文章中曾经这样说过:"曾经思考过的东西会被压制、被遗忘乃至会消失。但不能否认的是,依然有某些思想会幸存下来。因为思想具有普世因素。曾经被深刻思考过的东西一定会在另外的地方被其他人继

---

① 〔德〕T. W. 阿多诺:《道德哲学的问题》,第20页。

续思考:陪伴这种信念的哪怕是那种最孤独和最无力的思想。"①

2008 年 11 月 11 日形成讲稿
2014 年 8 月 1 日—10 月 5 日做成文章

（该文以《文化批评的破与立——兼谈阿多诺"奥斯威辛之后"命题的由来》《"奥斯威辛之后"命题及其追加意涵——兼论作家们的反驳与阿多诺的"摇摆"》《艺术的二律背反:在可能与不可能之间——阿多诺"奥斯威辛之后"命题的一种解读》之题分别刊发于《北京师范大学学报》2016 年第 1 期、《文艺研究》2015 年第 11 期和《外国文学评论》2015 年第 3 期,其缩减版以《"奥斯威辛之后写诗是野蛮的"试解读》为题刊发于《诗探索·理论卷》2016 年第 2 辑。)

---

① Theodor W. Adorno, "Resignation," in *Critical Models: Interventions and Catchwords*, p. 293.

第二辑

法兰克福学派与中国

法兰克福学派的中国之旅

——从一篇被人遗忘的"序言"说起

法兰克福学派研究专家马丁·杰伊(Martin Jay)为《辩证的想象》(*The Dialectical Imagination: A History of the Frankfurt School and the Institute of Social Research 1923-1950*)中文版写过序言吗?如果提出这样一个问题,估计人们十有八九会做出否定的回答。因为关注法兰克福学派的人都知道,《辩证的想象》译成中文时改名为《法兰克福学派史》,译者是单世联先生,广东人民出版社1996年出版。在这部书的"译后记"中,译者虽然提到他与杰伊先生建立了联系,并译出了他寄来的英文第二版序言,但杰伊先生显然并没有为中文版作序。此书倒是有一篇"中译本序言",却是译者单世联先生自己写的。如此说来,马丁·杰伊的中文版序言又从何谈起呢?

然而,马丁·杰伊确实是写过一篇"中文版序言"的,这篇"序言"发表在《哲学译丛》1991年的第5期上。译者张晓明先生在注释中说:"在我的《辩证的想象》中文译本即将完成的时候,M.杰伊(Jay)教授寄来了他对中文版写的序言。"[1]如此说来,杰伊先生的这本书至少有两个人翻译过。但不知什么原因,张译本却没有行世,行世的只有一篇孤零零的"序言"。

不过,就这个"序言",却也引起了笔者的浓厚兴趣。我在想,当杰伊先生得知自己的著作被译成中文时,他会作何感想呢?果然,在回顾了一番"批判理论"的美国之旅后,他又满怀信心地说:

> 批判理论正在进入中国。中国当然不同于产生批判理论思

---

[1] 〔美〕M.杰伊:《〈辩证的想象〉中文版序言》,张晓明译,《哲学译丛》1991年第5期。

想的社会,也不同于 20 年前这些最早得以传播的西方国家。批判理论的这种穿越迄今为止不为人知的领域的旅行将不可避免地产生意料不到的后果,这种结果只能受到欢迎。法兰克福学派总是对被一个社会制度接纳为正统教规感到不安,并且引起积极而有创造力的反响。学派的成员懂得,批判并没有停留在它们自己的理论中。……当理论旅行时,思想得到了传播,正是那种因此而产生的杂交才是重要的。

借用一个比喻,批判理论应该被看作是一个工具箱,而不是一个行动计划。这些工具将如何被使用,没有任何人(起码是这本书的作者)能够预见,对其加以任意控制的可能性甚至更为渺小。我所能做的是对帮助打开了这个箱子的张晓明表示深深的感谢。①

杰伊先生的这番话说得比较艺术,却似乎也有些犹疑。他前面对批判理论进入中国做了一番预测,后面却又不敢预测了。毕竟,中国对于他来说还是一个神秘的国度。加之批判理论在 1960 年代的学生运动中出过问题,阿多诺不得不提出一种停止其活力的"冬眠战略"(strategy of hibernation);杰伊写序时冷战又刚刚结束,凡此种种,似乎都使他在欣喜之余有了一些隐隐的担忧。而从实际的情况看,杰伊的这番担忧也并非是没有道理的。

如果从 1978 年《哲学译丛》对法兰克福学派的介绍和翻译算起②,法兰克福学派进入中国已有 25 个年头了,但是,法兰克福学派的中国之旅却很耐人寻味。整个 80 年代,中国学界关注的对象主要是法兰克福学派的成员马尔库塞,法兰克福学派本身似乎没有引起学界太大的兴趣。从 1989 年起,随着阿多诺与霍克海默的著作被陆续翻译了几本,法兰克福学派才在 90 年代的中国获得了更多被言说的机

---

① 〔美〕M. 杰伊:《〈辩证的想象〉中文版序言》,张晓明译,《哲学译丛》1991 年第 5 期。
② 该刊当年第 5 期翻译了苏联学者福格列尔对法兰克福学派的介绍性文章:《法兰克福哲学—社会学学派基本思想的历史发展》,第 6 期专设"法兰克福学派及对它的批判"栏目,其中翻译马尔库塞与哈贝马斯的文章各一篇:《当代工业社会的攻击性》与《作为"意识形态"的技术和科学》;评介与批判该学派的文章两篇,分别为苏联学者奥伊则尔曼的《马克思主义的意识形态学说和"批判理论"——法兰克福学派批判》和东德学者克劳斯的《法兰克福学派评介》。

会;而且,因为法兰克福学派,知识分子内部所存在的深刻分歧也暴露无遗了。

依笔者之见,法兰克福学派在1990年代的中国突然火爆,主要是因为中国有了大众文化。大众文化当然不是90年代才开始有的,但是必须指出,只是到了90年代之后,大众文化的合法性才得到了认可。当然,这种认可并不是一步到位的。当大众文化在90年代初期呼啸而至的时候,它在许多人文知识分子的心目中并不具有合法性。因此,对于大众文化,许多人的第一反应不是高兴,而是愤怒。于是,批判大众文化也就成了当时学界的一种时尚。既然要批判大众文化,光用一些情绪化的言辞显然没有多高的品位,也很难底气充盈。为了使批判更加学理化,一些学者开始把目光对准法兰克福学派,尤其是对准了法兰克福学派中的两位大腕儿——阿多诺与霍克海默。

阿多诺与霍克海默是批判大众文化/文化工业的始作俑者,中国学界对大众文化的批判也正是从借用或挪用阿多诺与霍克海默的理论开始的。一时间,在一些学人的著作文章中,充满了对阿多诺与霍克海默之观点的征引(但征引的也就《启蒙辩证法》中的内容),也充满了向大众文化宣战的火药味。然而,这种局面从1995年开始发生了一些变化。自从有了旅美学者徐贲那个"走出阿多诺模式"①的呼吁后,中国学界对法兰克福学派的反思多了起来。屈指算算,反思形成的结果大体有三。

错位说。错位说的发明者应该是陶东风先生,在《批判理论与中国大众文化》②一文中,作者从世俗化的角度入手分析,认为大众文化在当代中国是一种进步的历史潮流,具有冲击和消解一元的意识形态与一元的文化专制主义,推进政治与文化的多元化、民主化进程的积极历史意义。因此,法兰克福学派的批判理论与中国的大众文化之间

---

① 徐贲此时发表过两篇文章,均涉及对法兰克福学派大众文化批判理论的评价问题,两篇文章分别为《美学·艺术·大众文化——评当前大众文化批评的审美主义倾向》(《文学评论》1995年第5期)和《影视观众理论与大众文化批评》(《文艺争鸣》1996年第3期),后收入《走向后现代与后殖民》(北京:中国社会科学出版社1996年版)一书中。

② 此文收入刘军宁等编的《经济民主与经济自由》(北京:三联书店1997年版)一书中,后以《批判理论与中国大众文化批评——兼论批判理论的本土化问题》发表于《东方文化》2000年第5期。而在《批判理论的语境化与中国大众文化批评》(《中国社会科学》2000年第6期)等文章中,作者又进一步延续和完善了自己的观点。

存在着一种错位。前者更适合于分析与批判"文革"时期的极"左"意识形态专制和群众文化,却很难成为当下中国知识界批判大众文化的话语资源。此后,"错位说"又出现在雷颐先生的文章《今天非常"法兰克福"》[1]中。作者指出,那种产生于"发达资本主义"的理论与一个刚刚开始"转型"的社会很难契合,"大众文化"的意义在我们当下的环境中与在美国社会中的意义也非常不同。马尔库塞的《单面人》对美国社会的批判可谓字字珠玑,入木三分。但唯其如此,它与其他社会的距离就越大,其局限性也越大。所以当与之不同的另一社会"引进"这一"批判"时就更要慎重,更要对其做一番"规模不小"甚至是"伤筋动骨"的加工改造,才能真正得其神髓。当下中国的"法兰克福"病症恰恰在于游离于"具体的历史环境"之外,所以他们的手中之剑看似锋利,实际上却是塑料的。而且锋芒所向,恰与乃师相反。充其量只是一种理论透支。以"透支"来购买一时的"理论快感",最终是要加倍偿还——甚至要破产的。郝建先生在他的《大众文化面对法兰克福学派》[2]中也附和雷文观点,并进一步把"错位"概括为三:第一,我们对待西方左翼学者的态度和方法形成了错位,我们把西方学者茶杯里的风波当成了"四海翻腾云水怒";第二,法兰克福学派理论所产生的社会与今日中国在社会发展阶段、文化生产方式、政治经济结构上存在着巨大的错位;第三是文化上的错位。至此为止,错位说已成一股势头。

搔痒说。搔痒说的发明者毫无疑问是朱学勤先生,他的观点估计许多人已耳熟能详,但还是有必要重复一下。作者的《在文化的脂肪上搔痒》[3]一文,其写作动因似乎也是反对对法兰克福学派理论的简单套用,但相对于错位说,朱文的棋高一着之处在于把"批判理论"放到了马克思主义和西方马克思主义的谱系之中,然后思考其存在的缺陷。作者认为,相对于革命前辈的经济批判与政治批判,法兰克福学派的文化批判只不过是在资本结构的文化脂肪上搔痒痒。这样的文

---

[1] 此文发表于《读书》1997年第12期。
[2] 此文发表于《北京电影学院学报》2000年第2期,后又以《中国说法扭曲法兰克福学派》为题在网上广为流传。
[3] 此文发表于《读书》1997年第11期,其观点也出现在《书斋里的被动语态革命及漏斗》等文章中。参见《书斋里的革命》,长春:长春出版社1999年版。

化批判,清风逐流云,荆轲刺孔子,却又很配中国文人的胃口,这至少说明中国文人对法兰克福学派的接受心理是有问题的。搔痒说也出现在徐友渔先生的《西方马克思主义在中国》①等文章中。作者指出,批判精神固然可贵,但包括法兰克福学派在内的"西马"之批判往往有钻牛角尖,甚至走火入魔的地方;"西马"人士不是以向前看的眼光批判现代社会,而是向后看,表现出浓郁的怀旧复古、浪漫悲观的情调和十足的贵族、精英倾向;他们把科学技术、物质进步附随的弊病与科学技术、物质进步本身混为一谈,把科学技术、现代性等同于资产阶级意识形态,这只不过表明他们有一种把问题过分意识形态化的倾向。

简化说。还有一种观点认为,过于强调法兰克福学派当中个别人物所从事的文化批评实践,简单地把法兰克福学派的批判理论称为大众文化批判,实在是有悖于其精神和原旨。笔者姑且以"简化说"名之。在《法兰克福学派的历史效果》②一文中,曹卫东先生指出,法兰克福学派的共同兴趣与其说是大众文化批判,不妨说是社会批判和理性重建,或者说是现代性批判。因此,中国学界首先应当把法兰克福学派的学说看作一种介于社会理论与哲学话语之间的批判理论,一种对待现代性的哲学立场,这样,才能较为准确地把握住其理论精髓和思想实质。"为此,我们不妨多多关注他们在方法论、认识论、历史哲学以及政治哲学方面的著作","而不要老是把眼光紧紧盯在那些虽不是无关紧要,但决非举足轻重的文化批判著作"上。

把以上三说代入到90年代以来的中国社会/文化语境中,我们就会发现这并不单单是一个对待法兰克福学派的态度问题,也不仅仅是法兰克福学派的理论是否适用于中国现实的问题。在这些问题的背后,透露出来的是一些学人对中国现实的不同理解,也隐藏着知识分子内部分化的种种症候。不过,在进入这些问题之前,似有必要对以上三说略作点评。

法兰克福学派的大众文化批判理论当然有其生成的历史语境。以笔者的粗浅考察,西方马克思主义的认知模式,法西斯主义给"社会

---

① 此文首发于《读书》1998年第1期,后收入作者《自由的言说》(长春:长春出版社1999年版)一书中,可与该书中的《自由主义、法兰克福学派及其他》一文参照阅读。

② 见《读书》1997年第11期。

研究所"成员带来的痛苦记忆,以及1930—1960年代美国大众文化蓬勃发展的局面,大体可看作法兰克福学派大众文化理论形成的历史语境。语境的特殊与不可重复带来了理论的独特,所以理论的简单挪用无论怎么说都是一个问题。从这个意义上说,陶东风等学者提出把法兰克福学派移植到中国必须经过一个"再语境化"(recontestualization)的过程很有必要。但问题是,错位说在坚持中国经验的同时,却也把批判理论与中国大众文化之间的距离人为地拉大了。法兰克福学派成员从法西斯主义的德国逃到大众文化的美国,固然有先入为主之嫌,这使得他们打量美国的大众文化时也带上了打量极权主义的有色眼镜,但他们形成的某些假定经过历史的验证之后却依然有效。表面上看,中国从"文革"时期的政治意识形态进入改革开放之后日渐分明的经济意识形态之中是一种进步;而大众文化确实也推动了世俗化的进程,解构了一元化的文化专制主义,但这只是问题的一个方面。问题的另一面是,极权主义与专制主义也以鸟枪换炮的形式把自己的意识形态偷运到了大众文化当中。于是,大众文化一方面消解着某些旧的意识形态因素,一方面又重构着新的意识形态空间,从而制造了繁荣、民主与自由的假象。而所有这些,法兰克福学派在考察当年美国的大众文化时已经发现,并指出了问题的实质。从这个意义上说,法兰克福学派的思考依然可以成为中国学界分析大众文化的一个重要视角;而从这一层面上看,所谓的"错位"似乎还不能让人心服口服。

朱学勤等先生对法兰克福学派的批判可谓痛快淋漓、一针见血,但其观点并不新鲜。因为早在二十多年前,英国《新左派评论》主编安德森就形成过如下判断:"西方马克思主义整个说来,似乎令人困惑地倒转了马克思本身的发展轨道。马克思这位历史唯物主义的创始人,不断从哲学转向政治学和经济学,以此作为他的思想的中心部分;而1920年以后涌现的这个传统的继承者们,却不断地从经济学和政治学转回到哲学——放弃了直接涉及成熟马克思所极为关切的问题,几乎同马克思放弃直接追求他青年时期推论的问题一样彻底。"而在另一处地方,安德森又明确指出,西方马克思主义关注的焦点是文化,在文化的领域内,耗费其主要智力和才华的又首先是艺术。① 安德森对包括法兰克福学派在内的西方马克思主义批判基于这样一个基本观点:"西马"思想家在"文化"的风水宝地上信马由缰,却越来越远离了政治、经济和工人阶级运动,结果"理论"和"实践"严重地脱节了。但是当朱学勤先生批判法兰克福学派的时候,笔者却不知道他的逻辑起点在哪里。而且,中国文人拿来法兰克福人的文化批判武器固然意味着他们的窝囊或孬种,但是在当下的现实处境中,不搞文化批判又能搞什么批判呢?按照朱学勤先生的理路,难道让这帮文人拿起斧头镰刀上井冈山闹革命吗?

"简化说"的思考对于中国学界应该是一次重要的提醒,其矫正或纠偏的功能不言而喻,但也存在着一些问题。批判理论当然不能等同于大众文化批判,后者只是前者的一种实践(理论层面上的)形式,前者包含了更为丰富的内容。我想,借用法兰克福学派理论从事大众文化批判的人不会不明白这个道理。但为什么90年代以来我们主要拿来的是法兰克福学派的大众文化批判理论而不是它的哲学话语呢?这里面既牵涉到一个"拿来"的游戏规则,也有一个接受过程中的"前理解"问题。也就是说,我们在"拿来"西方人的理论时,先拿什么后拿什么或不拿什么,总是从中国本土的现实经验和问题意识出发的。西方人某次学术会议上的研讨主题或内容只能作为我们的参照,却并不一定就能成为我们"拿来"的主要依据。因此,依笔者陋见,中国学界拿来法兰克福学派大众文化批判理论是有的放矢的结果,而暂时还没有大面积地拿来它的哲学话语可能是时辰不到,也可能是其哲学话语一时还难以嵌入中国的现实。也许,这个复杂的学术问题简化到最后,便只剩下这么一个小小的道理。

以上点评是就事论事,可能不一定妥当,却也是笔者思考法兰克福学派的批判理论与中国大众文化之间关系时的一点真实想法。但是现在看来,仅仅停留在就事论事的层面来琢磨这场论争显然还远远不够。因为以上的观点基本上出现在1997年,而也就在这一年,新左派与自由主义之争已初露端倪。新左派与自由主义各有一哨人马,双

---

① 〔英〕佩里·安德森:《西方马克思主义探讨》,高铦等译,北京:人民出版社1981年版,第68—69、97页。

方的哲学观、历史观、变革观等也在后来的进一步论争中逐渐清晰起来。关于这一点，已有多人撰文指出，笔者在这里已不想画蛇添足。我想说明的是，在新左派与自由主义公开对峙、捉对厮杀之前，已有一个序幕，法兰克福学派的问题便是这场序幕当中的一个主要内容。由此我们也就可以明白，当时那些学者所撰写的文章，无论是夸法兰克福学派的好还是骂法兰克福学派的孬，我们现在虽依然可以把它们当作一种学理上的探讨，但把它们当成一种带有某种"成见"的情绪化表白可能也并不离谱。因为实在说来，法兰克福学派在当时只是一个"能指"，等"所指"正式出场后，"能指"似乎已完成了它的历史使命而被人遗弃。看看今天的学界，"文化研究"早已粉墨登场，一场更全面、更系统的"搔痒"工程已破土动工，但工地上忙忙活活搬运的主要是伯明翰学派、费斯克那里的钢筋水泥，我们还能见到法兰克福学派的东西吗？

　　由此看来，法兰克福学派来到中国确实受到过欢迎，这一点杰伊先生预测得不错。但是，在经历了短暂的辉煌之后，它就黯然谢幕了，这也应该是一个不得不承认的事实。其后，虽有法兰克福学派第二代理论家哈贝马斯的来华演讲，他的著作译介的力度也在不断加大，但在许多中国学者的心目中，好像哈贝马斯就是哈贝马斯，他与法兰克福学派似乎已没有了太多的关联。这样，无论从哪方面看，杰伊先生所谓的"杂交"似乎还无从谈起。法兰克福学派在中国的没落是不是因为它一度扮演了"能指"的角色？笔者在这里不敢妄下断语，但有一点可以肯定的是，经过了 1997 年，学界谈论法兰克福学派的热情与兴趣锐减，这就不能不让人产生如上的联想。

　　然而，在杰伊先生的故乡美国，情形却又很不相同。1930 年代后期，美国成了法兰克福学派保存其实力、延续其思想的家园，但在相当长的时间内，批判理论并没有受到经验主义、实用主义传统根深蒂固的美国学界的青睐。1960 年代后期，批判理论（主要是马尔库塞的）大红大紫了一阵儿，却又主要成了造反学生手中的武器。1970 年代，尽管有了杰伊先生对法兰克福学派思想更全面的介绍和更系统的梳理（《辩证的想象》初版于 1973 年），但"大拒绝"之后"大修补"的历史语境，并没有给法兰克福学派提供更多的出场机会，这种情况一直延续到 1980 年代。进入 1990 年代之后，伴随着"文化研究"的兴起，一些学者逐渐对法兰克福学派另眼相待了。先是汉诺·哈特(Hanno Hardt)在研究洛文塔尔(法兰克福学派的核心成员之一)的过程中强调批判理论对于传播研究的重要性,①后来道格拉斯·凯尔纳(Douglas Kellner)又在其著作和文章中反复申明这样一个观点:法兰克福学派的批判理论是文化研究的元理论(metatheory)之一,其大众文化理论与大众传播研究实际上是文化研究的早期模式,这一学派所发展起来的跨学科方法(transdisciplinary approaches)可以给后来的文化研究带来许多启迪。② 如此这般善待法兰克福学派,让人不由得想到,他们是不是想冲淡美国本土的经验主义气息和来自法兰西的解构主义策略,而为陷入疲软之中的文化研究招魂,也好让"搔痒"进行得更有成效?

中国不是美国,美国学界的动静只能成为我们的参照而不能成为我们的行动指南。但可以肯定的是,中国既缺少经验主义传统,批判理论也并不过剩。如今,新左派与自由主义之争似乎已告一段落,双方都在大喘气。乘他们休养生息的时候,咱们是不是可以重新琢磨琢磨法兰克福学派与中国的关系问题,这样,马丁·杰伊所谓的"理论旅行"也许才有落到实处的机会。

2003 年 10 月 15 日
(原载《书屋》2004 年第 3 期)

---

① See Hanno Hardt, "The Conscience of Society: Leo Lowenthal and Communication Research," *Journal of Communication* 41(3), Summer 1991, pp. 65-87.

② Douglas Kellner, *Media Culture: Cultural Studies, Identity and Politics between the Modern and the Postmodern*, London and New York: Routledge, 1995, pp. 27-30. See also Douglas Kellner, "The Frankfurt School and British Cultural Studies: The Missed Articulation," http://www.gseis.Edu/faculty/kellner/Illumina%20Folder/kelll6.htm.

未结硕果的思想之花

——文化工业理论在中国的兴盛与衰落

如果从《批判理论》和《启蒙辩证法》被首次译成中文算起,文化工业理论进入中国已近二十个年头了。① 这么多年来,中国的内部环境已发生了巨大变化,而文化工业理论在中国的传播与接受也经历了从短暂兴盛到逐渐衰落的过程。为什么文化工业理论没能在中国落地生根乃至结出累累硕果?究竟是什么原因促成了它的衰落?它的衰落意味着什么?我们又应该如何面对这种衰落?所有这些问题正是本文试图加以回答的。

文化工业理论:学术界的质疑与批判

文化工业理论进入中国的时间与大众文化/文化工业在当代中国兴起的时间基本同步。1992年,随着市场经济的启动和改革开放步伐的加快,大众文化一扫1980年代被动挨打的局面,其生产与消费已在很大程度上获得了合法性。面对大众文化的泛滥和因此带来的负面效应,人文知识分子的基本反应就是批判。若要批判大众文化,必须找到批判的武器,而《批判理论》与《启蒙辩证法》的到来适逢其时。于是,阿多诺与霍克海默的大众文化/文化工业批判理论,再加上1980年代在中国学界非常流行的马尔库塞和弗洛姆的相关理论,就构成了

---

① 霍克海默《批判理论》中译本出版于1989年(重庆出版社),译者为李小兵等,其相关篇什亦被收录于《霍克海默集》(上海远东出版社1997年版)中,由曹卫东编选,译者为渠东、傅德根等。霍克海默与阿多诺的《启蒙辩证法》第一个译本出版于1990年(重庆出版社),译者为洪佩郁、蔺月峰;第二个译本出版于2003年,由渠敬东、曹卫东翻译。

中国学界批判大众文化的首选资源。

　　检点一下这一时期有关大众文化的文章,我们确实也可发现法兰克福学派的幽灵无处不在。比如,在《试论当代的"文化工业"》一文中,金元浦首先明确了文化工业之概念来自于《启蒙辩证法》一书中的《文化工业:作为欺骗大众的启蒙》,然后指出:"他们(指阿多诺与霍克海默)的理论面对我国今天当代文化的商品化激流,应该说有较实际的参考意义。"①这种表白再加上文章本身的示范,显然是承认了文化工业理论对于中国的适用性。而在《欲望与沉沦——当代大众文化批判》一文中,陶东风也大量援引《启蒙辩证法》一书中的相关论述,用来支持自己的观点。他所谓的大众文化也正是在阿多诺所规定的意义上加以使用的:"大众文化的一个突出特点是它对现代工业的依附性,如果没有电子工业,那么电视、摇滚乐、霹雳舞、卡拉 OK 等重要的大众文化形式就不可能产生;如果没有现代化的印刷工业,那么流行小说、地摊文学等大众消费品也难以批量问世。正是在这个意义上,大众文化从属于阿多诺所说的'文化工业'。"②几年之后,当陶东风开始清理法兰克福学派的批判理论与中国当代大众文化之间的关系问题时,他不得不提到自己当年写就的这篇文章,并指出:"在这里,我也要作一个自我'检讨',我本人就曾热衷于套用法兰克福学派的理论来批判中国当代的大众文化,而且在同类文章中算是比较早的。因而今天我对此问题的学术清理,带有自我反省的意味。"③这种说法也在一定程度上反证出文化工业理论进入中国后对学界产生了怎样的影响。

　　现在看来,文化工业理论之所以能适合中国学者的胃口,其原因大概有二。

　　第一,对于大众文化时代的到来,人文知识分子并没有充分的心理准备,而大众文化对精英文化的消解,对消费大众的裹胁,很容易激起他们的道德义愤,进而化作犀利的批判。这一时期的韩少功说:"小

---

① 金元浦:《试论当代的"文化工业"》,《文艺理论研究》1994 年第 2 期。
② 陶东风:《欲望与沉沦——当代大众文化批判》,《文艺争鸣》1993 年第 6 期。
③ 陶东风:《批判理论与中国大众文化》,见刘军宁等编:《经济民主与经济自由》,北京:三联书店 1997 年版,第 302—303 页。亦见陶东风:《文化研究:西方与中国》,北京:北京师范大学出版社 2002 年版,第 41 页。

说的苦恼是越来越受到新闻、电视以及通俗读物的压迫、排挤。小说家们曾经虔诚捍卫和极力唤醒的人民,似乎一夜之间变成了庸众,忘恩负义,人阔脸变。他们无情地抛弃了小说家,居然转过背去朝搔首弄姿的三四流歌星热烈鼓掌。"① 这是来自作家的声音,其中的愤怒已溢于言表。而这一时期的王晓明则说:"今天的文学危机是一个触目的标志,不但标志了公众文化素养的普遍下降,更标志着整整几代人精神素质的持续恶化。文学的危机实际上暴露了当代中国人人文精神的危机,整个社会对文学的冷淡,正从一个侧面证实了,我们已经对发展自己的精神生活丧失了兴趣。"② 这是来自学者的言辞,其中的批判亦掷地有声。也正是因为王晓明等人批判性话语的引领,才开始了后来延续几年的人文精神大讨论。这场讨论既指向了商品经济也指向了大众文化,更指向了大众文化的代表人物王朔。明乎此,我们就可以理解,当阿多诺等人的批判理论进入中国时,它与人文知识分子的心境、立场是何等的吻合。在这种情况下,让文化工业批判理论与中国当代的大众文化现实发生关系,便成了一件顺理成章的事情。

第二,也必须意识到,在 1990 年代初期和中期,中国虽然有了大众文化的泛滥,却并无更多的大众文化理论资源可以借用,而只有法兰克福学派一家独领风骚。即便是法兰克福学派,其翻译与介绍也很不全面。③ 这种状况让中国学界产生了某种错觉,以为只要谈到大众文化理论,便是法兰克福学派的专利;而法兰克福学派的理论又以宏阔的批判见长,并不以精细的文本分析取胜(洛文塔尔是一个例外,但

---

① 韩少功:《灵魂的声音》,原载《小说界》1992 年第 1 期,见《夜行者梦语》,上海:知识出版社 1994 年版,第 3 页。

② 王晓明等:《旷野上的废墟——文学和人文精神的危机》,原载《上海文学》1993 年第 6 期,见王晓明编:《人文精神寻思录》,上海:文汇出版社 1996 年版,第 2 页。

③ 除前面提到的《批判理论》与《启蒙辩证法》外,这一时期与文化工业理论相关的译文还有阿多诺的《电视和大众文化模式》(王小婴译,《外国美学》第 9 辑,北京:商务印书馆 1992 年版)和《论流行音乐》(周欢译,《当代电影》1993 年第 5 期)。阿多诺的《美学理论》(王柯平译,成都:四川人民出版社)出版于 1998 年,其他两篇重要译文《弗洛伊德理论和法西斯主义宣传的程式》(张明、陈伟译,见《法兰克福学派论著选辑》上卷,北京:商务印书馆 1998 年版)和《文化工业再思考》(高丙中译,《文化研究》第 1 辑,天津:天津社会科学出版社 2000 年版)也面世较晚。直到 1998 年,洛文塔尔的大众文化理论才略有介绍(分别为陆小宁:《洛文塔尔的通俗文化观》;黄芹:《洛文塔尔的消费偶像观》,《国外社会科学》1998 年第 1 期)。

当时学界对他还基本上一无所知)。所有这些,既无法让中国学界拥有多元的大众文化研究视角,也在很大程度上助长了情绪化的批判之风。今天看来,借助于法兰克福学派的理论对大众文化进行价值判断并无问题,但假如价值判断不是建立在事实分析的基础之上,其判断就会流于单纯的道德谴责而丧失本来应该有的批判力度。后来的一些学者有意与法兰克福学派的批判理论拉开距离,固然有对此理论把握不全、理解不透等因素,但显然也是对国内学界情绪化批判之风的一种反驳。

中国学界对文化工业理论的反思出现在1990年代中期。1995—1996年,海外学者徐贲陆续在国内重要刊物上发表三篇文章,①从而拉开了反思的序幕。同时,考虑到此三文中有两篇属于一稿两投,其传播范围和影响范围也应该更广更大。细而言之,这一反思体现在如下几个方面:

第一,徐贲把阿多诺所谓的 mass culture 翻译成群众文化,以此区别于现代大众文化(popular culture)。② 第二,作者认为阿多诺对现代社会主体的悲观论断来源于他对纳粹德国文化控制的经验,这就"混淆了法西斯集权统治和商品经济制度与社会主体关系的极重要的区别"。③ 第三,阿多诺的大众文化批判存在着一种精英主义的审美趣味,而"这种带偏见的趣味排斥和道德训斥是不符合大众文化批评所应当坚持的明达理性原则的"。④ 第四,通过重点分析费斯克(John Fiske)的大众文化理论,让人意识到活性文本和能动观众的重要性;通过介绍克鲁格(Alexander Kluge)和耐格特(Oskar Negt)的新电影理论,让人意识到电影作为一种"公共空间"的重要性;通过介绍布尔迪厄(Pierre Bourdieu,作者文中译为彼埃尔·波德埃)的趣味判断理论,

---

① 此三篇文章分别为:1.《美学·艺术·大众文化——评当代大众文化批评的审美主义倾向》,《文学评论》1995年第5期;《评当前大众文化批评的审美主义倾向》,《文艺理论研究》1995年第5期。这两篇文章题目虽异,但内容相同,实为一篇。2.《能动观众与大众文化空间》,《戏剧艺术》1996年第1期。3.《影视观众理论与大众文化批评》一文,分别发表于《文艺争鸣》1996年第3期和《当代电影》1996年第4期。此三文亦收入作者的《走向后现代与后殖民》(北京:中国社会科学出版社1996年版)一书中。
② 徐贲:《走向后现代与后殖民》,第246页。
③ 同上书,第292页。
④ 同上书,第290页。

让人意识到高等文化趣味是历史的产物,这种趣味甚至充满了暴力。这种介绍与分析的意图,是要对阿多诺的文化工业理论构成一种消解和批判。第五,具体到中国学界对阿多诺文化工业理论的接受,徐贲的观点有二:1. 阿多诺等人的文化工业理论是以欧洲特定的文化环境为背景而形成的。"在欧洲,民族国家和以启蒙思想为基础的经典文化远在文化工业出现之前就已经奠定。欧洲的现代化进程也在文化工业兴起之前业已完成。在这种情况下,文化工业的兴起成为资产阶级上流文化,也就是现代经典文化的威胁力量。"但是在中国,"现代化是随着电视而不是启蒙运动走向民众的。以媒介文化为代表的现代大众文化和社会启蒙、工业化和现代化是同步发展的"①。因此,大众文化对于民众具有重要的启蒙作用。2. 中国的大众文化批评存在着某种误区,原因在于这种批评把"阿多诺理论当作一个跨时代、跨社会的普遍性理论来运用,把历史的阿多诺变成了阿多诺模式",因此,"走出阿多诺模式"就显得至关重要。② 第六,在此基础上,作者提出了自己的主张:大众文化批评要成为一种具有实践意义的批评。而所谓实践批评,既要求批评者尽量不带成见地去熟悉和了解他的对象,也要避免简单地套用现成的理论框架。"实践批评是用历史的眼光看待已有的理论,并根据当下的生存需要和条件来不断更新批评方法和标准。"③

我之所以较全面地罗列徐贲的观点,是想指出这些观点在文化工业理论的中国之旅中的重要性。在徐贲的观点出现之前,中国学界对于文化工业理论可以说是不加质疑,全盘接受。然而,徐贲却把阿多诺乃至整个法兰克福学派放到一个须审视、被清理、应批判的位置。在学术探讨的层面上,这种质疑并无不妥之处,但这样一来,却也让文化工业理论的进一步传播和接受打了许多折扣。因为后来者再来面对文化工业理论,也许会带上先入为主的成见,进而对法兰克福学派满腹狐疑。与此同时,批判理论是否适用于中国当代大众文化的问题也提上了议事日程。更重要的是,由于徐贲身居海外而形成了开阔的

---

① 徐贲:《走向后现代与后殖民》,第249—250页。
② 同上书,第295页。
③ 同上书,第290—291页。

学术视野,他也就把完全不同于法兰克福学派思想谱系的英国文化研究、费斯克与布尔迪厄等人的理论首次介绍到了中国。而世纪之交兴起的文化研究热、费斯克与布尔迪厄等人的翻译热和研究热,固然有多种原因,但显然也与徐贲的大力推荐存在着一种隐秘关系。因此,我们可以说,由于徐贲及其相关文章和著作的出现,就既让文化工业理论遭到了质疑和反思,也为中国学界敲响了不可盲目照搬的警钟,同时还通过介绍其他理论引进了竞争机制,从而结束了法兰克福学派在中国单音独鸣的局面。所以,无论从哪方面看,1990年代中期都应该是文化工业理论中国之旅的历史拐点。

徐贲的观点可圈可点,但也并非毫无问题。在我看来,其主要问题体现在:一、把阿多诺的大众文化批判归结为一种精英主义的审美趣味虽有一定道理,但其实是对文化工业理论的一种简化。如此一来,就遮蔽了阿多诺对极权主义意识形态的批判锋芒,也把国内学界对阿多诺理论的反思引导到了一个狭窄的思想通道里。二、放大了费斯克等人的大众文化理论的力量,容易引起中国学界的理论错觉或幻觉。在徐贲"扬费贬阿"的学术讨论中,已隐含着阿氏理论在中国适用性低而费氏理论在中国适用性高的潜台词。而事实上,费斯克那种删除批判维度、带有鲍曼(Zygmunt Bauman)所谓的"阐释者"(interpreter)意图、又具有后现代主义游戏色彩的大众文化理论能否适用于中国,也是需要打一个大大的问号的,但在徐贲那里却取消了这种质疑。三、更重要的是,由于如前所述的翻译现状,中国对法兰克福学派的接受才只是刚刚开始,还谈不上理论过剩的危机。所以,如何更深入地"走进阿多诺模式"去进一步思考和研究其中的奥秘,才是当时的关键问题。但是由于徐贲的呼吁,"走出"而不是"走进"却成为后来的学术时尚。这样一来,很可能意味着学界对阿多诺模式的思考与运用只是浅尝辄止,却不得不被迫停工而另起炉灶,文化工业理论的研究与传播因此步入低谷。

在徐贲反思和质疑文化工业理论的谱系上,值得一提的学者还有陶东风教授。陶东风在1997年曾有《批判理论与中国大众文化》一文面世,由于此文及其扩展文本既出现在书籍中也出现在杂志上,并成为国际学术研讨会的参会论文,①其影响亦不可低估。在此文中,陶东风多处征引徐贲上述观点来支持自己的立论,并在徐文论述不充分、不明确的地方进一步思考,可谓对徐文的"接着说"。概而言之,陶东风的核心观点是批判理论与中国当代大众文化现实存在着一种错位:

> 由于中国的大众文化批判没能充分考虑中、西方社会文化的差异,因而也就极大地忽视了在当代西方历史语境中产生的文化批判理论(包括法兰克福批判理论)在学理范型、问题意识、价值取向等方面与中国社会文化现实的错位与脱节。如果我们承认中国社会文化所处的历史阶段与境遇与西方发达资本主义社会(或后工业、后现代社会)存在极大的错位;那么,在援用西方文化批判理论的时候,就应该清醒地意识到它在理解与分析中国问题时的适用性是有限的。②

既然存在着错位,错位之处又在哪里呢?作者认为,法兰克福学派的批判理论可以"加以创造性转化以后用来分析与批判中国改革开放以前的思想控制与极权主义的意识形态",而由于中国1980年代以来的大众文化参与了思想解放与启蒙大众的进程,并对僵硬的主流意识形态构成了一种颠覆和反叛,所以它很难成为批判理论的对象。③

客观而言,陶东风的错位说不无道理,因为它准确地指出了文化工业理论与中国改革开放之前的群众文化所存在的紧密关系。而以邓丽君的流行歌曲为例来说明现代大众文化的反叛性,大体上也可以成立。但错位说显然也夸大了批判理论与中国当代大众文化之间的

---

① 此文先是收入刘军宁等编辑的《经济民主与经济自由》(北京:三联书店1997年版)一书中,后以《批判理论与中国大众文化批评——兼论批判理论的本土化问题》发表于《东方文化》2000年第5期。而在《批判理论的语境化与中国大众文化批评》(《中国社会科学》2000年第6期)等文章中,作者又进一步延续和完善了自己的观点。此后,该论文拓展篇幅后,被收入作者的《文化研究:西方与中国》(北京:北京师范大学出版社2002年版)一书中。2004年6月,该文又成为"全球化时代的文学研究"(Literary Studies in the Age of Globalization)国际学术研讨会(北京师范大学文艺学研究中心和美国加州大学戴维斯分校东亚学系比较文学研究中心联合举办)的参会论文。

② 陶东风:《文化研究:西方与中国》,第43页。

③ 同上书,第58、60页。

距离,进而也忽略了大众文化生产的中国特色及其复杂性。如果说批判理论与1980年代的大众文化存在着某种错位,那是因为中国大陆的大众文化生产还乏善可陈,其大众文化产品大都来自港台。主流意识形态既然无法掌控这种生产,打压而不是利用就成为其首选姿态。但是,1990年代以来,当大陆的大众文化生产渐成气候之后,大众文化放任自流的局面也逐渐结束。主流文化不断介入大众文化的生产之中。这样,由于当下中国的特殊体制,大众文化的生产与消费就在很大程度上又一次走进批判理论的埋伏之中。两者曾经错位固然不假,但后来又开始了逐渐吻合的进程。看不到这一点,二者关系在具体历史语境中的丰富性与微妙性就有可能无从把握。

然而,虽然错位说的论述还存在着一些问题,但它却像徐贲的观点一样,成为中国学界的一种认知框架。与此同时,在1990年代中后期,来自其他谱系而对法兰克福学派进行批判的声音也不绝于耳,①它们与徐、陶二人的观点相互补充、相互支撑,进而形成一股围剿(甚至是扑杀)法兰克福学派、阻止文化工业理论前行的否定性力量。经过这一轮清算,谁要是再来谈论法兰克福学派,似乎已成一件很没面子的事情。文化工业理论的研究与传播进一步陷入说不清道不明的困境之中。

不破不立。也正是在这种氛围中,带有伯明翰学派色彩与风格的理论开始进入中国,翻译、介绍文化研究的学术成果开始成为文学理论界的主旋律。2001年,经过千呼万唤的前期铺垫之后,费斯克的《理解大众文化》与《解读大众文化》终于面世(他的《电视文化》一书出版于2005年);同一年,出版界还推出了默克罗比(Angela McRobbie)与多克(John Docker)的同题之作:《后现代主义与大众文化》;加上这一年出版的斯道雷(John Storey)的《文化理论与通俗文化导论》,斯特里纳蒂(Dominic Strinati)的《通俗文化理论导论》,中国的大众文化研究界仿佛一下子拥有了许多新式武器。这些武器一方面让中国学界有了鸟枪换炮的机会,另一方面也进一步增加了质疑、批判文化

---

① 就笔者目力所及,这方面的重磅文章有朱学勤:《在文化的脂肪上搔痒》,《读书》1997年第11期;雷颐:《今天非常"法兰克福"》,《读书》1997年第12期;徐友渔:《西方马克思主义在中国》,《读书》1998年第1期;徐友渔:《自由主义、法兰克福学派及其他》,《天涯》1997年第4期;郝建:《大众文化面对法兰克福学派》,《北京电影学院学报》2000年第2期。

工业理论的火力。斯特因奈特(Heinz Steinert)指出:如今,把阿多诺等人的著作看作陈旧、沉闷和精英的东西使其出局,已是一种时髦。[①]这种说法在很大程度上也适用于当下的中国学界。新世纪以来,虽研究文化工业理论并借用其理论思考中国问题者依然不乏其人,但总体而言,这种研究与思考已呈颓势。

必须指出,在遏止文化工业理论传播与接受的过程中,来自学术圈的质疑与批判只是其中的一股力量,这股力量即便如何强大,也只是学术界的内部之争。更值得注意的是外部环境的变迁和文化产业的兴起,它们构成了让文化工业理论出局的另一股力量。

文化产业兴起之后:文化工业理论合法性的丧失

为了能更充分地说明这一问题,这里有必要从"文化产业"与"文化工业"的异同谈起。

虽然在西方学界(主要是法国),早已有人用 cultural industries 取代了法兰克福学派意味甚浓的 cultural industry,而近年亦有译者把 cultural industry 译为"文化工业",把 cultural industries 译为"文化产业",[②]但是,若从法兰克福学派在中国的传播背景上加以思考,文化工业与文化产业其实均译自 culture industry,二者并无本质区别。[③]而之所以会出现如上两个概念,完全是翻译方面的原因:一般而言,只要涉及阿多诺与霍克海默的相关理论,中国学界的主流译法往往是文化工业,但亦有学者以文化产业对译。[④]

但是也有人推测,文化产业这一说法可能来自日本,是在 1980 年

[①] Heinz Steinert, *Cultural Industry*, trans. Sally-Ann spencer, Cambridge: Polity Press, 2003, p.2.

[②] 参见〔英〕大卫·赫斯蒙德夫:《文化产业》,张菲娜译,北京:中国人民大学出版社 2007 年版,第 17—18 页。

[③] 比如,在周宪编著的《文化研究关键词》一书中,文化工业与文化产业被看作一个概念,其表述形式为"文化工业/产业"。参见《文化研究关键词》,北京:北京师范大学出版社 2007 年版,第 84 页。

[④] 比如,在对阿多诺《美学理论》一书的翻译中,王柯平使用的是"文化产业"的译法。

代进入中国的。① 虽然这种说法语焉不详,却也为我们提供了思考其概念源起的相关信息。笔者查中国知网"中国期刊全文数据库",发现1980年代以文化产业为题的文章只有一篇;通过检索中国国家图书馆的馆藏资源,发现1980年代并无中国学者研究文化产业的专著,只有日本学者日下公人的《新文化产业论》(1989)译著一本。这些信息表明:一、中国学者在1980年代基本上没有思考过文化产业问题;二、文化产业这一概念已在1980年代行将结束时进入中国。

由于那些推测性说法提到了《新文化产业论》,这里有必要对它略作介绍。此书1979年在日本出版,一年之内再版9次。而它之所以能成为畅销书,可能因其提出了许多崭新的观念:文化具有符号价值之后完全可以高价出售;文化可产生高额利润;文化输出应先于商品输出;21世纪的经济学势必由文化与产业两部分组成。在此基础上,作者给文化产业下的定义是:"①创造某种文化;②销售这种文化和③文化符号。"② 与此同时,作者一方面以西方发达国家为例,力陈日本发展文化产业的重要性,另一方面也拿中国说事,论述仅为生存而进行生产的落后性:"人们始终抱着陈旧的观点,恰恰说明那种把为生产而生产和抑制消费奉为美德的时代延续的太长了。正因如此今天已经到了重新予以评价的时代。如果像中国那样全民皆穿人民服、住宅均为小区、高中大学采取严格的筛选制度,反而会使人们丧失为维持生活所必需的劳动意欲。何况今天已进入根据大众喜好进行生产的时代,仅为生存进行生产的理论已不能完全说明问题了。"③ 这种说法应该也对中国学界构成了一定刺激。

如果用法兰克福学派乃至"西马"或"后马"的理论加以衡量,此书的许多观点正是它们批判的对象。然而,当阿多诺与霍克海默的思想登陆大陆之际,日下公人的观念也堂而皇之地进入了中国。因此,表面看来,文化工业与文化产业或许只是一字之差的两个概念,但实际上它们却分别代表着两种完全不同的价值观:如果谈论的是文化工

---

① 参见高长印:《文化产业:北京新的经济增长点》,《城市问题》1997年第3期;毛三元:《贯彻五中全会精神,推进文化产业发展》,《民族艺术研究》2000年第6期;傅守祥:《文化产业与大众文化——正本清源与理论梳理的尝试》,《中共浙江省委党校学报》2002年第2期。
② 〔日〕日下公人:《新文化产业论》,范作申译,北京:东方出版社1989年版,第12页。
③ 同上书,第36页。

业,它所接通的必然是法兰克福学派的美学和文化批判理论传统,其贬义色彩与负面意义不言而喻;如果谈论的是文化产业,它所关联的往往是日下公人所论述的那套经济学理论。而由于日下公人的极力推崇,文化产业不但不可能具有贬义性和负面性,反而获得了许多正面价值。可以说,从此之后,文化工业与文化产业虽所指相同,却分别在否定性与肯定性层面获得了两套被各自思考和言说的路径。

有了言说的关键词,也就有了与文化工业和文化产业相关的言说策略,二者也在不同的领域展开了互不往来却并非毫无关系的言说竞赛。竞赛的结果自然是文化工业处于绝对下风。中国知网上的统计数据表明,从1990年始至2008年6月中旬止,谈论文化工业的论文只有93篇,而谈论文化产业的文章却有3142篇。即使算上谈论大众文化(究竟是在mass culture还是popular culture层面上谈论姑且忽略不计)的1503篇,文化工业依然不是文化产业的对手。那么,为什么会出现这种局面呢?

首先应该是大势所趋。1992年之后,随着市场经济的启动,对文化属性的进一步认识也与日俱增。有人曾从马克思的相关论述中寻找依据,认为文化是精神生产的一大产业。[①] 这是从国内文化发展的需要出发所寻找到的理论依据。与此同时,随着经济全球化时代的到来,文化产品、文化市场与软实力的竞争也越来越成为每个国家的头等大事。如何让中国在这一轮的竞争中处于不败之地,就成了经济学界关心的问题。1992—1997年,虽然有关文化产业的讨论文章还不能算多(中国知网上可以查到36篇),但已形成了相关的讨论氛围,也为后来相关政策的出台做出了理论铺垫。

其次是因为政府相关政策的调整和文化产业政策的出台。对于文化产业的认识,中共高层也经历了一个过程。早在1992年6月16日,中共中央、国务院便颁布了《关于加快发展第三产业的决定》。而随后出版的《重大战略决策——加快发展第三产业》(国务院办公厅综合司编著)一书,一方面加大了"第三产业"的阐释和解读力度——例如,特别指出"第三产业"(Tertiary Industry)作为专用名词是由英国经济学家阿伦·费希尔(A. G. B. Fisher)在1930年代提出的,同时

---

① 参见谢名家:《关于发展文化产业的哲学思考》,《广东社会科学》1995年第5期。

也指出了国际上对三次产业的划分和中国对三次产业的进一步定位;①另一方面,也率先起用了"文化产业"之说。书中既指出了"要充分发挥国营、集体在文化产业中的作用,又要积极支持个人兴办文化产业",同时也回顾了文化产业的发展历程和进一步发展文化产业的必要性:

> 改革开放以来,随着整个国民经济的发展,文化产业(包括"文化娱乐业"、"文化服务业"、"文化艺术商品经营业"等)也有了较快的发展。文化产业的兴起和发展,对于活跃文化市场,促进文艺繁荣,满足人民群众精神文化需要,加强社会主义精神文明建设,起到了积极的作用。同时,也在安置社会就业,增加社会财富,尤其是对文化事业自身的发展,即"以文补文"、"以文养文"方面,取得了显著的成绩。随着物质生活水平的不断提高,人民群众对精神生活的需求及其消费能力和消费水平也不断提高,因此,发展文化产业有着广阔的天地和美好的前景。②

以上论述可被看作中国政府主管部门对"文化产业"概念的首次使用。而结合所论语境亦可看出,"文化产业"与"第三产业"的所指对象存在着交叉渗透的现象,二者还未做出严格区分。与此同时,来自于另一渠道的信息也颇耐人寻味。也是在 1992 年,时任文化部副部长的高占祥在"全国以文补文经验交流会"上指出:文化部是一个从事社会主义事业建设的部,其中某些部分具有意识形态性,甚至有一些还有较强的意识形态性,但就其总体来讲,它不是一个专门从事意识形态的部,否则,就会导致政治越来越多,文化越来越少,不利于社会主义文化事业的繁荣和发展。③ 这种说法可以看作为文化松绑的一个明确信号,但他并未明确使用"文化产业"的说法,而是把"文化事业"划入到了"第三产业"之中。一年之后,在"部分省市文化产业座谈会"(1993 年 11 月 13—17 日)上,高占祥则作了《在改革开放中发

---

① 参见罗干主编:《重大战略决策——加快发展第三产业》(上卷),北京:中国政法大学出版社 1992 年版,第 17—25 页。
② 同上书,第 80,360 页。
③ 参见周导:《文化部副部长高占祥指出:文化事业正属于第三产业》,《社会》1992 年第 11 期。

展文化产业》的讲话,对文化产业的内涵、如何认识文化产业等问题展开了全面论述,反响强烈。①

凡此种种,都可旁证出文化产业之说"试用期"的种种症候:一方面,文化产业已被纳入到"第三产业"的政策叙事中,并有了初露端倪的表达;另一方面,由于它还没有获得更权威的认可(例如1992年的十四大报告便对"文化产业"只字未提),"发展文化产业"还不可能大张旗鼓地进行。直到1990年代中后期,这种局面才有了很大程度的改观,因为此时政府相关部门所举办的会议已开始频繁使用"文化产业"一词了。有学者统计,1996年北京市召开的"首都文化发展战略研讨会"上,文化产业被正式提出;1997年北京市第八次党代会的报告中,又有了"大力发展文化产业",把北京建成"全国重要的文化产业基地"等说法。② 1998年,在政府机构改革(其核心是精简)的背景之中,文化部却新成立了文化产业司,其主要职责被表述为:"研究拟定文化产业发展规划和文化产业发展政策、法规;扶持和促进文化产业的发展和建设;协调文化产业运行中的重大问题。"③这意味着文化产业已得到了政府主管部门的高度重视,文化产业进入到了管理体制之中。而1998—2000年,全国各地又举办了多场文化产业研讨会,文化产业的声势变得更加浩大。在理论研究和政府部门的推动下,文化产业终于浮出了水面。

正是由于如上原因,文化产业才最终进入十五届五中全会(中国共产党第十五届中央委员会第五次全体会议,2000年10月)的文件中,并形成如下说法:"完善文化产业政策,加强文化市场建设和管理,推动有关文化产业发展。"④而在十六大报告(2002年11月)和十七大报告(2007年10月)中,有关文化产业的说法又分别丰富为:"发展文化产业是市场经济条件下繁荣社会主义文化、满足人民群众精神文化需求的重要途径。完善文化产业政策,支持文化产业发展,增强我国

---

① 参见《部分省市文化产业座谈会提出 迎接文化产业的发展大潮》,《文化月刊》1994年第1期。
② 毛三元:《贯彻五中全会精神,推进文化产业发展》,《民族艺术研究》2000年第6期。
③ 参见文化部文化产业司的官方介绍文字。http://www.chinaculture.org/gb/cn_jgyt/2004-06/28/content_48131.htm.
④ 《中共中央关于制定国民经济和社会发展第十个五年计划的建议》,http://www.people.com.cn/GB/paper464/1711/277326.html。

文化产业的整体实力和竞争力。"①"大力发展文化产业,实施重大文化产业项目带动战略,加快文化产业基地和区域性特色文化产业群建设,培育文化产业骨干企业和战略投资者,繁荣文化市场,增强国际竞争力。运用高新技术创新文化生产方式,培育新的文化业态,加快构建传输快捷、覆盖广泛的文化传播体系。"②

我之所以不厌其详地援引来自政府部门的相关资料,是想说明如下问题。如果说在十五届五中全会以前,谈论文化产业还多少显得不那么理直气壮,那么在此之后,这种谈论则是汇入到主流意识形态的宏大叙事中,从而享有了绝对的合法性和政治正确性。与之相反,谈论文化工业则仿佛变成了一种异议的声音。同时,由于在潜在的换算中,批判文化工业就等于批判文化产业,就等于和"大力发展文化产业"的相关政策相敌对,所以,出于种种考虑,谈论或批判文化工业不得不在一些人文学者那里被迫搁置。这时候,即便还有执迷不悟的谈论者和批判者,他们的谈论要不变得非常困难,要不就是湮没在谈论文化产业的颂词之中而无所作为。明白这一点,我们就会对文化工业理论在中国的衰落有一个更全面的认识。

第三,也必须意识到,1990年代以来,正是中国人文学者和知识分子队伍分化的时期,这种分化也体现在对文化工业与文化产业的相关认识上。本来,谈论文化产业基本上是经济学界的事情,它与文学研究、美学研究甚至文化研究基本无关。但种种迹象表明,这些专业领域的部分学者也逐渐染指文化产业,成为文化产业论的积极鼓吹者。比如,如前所述的金元浦教授是最早借用法兰克福学派理论批判文化工业的学者之一,但仅在上述文章发表一年之后,他便有了《文化市场与文化产业的当代发展》(《社会科学战线》1995年第6期)一文问世。从此之后,论述文化产业(文化创意产业、数字内容产业等)并为文化产业的发展献计献策,就成为其论文的主要内容和主要思路。③ 与此

---

① 江泽民:《全面建设小康社会,开创中国特色社会主义事业新局面》,http://news.sohu.com/03/16/news204411603.shtml。
② 胡锦涛:《高举中国特色社会主义伟大旗帜 为夺取全面建设小康社会新胜利而奋斗》,http://www.gmw.cn/content/2007-10/25/content_688223.htm。
③ 据不完全统计,1995年以来,金元浦以文化产业、创意产业、数字内容产业等为题的文章有近三十篇。

相对应,他也采用了一套与《试论当代的"文化工业"》完全不同的思维方式、话语方式和表意方式。例如,他曾在一篇文章中指出:

> 文化就是经济,文化就是市场。传统观念中根本无法被称作产业的行当,今天已是世界顶尖级的跨国企业。娱乐产业迪斯尼,1994年以190亿美元收购ABC(美国广播公司),1997年其产业规模及赢利稳入世界企业500强中的前10强。当年的沃尔特·迪斯尼只是一个穷困潦倒的卡通画家,在家徒四壁、困苦无依之际,一只在墙角爬来爬去的小老鼠在他的第一部配音卡通片中亮相,从此风靡世界,造就了一个如此庞大的集娱乐、影视与零售于一体的跨国集团。①

这种说法和举例的风格很容易让人想到日下公人的相关论述。由此我们也可以看到,一旦进入文化产业的论述语境中,法兰克福学派的文化工业理论就成了无法兼容的资源,这种理论因其碍事而必须彻底删除。事实上,在后来的相关文章中,金元浦已不可能提及法兰克福学派。

那么,以上所言,与文化工业理论的中国之旅又有什么关系呢?我们知道,许多理论旅行到异地后能否真正安家落户,既要看有无适宜的学术环境,也要看有无充分的现实土壤。应该说,文化工业理论初进中国时,其学术环境与现实土壤大体上是不错的,但很快就发生了变化:相关的批判似乎已取消了文化工业理论进一步传播的资质,而费斯克等人的理论引进,也在很大程度上挤占了文化工业理论的学术市场。与此同时,伴随着文化产业的兴起和大力发展文化产业之国策的推广与普及,文化产业的肯定性话语又湮没乃至取代了文化工业的否定性话语,文化工业理论的话语空间变得越来越逼仄,现实土壤也变得越来越贫瘠。在这种内外夹击的局面中,法兰克福学派终于渐行渐远,文化工业理论也元气大伤。按理说,文化产业的欣欣向荣本来为文化工业理论提供了继续出场的机会,但如上情况表明,这场大戏只是在1990年代拉开了序幕,它还没有真正开始演出,就在新世纪匆匆谢幕了。

---

① 金元浦:《文化产业:21世纪的新兴工业》,《21世纪》1998年第6期。

文化工业理论的兴衰枯荣映衬着中国政治、经济、文化变迁的诸多信息,也在很大程度上成为思想界、学术界研究范式、价值观念、身份立场转换的风向仪。其中既有学术话语权的争夺,也有经济利益的渗透,还有对政治观念的迎合,而它的复杂性、丰富性和微妙性也远不是我这篇文章就能说清楚的。但我依然想把我意识到的问题提出来,以就教于各路专家学者。

2008年6月20日
（原载《文艺争鸣》2009年第11期）

法兰克福学派的"理论旅行"

——读《法兰克福学派在中国》

2008年9月25—28日,"批判—理论—批判理论:法兰克福学派在中国的影响"("Kritik—Theorie—Kritische Theorie: Die Rezeption der Frankfurter Schule in China")国际学术研讨会在法兰克福大学举行。此会由法兰克福大学东亚跨学科研究中心、法兰克福社会研究所和中山大学联合主办,笔者本来也在受邀请之列,并写出了参会论文:《未结硕果的思想之花——文化工业理论在中国的兴盛与衰落》(刊发于《文艺争鸣》2009年第11期)。但临到最后,忙中出错,终于没能成行,让我感到很是遗憾。

大概正是这一原因,我可能比别人更关注《法兰克福学派在中国》[①]一书的出版,因为这本书大体上可看作那次学术研讨会的论文集。而读过这本书之后,我也对会议的议题,国内外学者的思考兴趣等等有了一个比较全面的了解。

此书在霍耐特的"开幕致辞"和阿梅龙(Iwo Amelung)的"导言"之下分为四个专题:"法兰克福学派的批判理论在东亚的历史""启蒙和批判之间的现代中国""中国公共领域的结构转型""法兰克福学派的文化和艺术理论"。每个专题下有若干论文,共20篇。这些论文分别出自德国、日本、韩国和中国大陆、台湾地区学者之手,其中德、中学者写的论文最多。篇幅所限,我自然无法对所有论文加以评点,只能在

---

① 此书由〔德〕阿梅龙、〔德〕狄安涅、刘森林主编,由社会科学文献出版社(北京)于2011年出版。以下凡引此书文字,只随文标出页码,不再单独作注。此书的德文信息是:*Kritische Verhältnisse: Die Rezeption der Frankfurter Schule in China*, hrsg. Iwo Amelung, Anett Dippner, Frankfurt am Main, Campus, 2009.

相关问题之下选择一些读得较有心得的论文,谈一谈自己的看法。

批判理论在中国的早期接受

让我们从台湾学者的一篇论文谈起。在《批判理论的效果历史——法兰克福学派在中国台湾的接受史》中,曾庆豹梳理和分析了法兰克福学派在台湾的"理论旅行",他指出:台湾对法兰克福学派的接受与阅读始于1980年代中前期,其接受的历史语境是国民党的"恐共"(共产主义)和"畏马"(马克思思想)。在此情境下,阅读批判理论的作品,便带有反抗威权统治和追求思想自由、言论自由的强烈暗示。"知识分子群体企图通过对'他者'与'异端'的承认,尝试一种从阅读中达到反抗的快感,代表着'独立思考',不再依偎于权威,以作为表达根本就不相信'党国机器'的那套意识形态宣传。"(第39页)同时,他还观察到另一个现象:从一开始,"社会学界、政治学界、甚至是新闻学界、教育学界,对于批判理论的兴趣明显地比哲学学界更浓"(第40页)。

谈到法兰克福学派在台湾的接受史,估计大陆的许多学者都没有发言权,本人也是如此。但这种研究颇能够启发我们对大陆的接受史作出思考。在这方面,虽然已有学者撰写过相关论文①,但曾庆豹的研究还是引发了我的对比性联想。在中国大陆,虽然早在1978年就开始了对法兰克福学派的译介工作②,但在1980年代中前期,法兰克福学派并没有引起学界的足够重视,哲学界的一些人士甚至对法兰克福学派稍有微词。甘阳说:"我们外哲所的这些人是不大注重法兰克福学派的,除了赵越胜搞马尔库塞以外,那个时候我和小枫,我想包括嘉

---

① 笔者曾撰写过《法兰克福学派的中国之旅——从一篇被人遗忘的"序言"说起》,《书屋》2004年第3期。相关论文还有汪洋:《法兰克福学派在中国的运用》,《社会科学论坛》2005年第5期。秦海英:《生活在此处——法兰克福学派大众文化理论在中国的接受》,博士学位论文,2005年5月完成,收于北京师范大学图书馆。尤战生:《接受与误读:法兰克福学派大众文化理论在中国》,《山东社会科学》2011年第10期。收入《法兰克福学派在中国》的论文有傅永军:《接受与拒斥——批判理论在中国大陆的命运》。

② 参见拙文《法兰克福学派的中国之旅——从一篇被人遗忘的"序言"说起》,《书屋》2004年第3期。

映,我们并不大喜欢法兰克福学派。"①在那个年代,北京大学外国哲学研究所和中国社科院哲学研究所代表着中国哲学研究的最高水平,研究者的旨趣与推介程度自然决定了西方何种哲学思潮能在中国形成气候。但除此之外,法兰克福学派来到中国大陆遭遇身份尴尬可能也是不容忽视的原因,这一点与台湾地区情况并不相同。

众所周知,长期以来,来自苏联的正统马克思主义一直是中国官方意识形态的重要内容,法兰克福学派虽然也是马克思主义队伍中的一支力量,但由于它戴着"西方"的头衔(所谓"西方马克思主义"),所以官方意识形态不可能把它视为朋友,那些正统的马克思主义理论家甚至以"西马非马"对它加以批判。另一方面,虽然理论界已经意识到西方马克思主义的重要性,认为它可以矫正、充实、发展中国大陆已然畸形和僵化的马克思主义②,但当时的主流学术和文化思潮似乎还顾不上与法兰克福学派进行对话,而是直接向"青年马克思"取经。在1980年代中前期"人道主义与异化"问题的讨论和"美学热"中,《1844年经济学哲学手稿》始终是学界依据的重要理论武器,这至少说明,"青年马克思"的思想远比法兰克福学派的理论更为重要。

为什么"青年马克思"的风头远远超过了法兰克福学派? 为什么同样是西方马克思主义者的萨特在1980年代的中国如日中天,而相比之下,法兰克福学派诸成员却显得比较黯然? 诸如此类的问题该是十分有趣也值得深入思考的,只是本文在这里不宜展开。我想进一步探讨的是,即便学界对法兰克福学派的某些成员关注较多,其接受又是怎样的情景呢? 这里我们不妨以马尔库塞为例略作分析。

在法兰克福学派诸成员中,马尔库塞是1980年代中国大陆关注

---

① 查建英主编:《八十年代访谈录》,北京:三联书店2006年版,第200页。
② 徐崇温在谈论西方马克思主义的意义时指出:"'西方马克思主义'所贡献出来的,就是一份极其有价值的思想资料,它给我们提供情况、启发我们思考;它向我们提出问题和他们在思维中导致错误的教训,促使我们作出正确的回答;它还提供了它在探索中的收获,供我们借鉴和参考。"见徐崇温:《"西方马克思主义"》,天津:天津人民出版社1982年版,第53页。刘宾雁在1978年编译出一本《南斯拉夫哲学论文集》(中国社会科学院哲学研究所《哲学译丛》编辑部编译,北京:三联书店1979年版),赵越胜认为,刘宾雁编译此书的追求在于:"使马克思主义挣脱官方意识形态的枷锁,重新回到它的人道主义源头;把马克思主义从共产党意识形态中剥离出来,让它回归人类精神文化之流。"见赵越胜:《燃灯者》,香港:牛津大学出版社2010年版,第128—129页。

程度最高、译介最多的理论家之一(另一人是弗洛姆)①,但是,从接受层面看,马尔库塞的批判现实之维(即对当代工业社会以及资本主义体制的批判)并没有真正予以重视,而他的守望理想之维(亦即审美之维)却得到了隆重解读。大陆最早研究马尔库塞的学者应该是后来去国的赵越胜,他在1982年完成的硕士学位论文是从浪漫主义维度对马尔库塞做出的一次阐释。当时,周辅成先生曾询问研究马尔库塞这一派有何现实意义,赵越胜郑重思考后有了如下回答:

> 建立无压抑的文明,在现存理论框架中看,确实是个幻想。马尔库塞本人颇明了这点。因而,若想走向他所指引的无压抑文明,大半不能靠脚而要靠头,或者干脆靠心。想起这点真让人悲从中来。但午夜时分,一支烛光也能为踟蹰暗夜的旅人燃起一丝希望。朝霞纵然绚丽,但那要待晓雾四散,而并非人人都能等到清晓苍临的一天。因此不管天光大开,还是烛光掩映,清醒的灵魂总守候着,只要有人守候,就总有破晓的可能。怕就怕我们睡着了。守候于幽夜是一种幸福,正如西西弗斯是幸福的一样。②

这种思考既有借他人酒杯,浇自己块垒的味道,又有陈平原所谓的"压在纸背的心情"③,但如此释义却更多是"情"的延伸而并非"理"的拓展,其文学情思远大于哲学反思,而马尔库塞的批判现实之维基本上没有触碰。

无独有偶,差不多同时研究过马尔库塞的刘小枫也像赵越胜一样,努力去释放的依然是马尔库塞的审美之维。在《诗化哲学》一书中,刘小枫把马尔库塞置放于德国浪漫派的文化传统中,进而去解读

---

① 除刊发于杂志上的翻译外,1980年代中国大陆翻译出版的马尔库塞著作有:《工业社会与新左派》(任立编译,北京:商务印书馆1982年版),《现代美学析疑》(绿原译,北京:文化艺术出版社1987年版),《现代文明与人的困境》(李小兵等译,上海:上海三联书店1989年版),《审美之维》(李小兵译,北京:三联书店1989年版)。*One-Dimensional Man* 译本有三,分别是《单面人》(左晓斯译,长沙:湖南人民出版社1988年版),《单向度的人》(张峰、吕世平译,重庆:重庆出版社1988年版),《单向度的人》(刘继译,上海:上海译文出版社1989年版)。《爱欲与文明》有黄勇、薛民译本(上海:上海译文出版社1987年版),但赵越胜亦已译出该书,说是由北京三联书店出版,但不知何故,并未面世(参见赵越胜:《走向无压抑文明:读〈爱欲与文明〉》,《读书》1988年第8期)。

② 赵越胜:《燃灯者》,香港:牛津大学出版社2010年版,第53页。

③ 陈平原:《学院的"内"与"外"》,见《大学何为》,北京:北京大学出版社2006年版,第278页。

马尔库塞的"审美革命",于是,马尔库塞所谓的新感性、诗化的语言、艺术自律等便成为刘小枫所看重的关键词。他甚至特别指出:"艺术的自律性问题的突出,对文艺学研究具有重大的意义。艺术自成一个充足的系统,不应摄于意识形态的统御之下。它是超验的,自主的,而不是被决定的,受指导的。长期以为,人们习惯于从意识形态的角度来规定艺术,说明艺术,解释文艺现象,结果造成了一系列令人啼笑皆非的现象。"①这种解读方式,其问题意识显然是在文学艺术和美学层面,我们在其中依然看不到马尔库塞对现实的批判。

现在看来,如此接受马尔库塞自然并非空穴来风,其中应该隐含着1980年代个人与时代的双重信息:其一,在1980年代,马尔库塞的接受者大都是"文艺青年",甚至连研究者(如赵越胜、刘小枫)也是"文艺青年"出身②,因此把马尔库塞的思想美学化和文学化,进而诗意化和浪漫化,便成为接受马尔库塞思想的惯常路数。而马尔库塞确实也有赵越胜所谓的"浪漫主义骑士"之风③,他那种审美乌托邦的经营与建构其实是很适合"文艺青年"们的口味的(从这个意义上说,1968年"五月风暴"中的造反学生也是"文艺青年"),大概正是基于如上原因,马尔库塞与中国的"文艺青年"才会一拍即合。其二,马尔库塞来到中国正好与1980年代的"美学热"狭路相逢,马尔库塞晚年的思想本来就走向了审美之维,而在"美学热"的氛围中,对马尔库塞的所有思想化约为美学思想,似乎也成了顺理成章之举。其三,改革开放之初,中国大陆还没有遭遇马尔库塞所批判的发达工业社会的诸多问题。所以,尽管马尔库塞所论述的"后技术文化"对人身心的控制也振聋发聩,但由于缺少感同身受的体验,接受者与阐释者还很难在这一维度上产生深刻的共鸣。

以上所述,可以从一个侧面看出法兰克福学派在1980年代中国大陆的接受状况,之所以如此梳理,也是我对傅永军论文(《接受与拒斥——批判理论在中国大陆的命运》)的一个回应。傅永军认为:"中

---

① 刘小枫:《诗化哲学》,济南:山东文艺出版社1986年版,第268—269页。
② 甘阳说:"某种意义是读大学以前我们实际上是文学青年,你所向往追求的是一个诗意的世界。"见查建英主编:《八十年代访谈录》,第200页。
③ 赵越胜曾想把他的硕士学位论文题目定为《马尔库塞——批判哲学的浪漫主义骑士》,但其最终题目是否如此,不得而知。参见赵越胜:《燃灯者》,第53页。

国学术界对法兰克福学派的最初接受开始于20世纪80年代。奇怪的是,素来对西方激进左翼思潮怀有天然好感的中国知识分子,对法兰克福学派社会批判理论采取的却是一种拒斥态度。"(第29页)接受的积极性不高大体上是事实,但"拒斥"显然是言重了。而用"拒斥"一笔带过,也就不可能去正视1980年代学界接受法兰克福学派的复杂性。因为在我看来,法兰克福学派来到中国尽管不温不火,但依然存在着一个接受的问题,而这一时期的接受大体上可看作美学层面的诗意接受。

那么,进入1990年代之后,大陆学界又是如何接受法兰克福学派呢?我的看法是,与1980年代相比,1990年代大陆学界对法兰克福学派的接受一度升温。究其原因,是因为伴随着市场经济的展开,大众文化不再是1980年代主流意识形态的打压对象,而是可以堂而皇之粉墨登场了。而借用法兰克福学派的大众文化(文化工业)批判理论清算大众文化所存在的种种问题,便成为人文知识分子接受法兰克福学派的主要动力,这在1993年前后体现得尤其明显。其后,虽然有"走出阿多诺模式"的反思,有"错位说"(即批判理论与中国当代大众文化现实存在错位)的质疑,更有"搔痒说"(即法兰克福学派的文化批判只不过是在资本结构的文化脂肪上搔痒,却因此很合中国文人的胃口)的讥讽[①],但这至少说明学界已经很在意法兰克福学派了。而笔者在世纪之交之所以会选择法兰克福学派的大众文化理论去做博士学位论文[②],很大程度上也得益于那种接受与反思的氛围。这一时期的接受则主要可看作大众文化批判层面的顺应式接受和自反性接受。

当然,无论是1980年代不温不火的接受还是1990年代一哄而上的接受,法兰克福学派最终也没有形成太大气候,这应该是事实。对此,傅永军指出:法兰克福学派的批判话语"基本上找不到进入大众日常生活的通道,无法将自己的生涩的批判语言化约为一般民众对自己

[①] 这里不再一一作注,其相关分析可参考笔者的两篇文章:《法兰克福学派的中国之旅——从一篇被人遗忘的"序言"说起》《未结硕果的思想之花——文化工业理论在中国的兴盛与衰落》。

[②] 参见拙著《整合与颠覆:大众文化的辩证法——法兰克福学派的大众文化理论》,北京:北京大学出版社2005年版。

生活状态进行省察时所使用的日常反思语言。因此,它在中国至多掀起的是书卷中的风暴,成为知识分子愤世嫉俗性格的话语实现模式之一"(第32页)。我基本上认同于这一看法,但究其原因,却又觉得不似傅永军所说的那么简单。傅永军认为,1990年代以前,知识分子总是在"突变、剧烈式革命"的语境下来谈论中国与西方,但1990年代以来,这种语境发生了根本性的转换,"渐进、温和式的改良"占据了上峰并得到了普遍认同。法兰克福学派的批判理论本来是一种激进主义的思想话语,却不幸遭遇到"告别革命"的历史语境,它便失去了开花结果的基本前提。另一方面,自由主义知识分子在中国学术界拥有了更大的话语权,他们自然又会对包括法兰克福学派在内的激进主义话语提高警惕。两者因素相加,批判理论也就只能被落实为一种学术话语,而无法演化成一种用于改造社会的实践话语了。(第32—36页)

这当然是法兰克福学派难成气候的一个原因,但我以为,另一个原因也值得一提。1990年代以来,随着市场经济的深入展开,法兰克福学派所批判过的"工具理性"和"技术理性"成为中国现代化进程中极为强劲的内在逻辑,它们本身已对"价值理性"或法兰克福学派的"批判理性"构成了一种制约或排斥。与此同时,"不争论"的策略又"促使思想退出了实践,也致使思想中隐含着的约束当下经验现实的超验原则与理想弱化甚至退出了对实践的约束",结果是,试错性的"实践"或者是"摸着石头过河"式的实践大行其道,"启蒙辩证法"因此演变成推崇肉身的"欲望辩证法"(参见该书刘森林:《〈启蒙辩证法〉与中国虚无主义》一文,第92—94页)。许多知识分子也在这场改革中成为既得利益者,他们因此逐渐放弃了批判的立场。两面夹击之下,批判理论便只能成为弱势话语或边缘话语了。

退一步讲,批判理论是不是必须落实成改造社会的实践话语,笔者也心存疑虑。长期以来,中国大陆接受的是马克思对"理论"价值的经典释义:"理论一经掌握群众,也会变成物质力量。理论只要说服人[ad hominem],就能掌握群众;而理论只要彻底,就能说服人[ad hominem]。所谓彻底,就是抓住事物的根本。"[①]"哲学家们只是用不同的

---

① 《马克思恩格斯选集》第1卷,北京:人民出版社1995年版,第9页。

方式解释世界,问题在于改变世界。"①但实际上,我们不应该忘记"理论"还有另一种功能。凯尔纳(Douglas Kellner)指出:"'理论'是一种看待世界的方式;它们是用以阐明特定现象的眼光,但是其中也有某些限制了其注意力的盲点和局限。'理论'一词是从希腊词根 theoria 派生出来的;theoria 注重的就是看,因而,理论的一个功能就是帮助个人去看和阐明现象、事件。所以,理论就是看的方式,提供的是知性与阐释模式,把注意力集中在特定现象、关联或整个社会体系上。"②现在看来,马克思对理论的解释虽然高屋建瓴,但其激进主义的思路也是不言而喻的。如果我们能像凯尔纳那样去看待理论,很可能就不会去要求法兰克福学派的批判理论须有立竿见影的实践效果了。在这一方面,我更相信马尔库塞的说法有其道理,他指出:"艺术不能改变世界,但是它却可以致力于变革那些能够改变世界的男人和女人的意识与冲动。"③我以为把"艺术"换成"理论",这种说法也是可以成立的。因此,从长时段来看,大陆学者对法兰克福学派的接受效果也许没必要那么悲观。

哈贝马斯在中国

除第一代批判理论家外,哈贝马斯也成为该书作者关注度较高的人物。德国学者苏娜(Nora Sausmikat)的《本土化视角下的哈贝马斯——从中国政治改革论争看法兰克福学派的影响》和史蒂芬·米勒—多姆(Stefan Müller-Doohm)的《哈贝马斯——传媒哲学在公开理性使用中的废除》两篇论文,一者梳理哈贝马斯在中国的接受问题,一者解读哈贝马斯关于传媒哲学的相关论述,均可圈可点,启人思考。而中国学者童世骏的《关于"重叠共识"的"重叠共识"》和曹卫东的《一种中国特色的公共领域是否可能》,前者在分析美国哲学家罗尔斯(John Rawls)"重叠共识"概念的基础上,引出了哈贝马斯与罗尔斯之

---

① 《马克思恩格斯选集》第 1 卷,北京:人民出版社 1995 年版,第 57 页。
② 〔美〕道格拉斯·凯尔纳:《媒体文化——介于现代与后现代之间的文化研究、认同性与政治》,丁宁译,商务印书馆 2004 年版,第 42 页。
③ Herbert Marcuse, *The Aesthetic Dimension*: *Toward a Critique of Marxist Aesthetics*, Boston: Beacon Press, 1978, p.32.

争;后者则在对四个乡村调查研究的基础上,探讨中国农村构建公共领域的可能性,这是对哈贝马斯"公共领域"理论的一次运用和检验。在这些论文中,笔者感兴趣的依然是哈贝马斯的中国接受,所以,以下思考我将主要在这方面聚焦。

虽然早在1979年就有了对哈贝马斯的介绍与翻译[①],但在1980—1990年代,哈贝马斯在中国大陆学界的关注度很低,直到世纪之交开始,哈贝马斯的接受才变得大热起来。据苏娜统计:"1987—1997年,中国共出版了68种有关哈贝马斯的论著(包括译著、专著和期刊论文),与178种海德格尔论著以及437种与康德论著相比,这一数字略显寒酸。"(第152页)而笔者查找"中国期刊全文数据库",也获得了如下数字:1979—1999年,以哈贝马斯为题的研究论文(包括翻译过来的论文)共106篇,但2000—2011年,却有1065篇之多。这些数字应该可以说明哈贝马斯在不同年代的受关注情况。

新世纪以来,哈贝马斯之所以能够在中国大陆走红,既与《公共领域的结构转型》(1999)一书被翻译成汉语有关,也与2001年4月哈贝马斯访华连续在京沪两地发表七场演讲参加多场座谈而引发的"哈贝马斯热"有关。苏娜认为,哈贝马斯著作中的"公共领域交往理论""公民社会"和"人权普遍性"等观点在中国政治改革中的争论产生了重要影响(第154页)。她还指出:"在中国,法兰克福学派的重要影响主要集中于下述两个领域:一是对公共知识分子角色的反思,二是对现代性的研究。特别是哈贝马斯的观点,为针对公共领域法治结构问题的讨论提供了丰富的资源。"(第156—157页)这种说法大体上符合实际情况。而由于哈贝马斯本人及其著作的"跨学科"特点,其影响也在哲学、法学、社会学、新闻传播学、美学、文学理论等领域迅速扩散。有人指出:《公共领域的结构转型》汉译本出版后,"获益最深、鼓舞最大的中国学术界之一当属新闻传播研究,公共领域一时成了专业杂志频频出现的关键词和新闻院校研究者挂在嘴边的术语"[②]。接受哈贝马斯的盛况由此可见一斑。但由于视域所限,哈贝马斯对诸多领域的

---

① 《世界哲学》1979年第1期有赵鑫珊编译的《哈贝马斯简介》,第5期有对哈贝马斯文章的摘译《哲学在马克思主义中的作用》(郭官义),这很可能是对哈贝马斯的第一译。

② 王翰东:《细读哈贝马斯——〈公共领域的结构转型〉中、英文译本比照》,《新闻与传播评论(2002年卷)》,武汉:武汉出版社2003年版,第28页。

影响笔者并无能力梳理,以下我只想从自己的专业角度出发,对我感兴趣的"公共领域"和"公共知识分子"问题略作分析。

曹卫东在论文中指出:"在哈贝马斯的公共领域理论中,话语主体性一直是他着力阐释的问题。资产阶级的个人首先在文学公共领域中获得批判性的自我理解,随后再进入政治公共领域。"(第181页)这也意味着,若按哈贝马斯的理路来谈论中国当代公共领域的建设与营造,文学公共领域是无法绕过的环节。根据笔者分析,中国在1980年代虽然受哈贝马斯理论的影响甚微,但客观上业已形成了一个文学公共领域。1990年代以来,文学公共领域在遭遇重创之后一蹶不振,作家去除了知识分子的角色扮演而退守自我,私语化的文学开始流行。与此同时,大众文化的兴起与大众媒介的影响又改写了文学活动的方向,致使文学公共性消失而文化消费伪公共领域诞生。文学公共领域消失之后,重建公共领域的潜流开始向人文社会科学界涌动。2004年,《南方人物周刊》第7期推出"影响中国:公共知识分子50人"的特别策划,其入选者多为人文社会科学界的学者,也从一个侧面反映出重建公共领域的话语主体已从原来的文学界转移并扩散至经济学界、法学界、历史学界、哲学界、社会学界、传媒界和科学界等。[①]

新世纪以来,中国知识界重建公共领域的努力显然与哈贝马斯的影响密切相关,而公共知识分子的诞生则是公共领域建设的重要环节。哈贝马斯来华演讲时指出:所谓公共知识分子,"就是那些积极投身到现代社会自我理解的公共过程中去的行为者,也就是积极投身到文化公共领域、政治公共领域以及民族公共领域中去的行为者。这些人不是选派出来的,而是主动表达意见,关注普遍话题,在各种不同的利益之间做到不偏不倚。换言之,'公共知识分子'的社会职责和历史使命就在于为建立国家层面和国际层面上的民主制度而努力"[②]。验之于当今一些公共知识分子的所作所为,他们应该比较吻合哈贝马斯

[①] 参见拙文《文学活动的转型与文学公共性的消失——中国当代文学公共领域的反思》,《文艺研究》2009年第1期,第30—39页。

[②] 曹卫东:《哈贝马斯的文化间性——哈贝马斯中国之行记述》,见《权力的他者》,上海:上海教育出版社2004年版,第66页。

所描述的基本特征。为说明问题,下面我将以"准公共知识分子"①韩寒和韩寒现象为例略作分析。

韩寒出道伊始(1999年),其角色扮演是天才少年作家,阅读公众也只是在挑战或反叛语文应试教育的层面接受了韩寒。因此,在2005年以前,韩寒只是出版过《三重门》《长安乱》等文学作品并赢得了不小人气,而在公共领域的建构中并无多少作为。但自从他开通博客(2005年9月)之后,他在文学创作(作为作家)和比赛(作为赛车手)之余,写时评,办杂志(2010年出版《独唱团》),其影响力与日俱增,其角色扮演也开始移位。于是,"意见领袖"、"公民韩寒"(《南都周刊》)"公共知识分子"等称号开始与韩寒形影不离。与此同时,他的言说内容、言说策略和影响力也得到了诸多学者的嘉许与认可。中国人民大学政治学教授张鸣认为:"就公共事务而言,别说官方,就是整个知识界,其影响力加起来都不及一个韩寒。"②北京电影学院崔卫平教授则把韩寒定位于"公民人文主义者"③。

如此看来,韩寒及韩寒现象的价值与意义也就渐趋分明了,大体而言,我以为可以在如下层面作出思考。

首先,韩寒虽然不一定直接从哈贝马斯的理论中受益,但是,他的所作所为又非常符合哈贝马斯的相关论述,该如何解释这一现象呢?我觉得这与新世纪以来知识界建构公共领域的大氛围有关。在我看来,哈贝马斯思想的中国之旅自然首先是在学术界落脚,而理论层面的讲解、探讨和阐释之后便会逐渐下移,对一些年轻的学子或知识分子构成影响。正是在这一意义上,韩寒的角色扮演或许与哈贝马斯的思想播种存在着一种隐秘的关联。

其次,哈贝马斯在谈到资产阶级公共领域的建构时,特意提到剧院、咖啡馆、沙龙等自发形成的公共空间的重要性。那么,新世纪以来,中国最具代表性的公共空间在哪里呢?当然不可能是在沙龙、剧

---

① 如何为韩寒的角色扮演定位是一件颇费周折的事情,对此,笔者曾撰写过短文《从韩寒的角色扮演说起》(《南方都市报》2009年11月30日)予以分析。我现在的看法是,把韩寒看成公共知识分子与公众之间的中介性人物或许更加合适,正是在这一意义上,我称他为"准公共知识分子"。

② 张鸣:《韩寒的影响力》,http://blog.sina.com.cn/s/blog_4ac7a2f50100ic18.html。

③ 崔卫平:《韩寒——公民人文主义者》,http://view.news.qq.com/a/20100618/000016.htm。

院、咖啡馆,①也不在大学课堂、平面媒体(尽管那里也存在着适度的公共空间),而是在互联网上。近十年来,可以说许多公共话题的充分讨论与展开都是在网络上进行的,而讨论的平台也经历了从 BBS 论坛、博客到微博的演化过程。因此,表面上看,韩寒只不过是一个博客写手,但实际上,他的博客已被逐渐打造成了敢于言说、善于言说、理性交往的公共空间。这种公共空间对政治公共领域的建设作用不可谓不大。

第三,苏娜指出:"目前中国正在形成的'公共领域'与哈贝马斯的公共领域概念之间最根本的区别在于:在中国,无论过去还是现在,政治观点的自由表达一直受到了很大限制,而在哈贝马斯看来,民主恰恰是公共领域宪法时刻的标志。"(第157页)这种判断应该说是十分准确的。不过,苏娜所指出的这种状况也正好说明了在目前的条件下知识分子营造公共空间、建构公共领域的艰难困顿。而为了这个公共领域的形成,知识分子或者不得不以更委婉、更温和也更理性的方式参与公共问题的讨论,或者不得不做出某种让步或妥协。2011 年年底,韩寒连续发出《谈革命》《说民主》《要自由》三篇博文(网友戏称为"韩三篇"),引起网络热议。虽然"韩三篇"不大可能经得住严格的学理推敲,也很让一些公共知识分子失望或不满,但它却把知识分子素来关心的问题进行了一次通俗化的表达。由此引发的争议以及是非对错等问题甚至都成了一个次要问题,它更有价值的地方在于,韩寒通过自己的影响力,把改良、民主、自由等重大问题推进到了更加广阔的公共话语空间之中。从这个意义上说,韩寒已经在履行哈贝马斯所谓的公共知识分子的社会职责和历史使命了。

以上事例虽然不能直接说明哈贝马斯思想的接受情况,却也能旁证"理论旅行"之后所形成的诸多效应。而且,由于哈贝马斯的公共领域理论在中国知识界共鸣程度高,我甚至觉得理论层面的接受(阐释与解读)固然有其价值,但身体力行的实践行为可能更有意义。有人指出,汉语世界在接受和运用哈贝马斯的公共领域概念时存在着种种

---

① 李陀说:"咖啡馆近些年在中国兴起以后,并没有对公共空间的形成起多大作用,相反,由于这东西成了当代消费主义生活方式的孵化器(我也来个时髦词儿),恰恰对我们前边讨论的,以友情作催化剂形成的公共空间(中国特色)有很大的破坏。"查建英主编:《八十年代访谈录》,第264页。

问题,其中最主要的问题是基本上忽略了这一概念中的政治批判内涵。① 这种判断在学术场域中是可以成立的,但也需要看到的是,拓展公共领域的实践活动早已融入到政治批判或政治协商的诉求之中。这种实践走在理论前面因而暗合了理论要义的景象,或许更值得引起我们的深思。

法兰克福学派的文化与艺术理论

从专业角度看,笔者对"法兰克福学派的文化和艺术理论"专题的兴趣更浓,因此这一专题我读得也更细一些。其中有三篇文章,我受益匪浅,它们是中国大陆学者翟振明的《性爱与女性自主——中国新旧媒体中匿名的弗洛姆和马尔库塞》,德国学者狄安涅(Anett Dippner)的《革命与欲望——中国的性解放与法兰克福学派》,台湾地区学者黄圣哲的《文化工业理论的重建》。

在新旧媒体中去挖掘隐藏于其中的弗洛姆与马尔库塞,可以说是一个既有新意也有些难度的话题。这里所谓的新旧媒体指的是广播电台的"夜话"节目、电视里的广告、网络上的博客等。而无论哪种媒体,又都是由人来掌控的,因此,翟振明最终对准的还是新旧媒体中的话语主体。比如在胡晓梅主持的"夜话"节目和她由此撰写的读物里,作者发现马尔库塞"快乐原则"和"现实原则"相冲突的观点隐匿其中,而弗洛姆《生命之爱》一书的观点更是走到了前台。在木子美的《遗情书》和海容天天的"女子独立宣言"中,作者又发现了马尔库塞关于"基本压抑"和"多余压抑"的区分和弗洛姆人本主义伦理学的踪迹。而面对一些学者的学术话语(如荒林和李银河),作者的"挖掘"似乎要更容易一些。比如,作者呈现了荒林的一段"私下交谈"之后分析道:"在她看来,将性与爱完全分别开来讨论,看成是相对立的一对概念,完全是男权社会用来驯化女性而造出来的意识形态。这种对色情与爱情关系的理解,必然使我们想起马尔库塞在《爱欲与文明》中的论题以及弗洛姆在《爱的艺术》中的批判性反思。"(第223页)

---

① 参见曹卫东:《哈贝马斯在汉语世界的历史效果——以〈公共领域的结构转型〉为例》,《现代哲学》2005年第1期。

作者如此追寻文本中匿名的弗洛姆与马尔库塞,其写作动因自然是不言而喻的:作为早已"过气"的人物,弗洛姆与马尔库塞的理论影响虽然已经淡出,但是它们已然深入到了一部分人的潜意识之中,成为马克思或德里达所谓的"幽灵"。而当这种幽灵在一些女性(主要是女性主义者)心中徘徊时,便由此证明了弗洛姆与马尔库塞在"性爱与女性自主"方面的积极影响。也就是说,荒林与李银河的女性主义表白,甚至木子美的性爱展示与海容天天的行为艺术,其背后都有一个共同的思想资源。果如此,她们对性爱自主的呼唤或在性爱自主方面的所作所为,也就具有了非常隆重的革命意义。因为马尔库塞曾经说过:"性和社会功用之间的根本对立本身反映了快乐原则和现实原则之间的冲突,这种对立现在由于现实原则对快乐原则的不断侵犯而被搞得模糊不清。在一个异化了的世界上,爱欲的解放必将成为一种致命的破坏力量,必将全盘否定支配着压抑性现实的原则。"①这样的论述作者虽然没有引用,但似乎已经呼之欲出了。

论文写作者有时候就像侦探,借助于被人忽略的蛛丝马迹而合理推衍并最终寻找到那个潜伏的"逃犯",往往是他们的拿手好戏。翟振明便是如此经营他这篇论文的。我甚至想到,作者写到最后很可能会产生福尔摩斯般的快意。但我还是忍不住想说,此文似有过度阐释之嫌。比如木子美,作为"中山大学哲学系 2001 级本科毕业生"(第220页),她是有可能接触过弗洛姆与马尔库塞的相关著作的,但这种接受是不是存在着某种误读,值得怀疑。美国学者指出:马尔库塞身上有一种"享乐主义的气质,他一定觉得美国清教徒式的工作道德观格外难以忍受",所以,在他眼中,"一切劳动皆是异化的劳动,而唯有性爱、闲暇或玩耍才能带来满足"。② 这种致思方式本来就很容易被人误读;另一方面,《爱欲与文明》一书在西方 1960 年代"性解放"运动中虽然扮演过推波助澜的角色,但许多青年学生的"活学活用"也确实变成了误读误用。这就意味着如果无法对马尔库塞的整体思想有所把握,一知半解的接受很容易剑走偏锋。木子美的性实践活动固然有

---

① 〔美〕赫伯特·马尔库塞:《爱欲与文明——对弗洛伊德思想的哲学探讨》,黄勇、薛民等译,上海:上海译文出版社 1987 年版,第 66—67 页。
② 〔美〕MORRIS DICKSTEIN:《伊甸园之门——六十年代美国文化》,方晓光译,上海:上海外语教育出版社 1985 年版,第 74 页。

性爱自主的意味,但在一个消费主义渐成主导意识形态的当代中国,她的所作所为也许更适合在弗洛姆批判的层面上进行反思。弗洛姆说:"'性解放'常常被人认为起源于弗洛伊德,但我却认为它是一个消费社会的必然结果。我们怂恿人们去满足自己的一切欲望,怎么能要求他们克制自己的性欲呢?在一个消费社会里,性也必然成为消费品。"①可惜,作者并没有在这一层面进行反思,让人感到有些遗憾。

相比之下,我更欣赏狄安涅所作出的分析。在其论文中,作者首先梳理了西方1960年代的"性革命"与法兰克福学派(尤其是与马尔库塞)的关系,认为性革命所导致的"情欲意识形态是片面看待马尔库塞与阿多诺观点所造成的结果"(第207页)。继而指出:当代中国的性革命一方面是国家政策的副产品(如避孕由国家提倡,1981年推行的独生子女政策客观上造成了性与生育的相分离),"这些由国家所提倡的性并不符合马尔库塞及其他法兰克福学派代表人物所提出的性爱解放"(第208页);另一方面,它又走进了文化工业设计的诡计之中。于是,"国家对满足部分欲望的提倡和鼓励,造成了性在这种情况下不是去对抗占统治地位、具有维持现状功能的现实原则,把欲望从监控中解救出来,而是走向了其反面:随着性经由文化产业在休闲生活中的传播蔓延,大众百姓为附加压抑的阴险招数所迷惑,那些占统治地位的东西也由此日益站稳脚跟"(第208—209页)。正是基于这一思路,作者特别指出:海容天天的全裸秀无法与1968年的袒胸露乳相提并论,卫慧、木子美笔下的都市生活不过是《欲望都市》的一种中国版本。甚至作者还委婉地表达了她对翟振明观点的不同意见:"卫慧与木子美的作品以及翟振明(在本书中)所引用的诸多中国'开放'女性的言论都显得似乎在女性(性)自主意识方面出现了一线曙光。然而,阿多诺对此应该不会抱有太乐观的态度。按照他的意思,恰恰是这种猥亵而招人厌恶的言行举止对性造成了去性化的结果。"(第211页)

在我看来,如此分析中国的性解放现象,不光显示出作者目光的

---

① 陈学明等编:《痛苦中的安乐——马尔库塞、弗洛姆论消费主义》,昆明:云南人民出版社1998年版,第169页。

冷峻,而且也应该更符合事情的真相。1990年代以来,随着改革开放力度的增大和市场经济的深入展开,当代中国也开始了如前所述的从"启蒙辩证法"到"欲望辩证法"的文化转型,"这意味着,启蒙转化为野蛮与欺骗的启蒙辩证法注释就被当成了正面的东西来理解了,也就是说,它被当成了拥抱感性、拒斥理性、迎合身体、燃烧欲望、解放冲动的论说工具,而其中的批判意蕴被忽视和遗忘了"(第96页)。而一些女性作家如卫慧、棉棉、九丹和木子美者,她们则是构成了"身体写作"的暴露谱系。在女性主义者眼中,她们有可能被解读为"性爱自主"的先锋,"性解放"的典范,但实际上,她们的写作其实是商业主义、消费主义、欲望中心主义联合打造出来的产物,其中即便有女性主义的因素,也已经被其他主义裹挟和绑架之后变得形神涣散,魂不附体了。因此,如果说在1980年代一些涉及性爱问题的文学作品(如张贤亮的《男人的一半是女人》等)中,性爱还是反抗政治意识形态和马尔库塞所谓的"现实原则"的一种方式,那么,从《上海宝贝》开始,在"有了快感你就喊"的喧嚣中,性爱已经抽离了政治因素,变成了"快乐原则"的一次示范。女性作家在此题材中一展身手,不过是想获得本雅明所谓的带有商品特征的"展示价值"。这正如狄安涅所言:"展现躯体这一举动既不带有任何政治色彩,也不具有任何解放性质,而更接近于(后)现代自恋情结的一种表现,更接近阿多诺与席古施(Sigusch)所查明的当今社会上的那种人。"(第214页)因此,在当下中国,性解放或性革命的践行者已不可能是马尔库塞的精神盟友,而恰恰成了法兰克福学派所批判的对象。

　　狄安涅还指出:"中国年轻的女性性革命家上演了性自由戏,而性已经有意识无意识地被纳入了文化工业设置的机关之中。"(第215页)由于这里提到了文化工业,而黄圣哲的论文又正好是在谈论文化工业理论,所以接下来,我们将面对他的分析。

　　《文化工业理论的重建》是对阿多诺的文化工业理论的解读和修正。黄圣哲认为,文化工业的动力并非像阿多诺所说的那样是"标准化",而是"准标准化"(quasi-standardization)。所谓"准标准化"是指:"文化工业的生产机制朝向一个固定的模式,但它却不能将自己僵固在这个模式之中,它必须不断地进行变异。"(第227页)同时,作者又指出,真挚性(authenticity,一译"本真性")和自主性是19世纪浪漫主义艺术的核心价值,阿多诺继承了这个传统,同时将它确立为衡量一切艺术活动和艺术作品的美学标准,"文化工业则是这个美学标准的反题。文化工业表现为对艺术真挚性进行破坏的否定性力量"(第232—233 页)。因此,"在阿多诺眼中,艺术与文化工业正好在真挚性的问题上处于一种高度紧张的二律背反。艺术行动因而往往被阿多诺视为一种对文化工业进行生命救赎的行动"(第 227 页)。

以上是黄圣哲论文的核心观点。在我看来,此论文的新意有四:首先,虽然许多学者都会论及阿多诺思想中艺术与文化工业的紧张关系,但这个艺术往往指的是现代艺术或现代主义艺术。比如,胡伊森(A. Huyssen)指出:"阿多诺的文化工业理论之所以存在问题,原因在于以下事实,用德里达的话说,它担当着阿多诺现代主义理论的附属物。"①而黄圣哲则把这个艺术上推到了 19 世纪的浪漫主义艺术,并明确了真挚性与自主性在阿多诺艺术价值观中的重要性。这就拓宽了我们对阿多诺美学理论的理解范围。当然,把真挚性与自主性定为衡量文化工业的理论判准,也会带来一些认知困境。比如,按照狄安涅的分析,像《遗情书》之类的作品已经落入了文化工业的诡计之中,但我们既不能说木子美在写性爱日记时不真挚不自主,也无法承认《遗情书》就是阿多诺所谓的艺术作品。那么,又该如何解释这种现象呢?是不是在真挚性和自主性之外还应该有其他理论判准?

其次,在论述的展开中黄圣哲提到:"文化工业理论与半教育理论是阿多诺文化社会学的两个互补的面向,不宜只做单方面的理解与阅读。"(第 233 页)作者在另一篇论文中指出:"半教育理论"(Theorie der Halbbildung)是阿多诺后期文化社会学的重要观点,但长期以来却受到忽视。所谓"半教育"是由德文 Bildung(教育或教养)概念所衍生的负面概念,而阿多诺的半教育理论则"揭示了文化产品被所谓的有教养的阶级(相对于无教养的大众)以一种预铸的范畴分类逻辑加以接受。文化欣赏变成了一种定型化了的固定模式的消费。半教育者,正是那些有教养的中产阶级,他们大多受过大学以上的教育,拥有一定的知识水准,但却习惯性地以一种有其社会根源的范畴分类模式形

---

① 〔美〕安德烈亚斯·胡伊森:《大分野之后:现代主义、大众文化、后现代主义》,周韵译,南京:南京大学出版社 2010 年版,第 26 页。

成其对艺术的理解及对知识的运用。"① 就笔者目力所及，确实还没见到过有人从互补的角度如此谈论阿多诺的文化工业理论。而半教育理论的引入，可以让我们意识到文化工业理论的另一个维度，即，阿多诺在形成他的文化工业批判理论时，其显在层面是面对美国的大众文化和德国的法西斯主义宣传，但那些半教育者或许也已进入了阿多诺的视野，成为他构建理论的潜在因素了。

第三，文化工业理论面世后，质疑和批判者不乏其人。其中，文化工业生产方式的"标准化"问题亦遭到批评。② 而黄圣哲把"标准化"修改成"准标准化"，既是从文化工业产品实际出发的结果，很可能也是从维护阿多诺的角度对这种批评所作出的一种回应。而借助于"准标准化"，再结合阿多诺所谓的"伪个性化"（pseudo-individualization），文化工业那种先是制定标准，标准逐渐僵硬之后重新设定标准的生产模式就会更容易理解。当然，我也以为，尽管阿多诺的"标准化"之说显得粗疏，但它依然击中了文化工业的软肋。这里仅举一例，略作说明。当记者采访于冬（北京博纳文化交流有限公司的创办者，中国目前最成功的电影发行人之一），提出《我知女人心》是海外大制作，但为什么票房不佳时，于冬说："《我知女人心》是好莱坞电影《男人百分百》翻拍的，是个时装片，有大量广告植入。'男人'为什么成功？喜剧的准确度是用分秒计算的。每一个细节，每一场戏，笑点在哪儿，节奏有非常严格的计算，这是好莱坞的精髓。中国导演来拍，就拍走样了，节奏没有，戏分散了；还想原创，又加入了父子情、父女情、办公室政治，一个电影承载不了这么多东西。"③ 转换到阿多诺的话语表达中，我们可以说《男人百分百》是按一种"标准化"的配方制作出的喜剧，所以它成功了，而《我知女人心》却破坏了文化工业的生产规律，所以便只能以失败告终。这意味着阿多诺的判断依然适用于当今的文化工业生产。

第四，在结语部分，黄圣哲形成了如下断语："笔者以往的经验

---

① 黄圣哲：《阿多诺的半教育理论》，《东吴社会学报》2003年第15期。
② 参见〔美〕伯尔纳·吉安德隆：《阿多诺遭遇凯迪拉克》，陈祥勤译，见陆扬、王毅选编：《大众文化研究》，上海：上海三联书店2001年版，第209—231页。
③ 张英：《"中国电影发行史上的一个悲剧"——于冬眼中的"龙门"与"十三钗"之战》，《南方周末》2012年1月19日。

研究令人不得不推论:以台湾社会为例,文化工业理论不仅完全适用,而且阿多诺所描述的结构作用还进一步得到增强。在其他亚洲国家,也呈类似现象。……在东亚,文化工业的逻辑结合亚洲社会独特的无个体性,并服从其固有的集体主义原则,表现为一种快乐工业与法西斯宣传机器结合的独特类型。"(第239页)在文化工业理论屡遇质疑的今天,形成如此判断确实比较鼓舞人心。台湾地区的社会情况笔者并不清楚,但根据笔者的经验研究,文化工业理论在中国大陆也没过时,只不过由于"中国特色"隐含其中,文化工业的生产因此会变得更加诡异。这一方面笔者已有专门论述,[①]此处就不再赘言了。

未完的旅行

在本文的结尾,我还想提一提霍耐特的"开幕致辞"和阿梅龙的"导言"。霍耐特说:"看一下我们这次会议的内容会特别惊讶地发现,大多来自中国的同事并没有关注批判理论的最新发展,而是关注着批判理论在社会研究所成立和流亡时期的一些代表,如本雅明、霍克海默尔、阿多诺以及马尔库塞的著作。此间,哈贝马斯的理论是个例外。"(第3页)为什么第一代、第二代批判理论家有较高的接受度?为什么第三代批判理论家虽有译介[②]却还没有真正进入中国学界的视野?这的确是一个很有意思的问题,值得研究。而阿梅龙则引用萨义德的话说:"理论必须旅行,它必须始终运动,超越它的限制,它必须移居,它必须——在某种程度上——保持被放逐。"(第4页)从全文的思路看,他也对法兰克福学派在中国的"理论旅行"效果非常满意。但是我想,阿梅龙代表的是理论的输出方,那是理论旅行的起点,他是可以感到欣慰的。而我们作为接受方,却不应该沾沾自喜。因为经过三十

---

① 参见拙著《大众媒介与文化变迁:中国当代媒介文化的散点透视》第四章(《反思"红色经典"》),北京:北京大学出版社2010年版,第244—300页。
② 一般认为法兰克福学派第三代理论家有:哲学家、社会学家韦尔默(Albrecht Wellmer),政治学家、社会学家奥菲(Claus Offe),哲学家、政治学家霍耐特等。目前,霍耐特的译著有:《为承认而斗争》,胡继华译,上海:上海人民出版社2005年版,《分裂的社会世界——社会哲学文集》,王晓升译,北京:社会科学文献出版社2011年版。韦尔默的译著有:《后形而上学现代性》,应奇、罗亚玲编译,上海:上海译文出版社2007年版。

多年的"旅行"之后,批判理论目前所呈现的样子还无法让人十分乐观。究竟是哪里出了问题,学界同仁还有必要进一步反思。

2012 年 1 月 20 日

(原载《新闻学研究》[中国台湾]2012 年 4 月[No. 111])

去政治化：马尔库塞美学理论的一种接受

——以刘小枫和李泽厚为例

时至今日，中国美学界和文学理论界业已承认，马尔库塞的美学理论是其革命理论或政治理论的组成部分。也就是说，如果要对马尔库塞那种激进的美学理论做出恰当解读，一方面需要让它与法兰克福学派的"批判理论"（1930—1940年代）形成联系，另一方面也需要把它还原到1960年代"文化革命"的历史语境之中。在此意义上，马尔库塞的美学既可在美国学者凯尔纳（Douglas Kellner，1943—　）所谓的"革命政治学"①中做出理解，亦可把它看作中国学者傅永军所谓的"政治诗学"。② 这就意味着，我们谈论马尔库塞的美学，不可能不去谈论其政治学。革命或政治应该是理解马尔库塞美学的一个关键词。

然而有趣的是，中国学界在对马尔库塞美学理论的早期接受（1980年代）中却出现了两种倾向：去政治化和再政治化。限于篇幅，

---

① 参见〔美〕道格拉斯·凯尔纳：《马尔库塞的遗产》，陆俊译，《北京科技大学学报》1999年第1期。
② 傅永军认为，"与霍克海默、阿多诺注重工具理性宰制的社会学后果不同，马尔库塞更加注意工艺合理性所造成后果的政治学效应。这使得马尔库塞的思想表现出泛政治化倾向，也更加激进和偏执。马尔库塞用一种意识形态解构另一种意识形态的决心，显露出他追求理论的政治效应的强烈渴望。即使他的那些哲学色彩相对浓郁的著作，我也愿意把它们称之为政治学著作"，"我把马尔库塞的这种革命与解放理论称之为'政治诗学'，因为这种理论透着近代浪漫主义气息，它把解放诗意化为美学对现代性的反抗，这因此也规定了马尔库塞'政治诗学'的主题：通过意识获得解放"。笔者以为，此种认识路径是合理的。见傅永军：《新感性、新理性与解放之途——马尔库塞"政治诗学"思想解析》，《当代世界社会主义问题》2005年第3期。

本文主要对第一种倾向做出分析,以期说明马尔库塞美学理论的中国之旅中所存在着的某种变异。

删除政治维度:去政治化的一种症候

关于去政治化,本文选取的是1980年代影响较大的两本专著中对马尔库塞的相关论述。它们分别是刘小枫的《诗化哲学》和李泽厚的《美学四讲》。

《诗化哲学》是对德国浪漫派美学的历史分析,而以马尔库塞、阿多诺、本雅明、布洛赫等人为代表的新马克思主义美学,则被作者看作德国浪漫美学传统的当代表达。于是,在全书最后一章("人和现实社会的审美解放")的论述中,马尔库塞的美学实践成为作者重点论述的对象。作者认为,"社会批判的本体论"是新马克思主义美学的突出特点,而马尔库塞在其美学思考中又体现得最为明显。在马尔库塞那里,他一方面确立了"感性及现实社会的本体论的优先地位",一方面又以"本体论的诗"作为其美学的基本出发点。而所谓本体论的诗,"就是人的感性及其现实社会的审美解放,就是通过诗的审美力量去打破毁灭性的和屈从性的社会关系,打破僵化了的谜一般的社会现实,从而使每个感性个体的命运中所包含的普遍性照亮这些个体自身所处的特殊社会状况,改变必然性之成为抉择、异化成为自我实现的历史困境,也使现实社会中的事情更透明、更独立、更令人感兴趣"[①]。以此为核心,作者分别论述了马尔库塞的美学策略:马尔库塞所呼唤的新感性究竟是一种什么东西,新感性的审美力量来自于何处;马尔库塞所谓的"艺术成为现实的形式"的主张价值何在,为什么他要把艺术看作一种生产力;马尔库塞等人为什么要引入"艺术自律"的概念,新马克思主义美学把审美摆到最高位置,其意义何在。

即使在今天看来,刘小枫对马尔库塞美学思想核心的把握也依然是比较准确的。而且,通过其相关论述,以下一些问题已初步触及或

---

① 刘小枫:《诗化哲学》,济南:山东文艺出版社1986年版,第255—256页。

有所提示,这就为国内学界进一步研究马尔库塞的美学理论奠定了一定基础。它们是:一、马尔库塞美学思想中的浪漫气质;二、马尔库塞等人对青年马克思的思路延续;三、马尔库塞在进行技术理性的批判时对海德格尔相关论述的吸收;四、马尔库塞对席勒思想的继承和发展。除此之外,我们也可以从其相关论述中看出,刘小枫对马尔库塞的美学思想是比较欣赏的。他说:"我一再要强调,自然人的生成,必然应是从伦理的人到审美的人,而不是从审美的人到伦理的人。伦理的人仍是社会的人,而不是超越的诗。"① 这可以看作作者对马尔库塞等人观点的一种肯定。

然而,也必须指出,在刘小枫对马尔库塞美学的梳理和分析中,我们却很难找到政治之维,整章内容也基本上不存在政治学层面的论述。究其原因,固然可以理解为专著论述的思路限定——在德国浪漫美学传统的层面去释放马尔库塞的思想,意味着作者不可能过多地去思考马尔库塞美学所关注的政治潜能,但除此之外,还有没有其他原因呢?

让我们把这个问题暂时搁置,转而去看看李泽厚的相关思考。

《美学四讲》中并没有对马尔库塞美学思想的专门论述,但是在第三讲的"美感"中,却有一节"建立新感性"的内容。那么,什么是李泽厚所谓的新感性呢?他的解释如下:"我所说的'新感性'就是指的这种由人类自己历史地建构起来的心理本体。它仍然是动物生理的感性,但已区别于动物心理,它是人类将自己的血肉自然即生理的感性存在加以'人化'的结果。这也就是我所谓的'内在的自然的人化'。"② 在对其新感性做出了进一步的阐释后,李泽厚又进一步指出:"马尔库塞也提出过'新感性',但他讲的'新感性',似乎是对马克思《手稿》的一种误解。他把'新感性'作为一种纯自然性的东西,所以他讲的性爱、性解放,实际是主张性即爱,性的快乐本身就是爱。……从整个文化历史看,人类在社会生活中总是陶冶性情——使'性'变成'爱',这才是真正的'新感性',这里边充满了丰富的、社会的、历史的

---

① 刘小枫:《诗化哲学》,第 270 页。
② 李泽厚:《美学四讲》,北京:三联书店 1989 年版,第 112 页。

内容。"①

从以上的论述中可以看出,李泽厚在提出"建立新感性"的构想时,显然是知道马尔库塞的新感性的,但他这里主要谈到的是他与马尔库塞在思考这一问题时的区别。而有趣的是,当年批判李泽厚的一篇文章恰恰强调的却是李、马之间的联系;而且,此文还把前者的新感性论看作对后者思想的发扬光大。此文认为:《美学四讲》以"自然的人化""人的自然化"为论点,与马尔库塞的"解放自然"论保持一致;而以"超生物性溶解于感性"的直觉论,则是对马尔库塞所谓的"作为生物性必然性的自由"的鼓吹。同时,《美学四讲》亦步马尔库塞后尘,鼓吹弗洛伊德的精神分析理论,鼓吹个体生命的感性存在的本体意义。所有这些都在表明:"《美学四讲》的'新感性'其实并没有真正的社会性。事实上,它的新感性论与马尔库塞根本一致,都是在竭力宣扬情欲本能解放论。"②

把此文还原到当年的历史语境中,其政治批判意图是不言而喻的。这就意味着它所沿用的依然是一种断章取义、无限上纲的大批判模式,其学术争鸣的价值大可怀疑。但笔者感兴趣的却不是这些,而是此文夸大其词的背后所隐含着的如下问题:在李泽厚与马尔库塞的思考中,两人的"新感性"是否确实存在着某种"家族相似性"? 这种相似性自然不是所谓的"宣扬情欲本能解放论",而是李、马二人都意识到情欲需要一种创造性的转化。当然,在这个问题上,他们二人的表述并不相同。李泽厚认为新感性的建立需要一个"自然人化"的过程,而马尔库塞也并非是一个"性解放"的鼓吹者,因为"爱欲与性欲不是一回事,尽管它们都是人的本能,但爱欲的内容要比性欲更广泛。爱欲是人的情感的全面发展,是一种超出性欲意义上的升华"。③——这种理解应该是接近马尔库塞的原意的。这也就意味着,马尔库塞在建立自己的新感性时,同样考虑到了如何转化和怎样升华。而李泽厚为了强调他与马尔库塞的区别,则把他们之间的分歧人为地放大了。

---

① 李泽厚:《美学四讲》,北京:三联书店1989年版,第123—124页。
② 严昭柱:《新感性论与马克思主义美学的对立》,《文艺理论与批评》1990年第4期。
③ 陆俊:《马尔库塞》,长沙:湖南教育出版社1999年版,第249页。

李泽厚与马尔库塞在建立新感性上的联系与区别似可专文论述，此处不宜展开。我在这里想要指出的只是这样一个事实：如果说在刘小枫那里，马尔库塞的美学思想还仅仅意味着被解读和被释放，那么在李泽厚这里，这种思想已成为他思考问题乃至建构自己理论体系的重要资源或主要参照系了。但令人奇怪的是，当李泽厚把"新感性"论述成"美学四讲"中的一个亮点时，他却同样删除了那个政治的维度。当然，相对于刘小枫而言，这种删除显得更间接也更隐蔽，但同样令人深思。

这就是我所谓的"去政治化"。也就是说，在对马尔库塞美学的早期接受中，一开始就把他所谓的"艺术的政治潜能在于艺术本身，即在审美形式本身"①等相关论述放置一边了。这样一来，我们所看到的马尔库塞就是一个比较纯粹的美学家，而不是一个有着明显政治诉求的革命理论家。那么，又该如何理解这种去政治化倾向呢？虽然在刘、李二学者那里，他们对马尔库塞的接受各有各的知识背景和解读方案，其去政治化的思路也不尽相同，但把他们的意图和策略还原到1980年代的历史语境中，或许能找出一些逻辑关联和共同答案。

告别革命：去政治化的历史语境

为了更好地回答这一问题，我们不妨把话题稍稍绕远一些。

在对法兰克福学派第一代理论家的接受上，中国学界应该存在着一个时间差。大体而言，1980年代，人们的兴趣主要集中在马尔库塞那里；1990年代，阿多诺则成了重点关注的对象。而他们二人也分别以自己的理论资源参与了中国"美学热"和"大众文化批判热"的进程。所以，若要谈中国学界对马尔库塞的美学接受，显然需要考虑新时期的那个"美学热"；若要谈马尔库塞对"美学热"的参与，首先又需要回答"美学热"兴起的原因。

---

① 〔美〕马尔库塞：《审美之维》，李小兵译，北京：三联书店1989年版，第203页。

种种论述表明,"美学热"与"告别革命"①之后的感官、感知、感性等诉求关系密切。李泽厚指出:"文革"结束后,"青年们对朦胧诗、牛仔裤的普遍欢迎,便是一例。这正如1949年革命胜利后,年轻妇女由穿旗袍、擦胭脂、抹口红,一变而为戴八角帽、穿军服,完全不化妆……人们却觉得很美,挺好看一样。所以,值得注意的是,这种急剧式的感知变换,经常与一定的社会性的理性内容联系在一起,与人们心理的革命期待联在一起"②。无独有偶,朱学勤在反思这一现象时,则联想到了他的研究领域——法国大革命,进而形成了如下思考:

> 如果说,在文明解构的"雅各宾时期",人性容易流露出"残忍"一面的话,那末,在文明建构的"热月时期"人性则容易流露出"轻佻"的一面。身处"热月"的人们一方面想"减去十岁",使劲遗忘前十年的惨重教训,仅仅把它视为一场完全可以避免的偶发事件,并没有什么植根于文明建构深层土壤的必然根基;另一方面则想"增加十岁",拼命追求世俗享受,要求加倍偿还被粗暴剥夺的感官快乐。我只举一个人际称谓的变化,或可引起你的回忆。"热月"之后,法国人一夜间统统放弃了"公民"这一象征平等的称呼,而改称:"老爷"、"伯爵"、"太太"等等。在我们的"热月"中也有类似变化。一个象征理想认同的称呼:"同志"已经不时兴了,代之而起的则是这样一些时髦的称呼:"小姐"、"老板"、"小开"等等。人们正在尽量抹去称呼中的平等色彩,更之以一层

---

① "告别革命"一说是从李泽厚与刘再复的对话录《告别革命》一书面世后开始流行起来的。按照刘再复在该书序言中的解释:"我们所说的革命,是指以群众暴力等急剧方式推翻现有制度和现有权威的激烈行动(不包括反对侵略的所谓'民族革命')。尽管这些行动在当时有其各种主客观原因或理由,但到今日,是应该予以充分反省、总结和接受其经验教训的时候了。对20世纪中国来说,这可能才是最根本的反省。在此新旧世纪之交,许多朋友都在展望21世纪,我们也展望,我们的展望就是要明白地说:我们决心'告别革命',既告别来自'左'的革命,也告别来自'右'的革命。21世纪不能再革命了,不能再把革命当作圣物那样憧憬、讴歌、膜拜,从而再次悲歌慷慨地煽动群众情绪,最终又把中国推向互相残杀的内战泥潭。当然中国更不能冒充世界中心而向外输出革命。21世纪应当是中国进行自我调整、自我完善、自我壮大的世纪。"笔者在此处借用这一说法,是要指出"美学热"与"告别革命"之间的内在关联。参见李泽厚、刘再复:《告别革命——回望20世纪中国》,香港:天地图书有限公司1995年版,第4页。

② 李泽厚:《美学四讲》,第112页。

强调等级贵贱的市侩色彩。①

在以上的两处论述中,李泽厚是纵向对比,指出了革命结束后人们涌现出的感官欲求和感知变化;朱学勤则是横向联系,反思了中国革命(主要是"文革")和法国大革命前后惊人相似的一幕。这种相似性基于感官欲望和世俗享乐的被剥夺(革命中)和随之而起的反弹(革命后)。而"美学热"便恰恰出现在这种"告别革命"之后人们开始追求感官欲望满足的历史语境之中,成为一种大势所趋。于是,有学者把这种现象概括为一种"感性解放",进而把它看作新时期"美学热"兴起的巨大动力:"从中世纪式的禁欲主义到弥漫国中的春心烘动,迪斯科、披肩发、流行歌曲、朦胧诗、裸体画、伤痕文学、星星画展……抗议、暴露、颠覆、挑战、戏弄、转型,一切'新感性'的'新的崛起',都在1979年和1980年发生了!感性的解放和思想的解放相互激荡,给中国社会带来了无穷的想象与渴望。作为学术的反应,和文艺最近、以感性生活——情感现象为研究对象、同时又以当时最炫惑人的字眼'美'来命名学科的美学首先热起来,显然与此有关。……美学,十分自然地成为感性解放的升华渠道、成为时代欲求的理论旗帜。"②

把新时期的美学热看作感性解放的一种升华形式,应该是能够令人信服的。但紧随其后的问题是,既然要把它升华起来,就必须找到一种强有力的理论资源作为其思想武器,非如此则无法使其立于不败之地。而由于马克思主义在中国的正统地位,当时最保险也最便捷的方案就是重新解读马克思,并在此基础上倚重西方人所谓的"青年马克思"的思想。于是,马克思的《1844年经济学哲学手稿》(以下简称《手稿》)开始进入研究者的视野。李泽厚指出:"人的价值、人的尊严、人性复归、人道主义,成为新时期开始的时代最强音。它在文学上突出地表现出来,也在哲学上表现出来。它表现为哲学上重提启蒙,反对独断(教条),反对愚昧,反对'异化',表现为对马克思《1844年经

---

① 朱学勤:《为什么要对比研究文化革命与法国大革命》,见《风声·雨声·读书声》,北京:三联书店1994年版,第115页。
② 赵士林:《对"美学热"的重新审视》,原载《文艺争鸣》2005年第6期,见张未民等编选:《新世纪文艺学的前沿反思》,北京:人民文学出版社2007年版,第310页。

济学哲学手稿》的研究盛极一时。当然最集中地表现为呼喊人道主义,把马克思主义解释(或归纳或规范)为'人道主义',强调马克思主义是'以人为中心','人是马克思主义的出发点',等等。这当然是对文化大革命以及以前数十年把马克思主义强调是阶级斗争学说的彻底反动,是对'以阶级斗争为纲'的根本否定。"① 现在看来,《手稿》对于新时期哲学、美学与文学的影响应该有多个层面,而其中最重要的层面或许是"人也按照美的规律来建造",是"人以一种全面的方式,也就是说,作为一个完整的人,占有自己的全面的本质"。② 因为在青年马克思的论述中,人如何把自己的感觉变成人的而使他既区别于神又区别于兽,成了理论家思想灵感的主要源泉。这种论述一方面对人道主义的呼唤和异化的扬弃构成一种支援,一方面也为新美学的建构提供了理论依据。可以想见,如果李泽厚的《美学四讲》抽去了马克思的"自然人化"说等核心依据,其理论设计将变得不可想象。

在此语境中,理论界遭遇马尔库塞将变得不可避免。因为马尔库塞是最早阐释《手稿》的理论家之一,他那篇关于《手稿》的论文《历史唯物主义的基础》(收入《西方学者论〈1844年经济学—哲学手稿〉》一书)又较早地(1983)被翻译到了国内,加上他立足于《手稿》而论述感性革命和新感性的著作章节亦先后被译,③这样,马尔库塞就成为把《手稿》中相关论述美学化的一位重要人物。可以说,中国学界对《手稿》的美学解读,不可能不假道于马尔库塞。因为正是通过他,马克思在经济学、哲学层面的论述才转换成美学思想,其革命理论也才获得了美学赋形。因此,无论中国学界是否欣赏和认可马尔库塞对《手稿》的解读,它都成了中国学者思考《手稿》与美学问题的重要参照。研究《手稿》多年的夏之放指出:"马尔库塞自以为是从马克思的《手稿》出发的,实际上他的理论被人们正确地称之为'审美乌托邦'。而要辨析马尔库塞理论的正误,就需要我们通过研读马克思的原著,通过以马克思的立场观点方法来分析今天的现实,通过艰苦的理论建设来加以

---

① 李泽厚:《中国现代思想史论》,北京:东方出版社1987年版,第199—200页。
② 〔德〕马克思:《1844年经济学哲学手稿》,北京:人民出版社1985年版,第54,80页。
③ 比如,马尔库塞《反革命与造反》一书中的大部分内容于1982年被翻译过来(见任立编译:《工业社会和新左派》),而《论解放》的一章内容(《论新感性》)先后于1987年(见绿原译:《现代美学析疑》)和1989年(见李小兵译《审美之维》)被译至国内。

回答。"①在这种表白中,我们大体上可以看出马尔库塞在中国学者心目中的位置,也可以看到马尔库塞与《手稿》的关联。

然而,无论是马尔库塞对《手稿》本身的解读,还是他在《手稿》基础之上的相关论述,其革命/政治意图均跃然纸上,比如,在《历史唯物主义的基础》一文中,确实可以看出他对马克思所论的"感性"兴致颇浓,因为他曾指出,"对于马克思来说,感性就成了他的哲学基础的中心";"这里所讲的'感性'是用以解释人的本质的一个本体论概念"。②然而,所有的这些关注又是建立在这样一个大前提之下的:"马克思理论的意义和目的根本不是哲学上的,而是实践的和革命的,即通过无产阶级的经济斗争和政治斗争推翻资本主义制度。"③于是,革命、总体革命和政治实践成为其解读的落脚点。而在《论新感性》中,马尔库塞所强调的依然是新感性与政治行动的内在关联,新感性和新道德也就成为社会变革的前提和归宿④,美学领域的革命暴动因而成为政治行动的助推器。在1960年代文化革命的热潮中,马尔库塞形成这样的思考是可以理解的;作为法兰克福学派阵营中唯一一位没有放弃早年革命理想的人,马尔库塞的新感性说亦可看作是被马克思、弗洛伊德等人思想武装起来的革命理论。

但是,马尔库塞进入中国的年代却正处在一个"告别革命"氛围中,而对于这种氛围,美学家也适逢其时地做出了一种理论说明。李泽厚指出:

> 诚然,马克思主义是革命的理论、批判的理论,但它只是这种理论吗?在现时代,不论在东方还是西方,光坚持或只谈是革命的理论,已经不够了。它只是马克思主义的一个方面,尽管曾经是主要的基本的方面。但无论如何,阶级、阶级斗争、革命都只和一定的历史阶段相联系。在漫长的人类历史上,它毕竟是比较短暂的现象。不能天天革命,岁岁战争。阶级斗争不能"年年讲月

---

① 夏之放:《异化的扬弃——〈1844年经济学哲学手稿〉的当代阐释》,广州:花城出版社2000年版,第22页。
② 〔美〕马尔库塞:《历史唯物主义的基础》,见《西方学者论〈1844年经济学—哲学手稿〉》,上海:复旦大学出版社1983年版,第110,111页。
③ 同上书,第94页。
④ 参见〔美〕马尔库塞:《审美之维》,第112页。

月讲天天讲",并且阶级迟早还要归于消灭。如果认为坚持和发展马克思主义,就是坚持和发展批判、革命,老是不断革命,这就要走向反面,所谓"无产阶级文化大革命"不是沉重的教训吗?所以,我认为应该明确马克思主义不仅是革命的哲学,而且更是建设的哲学。①

虽然"告别革命"的说法是李泽厚与刘再复在1990年代才正式提出来的,但是在如上的论述中,已经蕴含着"告别革命"的主要思路。而告别革命除了其"本义"之外,显然还有其"引申义",即告别被政治意识形态武装起来的种种思维方式、感觉方式和审美方式,把感性经验还原到一个世俗的状态。于是,马尔库塞的新感性虽然带着革命的美学锋芒开始了中国之旅,却不得不在"告别革命"的暗火中被回炉再造。比如,刘小枫在梳理了新感性的来龙去脉之后进一步发挥道:"新感性的诞生使人'飞入灵性',坚守内在领域,从而把握'美的瞬间'。这种满足与平静的瞬间使感性个体具有了自身超时间的永恒性质,使有限人生化为喜悦的瞬间,升华为诗一般的、艺术作品式的永久的存在。美的瞬间与永恒的需要在此达到了同一。"②不能说这不是马尔库塞的意思,但这只是其意思的一个侧面。而在这种中国语境和中国心境之下的解读中,马尔库塞那种改变世界的革命策略已经转化为一个人生艺术化的美学话题。很显然,这也正是马尔库塞的美学去政治化之后所形成的一种客观效果。

当然,我们也必须意识到,"告别革命"只是马尔库塞美学理论去政治化的一个大背景,在其操作层面,则有种种不同的路径。比如,甘阳在谈到《诗化哲学》以及他与他的同道共同关心的问题时指出:

> 实际上很有代表性的一个书就是刘小枫毕业时发表的《诗化哲学》,是在他硕士论文基础上扩大的书,但是某种意义上包含了好多人共同的关切,比如说最后一章谈马尔库塞,这是赵越胜专门研究的。……他那个书里有一个 mood,海德格尔是中心。从北大外哲所开始到编委会,实际上我现在想起来,可以称做"对现

---

① 李泽厚:《美学四讲》,第31—32页。
② 刘小枫:《诗化哲学》,第260页。

代性的诗意批判",基本上是一个非常诗歌性的东西。小枫这本书是比较可以反映很多人讨论问题的这个域。就所关心的东西说,像刘小枫他们那拨儿,诗歌是很重要的一个话题,每个人的背景都和文学有关系,都读过德国浪漫派……整个浪漫派运动是对工业文明的一个反动。那么海德格尔一直到德里达,都是一条线过来的。我们最关心的、最感兴趣的是这一套东西。①

甘阳的这番表白提醒我们注意,对德国浪漫派的欣赏,亦是淡化马尔库塞美学之政治色彩的重要维度。而所谓的文学背景、诗意批判等似又可看作对新时期美学热的深度参与:就像解读海德格尔是为了让"诗意栖居"浮出水面一样,解读马尔库塞则是为了让新感性、艺术自律进入人们的日常观念之中,从而为刘小枫所谓的那个"审美的人"的出现呐喊助威。从这个层面上看,被马克思、马尔库塞等人的理论武装起来的美学热显然又充满了一种浪漫主义的气息。它提出了一套美学观念,也确实参与了感性解放的进程,但也因其"诗化"而显得有些空洞和大而无当。1990年代以来,文化热取代了美学热,美学研究让位于文化研究,这其中的原因固然非常复杂,但美学本身因其自我提纯而导致的虚弱和脆弱是不是也应该承担一定责任?

回到马尔库塞美学理论的接受之中,所有这一切又意味着什么呢? 很可能这正是对它去政治化之后而形成的某种后遗症。如前所述,由于"告别革命"的中国语境,马尔库塞的美学在一开始拿来时就遭到了某种阉割,其政治维度因此也就被封存起来或含糊其辞地一笔带过,结果,马尔库塞的美学就以其简化版本参与了新时期美学热的进程。简化版本的参与在当时虽存在着某种合理性,却也带来了许多问题,其中的主要问题可能是:一、把美学看作逃离或远离政治的一块飞地,也就自动取消了美学抵抗政治的功能;二、简化乃至删除了美学与政治的复杂关系,美学因而变成一种可爱而不可靠的东西;三、模糊了马尔库塞美学的本来面目,其阳刚之气一定程度上演变为某种阴柔之美。

因此,在今天,恢复马尔库塞审美之维所蕴含的政治潜能就显

---

① 查建英主编:《八十年代访谈录》,北京:三联书店2006年版,第198—199页。

得至关重要。这种恢复与其说是为了让我们重温一种"政治诗学"的魅力,毋宁说是为了唤醒我们思考美学与政治复杂关系的那种能力。

2007 年 2 月 23 日
(原载《社会科学辑刊》2007 年第 3 期)

批判精神的沉沦

——中国当代文化批评病因之我见

1998年,当我撰文论述中国当代文化批评出现的必然性与合理性,并为它的健全发展出谋献策时①,万没想到它会演变成今天这个样子。短短几年时间,文化批评倒是早已如火如荼,变成了当下批评界的头等大事,但是,它所存在的问题也日见端倪:浮夸,花哨,自恋,隔靴搔痒,柔弱无骨,富有观赏价值,缺少批判意识……为什么我们播下龙种,却总是收获跳蚤呢? 在下文中,笔者将试图回答这一问题。

丢失文学性:批评"文化批评"的误区

在正式进入问题之前,有必要对如下的流行观念作出辨析。在质疑乃至批判当下中国的文化批评时,一种颇具代表性的观点认为,文化批评的主要问题在于它脱离了文学,丢失了文学性,与真正的文学批评背道而驰。比如,曹文轩认为:"大文化批评的最大害处在于:它造成了我们对文学判断力的瘫痪。……大文化批评忽视甚至排挤了审美原则,从而丢失了文学,也丢失了文学性。它的全部注意力不在文学的艺术问题上,而只是在文学文本的文化意义以及文学文本与文化环境的外部关系上。它滔滔不绝的言论,其大部分话题与纯粹意义上的文学无关……大文化批评使批评已与文学失去了联系,从而成为作家们轻视批评的理由。"②正是由于眼下流行的文化批评是"非文学

---

① 参见拙文《文化批评:为何存在和如何存在——兼论80年代以来文学批评的三次转型》,《当代文坛》1999年第2期。
② 曹文轩:《质疑"大文化批评"》,《天涯》2003年第5期。

性的文化批评",所以,解决问题的方案或者是"回到文学。回到文本。回到朴素的批评立场";①或者是像吴炫所说的那样,建构一种"文学性的文化批评"来弥补"非文学性的文化批评"所造成的缺憾。②

必须指出,这种观点虽有一定道理,但显然是以文学(批评)中心主义的视角来看待文化批评的,因此,无论如何,它都不可能真正触及问题的症结所在。因为无论从西方文化批评的发展逻辑考察还是从中国当代文化批评的演进过程分析,文化批评的发生虽然与文学和文学批评存在着千丝万缕的联系,但是文化批评一经形成,便有了自己的观念、理路、思维方式和操作方法。德国的法兰克福学派可谓20世纪西方文化批评最早的实践者,其成员在从事文化批评之前也大都进行过文学研究或文学批评活动。然而一旦他们登上了文化批评这驾战车,原来的文学素养和文学研究的成果只是成了他们文化批评活动中进行价值判断的前提。面对新的批评对象,他们已无法照搬原来的批评方法,而是以"批判理性"为核心建构了一整套属于自己的文化批评模式。英国伯明翰学派的文化研究也是20世纪西方文化批评的重镇,其早期成员如威廉斯、霍加特(Richard Hoggart)原来也是文学研究阵营中的一员,但是当他们开始了文化研究活动之后,也就基本上斩断了他们与文学研究的关系,而以一种崭新的姿态和思路去面对文化批评的对象——大众文化和工人阶级文化,结果开启了文化批评的另一源头。中国当代从事文化批评的学者原来也大都是从事文学研究和文学批评工作的,而当他们成为文化批评的实践者之后,他们似乎都意识到了以文学批评之名行文化批评之实的错位。于是启用新的理论,动用新的方法,转换思路,更新观念便成为文化批评者的必经之路。这样,在他们那里,也才有了对文化批评的较为清晰的鉴定:文化批评"与内部批评的分别不是文学批评是根植于文本的审美阅读,而文化批评是脱离文本的胡说八道。只能说是它们解读文本的方式乃至目的是不同的。文化批评并不是、或主要不是把文本当作一个自主自足的客体,从审美的或艺术的角度解读文本,其目的也不是揭示文本的'审美特质'或'文学性',不是作出审美判断。它是一种文本的

---

① 曹文轩:《2004年最佳小说选·序》,北京:北京大学出版社2005年版,第1页。
② 参见吴炫:《非文学性的文化批评》,《社会科学战线》2003年第2期。

政治学,揭示文本的意识形态,文本所隐藏的文化—权力关系,它基本上是伊格尔顿所说的'政治批评'"①。

如果文化批评可以等同于政治批评,那么它也就确实与文学批评没有了多少关系。事实上,当下中国的文化批评虽然也会拿文学说事,但文学仅仅是它面对的众多言说对象中的一个分支,它更需要面对的是那些诸如影视剧、流行歌曲、通俗读物、广告、体育等方面的亚文学、泛文学或非文学的大众文化产品和现象。面对这样的文化产品和文化现象,甚至面对"越来越具有文化色彩"的文学,②动用审美的眼光、沿用传统的文学批评套路将显得奢侈或多余。而一旦你使用了文学批评的模式,你收获的很可能不是分析的喜悦,而是错位或扑空的尴尬。因此,我们大可不必以文学研究者的心态,以文学批评的惯常思维去要求文化批评,也不能拿着文学批评的放大镜去挑文化批评的毛病,因为文学批评与文化批评的关系说白了就是两股道上跑的车,走的不是一条路。

那么,文化批评的问题究竟出在哪里呢?

批判精神的流失:文化批评之病因

为了弄清楚中国当代文化批评的病因,我们不妨先来看看西方文化批评最早的实践者是如何操作的。

1930年代,当法兰克福社会研究所的成员去到美国之后,他们发现这个国家已经完全处在大众文化的包围之中,甚至连知识界也遭到了大众文化的同化。而当他们纷纷进入到美国的媒体或政府部门之后,他们又亲眼目睹了大众文化的制作、生产过程,也亲自观察到"政府把大众传播当作政治宣传工具使用"的情况。③ 正是在这一背景下,法兰克福学派的成员们开始了他们的文化批评之旅。他们意识到工具理性和商业理性渗透在大众文化产品之中,从而主宰了人们的生

---

① 陶东风:《文化研究:西方与中国》,北京:北京师范大学出版社2002年版,第6页。
② 陈晓明:《文化研究:后—后结构主义时代的来临》,见金元浦主编:《文化研究:理论与实践》,开封:河南大学出版社2004年版,第36页。
③ Douglas Kellner, *Critical Theory, Marxism and Modernity*, Cambridge: Polity Press, 1989, p 130.

活;极权主义也在通过大众文化推销着自己的意识形态。于是他们撰文分析电台音乐与流行音乐(如阿多诺),提出了关于"文化工业"的一系列著名论断(霍克海默与阿多诺),通过对流行传记的研究,形成了传记主人公由"生产偶像"变成"消费偶像"的结论(洛文塔尔)。而在他们所从事的文化批评活动中,我们现在能够看到是这样一些清晰的特点:

第一,问题意识明确。他们面对的是当时最敏感、最重要、最棘手的问题,这些问题直接关系到一个时代的精神状况。第二,批判精神浓郁。他们的文化批评固然是"批判理论"之下的产物,但更重要的是秉承了马克思的批判传统。第三,体现了知识分子的责任感和使命感。霍克海默指出:"我们批判大众文化并不是因为它给人提供了更多的东西或使人的生活变得更加安全可靠——这里我们可能远离了路德的神学(Lutheran theology)——而是因为它致力于形成这样一种状况,在这种状况里,人们得到的太少且得到的都是糟糕的东西,整个阶层内外的人们都生活在可怕的贫困之中,人们与不义达成妥协,世界则处于如下一种状态:一方面,人们必定预料到有一场巨大灾难的来临;另一方面,那些聪明的精英则密谋着一种可疑的和平的出现。"[①]而阿多诺面对社会的整一化和全面物化,更是形成了如下的著名思考:"文化批评(cultural criticism)发现自己面临着文化与野蛮之辩证法的最后阶段。奥斯威辛之后写诗是野蛮的。这甚至侵蚀着我们对写诗在今天之不可能性的认识。绝对的物化曾把智识进步预设为自己的要素之一,如今却有吸收整个精神的架势。如果批判智慧(critical intelligence)将自己局限于自我满足的沉思之中,它就无法应对这种挑战。"[②]在这些表白中,我们看到的是知识分子的忧患意识、使命意识和对文化批评本身所寄予的厚望。

从某种程度上看,中国 1990 年代以来兴起的文化批评与当年法兰克福学派的文化批评有着某种相似的语境,但是,中国的文化批评在其发展流变中却逐渐丢失了问题意识和批判精神,而越来越成为一

---

① Quoted in Theodor W. Adorno, "Aldous Huxley and Utopia," in *Prisms*, trans. Samuel and Shierry Weber, Cambridge, Ma.: The MIT Press, 1981, p. 109.

② Theodor W. Adorno, "Cultural Criticism and Society," in *Prisms*, p. 34.

种纯粹的知识活动和话语游戏。为了把这一问题呈现得更清楚,我们可以从文化批评与其批评对象的关系谈起。

1990 年代初,随着大众文化在中国大陆的迅速膨胀,文化批评也随之出现。在最初的文化批评著述中,我们发现法兰克福学派的批判理论成为其重要的思想资源,大众文化因此被看作一种具有"商业性质"和"反大众性"的文化,它将迅速取得垄断性支配地位,"成为一种无所不在的权力"。① 而在对大众文化的批判中,文化批评的亮相也赢得了阵阵喝彩。今天看来,尽管当时的文化批评情绪化有余、学理化不足,尽管它们借用法兰克福学派的批判理论有生搬硬套之嫌,但是,文化批评起码对当下的现实问题做出了及时回应,同时也显示了自己可贵的批判勇气。90 年代中后期,由于有了李泽厚等学者"正视大众文化在当前的积极性、正面性功能"的说法②,也由于有了海外学者徐贲那个"走出阿多诺模式"的呼吁③,文化批评界对大众文化的批判逐渐平息,大众文化开始被看作当代中国的一种进步的历史潮流,具有冲击和消解一元的意识形态与一元的文化专制主义,推进政治与文化的多元化、民主化进程的积极历史意义。④ 这种看法虽然注意到了问题的复杂性,对于人们辩证认识中国语境中的大众文化不无意义,但是,它所带来的负面影响也不容低估。因为既然大众文化是一种进步的历史潮流,批判大众文化就成了一种逆历史潮流而动的不明智之举。正是在这样一种氛围中,文化批评收敛了自己的批判锋芒,文化批评者也把自己原来的批判看作是一种过度反应而羞于提起。从此之后,文化批评开始含情脉脉地关注自己的批评对象,甚至动用更时尚的理论资源,去解读和释放大众文化更为隆重的意义。

世纪之交以来,文化研究逐渐成了文学理论界的主流话语。从理论上说,文化研究应该能为文化批评提供一种更强大的思想武器,从

---

① 参见张汝伦:《大众文化霸权与文化生态危机》,《探索与争鸣》1994 年第 5 期。
② 李泽厚:《与王德胜的对谈》,原载《东方》1994 年第 5—6 期,见《世纪新梦》,合肥:安徽文艺出版社 1998 年版,第 285 页。
③ 参见徐贲:《美学·艺术·大众文化——评当前大众文化批评的审美主义倾向》,《文学评论》1995 年第 5 期。
④ 参见陶东风:《批判理论与中国大众文化》,刘军宁等编:《经济民主与经济自由》,北京:三联书店 1997 年版,第 291 页。

而给文化批评带来底气和生气，但实际情况却并非如此。因为我们所能见到的情景是，一方面，文化研究凭借其强大的学理优势，对文化批评形成了一种覆盖；另一方面，文化研究又依靠其新的技术含量，完成了对文化批评的收编。而文化研究本身似乎也在短短的几年时间里耗尽了它的革命性冲动，转而变成了可以在学院里安全生产的知识话语，可以在课堂上师生共同开发的智力游戏。与此同时，文化研究虽然动用了新理论、新方法，也形成了许多新观点，但是它与研究对象之间的关系也变得更加复杂暧昧。拿近几年文化研究的新课题——日常生活审美化——来说，文化研究者并没有像沉入西方唯美主义与消费文化历史语境中的周小仪所分析的那样，认为"日常生活审美化并非放之四海而皆准的普遍的解放原则。从意识形态角度看，它所代表的常常是某个社会集团在占有社会文化资本的要求下对自身进行感性塑造的过程。对审美感性进行规范化、结构化是为自己取得主导地位的必要条件"[①]，而是认为日常生活审美化推翻了康德的美学信仰，"成为一种新的日常生活伦理、新的美学现实"，它"开启了人的快感高潮"。[②] 对于大众文化的新形式来说，显然这并非批判，而是欣喜、赏玩和呵护；或者像莫蕾斯基(Tania Modleski)所说的那样，是与其研究对象发生了爱恋关系之后为大众文化写下的满纸欷语。[③]

对于文化批评来说，批判精神的淡化或丧失是一件十分重要的事情，因为这意味着它失去了自己的灵魂，变成了行尸走肉。于是，尽管当今的文化批评依然欣欣向荣，但是它只是在消费批评的层面给人们带来了一种阅读快感，而无助于问题的真正解决。那么，为什么中国当代的文化批评会变成今天这个样子呢？我以为既有外部原因，也有内部原因。我们先来看看外部原因。

[①] 周小仪：《唯美主义与消费文化》，北京：北京大学出版社2002年版，第235页。
[②] 参见王德胜：《视像与快感——我们时代日常生活的美学现实》，《文艺争鸣》2003年第6期。
[③] See Tania Modleski, "Introduction," in *Studies in Entertainment*, ed. Tania Modleski, Bloomington: Indiana University Press, 1986, p. xi. 参见David Morley：《电视、观众与文化研究》，冯建三译，台北：远流出版事业股份有限公司1995年版，第60—61页。

外部原因:批评资源的位移

必须指出,1990年代以来的文化批评并没有自己的思想底座和理论基石,因此,外来的思想话语和理论话语便成为中国当代文化批评的主要构成元素。而它们倡导什么或反对什么,很大程度上又成了中国当代文化批评的行动指南。如前所述,90年代初,法兰克福学派的批判理论成为中国当代文化批评的重要资源,这一方面是因为批判理论能在很大程度上切入中国的现实,一方面也因为当时介绍过来的大众文化理论乏善可陈,文化批评者只有选择法兰克福学派而别无他途。这就意味着当时的文化批评虽然呈现出浓郁的批判性,但其根基并不牢靠,文化批评者虽然模仿着法兰克福学派的批判语气、用词和表达,但并没有真正吃透隐含在其背后的批判精神。90年代中后期,文化批评界开始清算法兰克福学派的"罪过"。徐贲先生认为,阿多诺那种带有审美主义和精英主义色彩的大众文化批判理论是特定历史语境下的产物,然而,中国的"大众文化批评却恰恰把阿多诺的理论当作一个跨时代、跨社会的普遍性理论来运用,把历史的阿多诺变成了阿多诺模式"。① 此后,陶东风先生也反复在其文章中阐明这样一个观点:法兰克福学派的批判理论与中国的大众文化之间存在着一种错位。前者更适合于分析与批判"文革"时期的极"左"意识形态专制和群众文化,却很难成为当下中国知识界批判大众文化的话语资源。因此,法兰克福学派的大众文化批判理论"在跨语境移用时必须进行再语境化(recontextualization)"。② 这种提醒当然有其价值和意义,但问题是,这种质疑一方面会稀释文化批评中本来就不多的批判精神,一方面又会给人造成以下错觉:法兰克福学派的理论是上个世纪30—40年代的产物,面对中国的大众文化实践,它已显得陈腐和落后,要想更有效地解读大众文化,我们必须鸟枪换炮。

果然,中国当代文化批评开始了鸟枪换炮的进程。90年代中后期

---

① 徐贲:《走向后现代与后殖民》,北京:中国社会科学出版社1996年版,第295页。
② 陶东风:《批判理论的语境化与中国大众文化批评》,《中国社会科学》2000年第6期。

以来,阿尔都塞(Louis Althusser)的意识形态国家机器理论、葛兰西的文化霸权理论、罗兰·巴特的符号学理论、福柯的知识/权力理论、德里达的解构主义理论、利奥塔的后现代主义理论、哈贝马斯的公共领域理论、威廉斯的文化唯物主义理论、拉康的精神分析理论、波德里亚(Jean Baudrillard)的消费文化理论、霍尔的编码/解码理论、萨义德的文化帝国主义理论、布迪厄的文化场域理论、巴赫金的狂欢化理论、伯明翰学派的青年亚文化理论、费斯克的大众文化理论等,均被不同程度地介绍到中国,并成为文化批评所借用的思想武器。这种介绍、移植和挪用无疑扩大了文化批评的视野,但是其中存在的问题也不容忽视。概而言之,问题有三:

第一,我们只是拿来了理论,却省略或删除了这些理论得以形成的历史、现实语境,结果这些理论在中国变成了失去所指的空洞能指。文化批评者只是考虑他是否采用了最新的理论,是否能把这种理论运用得圆熟,从而在其中享受能指的奢华、分析的快感,而是不是远离了实际问题,能不能解决实际问题则成了一个非常次要的问题。于是,繁花似锦的理论有可能最终遮蔽掉实际的问题。

第二,如果说处于垄断资本主义阶段或现代主义时期的法兰克福学派所形成的批判理论需要一个再语境化的转换,那么,以上许多形成于晚期资本主义阶段或后现代主义时期的理论要想进入中国,就更需要一个再语境化的过程。然而非常奇怪的是,这些理论对于文化批评者来说却往往成了一个毋庸置疑的逻辑前提,成了一种放之四海而皆准的经典命题。以这种理论来解读中国的事象,就不光是一个错位的问题,而且还有可能会生搬硬套出大量的伪问题。

第三,更重要的是,以上的许多理论生成于解构主义与后现代主义的知识谱系之中,它们更注重反本质主义的价值立场,更讲究协商、对话的交往策略,更愿意把理论变成一种意指实践,把文化分析搞成一场话语游戏。而文化批判的精神则逐渐流失,甚至文化批判本身也成为某种"宏大叙事"而成为它们质疑的对象。比如,在费斯克的大众文化理论中,我们看到的是作者在罗兰·巴特、米歇尔·德塞都、巴赫金等人的理论武装下的符号学分析和狂欢化解读。在他看来,大众(主要是由年轻人组成的亚文化群体)穿牛仔裤,看娱乐片,在商店里顺手牵羊或者仅仅消费一下商品的形象就构成了对统治意识形态的抵抗。这种理论既有趣、好玩,也可以把对象解读得风情万种,同时它还很适合课堂教学(因为它为青年人说话,所以很容易捕获他们的芳心),但实在说来,这种理论只不过是一种假想的游戏,一种犬儒式的抵抗,它所扮演的不过是朱学勤所谓的"在文化的脂肪上搔痒"的角色。然而,耐人寻味的是,我们今天的文化批评恰恰更多地借用了解构主义的思路和具有后现代主义色彩的理论资源(比如费斯克)。对于当下的文化批评来说,批判大概既显得坚硬冰冷,又了无生趣、不合时宜、无法讨人喜欢,所以批判也就更多地成了一件"白头宫女在,闲坐说玄宗"的往事;文化批评像它批评的对象一样,如今更愿意追求一种即时反应的快感,而不是那些姥姥不疼舅舅不爱的道德感、责任感和使命感。

从法兰克福学派的大众文化批判理论到费斯克的大众文化抵抗理论,中国当代文化批评的理论资源已发生了翻天覆地的变化,但是,究竟什么样的理论资源对于中国的文化现实是切实有效的?什么样的理论资源更具有再语境化的价值?最新的资源是不是就意味着是最好的资源?后来的资源是不是就必然对前面的资源构成某种否定、反拨和超越?我们在拿来别人的理论话语时能否摆脱"捡到篮里是根菜"的心理?诸如此类的问题,文化批评界或者缺少认识或者反思不够。我们现在所能看到的是文化批评批判精神的下滑、萎缩和不断流失,这种症候,很大程度上应该是西方文化批评之症候的一种继发现象。

内部原因:从"立法者"到"阐释者"

那么,什么又是导致文化批评之问题的内部原因呢?若想弄清楚这一问题,我们必须从文化批评的主体——知识分子谈起。

在一些论述文化批评的文字中,我们往往可以看到知识分子一词的"在场"。比如,有人指出:"文化批评既然是一种高度介入性的批评方式,因而它必然与以价值中立相标榜的纯学术不同。而这种富有社会责任感与使命感的知识分子又通常与中国传统的以天下为己任的士大夫以及80年代的启蒙知识分子十分近似。"①有人认为:"文化批评是一种社会性的知识行为,一种公民参与行为,不是一个学科领域……文化批评侧重的则是分析和评价政治文化、社会观念和群体价值,它是一种社会性批判。文化批评必定是一种知识分子的行为,而文化研究则可以是一种专业知识分子的行为。"②从以上表述中不难看出,文化批评的行动主体不是书斋里皓首穷经的学者,也不是困守于体制之内的专业人士,而就是科塞(Lewis Coser)所谓的"'另有想法'的人"③或萨义德所谓的"业余者"④,只有在这一意义上,他们才能胜任启蒙知识分子或批判型知识分子的角色扮演。

然而,实际情况却并非如此。种种事实表明,90年代以来,知识分子的角色扮演已经发生了重要转型。在这里,我必须借用齐格蒙·鲍曼的界定才能把这种转型说清楚。鲍曼认为,西欧近三个世纪以来,知识分子扮演过两种角色:一种是"立法者",一种是"阐释者";前者是现代型知识分子的选择,后者是后现代型知识分子的策略。如今,随着后现代主义时代的来临和后现代型世界观的生成,"立法者"已穷途日暮,"阐释者"正方兴未艾:"在这样的一个世界中,扮演着传统的文化立法者角色的知识分子,必然是一个悲剧式的、无家可归的漂泊者。在相互隔绝而孤立的理智世界的诸专业领域中,没有一个有可能欢迎他的回归,没有一个有可能把他当作被错误地忽视了的引路人;大多数人将这种知识分子抛在了脑后,如同他们古老的、过时了的祖先,这一事实加剧了知识分子的悲剧性。"⑤这种描述很大程度上能够说明中国当下的现实。也就是说,如果我们承认90年代以来知识分子的角色转换是一个事实,那么,从"立法者"到"阐释者"已经或正在成为中国当下知识分子的某种选择。

许多事实可以印证这种转型。时至今日,知识界业已承认,整个

---

① 陶东风:《文化研究:西方与中国》,第12页。
② 徐贲:《知识分子——我的思想和我们的行为》,上海:华东师范大学出版社2005年版,第4页。
③ [美]刘易斯·科塞:《理念人》,郭方等译,北京:中央编译出版社2001年版,第5页。
④ 参见[美]爱德华·W.萨义德:《知识分子论》第四章,单德兴译,北京:三联书店2002年版。
⑤ [英]齐格蒙·鲍曼:《立法者与阐释者——论现代性、后现代性与知识分子》,洪涛译,上海:上海人民出版社2000年版,第210页。

80年代实际上是知识分子活动的黄金时代。在这一时期,知识分子接通了"五四"知识分子的精神气脉,于是,启蒙、批判、抗争成为知识分子的日常工作,让思想冲破牢笼进而建立一种公共的话语空间成为知识分子的理想目标。这个时候,我们完全可以把知识分子看作是鲍曼所谓的"现代型知识分子"或"立法者"。进入 90 年代之后,经过巨大的历史事件的重创,知识分子从广场回到书斋,他们也纷纷脱下知识分子的战袍,换上了学者的救生衣,试图在自己的"岗位"上有所作为。这是知识分子的被迫失语期、心态调整期,同时也是 80 年代所达成的共识的破裂期和孕育着某种分化的时期。1992 年,随着市场经济机制的启动,各种各样的问题蜂拥而来。面对新出现的问题,知识分子阶层重新活跃起来,他们试图开辟新的话语空间,寻找新的表达方式。在对大众文化的批判中以及随后出现的人文精神大讨论中,知识分子进行了一次集体亮相。从某种程度上看,这次亮相既是 80 年代"立法者"角色扮演的回光返照,也是"立法者"向"阐释者"位移的分水岭。因为也正是在这一进程中,后现代主义的话语开始大面积地进驻中国,知识分子在这一思潮的冲击下开始思考自己的角色、想象自己的身份,以求重新为自己定位后能为其行动做出合乎历史和逻辑的解释。比如,有人曾清算过知识分子的启蒙心态、道德理想主义精神和"指路明灯"情结;[1]有人曾借用葛兰西的"有机知识分子"概念把知识分子定位成"文化守望者":"在文化边缘处守望,通过对话来参与发展,通过反思来提供参照可能是文化守望者的新知识分子的立场。"[2]"'有机'我想就好像盐溶在水中一样,你不太能够看到他,但他却发挥了极大的作用。他不是像领袖人物一样振臂一呼,众人景仰,而是对人的精神,人的文化取向的选择发生作用。他不试图全面支配别人的生活,而是让人们和他在互相改变、互相对话。"[3]还有人明确借用鲍曼的说法,认为在今天的世俗社会里,传统意义上作为"立法者"构建元话语的知识分子已经死亡,但他们还没有放下"立法者"的架子,还不习惯与其他不同的共同体进行对话,还没能

---

[1] 参见陶东风:《文化研究:西方与中国》,第 271—299 页。
[2] 张颐武:《后现代与我们:幻象还是实在?》,《作家报》1994 年 2 月 12 日。
[3] 刘心武、张颐武:《刘心武张颐武对话录——"后世纪"的文化瞭望》,桂林:漓江出版社 1996 年版,第 101 页。

成为一个真正的"阐释者",这是为什么中国知识分子如今日益丧失"公共性"的重要原因。① 在这些清算、表态和呼吁中,我们看到现代型知识分子价值观的根基早已松动,后现代型知识分子的世界观业已形成。

知识分子从"立法者"到"阐释者"的角色转型有其复杂的原因,这里不拟分析。我想指出的是,已经成为或正在成为"阐释者"的知识分子一旦从事文化批评,他们一方面已无力承担批判的重任,一方面又会把那些与"阐释者"成龙配套的观念和理念带入到文化批评中,从而逐渐改变文化批评的颜色。或者更明确地说,当我们看到今天的文化批评所存在的种种问题时,很大程度上是因为批评主体本身出了问题。因为在鲍曼论述的语境中,"阐释者"所对应的不仅是一种"后现代型"的世界观,也对应着一种已然成型的后现代社会形态和已经到来的后现代生活方式和价值观念。在这样一个巨大的"后现代"底座上来论证"阐释者"出现的理由和合法性,虽然不可能为西方所有的知识分子所认同,但毕竟有其合情合理的一面。然而在中国当下的语境中,无论从哪方面看,让知识分子仅仅扮演"阐释者"的角色都显得奢侈。这并非一个需要经过逻辑论证的命题,而就是我们生存的现实所塑造出来的直感。因此,在当今中国这样一个价值观念紊乱、失去价值判断同时又热衷于价值中立(这也正是"阐释者"的表征之一)的时代,我们也就更需要现代型的知识分子来承担起"立法者"的重任,更需要记住知识分子的批判使命,肩负起知识分子的道义责任。只有知识分子自身的问题能够得到妥善解决,文化批评才有可能得到某种改观。

面对当代西方文化研究和文化批评柔弱无骨的困境,采曼(Imre Szeman)认为必须重新审视和正视法兰克福学派的遗产,因为只有法兰克福学派才能"将文化研究从目前的批判昏睡(critical lethargy)中摇醒"②。中国的文化批评曾经重视过法兰克福学派,从鲁迅开始,我

---

① 许纪霖:《知识分子是否已经死亡?》,见陶东风主编:《知识分子与社会转型》,开封:河南大学出版社2004年版,第40—41页。

② Imre Szeman, "The Limits of Culture: The Frankfurt School and / for Cultural Studies," in *Rethinking the Frankfurt School: Alternative Legacies of Cultural Critique*, eds. Jeffrey T. Nealon and Caren Irr, Albany: State University of New York Press, 2002, p.66.

们也已经形成了现代知识分子的批判传统。通过它们,我们能把同样处于批判昏睡中的中国当代文化批评摇醒吗?

2005 年 9 月 28 日于北京洼里
(原载《文艺研究》2005 年第 12 期)

第三辑

在法兰克福学派的视角下

关键词：大众文化

大众文化是一个言人人殊的东西。由于价值立场、理论方法、研究视角等等的不同，斯道雷（John Storey）曾概括出大众文化的六种定义：一、大众文化"是指那些被很多人所广泛热爱与喜好的文化"；二、"大众文化就是除了'高雅文化'之外的其他文化，是一个剩余的范畴，是那些无法满足'高雅'标准的文本和实践的'栖身之所'。换言之，大众文化乃是一种低等文化。"三、大众文化＝群氓文化（群众文化），"是一种不可救药的商业文化，是为大众消费而批量生产出来的文化，其受众是一群毫无分辨力的消费者"。四、大众文化＝民间文化，是一种来源于"人民"的文化。五、"大众文化是一个富有冲突的场所，在这里，被统治集团之'抵抗'力量与统治集团利益对被统治集团的'收编'力量进行着斗争。"六、大众文化与后现代主义有关。而后现代主义的核心观点是全面抹平，不再有高低雅俗之分。① 如此看来，对于大众文化的理解确实众说纷纭，莫衷一是。然而，也并非无规律可循。在下文中，笔者便试图对大众文化的概念之旅行、演变之轨迹和研究之走向等进行粗线条的勾勒与分析，既正本清源，亦回眸审视，以期能对中国的大众文化研究尽绵薄之力。

大众文化的概念之旅

大众文化的英文表达有两种说法：popular culture 和 mass culture，与其相近的表述还有 Kitsch（媚俗艺术）和 culture industry（文化工业）

---

① 参见〔英〕约翰·斯道雷：《文化理论与大众文化导论》（第五版），常江译，北京：北京大学出版社2010年版，第6—15页。

等。考察这些概念所出现和使用的历史语境,可以发现它们大体上经过了如下路线:Popular Culture→Kitsch→Mass Culture→Culture Industry→Popular Culture。以下为行文方便,Popular Culture 我们暂时译作通俗文化。

1. 通俗文化(Popular Culture)

尽管洛文塔尔(Leo Löwenthal)认为"通俗文化已经有了许多个世纪的历史,它大概与人类的文明一样古老"①,但是,把通俗文化当作一个特殊的现象加以对待一般只是追溯到 16 世纪的欧洲。比如,洛文塔尔思考通俗文化现象时便分析过"蒙田—帕斯卡尔之争"。伯克(Peter Burke)认为,在 18 世纪晚期,欧洲(特别是德国)的一些知识分子有过一次发现人民和通俗文化的运动。出于对古典主义的厌恶(美学原因),也为了配合民族解放运动的进程(政治原因),知识分子发现了民众和他们的文化。而这一时期的德国作家赫尔德(Johann Gottfried Herder, 1744-1803)也明确使用过"通俗文化"(Kultur des Volkes / popular culture)的概念,以和"书斋文化"(Kultur des Gelehrten / learned culture)相区分。②

事实上,Kultur des Volkes 更应该译作 Folk Culture(民间文化)而不是 Popular Culture。伯克把民间文化纳入通俗文化的思考框架中加以阐释,说明他接受了通俗文化的一种意涵:"'Popular culture'指由普通百姓自己创造出来的文化。"而这种意涵的出现恰恰与赫尔德的民间文化概念有关。③ 只是如此一来,通俗文化便与民间文化相互纠缠,变得难解难分了。这也意味着伯克在考察欧洲近代通俗文化的起源时,更多看到的是通俗文化的民间气质。这是对通俗文化的一种理解。

对于通俗文化更通常的理解是,通俗文化并非来自于民众的文化,也不是被民众创造出来的文化。威廉斯(Raymond Williams)指出:

---

① Leo Lowenthal, *Literature*, *Popular Culture*, *and Society*, Englewood Cliffs, N. J. : Prentice-Hall, Inc. 1961, p. xvii.

② Peter Burke, "The 'Discovery' of Popular Culture," in *People's History and Socialist Theory*, ed. Raphael Samuel, London: Routledge & Kegan Paul, 1981, pp.216-217. 参见〔英〕彼得·伯克:《欧洲近代早期的大众文化》,杨豫、王海良等译,上海:上海人民出版社 2005 年版,第 10—11 页。

③ 〔英〕雷蒙·威廉斯:《关键词》,刘建基译,北京:三联书店 2005 年版,第 356 页。

"Popular culture(大众文化、通俗文化)并不是来自普通百姓的认同,而是其他人的认定。"①而洛文塔尔在考察了18世纪的英国文学之后发现,当时的通俗文化已经成了一种商品。由于阅读大众的出现和印刷出版业的兴盛,通俗小说成为文学的主要形式;通俗文学作家受雇于书商和出版商,成为雇佣劳动者;文学市场主要被书商和出版商运作,他们在很大程度上决定着写作的题材,也引导着消费大众的阅读趣味。因此,以通俗文学形式出现的通俗文化实际上是"具有市场导向的商品"。② 如此看来,即便是在通俗文化的源头,它也无法与民间文化等量齐观。

伯克把通俗文化看作民间文化,洛文塔尔则把通俗文化看作一种商品文化,我们又该如何理解最初的通俗文化呢?从一些学者的描述中可以看出,欧洲近代的通俗文化已经拥有了现代大众文化的诸多特征,但是,由于它还没有完全从民间文化中分离出来,由于工业革命之前和之初的传播媒介还不太发达,由于与工业社会相关的城市生活方式还未普及,乡村生活方式还占据着主导位置,凡此种种,都对通俗文化构成了某种制衡。因此,这时的通俗文化还不至于过分嚣张,甚至还有着一些没有完全被商业主义渗透的自然和素朴。

2. 媚俗艺术(Kitsch)

19世纪后半叶,一种新型的艺术形式开始在德国出现。为了对这种艺术进行形象的描述和说明,德国人特意发明了一个词:kitsch。首次对这个词进行词源分析的是德国作家艾文南留斯(Ferdinand Avenarius)。1922年,他撰写《媚俗》一文,推测该词可能产生于19世纪末慕尼黑艺术品商人与英美游客的交易过程,其来源与英语的sketch和德语的Skizze关系密切,指的是速写、素描、草图、粗样等。也就是说,为了与认真创作、价格不菲的正宗艺术品相区分,艺术品商人便把那些草草完成、价格低廉、"迎合大众口味"因而"易于出售的商品"称作kitsch(媚俗艺术品)。此后,奥地利作家穆齐尔(Robert Musil)和布洛赫(Hermann Broch)、德国理论家本雅明和阿多诺都曾撰文分析过媚

---

① 〔英〕雷蒙·威廉斯:《关键词》,第356页。
② Leo Lowenthal, *Literature, Popular Culture, and Society*, p. xii.

俗现象。① 阿多诺在《媚俗》(1932)一文中认为:"至少在音乐中,所有真正的媚俗作品都具有一种模式(model)特征。"②它们"把不再具有任何价值、已经从原生背景中隐退出来的形式和套路加以重新利用"③。这也意味着,当阿多诺把爵士乐、流行音乐作为其主要的批判对象时,他的心目中早已有了一个媚俗音乐的维度。在他那里,流行音乐与媚俗音乐是可以画上等号的。

1939年,美国艺术评论家格林伯格(Clement Greenberg)发表《先锋派与媚俗》("Avant-Garde and Kitsch")一文,成为英语世界第一个对媚俗艺术进行鉴定和评判的人。他认为,媚俗艺术是与先锋艺术一起到来的,其指涉的对象主要是流行的、商业的艺术和文学,包括彩照、杂志封面、插图、广告、落套的和庸俗的小说、连环画、流行歌曲、踢踏舞、好莱坞电影等。"媚俗艺术是机械的或通过配方制作的。媚俗艺术是一种替代性的经验和伪造的感觉。媚俗艺术随时尚而变,但万变不离其宗。媚俗艺术是我们这个时代生活中所有伪造物的缩影。除了消费者的钱,媚俗艺术假装对它的消费者一无所求——甚至不图求他们的时间。"④而卡林内斯库(Matei Călinescu)则从美学的角度对媚俗艺术做过如下解释:"可以很方便地把媚俗艺术定义为说谎的特定美学形式。……它出现于这样一个历史阶段,其时各种形式的美就像服从供应与需求这一基本市场规律的任何其他商品一样,可以被社会性地传播。一旦它不再能精英主义地宣称自己具有独一无二性,一旦它的传播取决于金钱标准(或者在集权社会中是政治标准),'美'就显得相当容易制造。"⑤从此往后,"说谎""谎言"便成为媚俗艺术的一个重要义项。中国学者在辨析这个概念时曾经指出:"这个词的含义重要的不是俗,而是蛊惑性的虚假。西方的一位评论家把它定义为

---

① 参见李明明:《媚俗》,《外国文学》2014年第5期。
② Theodor W. Adorno, "Kitsch," in *Essays on Music*, trans. Susan H. Gillespie, Berkeley and Los Angeles, University of California Press, 2002, p. 501.
③ 转引自李明明:《媚俗》,《外国文学》2014年第5期。
④ Clement Greenberg, "Avant-Garde and Kitsch," in *Mass Culture: The Popular Arts in America*, eds. Bernard Rosenberg and David Manning White, New York: Free Press, 1957, p. 102.
⑤ 〔美〕马泰·卡林内斯库:《现代性的五副面孔》,顾爱彬、李瑞华译,北京:商务印书馆2002年版,第246页。

'故作多情的群体谎言(a sentimental group lie)',似较准确。"①

从以上的论述可以看出,媚俗艺术的概念被发明之时,便带上了强烈的贬义色彩。而它的内涵与其指涉的对象又与现代大众文化存在着种种重叠之处。因此,我们可以把媚俗艺术看作是大众文化概念出现之前的一个替代性的表达,或者看作是类似于大众文化的一个德国说法。当然,媚俗艺术的概念在其流变中也逐渐扩容。艾柯(Umberto Eco)指出:"媚俗也一直被用来形容斯大林、希特勒、墨索里尼政权下那些歌功颂德,要全民欢迎的艺术。"②可见,媚俗艺术不仅可以指称商业主义体制下的大众文化,也可以指涉极权主义体制下的艺术形式。

3. 大众文化(Mass Culture)

大众文化的概念究竟出现于何时,本来已无从查考,但美国批评家麦克唐纳(Dwight Macdonald)的一个说法为我们提供了一些线索。在一次访谈中,麦克唐纳告诉访谈者:大众文化(mass-cult / mass culture)、中眉文化(mid-cult / middlebrow culture)③是他本人率先使用的概念,甚至他也拥有通俗文化(popular culture)概念的发明权。这些概念早在1940年代就开始使用了,而在这一时期,加拿大的麦克卢汉(Marshall McLuhan)也在使用通俗文化的术语。④ 考虑到麦克唐纳在

---

① 杨乐云:《"一只价值论的牛虻"——美国评论界看昆德拉的小说创作》,《世界文学》1993年第6期。

② 〔意〕翁贝托·艾柯编著:《丑的历史》,彭淮栋译,北京:中央编译出版社2010年版,第394页。

③ "中眉"是对"middlebrow"一词的直译。钱锺书在《论俗气》(《大公报·文艺副刊》1933年11月4日)一文中谈及利馥丝(Q. D. Leavis,今译利维斯)的《小说与读者群》(Fiction and the Reading Public, 1932)一书时曾把"middlebrow"译为"平眉",把"highbrow""lowbrow"分别译为"高眉"和"低眉"。这种说法均源自19世纪风行的骨相学(Phrenology,一译颅相学)。骨相学的创始人高尔(Franz Joseph Gall, 1758—1828)认为,前额越大的人脑量也就越大。1925年,"middlebrow"首次使用于《笨拙》(Punch,一译《潘趣》)杂志,因该周刊是英国的一家老牌幽默、讽刺画报,适合中产阶级趣味,发行量大,传播面广,遂使该词迅速走红。此后,随着"highbrow"指代文化修养高的人(如知识分子、文化精英),"lowbrow"指代教养浅薄、智识品味差的人,"middlebrow"则用来指代智识水平中等、文化素养一般的人,其引申义(尤其在美国)往往指涉中产阶级趣味(中产趣味)。故"中眉文化"可理解为中产趣味的文化。参见《钱锺书散文》,杭州:浙江文艺出版社1997年版,第57页。See Q. D. Leavis, Fiction and the Reading Public, Harmondsworth, Middlesex: Penguin Books Ltd., 1979, p. 32. 亦参见维基百科对Middlebrow的解释, https://en.wikipedia.org/wiki/Middlebrow。

④ Dwight Macdonald, Interviews with Dwight Macdonald, ed. Michael Wreszin, Jackson, MS: University Press of Mississippi, 2003, p.98.

1944 年写有《通俗文化理论》(后改名为《大众文化理论》)一文,他的说法也许是可靠的。或者起码是在北美,麦克唐纳是最早使用通俗文化与大众文化概念的理论家。

由于大众(masses)一词含"多头群众"(many headed)或"乌合之众"(mob)之意,有较强烈的贬义色彩,所以,由它组合而成的大众文化也形成了负面的价值判断。而麦克唐纳在其论述中,更是通过与民间艺术的比较,指出了大众文化所存在的种种问题。在他看来,民间艺术出现于下层,是民众为了满足自己需要的艺术表达。这是一种自发的、土生土长的艺术形式,与高雅文化的恩泽无关。而大众文化则是从上面硬塞过来的东西。它被商人雇用的技术人员制作,其受众是被动的消费者,他们的参与只是局限于买与不买的选择上。因此,民间艺术有自己的体制,它就像民众为自己开设的一个私人小花园,四周有围墙,与其主人那个盛放高雅文化的大花园隔离开来。但是大众文化却推翻了围墙,把大众整合到高雅文化的低级形式中,这样,大众文化就变成了政治统治的一种工具。① 正是基于这一原因,麦克唐纳才做出了如下清理:"大众文化有时候被叫作'通俗文化'(Popular Culture),但我认为'大众文化'(Mass Culture)是一个更准确的概念,因为像口香糖一样,它的特殊标志只不过是为大众消费而生产的一种商品。"②

4. 文化工业(Culture Industry)

虽然麦克唐纳认为大众文化的表述更为准确,但阿多诺却不这么看待。在《文化工业述要》一文的开篇,阿多诺便如此进入问题:"文化工业(culture industry)这一词语大概是在《启蒙辩证法》这本书中第一次使用的。此书由我与霍克海默合作,1947 年出版于阿姆斯特丹。在草稿中,我们使用的是'大众文化'(mass culture),后来我们用'文化工业'取而代之,旨在从一开始就把那种让文化工业的倡导者们乐于接受的解释排除在外;亦即,它相当于某种从大众当中自发产生的文化,乃是民众艺术(Volkskunst)的当代形式。但是'文化工业'与民

---

① Dwight Macdonald, "A Theory of Mass Culture," in *Mass Culture: The Popular Arts in America*, p. 60.
② Ibid, p. 59.

众艺术截然不同,必须严格加以区分。"①以上的交代表明,阿多诺之所以弃用大众文化而发明和启用文化工业,表面上是担心大众文化的表述不够严谨,以免引起误解,实际上也隐含着他对美国知识界的批评。因为在对待大众文化的问题上,像格林伯格、麦克唐纳这种持批判立场的人毕竟少之又少,而大部分知识分子对大众文化都深感兴趣。他们认为,大众文化在树立集体主义的目标与理想时,在重塑美国的制度和信仰时,都能直接发挥作用。② 然而这种观点在阿多诺看来不啻是天方夜谭,于是他与他的同道便对文化工业展开了无情的批判。

尽管阿多诺的文化工业理论后来遭到了许多大众文化理论家的清算,但是我们不得不承认文化工业之命名的精准。因为这一概念本身已隐含着文化被工业化之后可以批量生产的意涵。而批量生产,也正是大众文化突出的特征之一。

5. 通俗文化(Popular Culture)

1960 年代,随着伯明翰学派逐渐介入到大众文化研究之中,西方学界对大众文化的性质、作用和功能等开始有了新的认识。威廉斯认为,文化是一种生活方式,这是对文化的"降调"处理。霍加特则去挖掘和释放工人阶级文化的价值和意义。在他看来,工人阶级文化"不但能够抵制商业性大众文化的媚俗风习,而且能够改变大众文化,使之为我所用"③。正是在这一背景下,"通俗文化"开始取代"大众文化",成为一种通常性的表述。显然,当众多学者用通俗文化来指称其笔下的文化现象时,他们已淡化了大众文化的贬义色彩,把它还原成了一个中性词。与此同时,有人也开始重新定义通俗文化,极力开掘通俗文化的正面价值。比如,在费斯克(John Fiske)等人编撰的一部辞典中,通俗文化已成了"为普通民众所拥有;为普通民众所享用;为普通民众所钟爱的文化"④。

---

① Theodor W. Adorno, *The Culture Industry*: *Selected Essays on Mass Culture*, ed. J. M. Bernstein, London: Routledge, 1991, p.85.
② RICHARD H. PELLS:《激进的理想与美国之梦——大萧条岁月中的文化和社会思想》,卢允中等译,上海:上海外语教育出版社1992年版,第315页。
③ 陆扬、王毅:《文化研究导论》,上海:复旦大学出版社2007年版,第141页。
④ 〔美〕约翰·费斯克等编撰:《关键概念:传播与文化研究辞典》(第二版),李彬译注,北京:新华出版社2004年版,第212页。

经过一圈概念之旅后,大众文化似乎又回到了它的起点。而通过以上的简要梳理,我们又会发现什么问题呢?

第一,表面上是大众文化的概念之旅,实际上却隐含着西方学界在不同的历史时期对大众文化的认识、定位和价值判断。当大众文化以通俗文化之名进行表述时,它便被涂抹上种种来自民众的、革命的、可爱的,甚至带有反叛色彩的油彩,大众文化因此受到了隆重的肯定。当大众文化以媚俗艺术、文化工业之名表述时,它又成了毒害民众的鸦片,大众文化因此受到了严厉的否定和毫不留情的批判。因此,"Popular Culture→Kitsch→Mass Culture→Culture Industry→Popular Culture"之旅的过程,其实就是对大众文化"肯定与否定并存→否定→否定→否定→客观面对与肯定"的过程。虽然启用新表达并非完全就是抛弃旧概念,但总体而言,通俗文化如今已成主流表达,这也意味着客观面对或肯定大众文化的声音已经压倒了否定和批判大众文化的声音。

第二,尽管否定与批判大众文化的原因比较复杂,但否定者与批判者都不同程度地拥有"精英主义"和"文化贵族主义"的审美趣味。同理,虽然肯定大众文化的原因多多,但肯定者又往往拥有"平民主义"甚至"民粹主义"的价值立场。因此,在否定与肯定大众文化的背后,其实是价值立场、审美趣味等在起作用。理解了这一点,我们便可以说,大众文化的存在固然是一个客观事实,但同时也是被研究者的价值立场、审美趣味等不断建构的过程。

第三,需要说明的是,在汉语语境中,Popular Culture 有"通俗文化""大众文化""流行文化"之译法,Mass Culture 又有"大众文化""群众文化""麻思文化"(港台译法)之译法,Kitsch 的译法则更多,有"媚俗""忌屎""媚美""奇俗""媚世""庸俗""刻奇"等,而 Culture Industry 也有"文化工业"与"文化产业"两种译法。为统一起见,我把 Popular Culture 与 Mass Culture 均译为"大众文化"(个别地方为了区分方便,会把 Popular Culture 译为"通俗文化"),Kitsch 则主要采用"媚俗"和"媚俗艺术"的译法,而 Culture Industry 则主要以"文化工业"对译之。

大众文化的演变轨迹

大众文化发展到今天已有数百年历史了。虽然它的核心理念变化甚微或者基本未变,但是在其生产机制、消费规模、功能作用、传播力度、影响广度等方面已经发生了许多变化。尤其是20世纪中后期以来,大众文化的变化幅度更大。下面,我们择其要者,粗线条勾勒一下大众文化的演变轨迹。

1. 从新兴文化到主导文化

威廉斯认为,在任何一个社会结构中,总是存在着三种文化类型:主导文化(dominant culture)、残余文化(residual culture)和新兴文化(emergent culture)。主导文化是指代表着一个社会主流价值观的文化,残余文化是形成于过去但现在依然有效的文化,新兴文化则与某一阶级的兴起及其力量壮大有关。① 在威廉斯的描述中,主导文化似乎总是处于主导地位,且不断地收编着残余文化与新兴文化。但我们也可以把这三种文化类型理解为一个此消彼长的过程。

按照这样一种思路去理解大众文化的演变,我们就会发现它经历了一个从新兴文化到主导文化的过程。当大众文化伴随着中产阶级的兴起而出现时,它无疑是新兴文化;彼时高雅文化或精英文化则是主导文化。然而,随着中产阶级力量的壮大,大众文化也越来越变得兴盛起来。1930—1940年代,利维斯(F. R. Leavis)、阿多诺等人批判大众文化的原因固然很多,但他们或许也意识到,来势凶猛的大众文化将会变成主导文化,而高雅文化将会退居边缘,乃至成为残余文化。而20世纪中后期以来的大众文化发展事实业已表明,大众文化已经占据了社会的主流位置,变成了一种主导文化。丹宁(Michael Denning)指出:"在资本主义社会里,所有的文化都已是大众文化。"②我们不妨把此论断看作大众文化变成主导文化的变相说法。

大众文化成为主导文化,不仅会改变一个社会的主流价值观(就

---

① 参见[英]雷蒙德·威廉斯:《马克思主义与文学》,王尔勃、周莉译,开封:河南大学出版社2008年版,第129—136页。

② Michael Denning, "The End of Mass Culture," in *Modernity and Mass culture*, eds. James Naremore and Patrick Brantlinger, Bloomington: Indiana University Press, 1991, p.258.

像丹尼尔·贝尔所指出的那样,"娱乐道德观"代替了"行善道德观"①),而且也会对其他文化类型蚕食鲸吞。结果,文化越来越趋向同一,出现了一种全面抹平的效果。

2. 从上层建筑到经济基础

按照马克思的区分,文化属于上层建筑领域,大众文化自然也不例外。但是根据拉什(Scott Lash)与卢瑞(Celia Lury)的看法,随着文化工业过渡为全球文化工业,文化也开始发生位移:从上层建筑变成经济基础。在他们看来:

> 1945—1975年,文化仍基本属于上层建筑,这时,统治和反抗以意识形态、符号、表征(representation)的形式出现;在日常生活中,文化产品仍较少见,更多的是属于经济基础的物质产品(商品)。这种情形从1945年一直持续到1975年。然而,截至2005年,文化产品已经以信息、通信方式、品牌产品、金融服务、媒体产品、交通、休闲服务等形式遍布各处。文化产品不再是稀有物,而是横行天下。文化无处不在,它仿佛从上层建筑中渗透出来,又渗入并掌控了经济基础,开始对经济和日常生活体验两者进行统治。就反抗与统治而言,文化的运作不再首先遵循上层建筑的运作模式,也不再首先以霸权的意识形态、符号、表征的形式出现。②

这应该是一个重要论断。也许从"二战"之后开始,包括大众文化在内的文化就开始了一个逐渐"下沉"的过程。而近三十多年来,其下沉的速度则越来越快,以至最终完成了从上层建筑到经济基础的蜕变。当文化产业变成一个国家的支柱产业时,当美国的好莱坞电影在全球疯狂吸金时,文化工业已变成一种生产力。当然,大众文化产品毕竟与其他物质产品不同,即使它变成了经济基础,也依然带有上层建筑和意识形态色彩。像好莱坞大片,一方面它创造了票房的奇迹,另一方面又向全球输出了一种价值和观念。因此,我们必须意识到文化工业及其产品的复杂性。

---

① 〔美〕丹尼尔·贝尔:《资本主义文化矛盾》,赵一凡等译,北京:三联书店1989年版,第118—119页。
② 〔英〕斯科特·拉什、〔英〕西莉亚·卢瑞:《全球文化工业:物的媒介化》,要新乐译,北京:社会科学文献出版社2010年版,第6—7页。

拉什等人认为,文化工业变成经济基础之后,文化被"物化"(thingified),而物则被"媒介化"(mediation),①这当然是非常重要的后果。但除此之外我们还要意识到,成为经济基础之后,"文化工业"也开始变为"文化产业",从而褪尽了阿多诺所指出的种种弊端,进而让人们的情感态度发生了重大变化。从此之后,人们只是在经济效益的层面上重视它,而几乎不再去过问和追究它的负面价值了。这种情况在中国体现得尤为明显。

3. 从中产阶级文化到青年亚文化

美国学者格罗斯(David Gross)曾经说过:"大众文化已变成中产阶级文化,反之亦然。"②从事过大众文化生产的中国作家王朔也思考过类似问题:"真正大众文化的主流,举凡真善美,非礼勿视,非礼勿听,教化文明,都是中产阶级价值观的体现。全世界的知识分子和小痞子都知道,所谓大众文化主流是中产阶级价值观的同义词。"③这样的论断和思考可谓意味深长,也让我们意识到大众文化与中产阶级、中产阶级文化存在着密切关系。然而,随着青年亚文化的崛起,大众文化也越来越将其视为自己的盟友,以至于在今天的大众文化中,中产阶级文化的意味逐渐淡薄,青年亚文化色彩愈显浓郁。正是在这一意义上,我们可以说大众文化正在经历着从中产阶级文化到青年亚文化的转型。

如果说近代通俗文化更多与普通的下层民众发生关系,那么,现代大众文化的形成则与中产阶级的生活方式、欣赏趣味密切相关。中产阶级初登历史舞台后,虽然在经济层面具有优势,但在文化层面却非常自卑。"没有哪个阶级对待艺术像资产阶级那样谦卑。它认为自己外行,不仅对'伟大传统'顶礼膜拜,而且对现代主义或先锋派艺术也诚惶诚恐,在妄自菲薄的自卑感中,把从印象派的画作一直到伪艺术家的信笔涂鸦统统算作艺术,高价收购,挂在客厅或艺术收藏

---

① 〔英〕斯科特·拉什、〔英〕西莉亚·卢瑞:《全球文化工业:物的媒介化》,要新乐译,北京:社会科学文献出版社 2010 年版,第 7 页。
② David Gross, "Lowenthal, Adorno, Barthes: Three Perspectives on Popular Culture," *Telos*, no. 45 (1980), p.127.
③ 王朔:《无知者无畏》,沈阳:春风文艺出版社 2000 年版,第 12 页。

室。"① 这里谈论的是资产阶级,但在很大程度上也适用于中产阶级。正是在这一背景下,媚俗艺术开始出现,因为媚俗艺术迎合了中产阶级的生活方式,它的浮浅与便宜的基本特征意味着如下事实:这是一种适合于中产阶级生活节奏的、不需要花费太多时间和金钱却能够从中获取娱乐的艺术样式。而这种艺术样式又培育了中产阶级的欣赏趣味。正是在这一意义上,卡林内斯库才说:"媚俗艺术是作为中产阶级趣味及其特有的闲暇享乐主义的表现而出现的。"② 而米尔斯(Charles Wright Mills)则论证了新式中产阶级的"闲暇伦理"如何取代了老式中产阶级的"工作伦理",他们又如何在大众媒介的偶像与其他娱乐机器中找到了新的寄托。③

一般认为,青年亚文化浮出历史地表并成为一种文化现象是"二战"之后的事情。"二战"之后,随着经济的快速增长,西方社会开始进入"富裕社会",中产阶级的富家子弟也开始长大成人。为了反抗主流文化和高雅文化,他们剃光头,着异服,说脏话(四字母词),跳迪斯科,唱摇滚,甚至群居,吸毒等等,做出了一系列惊世骇俗的举动。至1960年代学生运动期间,亚文化不但发展成反文化,而且在与主流文化和高雅文化的斗争中采用了灵活多变的游击战术。有人指出:"'反文化'不是别的,就是高级文化之外的一切其他文化。或者说,反文化就是把'文化'这个概念重新消融在'文明'之中。'反文化'派尽管是一帮年轻人,但在策略上却显得比'高级文化'的辩护者高明得多,难怪贝尔痛定思痛之际说他们'少年老成'、'狡黠'。"其具体做法是:"派出一股股小规模的袭扰队,神不知鬼不觉地侵入'高级文化'的传统地盘,模糊其一直严加守卫的等级界线,令'高级文化'防不胜防。毛泽东和托洛茨基的战术被'反文化'派结合在一起:一方面'以农村包围城市',一方面不断在城市秘密发动起义,最终夺取城市。"④ 正是通过这场规模浩大、影响世界的学生运动,青年亚文化借助于更激进

---

① 程巍:《中产阶级的孩子们:60年代与文化领导权》,北京:三联书店2006年版,第63页。
② 〔美〕马泰·卡林内斯库:《现代性的五副面孔》,第266页。
③ 参见〔美〕C. 莱特·米尔斯:《白领——美国的中产阶级》,南京:南京大学出版社2006年版,第185—188页。
④ 程巍:《中产阶级的孩子们:60年代与文化领导权》,246页。

的反文化,成功地创造了属于自己的文化形式。

因此,青年亚文化从一开始就充满了青春期的叛逆色彩,而"仪式抵抗"则是其惯用手法。青年亚文化并非传统意义上的大众文化,但又与大众文化有着扯不断的关系。而一旦前者挪用后者的形式或者后者收编前者,都会让大众文化的构成发生诸多变化。当大众文化以中产阶级趣味为诉求对象时,它显得中庸,保守,充满了媚俗之气。然而,当大众文化吸纳了青年亚文化之后,它则有了某种尖锐之姿,骚动之态,从而也多了几分嬉皮之气。以中国的青春文学为例,我们不可能说它是精英文化和高雅文化,但它显然也并非原来那种四平八稳的大众文化,而是青年亚文化与大众文化合谋之后的新产品。

大众文化研究的基本走向

虽然在 19 世纪就有了关于大众文化的零散论述,但成熟的大众文化理论却是在 20 世纪出现的。1930—1940 年代,英国本土的"利维斯派"和流亡美国的法兰克福学派同时开始关注和研究大众文化,标志着大众文化理论的诞生。1950 年代,法国罗兰·巴特运用符号学的分析方法研究大众文化,可谓独辟蹊径,也给后来者带来了许多研究灵感。从 1960 年代开始,随着英国文化研究的兴起,大众文化研究开始步入一个新的历史阶段,其影响一直绵延至今。因此,从总体上看,20 世纪以来西方大众文化研究的基本趋势是从法兰克福学派走向伯明翰学派。具体而言,主要体现在如下几个方面。

1. 研究姿态:走向公允平和

无论是利维斯主义者还是法兰克福学派的成员,他们对待大众文化研究的姿态都可称之为疾言厉色。阿多诺批判文化工业生产出了商品拜物教,认为流行音乐让听众的接受水平退化到了婴幼儿状态。利维斯指出大众文化占用了受众的时间与精力,一方面使他们无暇顾及文学的伟大传统;另一方面又让他们心性败坏。于是,批判与谴责构成了 20 世纪中前期大众文化研究的主流姿态。这种姿态一直延续到麦克唐纳那里。

然而,自从伯明翰学派介入到大众文化研究之后,这种疾言厉色的批判与谴责开始淡出,取而代之的是心平气和,同情的理解,以及理解之后深入到大众文化内部、局部和细部中的经验主义研究。早期的霍加特、威廉斯和后来的霍尔,尽管他们关于大众文化的观点并不完全一致,但在研究姿态上却大同小异。即他们大都能够客观、公正地对待大众文化,进而去释放大众文化背后的复杂性。当然,我们应该看到,受伯明翰学派学术传统的影响,一些学者也更多开始为大众文化进行辩护。而这种辩护,既有为大众文化蒙受的不白之冤平反昭雪之意,也往往是"自传式民族志"(autoethnography)经验的一种书写。米勒(J. Hillis Miller)指出:"那些进行文化研究的年轻学者是在电视、电影、流行音乐和当前的互联网中泡大的第一批人。……用不着奇怪,这样的一种人应该期望研究那些与他们直接相关的、那些影响了他们世界观的东西,那就是电视、电影等等。"[①]这也就是说,当他们开始研究那些曾经哺育过他们的大众文化时,他们已不可能疾言厉色,而更可能是含情脉脉。

虽然大众文化研究姿态的转换背后隐含着诸多令人玩味的信息,但总体而言,走向公允平和还是值得称许的。因为缺少足够事实判断的价值判断尽管可逞一时之勇,但又往往会形成一些漏洞,从而给人留下攻击的口实。这也反证出,学术研究应把价值判断建立在坚实的事实判断基础之上,如此,它才能经得起检验,才能立于不败之地。

2. 理论方法:走向多元共生

成熟的大众文化研究本身就会形成一套理论。不过,当人们一开始进行大众文化研究时,往往又需要借助于具体的理论和方法加以展开。20世纪中前期的大众文化研究,其理论方法比较单一,这在一定程度上影响到了研究的效果。比如,法兰克福学派的大众文化研究,主要采用的是弗洛伊德的精神分析学方法和文学社会学方法。由于精神分析学本身还是没有经过充分验证的理论假定,所以,把它运用到大众文化研究中之后虽然也很出彩,但往往又给人无法落到实处之感。此外,因法兰克福学派的学术传统是哲学研究,大众文化研究也

---

① 〔美〕J. 希利斯·米勒:《土著与数码冲浪者:米勒中国演讲集》,易晓明编,长春:吉林人民出版社2004年版,第183页。

就往往被拉到哲学的思维框架中加以操练,运用艰深的哲学语言进行表述,其结果是造成了理论的晦涩难懂。

伯明翰学派开始文化研究后,进入大众文化研究领域的理论与方法开始增多。巴克认为,文化研究的主要方法有三:民族志(ethnography)、文本方法(textual approaches)和接受研究(reception studies)。① 除此之外,文化研究还拿来了阿尔都塞的意识形态理论、葛兰西的文化霸权(领导权)理论。而罗兰·巴特的符号学方法、福柯的权力分析理论、巴赫金的狂欢化理论、波德里亚的消费社会理论、后马克思主义者的接合理论等等,也常常是大众文化研究借用的理论方法。这些理论方法拓宽了大众文化研究的视域,也把大众文化研究带入到一个新的境界。

当然,是不是这些理论方法都适用大众文化研究? 借用费斯克的说法,某些理论方法对于大众文化研究是否也只是"权且利用"(making do)?② 诸如此类的问题也还需要深思。马克思说:"理论只要说服人[ad hominem],就能掌握群众;而理论只要彻底,就能说服人[ad hominem]。所谓彻底,就是抓住事物的根本。"③中国的作家张承志也说过:"正确的研究方法存在于被研究者的形式之中。"④这些论断都可以帮助我们检验这些理论方法是否合适妥帖。

3. 关联语境:走向后现代主义

美国学者胡伊森(Andreas Huyssen)认为:"就像现代主义的发端一样,现代大众文化的起源可以追溯到1848年左右。"⑤如果我们把媚俗艺术看作现代大众文化的先声,那么现代主义与现代大众文化确实同时出现在19世纪中叶。而两者从出现之初开始,便处在一种紧张、对立、充满敌意的关系之中。胡伊森指出:"现代主义建构自身

---

① Chris Barker, *Cultural Studies*: *Theory and Practice*, London, Thousand and New Delhi: Sage Publications, 2000, p.26.
② 参见〔美〕约翰·费斯克:《理解大众文化》,王晓珏、宋伟杰译,北京:中央编译出版社2006年版,第34页。
③ 《马克思恩格斯选集》第1卷,北京:人民出版社1995年版,第9页。
④ 张承志:《张承志文学作品选集》(长篇小说卷),海口:海南出版社1995年版,第146页。
⑤ 〔美〕安德烈亚斯·胡伊森:《大分野之后:现代主义、大众文化、后现代主义》,周韵译,南京:南京大学出版社2010年版,第19页。

的策略是,一种有意识的排斥,一种被他者——日益处于支配地位的席卷一切的大众文化——腐蚀的焦虑。现代主义作为敌对文化的优势和弱点都产生于这一事实。毫不奇怪,这种对腐蚀的焦虑以一种不可调和的对抗姿态出现在世纪之交的为艺术而艺术的运动(象征主义、唯美主义、新艺术运动)中,并再次出现在二战后的抽象表现主义绘画中,以及对实验写作的追捧中,还有文学、文学批评、批判理论和博物馆对'高雅现代主义'的官方经典化中。"①由此可以看出,现代主义与大众文化确实形同水火,势不两立。而作为他者的大众文化越是嚣张,也越会刺激现代主义做出反应(甚至可能是过度反应)。凯里(John Carey)认为,知识分子把现代主义文学艺术弄得难以理解,是为了阻止大众接近它们。因此,"现代派文学和艺术可看作是对前所未有的巨大读者群的一种敌对反应"②。这种说法应该有一定道理。

事实上,站在现代主义的维度上去维护自律艺术,进而去批判对自律艺术构成腐蚀和威胁的大众文化,也正是早期大众文化研究者的价值立场。由此,他们也就在大众文化理论中建构了高雅文化与大众文化的二元对立关系。这一点在阿多诺身上体现得尤为明显。然而,至20世纪60年代,随着后现代主义的来临,高雅文化与大众文化开始握手言和。正如詹明信(Fredric Jameson)所指出的那样:"在现代主义的巅峰时期,高等文化跟大众文化(或称商业文化)分别属于两个截然不同的美感经验范畴,今天,后现代主义把两者之间的界线彻底取消了。"③正是在这一背景下,后现代主义的文化思潮与美学风尚开始对大众文化研究产生深刻影响。有论者指出:"高雅现代主义教条已经变得陈腐,阻碍了我们对当下文化现象的把握。高雅艺术和大众文化的边界日益模糊,我们应该把这一过程看作是一次机会。"④这意味着大众文化研究走向后现代主义是对文化现实的一种回应。而更值

---

① 〔美〕安德烈亚斯·胡伊森:《大分野之后:现代主义、大众文化、后现代主义》,周韵译,南京:南京大学出版社2010年版,第1页。
② 参见〔英〕约翰·凯里:《知识分子与大众:文学知识界的傲慢与偏见,1880—1939》,吴庆宏译,南京:译林出版社2008年版,第19、1页。
③ 〔美〕詹明信:《晚期资本主义的文化逻辑》,陈清侨等译,北京:三联书店1997年版,第424页。
④ 〔美〕安德烈亚斯·胡伊森:《大分野之后:现代主义、大众文化、后现代主义》,第4页。

得注意的是,后现代主义已在很大程度上改变了研究者的价值立场,于是研究者对高雅文化不再投以青眼,对大众文化的判断开始犹疑,乃至渐趋肯定。以费斯克为例,在1983年悉尼举办的澳大利亚传播会议上,他还是"一名普通的现代主义大众文化理论家",并用"绝对正统的现代主义声音"发言。然而几年之后,随着《电视文化》《理解大众文化》《解读大众文化》的问世,"一个新费斯克出现了",而之所以会有这种变化,是因为他遭遇了后现代主义,并在后现代主义理论中获得了新生。① 而晚近的大众文化研究者差不多都被后现代主义文化现实击中过,被后现代主义文化理论点化过,他们的大众文化研究也就呈现出比较鲜明的后现代主义色彩。

后现代主义进入大众文化研究或大众文化研究走向后现代主义首先应该予以肯定,因为当文化现实语境发生变化后,其研究立场、研究范式等等也不可能不做出调整。从这个意义上说,大众文化研究的后现代主义化是直面并解决现实问题的一种尝试。但是,由于后现代主义造就的是一种"无深度的、无中心的、无根据的、自我反思的、游戏的、模拟的、折衷主义的、多元主义的"文化风格,②这种风格也就不可避免地会进入大众文化研究中,从而让该研究变成一种认同式的、游戏化的研究,其结果是有趣好玩有余,质疑批判不足。正是由于这一原因,有人才指出:"文化研究由无产阶级与资产阶级生死攸关的政治斗争转变成为一场装满橡皮子弹的语言和文化斗争。与其说是炮火连天的战争,不如说是装点后现代社会和消费主义的绚烂烟花。"③

4. 聚焦领域:走向媒介文化

大众传播媒介本来就在催生、塑造、传播大众文化的过程中起着重要作用,而由于"新媒介"(new media,一译"新媒体")的诞生,大众文化的生产与消费更是出现了一种新的景观。比如,当今的视觉文化

---

① 参见[澳]约翰·多克:《后现代主义与大众文化》,吴松江等译,沈阳:辽宁教育出版社2001年版,第222—224页。
② [英]特里·伊格尔顿:《后现代主义的幻象》,华明译,北京:商务印书馆2000年版,第1页。
③ 旷新年:《文化研究这件"吊带衫"》,《天涯》2003年第1期。

之所以愈演愈烈,显然与新媒介的技术革命与媒体视觉化有关。以中国为例,以往学界往往把春节联欢晚会看作一种大众文化现象,如今却有学者认为,"春节联欢晚会是一个典型的'视觉事件',它所包孕的复杂意识形态特性和象征内容,以及显而易见的视觉性和广泛影响力,足以说明媒体视觉化的重要性"①。这也意味着,"在今天,越来越多的大众文化内容恰恰是通过视觉文化的形式体现出来的。而视觉文化对大众文化的包装与制作除了让大众文化变得更加'好看'之外,还降低了进入大众文化的门槛,也进一步让大众文化变成了一种轻浅之物"②。而发生的这种变化在印刷媒介独领风骚的时代显然不可想象,只有在电子媒介和数字媒介形成某种媒体霸权的今天,这种情况才会出现。

正是基于这一背景,大众文化研究开始聚焦媒介文化。凯尔纳(Douglas Kellner)甚至认为,用"媒介文化"(media culture)取代"大众文化"或"通俗文化",更方便于展开研究。他指出:

> "媒介文化"这一概念既可方便表示文化工业的产品所具有的性质和形式(即文化),也能表明它们的生产和发行模式(即媒介技术和产业)。它避开了诸如"大众文化"(mass culture)和"通俗文化"(popular culture)之类的意识形态用语,同时也让人们关注到媒介文化得以制作、流布和消费的那种生产、发行与接受的循环。此概念也消除了介于文化、媒介和传播等研究领域间的人为阻隔,使得人们注意到媒介文化体制中文化与传播媒介之间的相互关联,从而打破了"文化"与"传播"间的具体界限。③

凯尔纳之所以会如此思考,是因为他意识到媒介文化已成为美国和大多数资本主义国家的主流文化,甚至"媒介文化已成为一种社会

---

① 周宪:《视觉文化的转向》,北京:北京大学出版社2008年版,第22页。
② 参见拙文《视觉文化时代文学理论何为》,《文艺研究》2010年第9期。
③ [美]道格拉斯·凯尔纳:《媒体文化——介于现代与后现代之间的文化研究、认同性与政治》,丁宁译,北京:商务印书馆2004年版,第60页。译文据原文有改动。Douglas Kellner, *Media Culture: Cultural Studies, Identity and Politics between the Modern and the Postmodern*, London and New York: Routledge, 1995, pp.34-35.

化的宰制力量"。① 因为媒介文化的视觉等形式已经排挤掉书籍文化的传统模式,从而制造了新的风格、时尚和趣味。于是,媒介文化这一称谓便成为后工业时代或后现代社会的一种事实指认。正是在这一意义上,凯尔纳才说:"'媒介文化'一词还有一个好处,它表明:我们的文化就是一种媒介文化。"②

以往的大众文化研究虽然也关注过大众媒介(如法兰克福学派),但往往是蜻蜓点水,其论述并不集中、系统。而它们的聚焦点或者在文化生产方面(文化工业如何制作大众文化),或者在文化消费领域(如受众研究)。这种研究当然是必要的,但依然显得不够完善。而聚焦于媒介和媒介文化,则意味着大众文化研究开始关注大众文化生产与消费的"中间环节"。这样,走向媒介文化意味着大众文化研究打通了文化生产和消费的领域,结束了以往各自为政的局面。当然,这种转向也会带来一些研究隐患,比如,大众文化研究有可能会变得"见物不见人",甚至会落入"媒介决定论"的陷阱。

中国学界对大众文化的认识过程

虽然"大众"一词早在 1920 年代后期就被引进到中国,并且从一开始就反用了 the masses / the classes 中的价值判断③,但是根据笔者目前掌握的资料,"大众文化"作为一个概念是在 1981 年被介绍进中国的。在这一年的《国外社会科学》杂志上,出现了一个"大众文化"的名词解释。这一名词译自苏联《科学共产主义词典》1980 年第 3 版,解释中说:大众文化"是资产阶级麻痹群众意识的一种资产阶级文化类型","'大众文化'的目的是要建立一种模型来培养'大众人',即政治上消极、怠惰,依附上层人物并为他们所左右,丧失独立判断和独

---

① 〔美〕道格拉斯·凯尔纳:《媒体文化——介于现代与后现代之间的文化研究、认同性与政治》,丁宁译,北京:商务印书馆 2004 年版,第 31 页。译文据原文有改动。Douglas Kellner, *Media Culture: Cultural Studies, Identity and Politics between the Modern and the Postmodern*, London and New York: Routledge, 1995, p.17.
② 同上书,第 61 页。译文有改动。Ibid., p.35.
③ 参见吴晓黎:《〈"大众"关键词的梳理:以十—三十年代相关文学运动为中心〉》,见《多边文化研究》第 1 卷,北京:新世界出版社 2001 年版,第 485,491 页。

立思考能力,对所发生的社会过程不会作任何批判性理解,盲目接受资产阶级社会的'精神准则',以及失去个性、人道及和谐等特征的人"。"'大众文化'最初是一种'基契'(来自德文 Kitsch,意为粗制滥造、低级趣味的作品),即刑事侦破和色情的报刊、书籍、电影及其他拙劣作品的大杂烩,后来又加进了标准的海淫海盗的连环画册、'色情艺术'作品,以及诸如此类的'消遣工业'。'基契'把超人和轰动一时的'明星'在意识中加以神化,从而使人脱离现实"。最后,该解释把大众文化的实质定位于"反人道主义",并认为与之相对峙的是真正进步的群众文化,是社会主义文化。①

除去那种特有的意识形态化的修辞策略,这一解释基本上还是接近于西方学者对大众文化的理解的。但由于中国的大众文化在 1980 年代只是一种"新兴文化",且不具有合法性,所以知识界和理论界一时还不需要"大众文化"的观念和概念。1980 年代中后期,虽然在一些译著中已有对"大众文化"更准确的解释②,也翻译了西方学者谈论大众文化的著作(如托马斯·英奇编:《美国通俗文化简史》,任越等译,桂林:漓江出版社 1988 年版)。但此时学界的兴趣和讨论实际上是集中在"纯文学和通俗文学"方面,大众文化也被限定在"通俗文学"的思考框架中。种种迹象表明,大众文化和学界对大众文化的认识在 1980 年代还没有浮出水面。

1990 年代初期,学界开始意识到大众文化的冲击,于是有了对大众文化的讨论,但一开始对大众文化的定位并不清晰。比如,1991 年的《上海文论》新设一个"当代视野中的大众文艺"专栏,一些批评家加盟进行讨论。有学者解释说:"本文所要讨论的'大众文艺',从对象而言,主要是指近年在大陆出现的,通过印刷、光电等现代大众传播媒介手段所大量复制,供大众阅读、消闲、欣赏需求的各种文艺制品的总和,如畅销书、通俗小说,通俗性的电视连续剧、放映点和民间流传的录相带、流行歌曲,以及由此构成的文艺和文化现象。"③这实际上

---

① 参见《大众文化》,张新梅译,《国外社会科学》1981 年第 8 期。
② 参见[匈]阿诺德·豪泽尔《艺术社会学》,居延安译编,上海:学林出版社 1987 年版,第 261 页。
③ 参见毛时安:《大众文艺:世俗的文本与解读》,《上海文论》1991 年第 1 期。

说的就是大众文化,但启用的概念却是"大众文艺"。在此期间,虽然已有学者在文章中直接使用到了"大众文化"①,一些学者也加大了对西方大众文化/通俗文化介绍的力度②,但总体而言,这一概念的"能指"与"所指"还存在着一些错位。

真正对大众文化展开讨论是在1992年之后。例如,黄力之在《"文化工业"的乌托邦忧思录》(《文艺报》1993年5月8日)一文中对法兰克福学派所使用的大众文化的概念进行了清理与思考,陶东风在《欲望与沉沦:当代大众文化批判》(《文艺争鸣》1993年第6期)中使用法兰克福学派的大众文化理论对中国的大众文化进行了批判。1994年,谈论大众文化的文章急剧增多,其中下面这些文章成为学界关注的重点所在:《从"西方的没落"到批判学派》(李彬,《北京广播学院学报》1994年第1期)、《政治·经济·文化——一种关于批判学派之理论探究的辨析》(李彬,《北京广播学院学报》1994年第2期)、《试论当代的"文化工业"》(金元浦,《文艺理论研究》1994年第2期)、《大众文化的时代与想象力的衰落》(周宪,《文艺理论研究》1994年第2期)、《大众时代的大众文化》(杨扬,《文艺理论研究》1994年第5期)、《论大众文化》(张汝伦,《复旦学报》1994年第3期)等。与此同时,《东方》(1994年第5—6期)发表了李泽厚与王德胜的对谈,李泽厚认为:我们应"正视大众文化在当前的积极性、正面性功能,充分肯定它","当前知识分子要与大众文化相联系……它们的联盟有两个作用:一是消解正统意识形态,二是引导大众文化走向一个健康的方向"。他还指出:"大众文化不考虑文化批判,唱卡拉OK的人根本不去考虑要改变什么东西,但这种态度却反而能改变一些东西,这就是……对正统体制、对政教合一的中心体制的有效的侵蚀和解构。"③在对大众文化一片批判的声音中,这样的认识显然代表了一种理解大众文化的新思路。

大体而言,中国学界对当代大众文化的认识经历了如下三个阶

---

① 参见高小康:《当代美学与大众趣味》,《上海艺术家》1990年第4期。
② 参见周建军:《西方通俗文化研究概观》,《百科知识》1990年第2期;〔美〕罗伯特·N. 威尔逊:《商业社会中的高雅文化和通俗文化》,周宪译,《国外社会科学》1990年第8期。
③ 李泽厚:《世纪新梦》,合肥:安徽文艺出版社1998年版,第285、294—295、284页。

段,1990年代初期至中期,主要是借助于法兰克福学派的理论资源对大众文化进行批判。此时,中国学界对大众文化的理解基本上圈定在阿多诺、马尔库塞的思路里,但是由于种种原因,却反而丧失了他们理解的丰富性。1990年代中期至后期,由于李泽厚的提醒,也由于海外学者徐贲那个"走出阿多诺模式"的呼吁①,于是有了对大众文化的反思和重新认识。反思的成果主要有,大众文化是中国世俗化进程中的产物,"具有消解一元的意识形态与一元的文化专制主义、推进政治与文化的多元化、民主化进程的积极历史意义"。因此,法兰克福学派的大众文化批判理论与中国的现实状况存在着某种错位。② 新世纪以来,由于费斯克等学者著作的译介,特别是由于文化研究理论的引进,学界对大众文化的认识趋于复杂,但也进入了一个众声喧哗的时期。其中既有对法兰克福学派批判立场的坚守③,也有对知识分子精英立场的清算④,还有人认为,大众文化"实际地改变着中国当代的意识形态,在建立公共文化空间和文化场域上发挥了积极的作用"⑤。时至今日,中国学界对大众文化的认识依然没有达成共识。

中国学界对大众文化的认识隐含着知识分子内部分化的种种症候,却也是对某种理论资源选择和倚重的结果。由于中国缺少有关大众文化的原创理论,所以一开始主要是借用法兰克福学派批判理论的思想,其后又发生了从批判理论到文化研究的位移。值得注意的是,1990年代中后期以来,虽然国内加大了对罗兰·巴特的译介力度,但单纯的符号学视角并没有对中国学界的大众文化研究构成多大影响;相反,波德里亚、布迪厄等使用了符号学资源但更偏重于批判性分析的法国理论家似乎在国内学界更有市场。

---

① 参见徐贲:《美学·艺术·大众文化——评当前大众文化批评的审美主义倾向》,《文学评论》1995年第5期。
② 参见陶东风:《批判理论与中国大众文化》,刘军宁等编:《经济民主与经济自由》,北京:三联书店1997年版,第286—305页。
③ 参见赵斌:《社会分析和符号解读:如何看待晚期资本主义社会中的流行文化》,李陀、陈燕谷主编:《视界》,石家庄:河北教育出版社2001年版,第73—79页。
④ 参见郝建:《大众文化面对法兰克福学派》,《北京电影学院学报》2000年第2期。
⑤ 金元浦:《重新审视大众文化》,《中国社会科学》2000年第6期。

结　　语

　　以上无论是梳理大众文化的概念之旅,还是分析大众文化的演变轨迹和研究走向,其实都涉及对大众文化理论的认识和理解问题。笔者以为,西方大众文化理论发展至今,虽名目繁多、色彩纷呈。但追根溯源,它们差不多都可看作"批判理论""文化研究"和"符号学"的变体。因此,我们可把法兰克福学派批判理论统领下的大众文化研究、罗兰·巴特借助于符号学所进行的大众文化剖析、伯明翰学派所开创的文化研究,看作三种最具原创性的大众文化理论。当然,它们不仅仅是理论,而且也是研究大众文化的思想资源,观照大众文化的基本视角,进入大众文化的主要路径。同时,它们也正好构成了大众文化理论的德国传统、法国传统和英国传统。

　　那么,该如何对待这三种传统呢？我们有必要先来看看西方学者的观点。早在1980年,格罗斯(David Gross)在比较了阿多诺、洛文塔尔和罗兰·巴特的大众文化研究方法之后就曾指出,三位学者的研究方法均有可取之处又都有不足之点。研究大众文化最有希望的趋势也许存在于符号学与批判理论的融合之中,而这种融合的迹象已经在列斐伏尔(Henri Lefebvre)、艾柯与波德里亚等人的研究中体现了出来。[①] 而从1990年代中后期开始,凯尔纳通过对法兰克福学派和伯明翰学派进行比较,也在反复申明如下观点:两派拥有共同的观点又都有不足之处,所以它们亟须在新的文化语境中对话,通过对话可以相互为对方提供一种有效的视角。[②] 而新近一种更激进的观点则认为,为了使"文化研究"走出日趋低迷的困境,我们必须重新审视和正视法兰克福学派的遗产,因为只有法兰克福学派才能"将文化研究从目前

[①] David Gross, "Lowenthal, Adorno, Barthes: Three Perspectives on Popular Culture," *Telos*, no. 45 (1980), p. 140.

[②] Douglas Kellner, *Media Culture: Cultural Studies, Identity and Politics between the Modern and the Postmodern*, pp. 27-30. See also Douglas Kellner, "The Frankfurt School and British Cultural Studies: The Missed Articulation," in *Rethinking the Frankfurt School: Alternative Legacies of Cultural Critique*, eds. Jeffrey T. Nealon and Caren Irr, Albany: State University of New York Press, 2002, pp. 31-58.

的批判昏睡中摇醒"①。

  以上观点值得我们借鉴。因为"'理论'是一种看待事物的方式；它们是用以阐明特定现象的眼光，但是其中也有某些限制了其注意力的盲点和局限"②。此外，我们还要意识到，任何一种理论都是形成于既定的历史语境之中，是对当时现实问题的回应。而时过境迁之后，理论便会呈现出某些不足和缺陷。因此，不存在完美无缺、无懈可击的理论，存在的很可能是魅力与缺憾并存的理论。而把诸种大众文化理论还原到其生成的历史语境之中，释放其魅力，指出其缺憾，并让它们构成一种丰富的对话关系，从而相互矫正、取长补短，应该才是我们对待西方大众文化理论的基本态度。

2004 年 11 月 20 日初写，2011 年 9 月 2 日修订

（原载《外国文学》2005 年第 3 期，并被收入赵一凡等主编：《西方文论关键词》，北京：外语教学与研究出版社 2006 年版。修订稿以《大众文化的概念之旅、演变轨迹和研究走向》刊发于《山西大学学报》2012 年第 3 期）

---

 ① Imre Szeman, "The Limits of Culture: The Frankfurt School and / for Cultural Studies," in *Rethinking the Frankfurt School: Alternative Legacies of Cultural Critique*, p. 66.
 ② 〔美〕道格拉斯·凯尔纳：《媒体文化——介于现代与后现代之间的文化研究、认同性与政治》，第 42 页。

批判·利用·理解·欣赏

——知识分子面对大众文化的四种姿态

知识分子(intellectual)是一种现代称谓,一般认为此称谓诞生于1898年左拉起草的重审"德雷福斯案"的呼吁(《我控诉》)中。而自从有了知识分子一说,也就有了对知识分子的基本定位。在这种定位中,怀疑、介入与批判意识可看作知识分子的主要特征;追求正义、守护理念、批判社会和谴责权势则可看作知识分子的日常工作。另一方面,虽然早在欧洲近代社会已出现了通俗文化(popular culture),但大众文化(mass culture)无疑也是一个现代概念。据美国学者麦克唐纳讲,"mass culture"是他于1930年代后期发明的。① 而当时流亡美国的阿多诺或许便是接受了英语学界的这一说法,先以此行文,后来才又把它修改成了"文化工业"。② 如此看来,只是到了上个世纪30—40年代,大众文化这一概念才与它所指涉的对象发生了关系。也正是从那时起,知识分子与大众文化开始了某种频繁的交往,并在此基础上形成了种种大众文化理论,也形成了知识分子与大众文化的关系模式。

在下文中,笔者将对这种关系模式做出提纲挈领的梳理和分析,但为了说清楚这个问题,有必要把它首先延伸到知识分子与大众的关系中。我把知识分子与大众的关系看作知识分子与大众文化关系的"前史"。

---

① See Andrew Ross, *No Respect: Intellectuals and Popular Culture*, New York & London: Routledge, 1989, p.43.

② Theodor W. Adorno, *The Culture Industry: Selected Essays on Mass Culture*, London: Routledge, 1991, p.85.

前史:知识分子与大众

按照威廉斯的梳理和分析,"大众"或"群众"(masses)这个词虽然不太复杂,却相当有趣,"因为它具有正反两方面的意涵:在许多保守的思想里,它是一个轻蔑语,但是在许多社会主义的思想里,它却是具有正面意涵的语汇"。作为轻蔑语,它表达的意思是"多头群众"(many headed)或"乌合之众"(mob),这群人低下、无知且不稳定;作为正面用语,它与革命传统相关,并体现出一种"正面的社会动力"。当代用法中,由这个词所构成的词组也正好体现了这两种意涵。比如,从事"群众工作"(mass work)、属于"群众组织"(mass organization)、强调"群众大会"(mass meetings)与"群众运动"(mass movement)、完全为服务"群众"(the masses)而生活等,这些词组"属于积极活跃的革命传统"。但研究"大众品位"(mass taste)、利用"大众媒体"(mass media)、控制"大众市场"(mass market)、从事"群众观察"(mass observation)、了解"大众心理"(mass psychology)或"群众意见"(mass opinion)等,虽然不一定完全是负面意涵,却也大都与负面意涵存在着千丝万缕的联系。①

知识分子与大众的关系自然不在威廉斯的梳理范围之内,但他的分析也能给我们带来诸多启发。比如,在建构大众意义的过程中,知识分子对大众究竟形成过怎样的认识和判断?诞生于他们手中的理论究竟为大众输入了怎样的意涵?假如沿着这一路径思考,我们便可发现知识分子对大众正好形成了否定与肯定两种判断;他们的理论也分别建构出了负面和正面的大众形象。这种状况恰恰暗合了威廉斯对大众正负意涵的分析。

让我们先来看看负面的评价与判断。据约翰·凯里(John Carey)分析,尼采(Friedrich Wilhelm Nietzsche, 1844—1900)是最早对大众和大众文化做出强烈反应的知识分子。因为尼采曾谴责人口过多,宣称国家是为"多余的人"——大众所发明的。在《权力意志》中,尼采提

---

① 〔英〕雷蒙·威廉斯:《关键词:文化与社会的词汇》,刘建基译,北京:三联书店2005年版,第281—289页。

供了如下信息:"需要高级人士对大众宣战",而宣战的时机又十分重要。因为"各处的庸人正在联合起来使自己成为控制者"。于是尼采告诫人们,这种"最卑微最愚蠢者专制"的结果将是一种"否定生命"的"无望而乖戾的东西"。正是因为尼采的如上表白,才引发了凯里的如下思考:"大众文化引发了尼采作为反抗者对大众文化本身的反对。他的思想在 20 世纪早期知识分子中特别盛行,这表明大众的威胁激起了他们的恐慌。"①

最早对大众表达不满的人是尼采,但最早对大众进行系统而负面评价的人则应该是法国的勒庞(Gustave Le Bon, 1841—1931)。1895年,勒庞出版《乌合之众——大众心理研究》一书,全面论述了大众(群体)的特征和心理:"我们就要进入的时代,千真万确将是一个群体的时代",而对于群体中人的特征,他又做出了如下概括:"有意识人格的消失,无意识人格的得势,思想和感情因暗示和相互传染作用而转向一个共同的方向,以及立刻把暗示的观念转化为行动的倾向,是组成群体的个人所表现出来的主要特点。"②这也就是说,个体一旦变成群众中的一员,他就开始从众、盲动,从而丧失了自我的理性判断力。勒庞的这一思想被弗洛伊德继承和发展,于是有了《群体心理学与自我的分析》一书,此书可看作对勒庞思想的致意、修正、补充和完善。而勒庞和弗洛伊德的理论又被阿多诺所看重,成为他思考法西斯主义煽动术与群众心理的重要理论支柱。这在《弗洛伊德理论与法西斯主义宣传模式》③一文中已有充分体现。

在对大众进行负面评价的谱系中,另一位值得一提的人物是西班牙的奥尔特加·加塞特(Jose Ortega Y Gasset, 1883—1955)。1929 年(亦说 1930 年),奥尔特加出版《大众的反叛》,以知识分子"那双充满好奇的眼睛"对大众的诸问题进行了分析。像勒庞一样,奥尔特加的基本判断也是大众时代已然来临。所不同者在于,他以非常明确的知

---

① 〔英〕约翰·凯里:《知识分子与大众:文学知识界的傲慢与偏见,1880—1939》,吴庆宏译,南京:译林出版社 2008 年版,第 4 页。
② 〔法〕古斯塔夫·勒庞:《乌合之众——大众心理研究》,冯克利译,北京:中央编译出版社 2000 年版,第 6、22 页。
③ 参见《法兰克福学派论著选辑》(上卷),北京:商务印书馆 1998 年版,第 183—207 页。See also Theodor W. Adorno, *The Culture Industry: Selected Essays on Mass Culture*, ed. J. M. Bernstein, London: Routledge, 1991, pp.114-135.

识分子姿态,并以极为浓郁的精英主义倾向对大众和大众时代展开了更猛烈的批判。因为在他看来,社会总是由两部分人组成的:少数精英(minorities)和大众人(a mass-man)。所谓少数精英"并不是指那些自以为高人一等的人,而是指那些对自己提出更高要求的人"。这些人虽然清楚那些高要求甚至无法实现,但依然孜孜以求,"并赋予自己重大的责任和使命"。而所谓大众人,"就是那些毫无生活目标,一味随波逐流的人,结果是,尽管他拥有无限的潜能和力量,最终却一事无成"。与此同时,奥尔特加也看到了大众时代来临的新特征:"不断聚集的大众,正在日益取代少数精英。""大众决心僭取那些只适合于少数精英的活动,它仅仅限于(也不可能仅仅限于)享乐方面,相反,僭越已经成为我们这个时代的一般特征。"①这里需要说明的是,由于"奥尔特加在政治上坚持自由主义,反对君主制和独裁统治"②,所以他对大众和大众时代的批判显然隐含着他对布尔什维主义、法西斯主义来临的担忧和恐惧,其政治意图不言而喻。

然后我们再来看看正面的评价和判断。虽然知识分子对大众的正面评价梳理起来稍嫌麻烦,其源头也错综复杂,但毫无疑问,马克思主义传统中蕴含着对大众的丰富判断。因为按照恩格斯的解释,"无产阶级是由于工业革命而产生的"。作为"专靠出卖自己的劳动而不是靠某一种资本的利润来获得生活资料的社会阶级",它的成员从一开始就处在了被剥削受压迫的境地。结果,他们的生活状况与社会地位"不是随着工业的进步而上升,而是越来越降到本阶级的生存条件以下。工人变成赤贫者,贫困比人口和财富增长得还要快"。因此,资产阶级在为自己生产着财富的同时,也为自己生产出了掘墓人。③ 在另一处地方,恩格斯在谈到伦敦这座城市和城市中的人群时也提出过如下问题:"难道这些群集在街头的、代表着各个阶级和各个等级的成千上万的人,不都是具有同样的属性和能力,同样渴求幸福的人吗?"④显然,在马克思与恩格斯创立自己革命学说的年代,他们是把

---

① 〔西班牙〕奥尔特加・加塞特:《大众的反叛》,刘训练等译,长春:吉林人民出版社2004年版,第6—7、43页。
② 刘训练、佟德志:《大众的反叛与欧洲的前途》,同上书,第2页。
③ 《马克思恩格斯选集》第1卷,北京:人民出版社1995年版,第230、284页。
④ 《马克思恩格斯全集》第2卷,北京:人民出版社1957年版,第304页。

无产阶级或工人阶级作为一个革命的阶级来对待的,因为他们处在社会的最底层,受剥削受压迫,所以他们有革命的要求和动力。于是无产阶级大众便首当其冲地成了革命的主体。

这里需要略作说明。由于"阶级"和"阶级斗争"是马克思与恩格斯思考问题的主要语境,所以他们通常谈论的是"无产阶级"而不是"大众"或"群众"。然而,"大众"或"群众"往往又是可以和"无产阶级"划上等号的,或者说,"无产阶级"往往是由"大众"组成的一支革命队伍,而阶级属性不过是强化了大众的革命要求和政治正确性,从而为大众赋予了崭新的内涵。验之于后来的正统马克思主义者对马克思思想的解读,"群众""大众""民众"或"人民"开始频繁出现,它们基本上已成为"无产阶级"的同义语。比如,列宁说:"革命是历史的火车头,——马克思这样说过。革命是被压迫者和被剥削者的盛大节日。人民群众在任何时候都不能够象在革命时期这样以新社会秩序的积极创造者的身分出现。"①又说:"马克思最重视的是群众的历史主动性。……马克思当时虽然流亡在伦敦,但他却以他特有的全部热情投入了这一群众斗争。"②在这里,列宁已把马克思的无产阶级置换成了"群众"或"人民群众"。

根据李博的梳理,在中国,"大众"或"群众"这种词汇虽古已有之,但作为一个政治词汇,却首次出现于李大钊1918年的一篇文章中,他说:"Bolshevism实是一种群众运动。"而从1920年代开始,"群众"又成为对译德文"die Massen"和俄文"massy"时颇受青睐的一个翻译术语。而后来经过毛泽东的反复论述后,"群众""人民""人民大众""人民群众"的正面涵义也越来越浓。③而那句广为人知的说法——"群众是真正的英雄,而我们自己则往往是幼稚可笑的,不了解这一点,就不能得到起码的知识。"④——则在很大程度上代表着毛泽东对群众正面价值与意义的肯定。于是,经过长达几十年的政治涂抹之后,群众在汉语语境中呈现出更多的褒义色彩。

---

① 《列宁选集》第1卷,北京:人民出版社1972年版,第601页。
② 同上书,第688—689页。
③ 〔德〕李博:《汉语中的马克思主义术语的起源和作用》,赵倩等译,北京:中国社会科学出版社2003年版,第404—405页。
④ 《毛泽东选集》第3卷,北京:人民出版社1969年版,第748页。

让我们对以上两种评价稍作分析。在负面评价中，虽然其逻辑起点各各不同，但大众无疑都是一群乌合之众，他们的存在或他们将要成为社会的主宰只会给社会带来危害。于是知识分子除对大众进行谴责和批判之外，甚至还希望大众销声匿迹。凯里在罗列了大量史料之后指出："梦想大众将灭绝或绝育，或者否认大众是真正的人，这都是20世纪早期知识分子虚构的避难方法。"①由此看来，尼采、勒庞、奥尔特加等人的说法表面上看虽是负面评价，但实际隐含的却是知识分子与大众的一种极为紧张的关系。

在正面评价中，我主要罗列的是马克思主义传统中正统马克思主义者的相关说法。由于在这些人中，革命领袖的角色扮演（如列宁和毛泽东）往往大于他们的知识分子身份，也由于那些话语最终进入到国家意识形态话语的体系之中，因此，他们对大众的正面评价还不能充分彰显知识分子与大众的另一种关系。但也必须指出，这套话语显然深刻影响到了左翼知识分子的价值立场和价值判断，以至于当这种类型的知识分子一旦想到大众，大众便成了他们需要发动的盟友。威廉斯说："在某些社会情况里，从事革命的知识分子或革命党，并不是来自'平民百姓'（the people）；他们视这些'平民百姓'为一起奋斗的masses，并且认为masses是他们服务的对象：亦即，masses作为一种目标或者mass作为一种可以被操纵的材料。"②当知识分子如此理解大众时，他们也就建构出一种与大众的新的想象关系。这种关系自然已不是前者那种剑拔弩张、势如水火，而是变得含情脉脉、唇齿相依了。

知识分子与大众的这两种关系也延伸到知识分子与大众文化的关系之中，从而形成了知识分子面对大众文化的几种基本姿态。我把这几种姿态概括为四：批判、利用、理解和欣赏。

批判：以阿多诺与利维斯为例

批判大众文化的知识分子很多，在这里，我将选择德国的阿多诺、英国的利维斯（F. R. Leavis, 1895—1978）和利维斯主义者作为其代

---

① 〔英〕约翰·凯里：《知识分子与大众：文学知识界的傲慢与偏见，1880—1939》，第17页。
② 〔英〕雷蒙·威廉斯：《关键词：文化与社会的词汇》，第288页。

表,用以考量知识分子与大众文化的第一种关系。

　　阿多诺关于大众文化的基本观点我们已不陌生,但在这里我还是需要略作说明。阿多诺是大众文化"整合说"的发明者之一,而所谓整合说,其基本假定如下:在晚期资本主义社会,个人已被纳入到"全面管理"的体制之中。这种管理并非通过"硬性"手段,而是通过启用许多"软性"的形式进行的。大众文化便是这种管理的"成果"之一。它先是被文化工业生产出来,然后又被推销到大众那里,让他们变成了大众文化的消费者和享用者。由于大众文化产品具有标准化与伪个性化的特性,长期消费这种产品便造成了感觉力、判断力和自我意识等方面的退化。通过这种麻痹大众和欺骗大众的方式,主流意识形态便达到了整合大众的目的。作为一种理论假设,整合说虽然更多地来自于阿多诺在纳粹德国的经验,并遭到了英美一些学者的批评,但由于它表面上指向了大众文化,实际上批判的却是大众文化背后的极权主义体制,所以即便是在今天看来,这种思考依然可圈可点。作为最早对大众文化进行系统研究的理论,整合说开启了我们认识大众文化的一种思路。

　　毫无疑问,阿多诺是大众文化的批判者。而事实上,与法兰克福学派的其他成员相比,阿多诺对于大众文化(文化工业)的批判也确实最坚决、最彻底和最长久。有人指出,阿多诺对大众文化的批判始于 1932 年发表的《论音乐的社会情境》("On the Social Situation of Music"),终于 1969 年的论文《闲暇》("Free Time")。[1] 这意味着在将近四十年的时间里,阿多诺一刻也没有放松过对大众文化的批判。那么,为什么阿多诺对大众文化会有如此丰沛的批判激情呢?

　　原因固然很多,但在知识分子与大众文化的关系模式中,我们不应该忘记他是一位"流亡知识分子"。关于流亡知识分子,萨义德曾有精湛的论述,他指出:"流亡者存在于一种中间状态,既非完全与新环境合一,也未完全与旧环境分离,而是处于若即若离的困境。"[2] 而这种困境在阿多诺身上体现得似乎尤其强烈。在德国,阿多诺习得的是

----

[1] Deborah Cook, *The Culture Industry Revisited: Theodor W. Adorno on Mass Culture*, Lanham: Rowman & Littlefield Publishers, Inc., 1996, p.3.

[2] 〔美〕爱德华・W.萨义德:《知识分子论》,单德兴译,北京:三联书店 2002 年版,第 45 页。

高雅文化或精英文化的传统,然而,自从他 1938 年流亡到美国之后,他所面对的却是一种全新的大众文化形式,这让他感到格外震惊。正是因为身处美国,他才第一次意识到了德语所谓的"物化"(Verdinglichung)的存在,而在与美国的普通人和学者打交道的过程中,又让他意识到"物化"思维的无处不在。这种思维已渗透到美国人的普遍意识之中。① 而这种状况之所以出现,大众文化显然得负主要责任。于是,新旧两种环境的对比,雅俗两种文化的交战,让他更加坚定了批判大众文化的决心。这正如萨义德所指出的那样:

> 虽然阿多诺于 1949 年返回法兰克福,重任教授,但在美国的岁月永远为他盖上了流亡者的戳记。他厌恶爵士乐和所有的通俗文化,一点也不喜欢当地风景,似乎在生活方式上刻意维持他的保守风格;由于他所接受的教养是马克思—黑格尔的哲学传统,所以美国的电影、工业、日常生活习惯、以事实为根据的学习方式、实用主义,这些具有世界性影响力中的每一项都触怒了他。……阿多诺所表现出的悖论、反讽、无情的批判显示他是典型的知识分子。②

按照笔者理解,知识分子的典型气质就是批判意识和批判精神,这一点在阿多诺身上体现得尤其充分。而在批判大众文化的过程中,他甚至把矛头指向了那些面对文化工业"卑躬屈膝的知识分子"(servile intellectuals)。他指出:"有些知识分子极其希望与这种现象握手言和,他们渴望找到一个通用的公式,既表达他们对文化工业的保留态度,又表达对其权力的尊敬。这些知识分子要么已经从强加于人的退化中创造出了一套 20 世纪的神话,要么就是持一种带点挖苦的容纳态度。"③阿多诺之所以敢于如此批判,关键还在于流亡生涯和在美国长达十多年的观察给他带来了一种思想的底气。而他所意识到的问题恰恰是许多知识分子不可能意识到或不愿意意识到的。

---

① See T. W. Adorno, "Scientific Experiences of a European Scholar in America," in *The Intellectual Migration: Europe and America, 1930-1960*, eds. Donald Fleming and Bernard Bailyn, trans. Donald Fleming, Cambridge and Massachusetts: Harvard University Press, 1969, pp. 346-347.
② 〔美〕爱德华·W. 萨义德:《知识分子论》,第 50 页。
③ Theodor W. Adorno, *The Culture Industry: Selected Essays on Mass Culture*, p. 89.

如果说流亡生涯和美国的生活经验在很大程度上塑造了阿多诺对大众文化的批判,那么利维斯和利维斯主义者则是在文学教育的背景上展开对大众文化的相关思考的。在英国文化的传统中,利维斯深受阿诺德(Matthew Arnold)思想的影响。阿诺德认为:"文化不以粗鄙的人之品味为法则,任其顺遂自己的喜好去装束打扮,而是坚持不懈地培养关于美观、优雅和得体的意识,使人们越来越接近这一理想,而且使粗鄙的人也乐于接受。"① 这自然是一种高雅文化、精英文化或贵族文化观。以此文化观为出发点,阿诺德便对大众、大众文化、中产阶级、非力士人展开了毫不留情的批判。与此同时,他又"提倡以'文化'、或曰广义的教育作为走向完美的途径和手段,学习研究自古以来人类最优秀的思想、文化、价值资源,从中补充、吸取自己所缺乏的养分。"② 这种批判精神和致思方式给利维斯带来了极大的启发。杜林(Simon During)指出:1950年代,随着商业电视的普及,大众文化在英国迅速崛起。文学批评家利维斯等学者对这样一种文化现象做出了迅速的应对。他的应对策略是利用教育体制来更加广泛地传播文学知识和文学鉴赏。为了达到这一目的,利维斯阵营对文学经典进行了严格的鉴定。他们抛弃了那些现代主义的实验性作品(比如乔伊斯和伍尔夫的作品就在扫荡之列),而把那些能够直接培养读者道德意识的名著(如奥斯丁、蒲伯、艾略特的作品)看作一种"伟大的传统"。他们坚持认为不能把文化看作一种消闲活动,而阅读"伟大的传统"恰恰是用坚实而和谐的"生命感"来建构成熟个体的重要手段。然而,由于大众文化给人们提供的快感,这种"生命感"却遭到了威胁。③

杜林所归纳的利维斯的应对策略当然没有什么问题,因为我们可以在《伟大的传统》(1948)一书中找到他的系统方案。但按照斯道雷(John Storey)的观点,利维斯早在1930年代早期便展开了对大众文化的批判,而利维斯本人的《大众文明与少数人文化》(*Mass Civilization and Minority*),利维斯夫人(Q. D. Leavis)的《小说与阅读公众》(*Fici-*

---

① 〔英〕马修·阿诺德:《文化与无政府状态》,韩敏中译,北京:三联书店2002年版,第13页。
② 韩敏中:《文化与无政府状态·译本序》,第14页。
③ See Simon During, "Introduction," in *The Cultural Studies Reader*, ed. Simon During, London and New York: Routledge, 1993, p. 2.

tion and Reading Public)以及利维斯和汤普森(Denys Thompson)合著的《文化与环境》(*Culture and Environment*)又构成"利维斯主义"(Leavisism)批判大众文化的基石。① 利维斯主义的基本立场是:"文化始终是少数人的专利。"②然而随着工业革命的推进,"大众文明"和"大众文化"的时代却全面来临,传统价值分崩离析,溃不成军。由于少数文化精英发现自己处在一个"敌对环境"之中,于是利维斯等人便展开了对大众文化的猛烈批判。③ 他们批判通俗小说让人心神涣散,批判好莱坞电影给人带来了一种廉价的快感,批判广告的消费主义倾向。而这种批判以及他们对高雅文化遭到冲击的忧虑,或许在利维斯夫人所援引的如下表述中体现得更加充分:

> 民主思想的蔓延所带来的一个巨大威胁,即是文学鉴赏传统和经典文本的权威已经被群氓的投票所成功篡改。目前,在世界各地,那些未曾接受教育或只接受过一丁点教育的乌合之众竟已成为文学读者的主体。……如果文学作品的价值需由老百姓来投票决定,如果那些庸人认识到了自己拥有多大的权力,那么文学的末日就到来了。原因很简单:对于他们来说,杰出的文学作品既索然无味,又艰深晦涩。④

当利维斯主义者如此批判和忧虑的时候,他们也就走进了凯里的描述与分析之中——在英国知识分子的眼中,大众本来就是乌合之众,而他们低劣的欣赏趣味又与大众文化构成了一种互动关系。这种状况一旦持续下去,劣币驱逐良币的"格雷欣法则"便会发生作用。最终的结果是,全社会的欣赏趣味变得庸俗不堪,文学经典无人问津。于是在利维斯主义者那里,我们或许会发现凯里所描绘的知识分子的共同特征:他们首先是对大众不满,然后才迁怒于大众文化,而大众文化的甚嚣尘上又加重了他们对大众的不满。这样,在这一问题上,他们与阿多诺也就有了细微的区别。阿多诺对法西斯主义统治下的群

---

① 〔英〕约翰·斯道雷:《文化理论与大众文化导论》(第五版),常江译,北京:北京大学出版社2010年版,第27—28页。
② 同上书,第28页。
③ 参见陆扬、王毅:《文化研究导论》,上海:复旦大学出版社2007年版,第71页。
④ 转引自〔英〕约翰·斯道雷:《文化理论与大众文化导论》(第五版),第28页。

众也没有好感,但他更多看到的是大众传媒、文化工业和宣传机器控制和操纵群众的威力和因此产生的后果。于是他才说:"假如大众已被自上而下地贬为乌合之众,那么文化工业是把他们变成乌合之众、继而又鄙视他们的罪魁祸首之一。"①可以说,首先批判大众文化而不是大众,是阿多诺区别于利维斯主义的一个主要方面。

无论是阿多诺还是利维斯主义者,他们都代表着20世纪知识分子与大众文化的一种早期关系模式,而他们的"批判"姿态后来虽多为西方学界所质疑、所诟病,但这种姿态是不是需要一概否定,却是值得商榷的。因为要否定这种批判,似乎首先需要提出如下反证:一、大众文化优于高雅文化或精英文化,也就是说,好莱坞的某部战争影片在思想含量和艺术含量上要优于托尔斯泰的《战争与和平》。二、文化工业没有参与到极权主义体制的建构之中,而是加快了民主化的进程。但做出这种反证估计难度会很大。于是,尽管阿多诺与利维斯的批判并非无懈可击,他们对大众和大众文化甚至存在着凯里所谓的"傲慢与偏见",但这种批判依然体现着现代型知识分子的精神气质。笔者在谈到法兰克福学派诸成员时曾经指出:"'现代型'的身份特征又意味着他们与知识分子批判传统的内在关联,意味着他们将义不容辞地扮演起理性的守护者、正义的捍卫者、人类解放的呼吁者与参与者、乌托邦思想的传播者、权威性话语的发布者等多重角色。对于后现代性知识分子来说,这样的角色扮演既显得冬烘又显得沉重,还越来越具有了一种悲剧式的壮美,然而,也唯其如此,它才更显得弥足珍贵。"②这种判断自然适用于阿多诺,但用到利维斯等人身上也该是比较合适的。

利用:以本雅明与萨特为例

知识分子面对大众文化的第二种姿态可称之为利用。而这种利用,又在很大程度上接通了如前所述的马克思主义传统。所以,这种姿态主要体现在具有某种革命倾向的左翼知识分子那里,其代表人物

---

① Theodor W. Adorno, *The Culture Industry: Selected Essays on Mass Culture*, p.92.
② 参见拙著《整合与颠覆:大众文化的辩证法——法兰克福学派的大众文化理论》,北京:北京大学出版社2005年版,第6—7页。

可首推本雅明和萨特(Jean-Paul Sartre,1895—1980)。

本雅明的思想中有好几个维度,但其中的一个重要维度无疑是对政治、政治实践和艺术政治化的关注和思考。1920年代中期,本雅明结识了女共产党人拉西斯(Asja Lacis),又通过拉西斯的介绍,认识了剧作家和戏剧理论家布莱希特(Bertolt Brecht),从此开始,布莱希特的奇思妙想开始对本雅明构成重要影响,并成为他生成政治思想维度的主要理论资源。本雅明说:"赞同布莱希特的作品是我全部立场中最重要和最富有防御性的观点之一。"①这意味着至少在后来十年左右的时间里,本雅明对布莱希特的思想和理论坚信不移。而关于本雅明为什么会亲近布莱希特,西方学者则有如下看法:布莱希特坚持把革命力量看作马克思主义思想的一条原则,而正是他们对马克思关于费尔巴哈第十一条提纲("哲学家们只是用不同的方式解释世界,问题在于改变世界")的共同兴趣使得本雅明不愿意放弃布莱希特,或使两人最终走到了一起。②

于是,本雅明成了布莱希特思想与作品的合作者、阐释者、辩护者与捍卫者。布莱希特创造了史诗剧(epic theatre),使用了间离效果(alienation-effect,一译"陌生化效果")、中断(interruption)等技术策略。本雅明认为,间离效果与中断的技巧所要废除的是西方传统的审美移情或共鸣理论,它给观众带来的效果是震惊(astonishment)而不是移情(empathy)。就像电影里的画面一样,史诗剧的上演是分段展开的。"它的基本形式是震惊,利用这种形式,戏剧中一个个规定得很清楚的场景相继出现。歌曲、字幕和那些单调的惯用手段使得一种场景区别于另一种场景。这样,就出现了间隔。这种间隔削弱了观众的幻觉,并使其准备就绪的移情处于瘫痪状态。"③而本雅明如此阐释布莱希特的思想,表面上看似乎着眼于戏剧艺术的革命,而实际上却指向了政治。杰姆逊指出:"用一句最完全彻底的话来概括,布莱希特间离

---

① Walter Benjamin, "To Kitty Marx-Steinschneider," in *The Correspondence of Walter Benjamin, 1910-1940*, eds. Gershom Scholem and Theodor W. Adorno, trans. Manfred R. Jacobson and Evelyn M. Jacobson, Chicago and london: The University of Chicago Press, 1994, p.430.

② 参见〔美〕梅·所罗门编:《马克思主义与艺术》,杜章智等译,文化艺术出版社1989年版,第579页。

③ Walter Benjamin, *Illuminations*, trans. Harry Zohn, London: Fontana Press, 1992, p.149.

效果的目的就是一个政治目的。"①这番概括可以说道破了布莱希特戏剧的最高机密。而对于本雅明来说,无论是间离效果还是中断,小而言之是一种戏剧技巧,大而言之则是一次技术革命。他表面上迷恋的是技术,实际上却是迷恋技术释放出来的革命能量。因此,隐藏在本雅明"技术决定论"(西方学者的一种看法)背后的东西无疑也应该是政治。

而这种政治诉求在《技术复制时代的艺术作品》中体现得则更加明显。在此文的结尾部分,本雅明指出:法西斯主义试图组织起新生的无产阶级大众,并使政治生活审美化。"共产主义对此做出的回答是艺术政治化。"②这样,此篇论文虽然通篇看上去是在谈电影的技术问题,但落脚点却放在了一个政治的维度上。而他的以毒攻毒的方案显然又与他对布莱希特思想的认同存在某种因果关联。

正是在这一背景上,本雅明展开了他对大众和大众文化的相关思考。因为无论是布莱希特所谓的戏剧观众还是本雅明所谓的电影观众,并不是接受美学意义上的纯粹的受众,而是需要被特殊的艺术—技术手段唤醒的大众;而戏剧和电影在他们眼中也成了一种大众文化产品,是能够被打造的武器,被利用的对象。正是在这一意义上,本雅明才对高雅文化提出了某种质疑,并把赢得大众的希望寄托在电影身上。他指出:

> 无论怎样理想化,任何人都无法在某个时间点上以一种高雅艺术赢得大众;艺术只有接近他们才能把他们争取过来。而由于困难恰恰在于能寻找到这样一种艺术形式,所以人们可以问心无愧地认为这种艺术就是一种高雅艺术。在被资产阶级先锋派所宣传的大多数艺术中,这种情况将绝不会出现。……大众从艺术作品(对于他们来说,这些艺术作品在消费品中占有一席之地)中积极地寻求着某种温暖人心的东西。……今天,大概只有电影能胜此任——或者至少,电影比其他任何艺术形式更适合此任。③

---

① Frederic Jameson, *The Prison-House of Language: A Critical Account of Structuralism and Russian Formalism*, Princeton: Princeton University Press, 1972, p.58.

② Walter Benjamin, *Illuminations*, p.235.

③ Walter Benjamin, *The Arcades Project*, trans. Howard Eiland and Devin McLaughlin, Cambridge: Belknap Press, 1999, p.395.

由此我们可以进一步发问：为什么本雅明要把大众争取过来呢？因为他已在很大程度上把大众看作一个潜在的革命主体。为什么他又对电影寄予厚望呢？因为电影可以更方便地实现他所谓的"艺术政治化"的战略方案。这样，在本雅明的想象中，电影这种大众文化形式也就成了一件革命武器。而打造好这件武器，不光能够赢得大众，还能与里芬斯塔尔（Leni Riefenstahl）拍摄的《意志的胜利》（政治审美化的代表作之一）等电影相对抗。

如果说利用大众文化的方案在本雅明那里还只是一种理论设计，那么到了萨特手中则既发展成了一种强大的"介入"理论，也落实成了知识分子在话语层面和行动层面的实践行为。在《什么是文学》（1947）的长文中，萨特除了论述"介入文学"的主张外，还着重谈论了"读者群"对于作家的重要性。在他看来，以往的传统文学或者是文学沙龙里的窃窃私语而忽略了读者的接受，或者是因注重文学实验而与读者的接受形成了某种错位。而面对当下文学的处境，萨特又在反复提醒作家们注意："我们有读者，但没有读者群。"①于是，"读者群"或"公众"（public）②便成为萨特"介入文学"中的一个关键词。

那么，又该如何理解"读者群"的含义呢？像本雅明的电影观众概念一样，萨特这里的读者群当然也不是纯粹文学意义或接受美学意义上的概念，而是一个充满政治学含义的语词。在萨特论述的上下文当中，我们可以把这个读者群与无产阶级大众画上等号。也就是说，当他向当代作家发出一种呼吁时，他一方面是要号召作家与自己所在的资产阶级决裂，一方面是鼓励作家想方设法为无产阶级大众写作。于是，争取读者群的过程其实就是让自己的作品亲近无产阶级大众的过程。而为了把这个方案落实下去，萨特也就有了非常明确的占领大众媒介、利用大众文化的主张。他指出：

> 书有惰性，它对打开它的人起作用，但是它不能强迫人打开它。所以谈不上"通俗化"：若要这么做，我们就成了文学糊涂虫，

---

① 〔法〕萨特：《什么是文学?》，施康强译，见《萨特文集》第7卷，北京：人民文学出版社2005年版，第287页。

② 在英文翻译中，与"读者群"对应的表达便是"public"。例如，"我们有读者，但没有读者群。"便被译为"that we have readers but no public." See Jean-Paul Sarter, *What is Literature?*, trans. Bernard Frechtman, London: Methuen & Co Ltd., 1967, p.196.

为了使文学躲开宣传的礁石反而让它对准礁石撞上去。因此需要借助别的手段:这些手段已经存在,美国人称之为"大众传播媒介";报纸、广播、电影:这便是我们用于征服潜在的读者群的确实办法。……我们在这块地盘上插上一脚:必须学会用形象来说话,学会用这些新的语言表达我们书中的思想。①

借助于报纸、广播、电影等大众媒介说话,用新的语言表达书中的思想,这不仅仅是萨特的理论主张,而且也成为他身体力行的实践方向。比如,1945年,他与梅洛-庞蒂(Maurice Merleau-Ponty)创办《现代》(Les Temps modernes)杂志,从而团结了一批知识界人士。《现代》也成为法国知识分子左派的大本营。从1944年到1980年,萨特也在《战斗报》《费加罗报》《解放报》《快报》《法兰西晚报》《新观察家周刊》等报纸发表过大量专题性的时政文章,1970—1974年,他还担任过《人民事业报》《我控诉》等革命性报纸的主编或编辑。与此同时,他还不时在广播电台上发表讲话。而更重要的是,萨特在他的有生之年不断创作戏剧作品,并让纸上的文本变成了舞台上的演出。而他之所以热衷于戏剧创作,是因为他只是把戏剧看作一种工具而不是艺术。这正如列维(Bernard-Henri Lévy)所分析的那样:在萨特心目中,"作家和知识分子是分开的。作家走作家的路,而知识分子则有时通过一些文章和剧作,为伟大的事业奔走呼号"②。这也就是说,当萨特以戏剧为武器投入战斗时,戏剧已不再是纯文学作品,而是一种可资利用的文化工业产品,它可以以最快捷的方式作用于大众,影响他们的身心,甚至让他们付之行动,以此实现知识分子的使命。

这样,萨特对大众、大众媒介和大众文化的相关思考就全部有了着落:他毕生想做的一件事情是如何把作家打造成知识分子,并让他们通过自己的话语去重新塑造大众媒介,改造大众文化,最终达到争取大众的目的。而如此经营的过程,也是实现他所谓的"新知识分子"的角色扮演的过程。于是,在萨特的理论设计和实际操作中,知识分子与大众文化的关系已变得昭然若揭。

---

① 〔法〕萨特:《什么是文学?》,施康强译,见《萨特文集》第7卷,第289页。
② 〔法〕贝尔纳·亨利·列维:《萨特的世纪——哲学研究》,闫素伟译,北京:商务印书馆2005年版,第102页。

以上梳理可以看出,本雅明与萨特的理论主张和实践方案都具有非常明显的马克思主义倾向,也代表着左翼知识分子面对大众和大众文化的一种新思考和新认识。而既然是要利用大众文化,他们也就不可能对大众文化进行疾言厉色的批判,而是充满了一定程度的肯定和认同。用历史的眼光看,左翼知识分子的政治—艺术实践并非没有成效,但也必须指出,随着社会主义革命在苏联和东欧的失败,这种实践活动也失去了依附的对象。于是,知识分子的这种姿态,知识分子与大众文化的这种关系模式,或许已成为留给我们的一份历史遗产,其中因政治迷狂而投射到知识分子与大众文化身上的那种复杂性,依然值得我们认真清理。

理解:以威廉斯与霍尔为例

理解大众文化的姿态主要体现在伯明翰学派的文化研究之中,因此,下面笔者将选择该学派两位代表性的人物威廉斯(Raymond Williams, 1921—1988)和霍尔(Stuart Hall, 1932—2014)的相关思想略作分析。

威廉斯的大众文化思想是建立在反对"利维斯主义"的基础之上的。1958年,威廉斯出版《文化与社会》一书,一方面对利维斯的高雅文化观进行反思和批判,另一方面又对文化进行了重新定位。在他看来,文化并非利维斯主义者所谓的少数人的文化,而是整个的生活方式。这就大大扩展了文化的内涵和外延。与此同时,他又认为:"资产阶级文化与工人阶级文化的首要区分应该是整个生活方式的区分,而且,我们区分整个生活方式,一定不能又囿于居室、衣着与安逸模式之类的证据。……重要的区别因素在于有关社会关系的性质的各种观念。"[①]显然,从生活方式和观念领域去定位文化,就既把文化看作一种"活的经验",也为肯定工人阶级文化埋下了伏笔,同时还与利维斯主义划清了界线。这正如斯道雷指出的那样:"坚信文化是'普通人'在与日常生活的文本与实践的互动中获取的'活的经验',这一民主化

[①] 〔英〕雷德蒙·威廉斯:《文化与社会》,吴松江、张文定译,北京:北京大学出版社1991年版,第403—404页。

的文化观标志着威廉斯与利维斯主义的彻底决裂。和利维斯主义一样,威廉斯呼唤着一种共同的文化,只不过他眼中的共同文化是真正的共同文化,而利维斯所追求的则是一种基于文化差异和文化驯服的等级制文化。"①

威廉斯的另一个值得注意的看法是他对大众/群众的重新认识。如前所述,大众或者在负面的意义框架中被看作"乌合之众",或者在正面的意义结构中被看作"革命主体",但威廉斯对大众的认知却相当平和,他认为,像"普通人"或"公众"一样,群众也是一个集体意象。然后他又进一步指出:

> 我并不认为我的亲戚、朋友、邻居、同事、熟人就是群众;我们中间没有谁能这么想,也没有谁会这么想。群众往往是其他人,是那些我们不认识,也不可能认识的其他人。然而在我们这种社会中,我们一直都看到这些其他人,看到无数形形色色的人;他们就有血有肉地站在我们身边。他们在这里,我们和他们一起也在这里。当然,最重要的一点就是我们和他们在一起。对于其他人来说,我们也同样是群众,群众就是其他人。
>
> 实际上没有所谓的群众,有的只是把人看成群众的那种观察方式。②

威廉斯的以上论述让我们明白了一个道理:许多时候,我们往往是带着既定的"成见"去面对这个世界和他人的。我们在"成见"之下把一些人划分成三六九等,确实方便了我们的解释,世界仿佛也因此变得明晰。但实际上,这种过于明晰的分类和解释却也因此固化和简化了我们的思考,我们因此失去了接近事情真相的机会。这种把问题复杂化而不是简单化的思路也贯穿在威廉斯对大众文化的分析之中。于是,深入历史语境之中去揭示大众文化的生产特点,耐心在大众文化与工人阶级文化之间做出区分,就成为威廉斯的惯常做法。由于威廉斯本来就对文化与大众有别样的思考,所以面对大众文化他就不可

---

① 〔英〕约翰·斯道雷:《文化理论与大众文化导论》(第五版),第58页。
② 〔英〕雷德蒙·威廉斯:《文化与社会》,吴松江、张文定译,第378—379页。依据新译本有所改动。〔英〕雷德·威廉斯:《文化与社会》,高晓玲译,长春:吉林出版集团有限责任公司2011年版,第315页。

能疾言厉色,而是平心静气地去面对它、研究它,并去追问它与经济、商业和大众传播的复杂关系。因此,尽管还不是特别明朗,但我们不妨说,在威廉斯那里,理解大众文化的思路已逐渐成型。

霍尔显然继承了这种思路,并在其中输入了新的内容,这就不得不提到葛兰西。在英国文化研究中有所谓的"转向葛兰西"(turn to Gramsci)之说,这意味着葛兰西对于英国文化研究的重要性不言而喻。在葛兰西的理论中,有两个概念至关重要,其一是"有机知识分子"(organic intellectual),其二是文化领导权(cultural hegemony,一译"文化霸权")。在葛兰西看来,传统的知识分子喜欢坐而论道,夸夸其谈,而所谓有机知识分子则是那些能把自己与大众结合在一起,用自己的哲学来引导大众的哲学(常识)的知识分子。他指出:"成为新知识分子的方式不再取决于侃侃而谈,那只是情感和激情外在和暂时的动力,要积极地参与实际生活不仅仅是做一个雄辩者,而是要作为建设者、组织者和'坚持不懈的劝说者'。"①因此,所谓"有机",意味着知识分子与大众的统一,理论与实践的统一。另一方面,葛兰西又认为意识形态领域是一个谈判、协商、对话、斗争的场所。而为了夺取文化领导权,占领"常识"(common sense)与"大众文化"领域便显得非常重要。正是因为葛兰西把这种观念带入到了他的相关思考中,他的大众文化理论因此显得独具一格,这正如本内特(T. Bonnett)所言:

> 葛兰西著作的批判精神全没有大众文化批评家叫人忍无可忍的傲慢态度,同时又丝毫无意去鼓吹一种大众主义,既避免也否定了结构主义和文化主义的二元对立。……在葛兰西的理论框架中,大众文化既不是大众的文化扭曲,也不是他们文化的自身肯定,或者如汤普生的说法,是他们自己的自我创造;相反,它被视为一个力的场,体现的是确切是为那些互为冲突的压力和倾向所形构的关系。②

对大众文化既不否定也不肯定,而是把它看作一个"力场",这是

---

① 〔意〕安东尼奥·葛兰西:《狱中札记》,曹雷雨等译,北京:中国社会科学出版社2000年版,第5页。
② 〔英〕托尼·本内特:《大众文化与"转向葛兰西"》,陆扬译,见陆扬、王毅选编:《大众文化研究》,上海:上海三联书店2001年版,第62—63页。

一种全新的观点。而这种观点也给霍尔带来了极大的启发。霍尔指出:"葛兰西的论述最能表达我们想要做的事情。"①又说:"在这里,主要是葛兰西为我们提供了一套更明晰的术语,他用这些术语将大量'无意识'、特定'常识的'文化范畴同更为主动的和组织性的意识形态方式联系在一起,后者可以介入常识和大众传统的基础,并通过这种介入组织男女大众。"②正是在这一背景下,霍尔才把葛兰西关于大众文化的理论抢救出来,又借助于沃洛希诺夫(V. N. Volosinov)"符号成为阶级斗争的战场"之观点,进而把大众文化看作一个斗争的场所。在他看来,"这是一场支持和反对权势者文化的斗争,大众文化既是其斗争场域之一,也是这场斗争输赢的利害所在。它是赞成与抵抗的竞技场。它部分地是霸权出现的地方,也是霸权站稳脚跟的地方。它不是已经完全成形了的社会主义、社会主义文化可以被简单'表达'的领域。但它却是社会主义有可能得以建立的地点之一。这就是为什么'大众文化'很重要的原因。否则,老实说,我才不会去在乎它"③。在这里,霍尔这种"对进步的通俗文化和反动的大众文化不加区分"④的做法,显然代表了知识分子在新的历史语境(撒切尔和里根政府统治时期)中一种比较理性的思考和选择。大概也正是在这一意义上,本内特才说:英国文化研究已经用"理解"(understand)大众文化取代了原来的那种"谴责"(condemn)。⑤

当霍尔把威廉斯的文化作为"生活方式"发展成一种"斗争方式"时,这种理论无疑显示出了它的激进色彩,并与马克思主义传统存在着千丝万缕的联系,但与本雅明与萨特的大众文化理论相比,它依然显得相对平和。于是,我们可以把所谓的"理解"看作一种不偏不倚的

---

① Stuart Hall, "Cultural Studies and its Theoretical Legacies," in *Cultural Studies*, eds. Lawrence Grossberg, Cary Nelson and Paula A. Treichler, New York and London: Routledge, 1992, p.280.

② 〔英〕斯图亚特·霍尔:《文化研究:两种范式》,孟登迎译,见罗钢、刘象愚主编:《文化研究读本》,北京:中国社会科学出版社2000年版,第64页。

③ Stuart Hall, "Notes on Deconstructing 'the Popular'," in *People's History and Socialist Theory*, ed. Raphael Samuel, London: Routledge & Kegan Paul, 1981, p.239.

④ Michael Denning, "The End of Mass Culture," in *Modernity and Mass Culture*, eds. James Naremore and Patrick Brantlinger, Bloomington: Indiana University Press, 1991, p.255.

⑤ See Graeme Turner, *British Cultural Studies: An Introduction*, London, Sydney and Wellington: Unwin Hyman, 1990, p.44.

研究姿态,看作深入大众文化细部的精微解读。事实上,英国文化研究一开始所谈论的大众和大众文化就不是原来的 masses 和 mass culture,而是 the popular 和 popular culture。按照费斯克等人的解释,现在所谓的 the popular,在平日语言中通常是"好"的同义词;popular culture 则是"为普通民众所拥有;为普通民众所享用;为普通民众所钟爱的文化"。① 这种解释虽过于"明亮",但起码我们应该意识到,威廉斯和霍尔等人谈论的大众和大众文化已经不是阿多诺和利维斯主义所界定的大众和大众文化了。于是,即便从用词的变化上,我们或许已可以看出他们在"理解"姿态上的一些迹象。因为对于大众文化,他们已不是义愤填膺的"俯视",而是平心静气的"平视"了。

这种理解姿态的形成自然有多种原因,但其中的一个原因也许更值得一提:伯明翰学派的多数成员出身于工人阶级家庭,而这种家庭背景对于打造他们平民知识分子的身份起着至关重要的作用。比如,威廉斯出身于威尔士乡间的一个工人家庭。当他 18 岁进入剑桥大学时,作为工人阶级出身的享受奖学金的学生,他在这里遭遇了巨大的文化冲击。他后来持久地关注工人阶级文化,显然与这种家庭背景有关。霍尔虽然自称他成长于中产阶级家庭,但他又反复强调他的父亲属于中产阶级下层(lower-middle-class)。而出生于牙买加,自己又在家庭成员中生得"最黑"(霍尔的父亲是牙买加人,母亲是白人。他有哥哥和姐姐,与肤色较白的姐姐相比,他的肤色是最黑的)、从小就被称作"小苦力"(the little coolie)等经历,同样让他有了一种平民的心态和眼光。他的晚期著作关注种族、流散、文化认同等问题,与这种家庭背景和经历不无关系。② 于是,霍尔除了是平民知识分子之外,他还应该是流散知识分子(diasporic intellectual);而接受了葛兰西的思想后,他又具有了有机知识分子的诸多特征。此种知识分子的角色扮演,在很大程度上决定着威廉斯和霍尔面对大众文化的态度,研究大众文化的角度,思考大众文化的路径。于是,他们的姿态也就呈现出

---

① 〔美〕约翰·费斯克等编撰:《关键概念:传播与文化研究辞典》,李彬译注,北京:新华出版社 2004 年版,第 212 页。

② See Kuan-hsing Chen, "The Formation of a Diasporic Intellectual: An Interview with Stuart Hall," in *Stuart Hall: Critical Dialogues in Cultural Studies*, eds. David Morley and Kuan-Hsing Chen, London and New York: Routledge, 1996, pp. 484-486.

与贵族知识分子迥然不同的特点。

欣赏:以费斯克为例

把欣赏的姿态单列出来是出于如下理由:晚近以来,对于大众文化积极意义的思考渐成时尚,与此同时,所谓的"学者粉丝"(scholar-fans)也应运而生,而这种思考好多便是出自于学者粉丝之手。在以下的分析中,我将主要把费斯克(John Fiske,1939—　)作为典型个案,阐释欣赏姿态与大众文化的关系。

像伯明翰学派的诸多成员一样,费斯克所谈论的大众文化也是popular culture,只不过他在伯明翰学派的基础上又前进了一大步——认为大众文化来自于民众,具有一种抵抗的功能。费斯克指出:"大众文化是从内部和底层创造出来的,而不是像大众文化理论家所认为的那样是从外部和上层强加的。在社会控制之外始终存在着大众文化的某种因素,它避开了或对抗着某种霸权力量。"①因此,"不可能存在一种宰制性的大众文化,因为大众文化之形成,往往是对宰制力量的反作用,且永远不会成为宰制力量的一部分"②。由于阿多诺等人正是从外部、上层、宰制等角度来为大众文化定位的,所以,费斯克这种斩钉截铁的论断就不仅颠覆了法兰克福学派的大众文化理论,甚至也在很大程度上改写了伯明翰学派的思想路径。

既然大众文化由底层创造,它们也就成了大众的作品。那么,费斯克所谓的大众又是怎样的大众呢?从他的相关表述中我们可以看出,这里的大众既非一群乌合之众,也非马克思主义传统中的那种革命主体,而更多是指由年轻人组成的亚文化群体。他们穿牛仔裤,看娱乐片,在商店里顺手牵羊,从而扮演着"出类拔萃的游击队员"的角色。这样,所谓的游击战就成了大众与强势的资本主义商业社会进行对抗的主要战略战术。费斯克指出:

---

① 〔美〕约翰·菲斯克:《解读大众文化》,杨全强译,南京大学出版社2001年版,第2页。
② 〔美〕约翰·费斯克:《理解大众文化》,王晓珏、宋伟杰译,中央编译出版社2001年版,第53页。依据原文有改动。John Fiske, *Understanding Popular Culture*, Boston: Unwin Hyman, 1989, p.42.

大众的日常生活,是资本主义社会矛盾利益不断得以协商和竞争的空间之所在。德塞都(1984)便是思考日常生活的文化与实践方面最精深的理论家之一,而贯穿其《日常生活实践》一书的,是一连串有关冲突的隐喻,特别突出者,是战略(strategy)与战术(tactics)、游击战(guerrilla warfare)、偷猎(poaching)、诡计多端(guileful ruses)与恶作剧(tricks)的隐喻。潜藏于这些隐喻之下的假设是,强势者是笨重的、缺乏想象力的、过度组织化的,而弱势者则是富有创造力的、聪明机智和灵活多变的。所以,弱势者采用游击战术对抗强势者的战略,偷猎强势者的文本或结构,并不断去捉弄这种制度。①

费斯克除钟情于德塞都(Michel De Certeau, 1925—1986)的日常生活理论外,还借用了罗兰·巴特的符号学理论、巴赫金的狂欢化理论和霍尔的编码与解码理论,于是,游击战术、符号层面的嬉戏、越轨的快感、偷偷摸摸的刺激等便成为费斯克大众文化理论的关键词,而购物广场、电子游戏、粉丝杂志、娱乐电视节目、麦当娜、消费的妇女等,又往往成为费斯克重点解读的大众文化对象。在这种解读中,费斯克极力想证明的是大众通过"权且利用"(making do)的艺术,展开了不屈不挠的抗争。结果,"战略被战术反抗,资产阶级被无产阶级抵制,霸权遇阻,意识形态背道而驰或逃之夭夭;自上而下的权力受到由下而上的力量的抗争,社会的规训面临无序状态。"②当然,费斯克也意识到,由于大众的"恶作剧和诡计是弱者的艺术",所以它"永远也不会成为一种激进的颠覆行为;它永远也改变不了资本主义—消费主义经济体系"。但是这种"规避性的符号抵制可以维持一种大众意识",可以改善"日常生活中的微观政治环境"。③ 这样,从抵抗(resistance)或规避的角度来重新考察和界定大众文化就成了费斯克的惯常思路。

这种思路无疑显得新颖别致,也在很大程度上刷新了我们对大众

---

① 〔美〕约翰·费斯克:《理解大众文化》,第39页。依据原文有改动。John Fiske, *Understanding Popular Culture*, Boston: Unwin Hyman, 1989, p.32.
② 同上书,第58页。依据原文有改动。Ibid, p.47.
③ 〔美〕约翰·菲斯克:《解读大众文化》,第18,30,12页。

文化的认识。比如,当费斯克更多地让"年轻的游击队员"与"大众"形成联系时,所谓的大众已今非昔比,他们已不再是本雅明或萨特心目中的那种大众了。由于年轻一代的加盟,由于这代人在生活方式、知识结构、世界观和价值观等方面已不同于他们的前辈,所以大众的成分或结构已发生了很大变化。而通过消费活动去"再生产"大众文化,也让我们看到了大众文化并非一成不变的东西。消费的过程往往也是进一步创生大众文化的过程。如此一来,大众文化也就形成了不同的版本。当然,更重要的还是费斯克所谓的"抵抗说"。由于大众文化具有了一种抵抗功能,他也就在新的历史语境中为大众文化赋予了新的内涵。尽管这种抵抗只是一种符号学意义的抵抗,它还是让人看到了某种希望,进而让那些年轻的大众获得了一种身心鼓舞。

但是,这并不意味着费斯克的论述没有问题。在我看来,费斯克的主要问题还不在于多克(John Docker)所指出的那种矛盾现象——一方面费斯克高声赞美大众文化,以至于他超越了他曾经拥有的现代主义立场;另一方面,他又令人奇怪地以一种过时的方式描绘"晚期资本主义"世界,"听起来费斯克在这里像是一个19世纪的人";[1]而在于费斯克以一个学者粉丝的身份进入问题之中时,他往往无法做到客观冷静,以至于夸大了大众文化的抵抗功能。

这样,我们就不得不对学者粉丝略作分析。按照布罗塔曼(Mikita Brottman)的看法,学者粉丝现象诞生于近二十年来的文化研究中。随着文化研究系在大学的设立,一些学者不仅在学术层面去研究大众文化,而且他们还承认"喜欢它和享受它"。于是在学者粉丝那里,对大众文化的爱恋便使其相关研究充满了激情。[2] 比如,据一则报道:美国南卡罗来纳州大学将在2011年春季开设一门《Lady Gaga 与成名社会学》课程,主讲马修·弗德勒姆教授自称他是 Lady Gaga 的粉丝,曾看过她30场演唱会。[3]

---

[1] 〔澳〕约翰·多克:《后现代主义与大众文化》,吴松江等译,辽宁教育出版社2001年版,第228页。

[2] Mikita Brottman, *High Theory / Low culture*, New York, Palgrave Macmllan, 2005, p. xxiv.

[3] 《Lady Gaga 成大学课程研究对象 走红成社会现象》,http://ent.163.com/10/1104/07/6KKMQLOI00032DGD.html。

费斯克便是一位名副其实的学者粉丝。在"作者简介"等信息中,他一再声称自己是不折不扣、根深蒂固的大众文化粉丝。同时他也公开宣称:"他在煽情画报、流行小说、购物商场、迪斯尼乐园及环球电影制片场的参观旅行中,常有乐此不疲、乐而忘返的'世俗'愉悦'。"①而当他以学者粉丝的身份面对大众文化时,他会充满一种研究的乐趣。他明确说过:"我不能去研究我不感兴趣的东西,因为我无法享受其中的乐趣。"②从一般的意义看,在学术研究的过程中,学者对他的研究对象产生"爱情"并形成某种"恋爱"关系可以理解,但既为大众文化的"粉丝",便已不是一般的爱恋,而是有了一种非理性的迷狂。而一旦把自己的"自传式民族志"经验带入研究之中(事实上,学者粉丝往往是自传式民族志或隐或显的实践者),费斯克就一方面有了西尔斯(Matt Hills)所批评的"所固有的自恋情节"③,另一方面也无法与他的研究对象拉开必要的研究距离。结果,"粉丝研究方面的著作已成了强化能动受众之潮流中的关键部分"④。这时候,我们再来重温莫蕾斯基(T. Modleski)的说法就显得非常必要:"如果说法兰克福学派的著作,问题出在其成员自外于他们所检视的文化太远,那么,今天的批判者,似乎正巧面对相反的问题:他们一头浸淫于(大众)文化当中,半遮半掩地与他们的研究主体发生了爱恋,有些时候,他们也就因而不再能够与受其检视的文化体,保持贴切的距离。结果一来,他们或许就在不经意间,一手为大众文化写下满纸的歉语,一手却又紧抱大众文化的意识形态。"⑤

当然,麻烦还不在于对费斯克的理论做出检视和分析,而在于对其身份的进一步确认。当费斯克以欣赏的姿态面对大众文化时,他无疑是以学者粉丝的身份出现的,但如此一来,他还是知识分子吗?因

---

① 〔美〕约翰·费斯克:《理解大众文化·译后记》,第247—248页。
② Eggo Müller, "From 'Ideology' to 'Knowledge' and 'Power': Interview with John Fiske," http://www.hum.uu.nl/medewerkers/e.mueller/publications/interview-fiske.htm.
③ 〔英〕麦特·西尔斯:《在"知识"与"辩护"之间的粉丝文化》,杨玲译,见陶东风、周宪主编:《文化研究》第9辑,北京:社会科学文献出版社2010年版,第126页。
④ 同上书,第144—145页。依据原文略有改动。
⑤ Tania Modleski, "Introduction," in *Studies in Entertainment*, ed. Tania Modleski, Bloomington: Indiana University Press, 1986, p. xi. 转引自David Morley:《电视、观众与文化研究》,冯建三译,台北:远流出版事业股份有限公司1995年版,第60—61页。

为鲍曼指出:"'成为知识分子'这句话意味的,是要超越自己的职业或艺术流派的偏爱和专注,关注真理、正义和时代趣味这些全球性问题。"①科塞(Lewis Coser)也曾转引艾尔曼的话说过:"只有当知识分子保持批评的能力,与日常工作保持一定的距离,并培养起对终极价值的兴趣,而不是关心切近的价值时,他们才能充分地服务于社会。"②以此论断衡量费斯克的研究工作,他显然没有超越自己的偏爱和专注,也没有和日常工作保持一定的距离,这样,他或许只能以学者粉丝的面目出现,而无法拥有严格意义上的知识分子身份。不过,考虑到知识分子本身早已发生了鲍曼所谓的从"立法者"到"阐释者"的转型,那么,把费斯克界定为一个后现代语境中的"阐释者"似乎也可以成立。而这种面对大众文化欣赏的姿态、爱恋的话语,也恰恰标志着知识分子角色扮演的整体位移,其中隐含的诸多信息不得不令人深长思之。

结　　语

通过以上四种姿态的梳理与分析,我们大体可形成如下结论。第一,知识分子面对大众文化的四种姿态大体上延续在一个时间序列中。也就是说,在20世纪中前期,批判与利用姿态更加显豁;而从20世纪中后期直至今日,理解与欣赏姿态则更为流行。很大程度上,这些姿态也代表着知识分子在不同的历史阶段对大众和大众文化的研究立场、思考路径、认知水平、解读模式和言说策略。第二,知识分子的四种姿态其实链接着知识分子的身份定位。当知识分子批判或者试图利用大众文化时,尽管他们所取的姿态判然有别,但大体上都可看作知识分子的现代性话语,而批判者和利用者显然也扮演着现代型知识分子的角色;当知识分子理解着或欣赏着大众文化时,知识分子的话语类型已转换到后现代层面。与此同时,理解者和欣赏者也开始向着后现代型知识分子的身份靠拢。第三,从知识分子的四种姿态中

---

① 转引自〔英〕弗兰克·富里迪:《知识分子都到哪里去了》,戴从容译,南京:江苏人民出版社2005年版,第30页。
② 同上书,第31页。

也可反证出如下信息:大众和大众文化也处在不断地发展变化中,当今的大众文化很可能已不同于阿多诺、利维斯所批判的大众文化了。虽然这并不意味着大众文化的特性已发生了根本变化,但毕竟它比以往显得复杂了许多。第四,在很大程度上,知识分子的这四种姿态已对后来者构成了一种示范。面对这四种姿态,后来者无论是否认同,都意味着无法在它们面前绕道而行。或许在不知不觉间,后来者已在向着某一种或某两种姿态看齐,并因此塑造着他们打量大众文化的视角。而当关于大众文化的看法越来越多,以至出现了一种众声喧哗的局面时,我们追根溯源,或许会在这四种姿态中找到它们的立足点。

2010 年 12 月 13 日

(原载《探索与争鸣》2011 年第 1 期)

本雅明的"讲演"与毛泽东的《讲话》
——"艺术政治化"的异中之同与同中之异

本雅明虽写过大量文章,但作为"讲演"的文章似不多见,所以本文所谓的"讲演",指的是《作为生产者的作家——1934年4月27日在巴黎法西斯主义研究所的讲演》(1934)。① 毛泽东一生中有过多次"讲话",但一旦说到《讲话》,肯定是专指那篇《在延安文艺座谈会上的讲话》(1942)。我之所以把这两个文本放到一起进行比较分析,是因为作为马克思主义文学理论的重要文本,它们都蕴含着"艺术政治化"的战略方案。而其中呈现出的异中之同与同中之异也颇耐人寻味。

把本雅明的"讲演"看作"艺术政治化"的产物是毫无问题的,因为在《技术复制时代的艺术作品》(1936)一文的结尾,他曾说过一句名言:"这便是法西斯主义所鼓吹的政治审美化。共产主义对此做出

---

① 此文笔者找到了两个汉译本和三个英译本。汉译本分别是《作为生产者的作家——1934年4月27日在巴黎法西斯主义研究学院的讲话》,何珊译、张玉书校,收入《马克思主义文艺理论研究》第10卷,北京:文化艺术出版社1989年版,第301—318页(胡经之、张首映主编的《西方二十世纪文论选》第4卷[中国社会科学出版社1989年版]所收的译文亦为何珊所译);《作为生产者的作家——1934年4月27日在巴黎法西斯主义研究所的讲演》,方维规译,收入方维规主编:《文学社会学新编》,北京:北京师范大学出版社2011年版,第265—270页。但何译是全译,方译是节译。英译的三个版本是:Walter Benjamin, "The Author as Producer," in *Understanding Brecht*, trans. Anna Bostock, London and New York: Verso, 1998, pp. 85-103. Walter Benjamin, "The Author as Producer," in *New Left Review*, trans. John Heckman, July-August 1970. Walter Benjamin, "The Author as Producer: Address at the Institute for the Study of Fascism, Paris, April 27, 1934," in *Selectied Writings*, Volume 2, Part 2: 1931-1934, trans. Edmund Jephcott, Cambriddge, Massachusetts and London: The Belknap Press of Harvard University Press, 2005, pp. 768-782. 笔者在下文中将主要使用Edmund Jephcott 的译本,并酌情使用其他译本。

的回答是艺术政治化。"①从此往后,"艺术政治化"便成为本雅明左翼激进思想的一个凝练表达。这种思想虽散见于多篇文章中,但以《作为生产者的作家》呈现得最为集中完备。毛泽东的《讲话》似乎要更复杂一些,但革命功利主义的思路,"文艺服从于政治"的主张,无疑也让这个文本散发出更多的"艺术政治化"的气息。因此,把《讲话》纳入"艺术政治化"的问题框架中加以考察,也就有了充分的理由。而通过本雅明的"讲演"审视毛泽东的《讲话》,再借助毛泽东的《讲话》打量本雅明的"讲演",或许便能在两个文本中"看到"一些为人所忽略的东西。

我的比较将从"讲演"与《讲话》的文本分析开始。

"讲演"的三个维度:技术、知识分子与大众

种种资料表明,本雅明的马克思主义倾向、艺术政治化的意图等与布莱希特的影响关系密切;而在与布莱希特的通信中(1934年5月21日)本雅明也说过,《作为生产者的作家》是《什么是史诗剧》(1931年写成,1939年修订)一文的"姊妹篇"(companion piece)。② 所以,关于这篇"讲演",我们可以从本雅明与布莱希特的一次谈话说起。

1934年7月4日,本雅明曾有过如下记录:

> 昨天,在斯文堡布莱希特的病房里有一次长谈,内容集中在我的《作为生产者的作家》一文上。我在此文中发展出一种理论:文学革命功能的决定性标准在于技术进步的程度——技术进步所导致的艺术形式的转变和由此带来的精神生产资料的转变。布莱希特愿意承认此文只对一种类型的作家,亦即那种上流中产阶级作家有效,他认为此类作家也包括他自己。③

---

① Walter Benjamin, *Illuminations*, trans. Harry Zohn, London: Fontana Press, 1992, p. 235. 参见〔德〕本雅明:《经验与贫乏》,王炳钧、杨劲译,天津:百花文艺出版社1999年版,第292页。

② Walter Benjamin, "To Bertolt Brecht," in *The Correspondence of Walter Benjamin, 1910-1940*, eds. Gershom Scholem and Theodor W. Adorno, trans. Manfred R. Jacobson and Evelyn M. Jacobson, Chicago and london: The University of Chicago Press, 1994, p.443.

③ Walter Benjamin, "Notes from Svendborg, Summer 1934," in *Selectied Writings*, Volume 2, Part 2: 1931-1934, trans. Rodney Livingstone, p.783.

这段文字既呈现了布莱希特的态度,也在很大程度上概括了"讲演"一文的中心思想,文章的关键词也有所呈现。但实际上,此文的运行思路要复杂许多。

本雅明是从诗作政治倾向、文学倾向和文学品质的关系,诗歌形式和内容的关系等讨论进入问题之中的,但他进入问题的角度却与众不同。他把"技术"(Technik/technique)这一概念当作"一个辩证的切入点",认为"文学倾向可以存在于文学技术的进步或倒退之中"①。这就意味着单纯讨论政治倾向与文学倾向等关系显得空洞,而应该引入技术之维深入探讨。其后,本雅明果然亮出了他在技术层面的看家本领,通过丰富的例证加以阐释说明。比如,他把苏联作家特列契雅科夫(Sergei Tretiakov)界定为"操作型"作家("operating" writer)。作为操作型作家的代表人物,特列契雅科夫在1928年响应"作家到集体农庄去"的号召,在"共产主义灯塔"公社"召集群众会议,筹集购买拖拉机的资金,说服单干的农民加入集体农庄,检查阅览室,创办墙报,主编集体农庄报,为莫斯科报纸报道消息,引进收音机和流动电影院"。之所以这样做,是因为特列契雅科夫的"使命不是去报道,而是去斗争。不是去扮演旁观者,而是去积极地介入其中"②。在本雅明看来,作家只有如此"操作",才能确保其政治倾向正确,并对解决实际问题产生影响。

以特列契雅科夫为例只是拉开了思考"技术""作为生产者的作家"和"知识分子"等问题的序幕,为了把这些问题谈论得更加充分,本雅明又以苏联报纸作为正例,论证文学形式的重新融合现象,阐述读者成为作者的可能性。同时他又以行动主义(activism)和新客观主义(new objectivity,一译新现实主义、新即物主义)作为反例,以此说明"无论一种政治倾向显得多么革命,只要作家只是在态度上而不是作为生产者与无产阶级休戚与共,那么它就只有反革命的功能"③。在此论述过程中,他又引入布莱希特所发明的一个概念——"功能转变"

---

① 方维规主编:《文学社会学新编》,第267页。
② 《马克思主义文艺理论研究》第10卷,第304页。据英译本有改动。Walter Benjamin, *Selected writings*, Volume 2, Part 2: 1931-1934, trans. Edmund Jephcott, p.770.
③ Walter Benjamin, *Selected Writings*, Volume 2, Part 2: 1931-1934, trans. Edmund Jephcott, p.772.

(Umfunktionierung/functional transformation),进一步论证改变生产机器的重要性,①由此也引出了他想要呈现的最重要的范例——布莱希特的"史诗剧"(Epic Theater),以便与《什么是史诗剧》的相关论述形成呼应。在《什么是史诗剧》中,本雅明就对布莱希特的戏剧"技术"有过精彩论述;而在"讲演"中,他又特意拎出布莱希特的"中断原理"(the principle of interruption)仔细分析,以此论证作家作为生产者如何通过技术改变了自己的生产工具。在他看来,中断情节是为了"不断抵消观众那里生成的幻觉",这样便可通过"震惊"(astonishment),让观众认识到自己的真实处境。"因此,史诗剧并不复制处境,相反,它发现处境。"②有学者进一步解释道:"通过使观察到的东西变得陌生化,观众被迫认识到了自身存在的当代处境。没有陌生化,这种处境就处于隐匿状态,因为通过对艺术作品的审美观照,观众已能获得满足。"③

那么,所有这些对于"作为生产者的作家"(或知识分子)意味着什么呢?本雅明认为,作家只有像布莱希特那样充分运用技术手段,同时"反思自己在生产过程中的位置",才能与无产阶级团结在一起。为了证明这一观点,本雅明又引用了莫布朗(René Maublanc)的说法和阿拉贡(Argon)对这一说法的点评。莫布朗在回答"你为谁写作?"这项民意测验时指出,他虽然是为资产阶级公众写作,但是无产阶级革命却需要资产阶级阵营中的盟友,"我希望成为那些盟友中的一员"。④ 阿拉贡既赞赏莫布朗的这种选择,又认为他做得还不够好,因为"从内部削弱资产阶级是不够的,还必须与无产阶级一道同资产阶级作斗争。……在勒内·莫布朗以及我们许多犹豫不决的作家朋友面前,还树立着苏联作家这个榜样,他们出身于俄国资产阶级,但是却成了社会主义建设中的先驱"。而本雅明的跟进论述是,他认为阿拉贡所言(尤其是对"革命的知识分子首先是作为他原来那个阶级的叛

---

① Walter Benjamin, *Selectied Writings*, Volume 2, Part 2:1931-1934, trans. Edmund Jephcott, p.774.
② Ibid., p.778.
③ David S. Ferris, *The Cambridge Introduction to Walter Benjamin*, New York:Cambridge University Press, 2008, p.100.
④ Walter Benjamin, *Selectied Writings*, Volume 2, Part 2:1931-1934, trans. Edmund Jephcott, p.779.

徒出现的"那句表述)完全正确,"至于这种作家,其背叛存在于如下行为之中:使他从生产器械的提供者转变为一名工程师,并使这种器械适应无产阶级革命的目的看作他自己的任务"。① 至此为止,本雅明便大体上完成了他对相关问题的全部论述。

我把本雅明的观点简述如上,是为理清"演讲"一文的思想路线做些准备。此文虽是演讲体,且表面上看似不难理解,但由于它依然保留着本雅明那种惯常的"文学蒙太奇"的写作风格,所以还是会让人感到云里雾里,无从把握。究其原因,大概是因为本雅明的思考涉及三个维度,而这三个维度既并行不悖又此伏彼起,既相互渗透又各有倚重,它们构成了"艺术政治化"的不同声部,并最终汇成了一种交响。概而言之,这三个维度分别是:技术之维、作家之维和大众之维。

(一)技术之维。在翻译《作为生产者的作家》一文时,译者方维规教授特意推敲了 Technik 的中文译法。他指出:"鉴于本雅明主要是在'创作即生产'的新的语境里,即生产者、生产力、生产关系的关联中采用'Technik','技术'译法较为适宜。这里所说的'技术',既指生产过程中的物质技术,也指艺术创作的技巧、手法。"②这里不仅敲定了中文译法,而且也确定了"技术"的内涵。正因为"技术"有如上义项,本雅明才会在写作技术(创作技巧和手法)的名下大谈特谈布莱希特的"史诗剧",在物质技术的名下又会引用艾斯勒(Hanns Eisler)的说法:由于唱片、有声电影和自动唱机已能提供高品质的音乐,商业演奏会这个行业已面临危机,其危机在于"新的技术发明使陈旧的生产形式过时落伍"。③ 除此之外,笔者以为这里的"技术"还应该包含技术革命的成果——媒介。④ 唯其如此,本雅明谈论苏联报纸的意义才好

---

① Walter Benjamin, *Selectied Writings*, Volume 2, Part 2:1931-1934, trans. Edmund Jephcott, p.780. 参考何珊译文,《马克思主义文艺理论研究》第10卷,第317页。

② 方维规主编:《文学社会学新编》,第267页。

③ Walter Benjamin, *Selectied Writings*, Volume 2, Part 2:1931-1934, trans. Edmund Jephcott, p.775.

④ 费里斯在分析本雅明的著作文章时曾拟定了几个主题,而《作为生产者的作家》连同《摄影小史》("Little History of Photography")、《技术复制时代的艺术作品》和《讲故事的人》("The Storyteller")等文章则放在了"媒介与革命"的主题之下,这意味着西方学者在"技术"中也注意到了它的"媒介"因素。See David S. Ferris, *The Cambridge Introduction to Walter Benjamin*, p.91.

理解。

本雅明对技术大唱赞歌是不难理解的,因为他本人在媒体工作的经历,①他对超现实主义、达达主义等先锋派的迷恋,马克思生产力与生产关系学说对他的影响等,都可能培养出他对技术的浓厚兴趣。于是,从技术的视角去观照艺术(文学),便成了他这一时期思考问题的一个兴奋点。当然,这种技术迷狂也遭到了许多人的批评。从阿多诺开始,这种批评的声音便不绝如缕。比如,杰姆逊(Fredric Jameson)认为,从本雅明的思想中"显然可以看出一种技术决定论的影响"②。伊格尔顿则指出,布莱希特和本雅明上了"技术主义"(technologism)的当,因为后者认为:"历史的决定因素是技术力量本身,而并非技术力量在整个生产方式中所占的地位。"③这些说法不能说没有道理,但问题或许没有这么简单。而相比较而言,沃特斯(Lindsay Waters)的分析或许更耐人寻味。他认为在对技术的分析上,本雅明与海德格尔的看法非常接近:"同本雅明一样,海德格尔认为技术'不仅仅是方法。技术是一种展现方式'。而且,海德格尔表露出这样的希望:'如果我们留意这个,技术的本质的另一个领域就会对我们敞开。这是一个展现真理的领域。'这种对于技术的理解打乱了旧的主体性和客体化这一使主体得以认识和欣赏'客体'的方法。技术一枪击毙了陈旧的认识论并取而代之。'从长远的意识来看所存留下来的东西不再是与我们对立的客体'。"④这段文字当然可以形成更加丰富的解读,而它给我的启发是,我们或许可以把技术看作主体(作家)与客体(受众)之间的中介。但要想说清楚这个问题,就需要进入另两个维度之中。

---

① 克拉默(Sven Kramer)指出:"1927年,本雅明首次涉入电台,从1929年直至流亡异乡,电台工作是他的主要收入来源。"本雅明如此热衷于媒介,"不仅有经济上的原因,也反映了他对技术革新的态度"。〔德〕斯文·克拉默:《本雅明》,鲁路译,北京:中国人民大学出版社2008年版,第107、108页。

② 〔美〕詹明信:《晚期资本主义的文化逻辑》,陈清侨等译,北京:三联书店1997年版,第315页。

③ 〔英〕特里·伊格尔顿:《马克思主义与文学批评》,文宝译,北京:人民文学出版社1980年版,第80页。据原文有改动。Terry Eagleton, *Marxism and Literary Criticism*, London: Methuen & Co Ltd., 1976, p.74.

④ 〔美〕林赛·沃特斯:《美学权威主义批判:保尔·德曼、瓦尔特·本雅明、萨义德新论》,昂智慧译,北京:北京大学出版社2000年版,第290页。

(二)作家之维其实也就是知识分子之维,因为作家与知识分子是本雅明交叉使用的概念。在这一维度上,有两个新的动向值得注意。首先,本雅明把作家看作生产者,这既是对作家的重新定位,也是对作家的降格处理。因为如此这般之后,本雅明就让作家走下了"创造者"的神坛。这正如伊格尔顿所言:"在布莱希特和本雅明看来,作家主要是一个生产者,与其他社会产品的生产者一样。也就是说,他们反对把作家当作创造者的那种浪漫主义观念——认为他像上帝似的,平空地、神秘地变出东西来。有了艺术创作全凭个人灵感这种想法,就不可能将艺术家看成扎根于某个历史时代、选用一定材料加以创作的工人。"① 如此看来,让作家走下神坛,其实就是让作家落地——落到马克思主义和唯物主义的地面。这当然是为作家祛魅,然而在其背后,显然也隐含着本雅明更深的用意。而这种用意又与第二个动向紧密相连:让知识分子与无产阶级(工人阶级)休戚与共。

本雅明是在阶级意识、阶级斗争和革命等思维框架中形成这种动向的。他在"演讲"的开篇即划分出两类作家,第一类是"从自主性和自由的立场出发要求创造的资产阶级作家",第二类是能够认识到"当前的社会处境"促使他做出为谁服务之抉择的作家。② "资产阶级的消遣文学作家不承认抉择",但他"还是在为特定的阶级利益服务";"较为进步的作家确实承认这种抉择,他站到无产阶级一边时,其决定便建立在阶级斗争的基础之上。这样,他的自主性就不复存在了,他的写作活动如今依据的是无产阶级在阶级斗争中的利益"。③ 在本雅明的划分中,特列契雅科夫、布莱希特等作家显然属于第二类作家,他把这类作家树为榜样,显然是要争取更多的资产阶级作家背叛自己的阶级,走向无产阶级阵营,从而成为无产阶级的同盟军。因为这是阶级斗争与革命事业的需要。如此看来,把作家命名为生产者,让他们与工人阶级平起平坐,便是在解除资产阶级作家的思想顾虑,这样他

---

① 〔英〕特里·伊格尔顿:《马克思主义与文学批评》,文宝译,第74页。据原文略有改动。Terry Eagleton, *Marxism and Literary Criticism*, p. 68.

② Walter Benjamin, *Selectied Writings*, Volume 2, Part 2: 1931-1934, trans. Edmund Jephcott, p. 768. See also David S. Ferris, *The Cambridge Introduction to Walter Benjamin*, p. 97.

③ 方维规主编:《文学社会学新编》,第266页。译文有改动。Walter Benjamin, *Selectied Writings*, Volume 2, Part 2, 1931-1934; trans. Edmund Jephcott, p. 768.

们才能够轻装上阵,在走向无产阶级时少一些精神负担。由此再来琢磨此文"题记"所引的费尔南德斯(Ramón Fernandez)的那句语录——"应当把知识分子争取到工人阶级一边来,并让他们意识到二者的精神姿态和作为生产者的处境是一致的"①,我们才能看出本雅明的良苦用心。本雅明是位引用大师,正如《技术复制时代的艺术作品》在"题记"中引用瓦莱里(Paul Valéry)的文字隐含着该文的论述主题一样,②《作为生产者的作家》的"题记"引用也隐含着他的战略方案:争取知识分子固然重要,但更重要的是要让他们意识到,他们也是生产者,他们的生产可与工人阶级的生产等量齐观。大概只有这样,他们在被"争取"的过程中才能心悦诚服。

进一步追问,把知识分子争取到工人阶级一边,其用意何在?这就涉及"讲演"一文的第三个维度。

(三)在《作为生产者的作家》中,大众之维是一个比较隐秘的维度。如果说技术之维和作家之维是明线,大众之维则是暗线。之所以如此,不光是此文在大众的维度上所论不多,而且即便有所触及,也需要通过语词和语义上的转换我们才能心领神会。然而,在其他文章中,本雅明对大众问题却有深度思考,它们构成了理解"讲演"一文的必要注脚。比如,在《苏俄作家的政治分类》("The Political Grouping of Rassian Witers", 1926)中,本雅明认为对于苏俄作家来说,"第一要务是接近大众。心理特点、语词选择和表达方面的精致只会让公众畏缩不前。他们所需要的不是表达而是信息,不是变化而是重复,不是技巧精湛的作品而是激动人心的报道"③。这种观点与"讲演"中对特列契雅科夫的论述构成了一种互动。而在《技术复制时代的艺术作品》中,大众也是本雅明论述的重要维度,他甚至在此文的"跋"中写出了

---

① 此句原为法文,后被译成英文,翻译时参考了两个中译本并有较大改动。Walter Benjamin, *Understanding Brecht*, trans. Anna Bostock, p. 85. See also Walter Benjamin, *Selectied Writings*, Volume 2, Part 2: 1931-1934, trans. Edmund Jephcott, p. 768. 参见《马克思主义文艺理论研究》第10卷,第301页;方维规主编:《文学社会学新编》,第265页。

② See Walter Benjamin, *Illuminations*, trans. Harry Zohn, London: Fontana Press, 1992, p. 211.

③ Walter Benjamin, "Neue Dichtung in Rußland," *GS* II, 2, p. 756. Quoted in Richard Wolin, *Walter Benjamin, An Aesthetic of Redemption*, New York: Columbia University Press, 1982, p. 144.

如下文字:"现代人日益加剧的无产阶级化与大众的日趋形成是同一进程的两个方面。法西斯主义试图组织新生的无产阶级大众,却不触动大众努力废除的所有制结构。……法西斯主义借其元首崇拜强迫大众屈膝臣服,这种对大众的侵害与对机器的侵犯极为相似,后者也被打压进膜拜价值的生产之中。"①考虑到"政治审美化"的评估与"艺术政治化"应对方案的提出正是以上语境的产物,我们或许可以说,这种应对方案中的一个重要策略便是要与法西斯主义争夺大众。

如果在这一背景上再来面对本雅明的"讲演",大众之维也就开始显山露水。此文固然没有使用"大众"一词,但本雅明却让"无产阶级"或"工人阶级"频频亮相。在我看来,它们基本上可看作大众的同义词,或者看作"不在场"的大众的修饰语。而当本雅明认为苏俄报纸已克服了资产阶级新闻的缺陷,读者随时可以成为合作者、写作者、描述者和起草者时,这既是对苏俄报纸的夸赞,也是对新型大众的期待。同理,本雅明之所以对布莱希特的史诗剧赞赏有加,关键也在于间离、中断等技术能对观众产生一种震惊效果,这其实也是对大众麻木心理的一种刺激。如果说资产阶级的传统戏剧是让大众沉醉其中,那么,布莱希特的史诗剧则是让大众警醒起来,从而对大众产生作用。虽然这种作用很难夯实,但起码在本雅明的想象与描述中,它的威力不可谓不大。

简要梳理了这三个维度之后再来看它们之间的关系,答案也就明朗了。在本雅明的规划中,资产阶级作家和知识分子之所以要被打造成"生产者",很大程度上是因为阶级斗争、革命事业的需要。而他们要胜任这一新的角色扮演,又必须被"技术"武装起来。只有经过了这种生产工具的革新,他们生产出来的作品才能有效地作用于无产阶级大众。而我之所以把技术看作中介,是因为通过它可以消除主体(作家与知识分子)和客体(大众)之间的对立关系,使他们结成神圣同盟。本雅明固然只谈到了"文学形式的巨大重铸",②但从他论述的思路中我们或许可以推断,当知识分子与大众的能动性都被充分调动起

---

① Walter Benjamin, *Illuminations*, p. 234.
② Walter Benjamin, *Selected Writings*, Volume 2, Part 2: 1931-1934, trans. Edmund Jephcott, p. 771.

来之后,主体客体化与客体主体化的局面即已形成,这岂不是一种更大规模的重组、重铸和重新融合?而"艺术政治化"方案的落实,也许就蕴含在这种充满激情的乌托邦想象之中了。

《讲话》的三个关键词:群众、文艺工作者与语言

毛泽东的《讲话》涉及的问题很多,按照较权威的教科书归纳,计有"文艺与生活、文艺与政治、内容与形式、普及与提高、世界观与创作方法、文学批评标准、对文化遗产的批判继承以及文艺队伍的建设、统一战线等问题"①。但为比较方便,我也把《讲话》中的主要问题概括为三,以便对应本雅明"讲演"中的三个维度。

本雅明的"讲演"以"技术"作为其出发点,而无论从哪方面看,群众(大众、人民)既是《讲话》最重要的关键词,也是它展开相关问题的逻辑起点。据笔者统计,《讲话》中"群众"单独使用76次(包括"广大群众"6次),与它组成的相关词组及使用次数是:"工农兵群众"11次,"人民群众"11次,"革命群众"2次,"劳动群众"1次。"大众"单独使用6次,相关词组的使用次数是:"人民大众"23次,"工农兵大众""工农大众"与"社会大众"各1次。而"人民"则单独使用51次(包括"劳动人民"5次,"革命人民"3次)。据德国学者李博(Wolfgang Lippert)考证,"民众"和"大众"(对应于德语词 die Massen)均为日本早期马克思主义文献译文中喜欢使用的翻译概念,而随着"十月革命"的爆发,"民众"一词在汉语里的价值得以提升,因为"在马克思主义文章中,它被赋予解放革命主体,或者至少是具备了革命素质的人群的含义"。于是中国早期的马克思主义者便借用了这两个日语译法。但"群众"并非借用于日语,而是本土用法,不过它的流行却与苏联有关。从1920年代开始,"群众"便成为列宁主义文献里受到青睐的翻译用语(对应于 die Massen 或俄文 massy)。该词"在列宁和斯大林作品的早期中文译文里大多是在诸如'广大群众'、'农民群众'、

---

① 钱理群、温儒敏、吴福辉:《中国现代文学三十年》(修订本),北京:北京大学出版社1998年版,第459页。

'被压迫的群众'和'劳动群众'这样的词组里被使用的"。在毛泽东的文章中,"群众"(die Massen)与"人民"(das Volk)可互换使用。同时,"毛泽东经常把这两个概念结合起来,组成'Volksmassen'(人民大众),为此他不是使用'民众'这个词,就是使用词组'人民大众'或者'人民群众'。毛泽东对'Volksmassen'(人民大众)的定义与对'Volk'(人民)的定义没有丝毫区别"①。而笔者查阅国内权威的《讲话》英译本,发现无论是"群众"还是"大众",都译成了"the masses";无论是"人民群众"还是"人民大众",又都译成了"the masses of the people"。② 这也意味着它们没有本质的区别。

"群众"或"人民大众"在《讲话》中如此声势浩大,自然与毛泽东的核心命意有关。在"引言"部分,他就特别提出了"工作对象问题,就是文艺作品给谁看的问题";而在"结论"部分,他又把"为群众"和"如何为群众"的问题看作一个中心问题,由此展开了"我们的文艺是为什么人的"关键论述。③ 这种论述如今已被人做出了全新解读,有学者认为:"毫不夸张地说,毛泽东正是提出'接受美学'主要思想的第一人。且不说毛泽东如何重视读者意识,仅'接受'、'接受者'这两个词语在《讲话》中就反复用了七次之多。"因此,"读者意识,接受观念正是他的以人民为本位的大众美学的有机组成部分"。④ 这种解读以及与此相类似的阐释虽富有新意,但如此定位,也就把《讲话》中的"接受者"(群众)看成了单纯的文艺受众。而实际上,问题并非如此简单。

在毛泽东的心目中,"群众"首先是政治学意义上的概念,其次才"蜕化"为"读者"或"接受者",衍生为文学艺术意义上的术语。由于放手发动群众,依靠工农大众是阶级斗争的需要,也关系到革命的成败,所以像马克思、列宁等人一样,毛泽东从始至终也一直把"群众"看

---

① 〔德〕李博:《汉语中的马克思主义术语的起源与作用》,赵倩等译,北京:中国社会科学出版社2003年版,第399—403页。
② See Mao Tse-tung, *Talks at the Yenan Forum on Literature and Art*, Fourth Edition, Peking: Forign Languages Press, 1965, pp. 2, 6, 12, 29.
③ 参见毛泽东:《在延安文艺座谈会上的讲话》,《毛泽东选集》第3卷,北京:人民出版社1966年版,第806、810、811页。
④ 童庆炳:《毛泽东与"读者意识"》,《华中师范大学学报》2005年第6期。

作革命的主体。作为革命主体,群众虽然也有缺点,也是受教育的对象,①但一方面毛泽东更多看到了群众的长处,以至于《讲话》及相关文本有"袒护"群众之嫌;另一方面,在毛泽东眼中,知识分子的诸多缺点又更加醒目,无法容忍。两相比较,群众的缺点简直可以忽略不计。于是,无论是在《讲话》中还是别的文章里,毛泽东对群众都是高调表扬,而很少有疾言厉色的批评。比如,在《讲话》前后,毛泽东便有许多论述群众的名言,它们在"文革"期间曾作为"毛主席语录"广为流行:"群众是真正的英雄,而我们自己则往往是幼稚可笑的,不了解这一点,就不能得到起码的知识。"②(1941)"凡属正确的领导,必须是从群众中来,到群众中去。"③(1943)"一切为群众的工作都要从群众的需要出发,而不是从任何良好的个人愿望出发。"④(1944)"一切问题的关键在政治,一切政治的关键在民众,不解决要不要民众的问题,什么都无从谈起。要民众,虽危险也有出路;不要民众,一切必然是漆黑一团。"⑤(1944)"人民,只有人民,才是创造世界历史的动力。"⑥(1945)以上的说法虽出现的语境不一,但都关联着联系群众、深入群众、急群众之所急、不能脱离群众的意涵,而这种思路自然又是建立在"群众是真正的英雄",是"创造世界历史的动力"的基础之上的。这种美化乃至圣化和神化群众的思路贯穿在毛泽东思想的始终,也构成了他的群众观。

《讲话》中关于群众的论述实际上便是毛泽东群众观的产物,只不过他在许多问题上说得更加明确。在对"人民大众"的界定中,毛泽东把工人、农民、兵士和城市小资产阶级看作"最广大的人民"。而文艺之所以要为这四种人服务,是因为工人"是领导革命的阶级";农民是"革命中最广大最坚决的同盟军";兵士既来自工人农民,又是"革命

---

① 毛泽东在《讲话》中说:"人民也有缺点的。无产阶级中还有许多人保留着小资产阶级的思想,农民和城市小资产阶级都有落后的思想,这些就是他们在斗争中的负担。我们应该长期地耐心地教育他们,帮助他们摆脱背上的包袱,同自己的缺点错误作斗争,使他们能够大踏步地前进。"《毛泽东选集》第 3 卷,第 806 页。
② 毛泽东:《〈农村调查〉的序言和跋》,同上书,第 748 页。
③ 毛泽东:《关于领导方法的若干问题》,同上书,第 854 页。
④ 毛泽东:《文化工作中的统一战线》,同上书,第 913 页。
⑤ 毛泽东:《一切政治的关键在民众》,《毛泽东文集》第 3 卷,北京:人民出版社 1996 年版,第 202 页。
⑥ 毛泽东:《论联合政府》,《毛泽东选集》第 3 卷,第 932 页。

战争的主力";城市小资产阶级则是"革命的同盟者"。① 在这里,人民的等级秩序是围绕着他们在革命和革命战争中作用的大小建立起来的。由此看来,毛泽东在这里所论述的"接受者"与其说是文艺受众,不如说是革命主体。或者也可以说,正是因为人民大众是革命主体,他们才拥有了成为无产阶级革命文艺受众的资格。

群众的主体地位决定了他们必须成为被服务的对象,所以有了文艺"为工农兵而创作,为工农兵所利用"的提炼和概括;群众的文化水平又决定了不能把文学艺术只做成"阳春白雪"之类的东西,所以就有了"普及与提高"的辩证分析。甚至"文艺服从于政治"这一提法的登场亮相也与群众有关:"我们所说的文艺服从于政治,这政治是指阶级的政治、群众的政治,不是所谓少数政治家的政治。……革命的思想斗争和艺术斗争,必须服从于政治的斗争,因为只有经过政治,阶级和群众的需要才能体现出来。"②在这里,政治之所以还要借群众之名,道理其实很简单,因为群众是"政治正确"的。

与对群众的高扬相比,毛泽东对作家艺术家则完全是另一种看法。而这种看法也隐含着诸多症候,值得仔细分析。

在《讲话》中,毛泽东对作家艺术家的称谓是多种多样的,据笔者统计,这些称谓及使用次数分别为:"文艺工作者"28 次,"知识分子"26 次,"文艺家"16 次,"作家"10 次,"文学家""艺术家"各 6 次,"文学家艺术家"连用 4 次。而在使用较多的几个称谓中,"作家"主要是在强调其身份(出身)或来源的语境下才使用(如"革命作家"3 次,"党员作家"1 次,"小资产阶级[立场]的作家"2 次,"革命根据地的作家"2 次),"文艺家"的使用情况也是如此("革命文艺家"6 次,"无产阶级文艺家"2 次,"抗日的文艺家"1 次,"小资产阶级文艺家""反动资产阶级的文艺家""反革命文艺家"等 6 次),"知识分子"的使用则更耐人寻味:除"引言"中的 6 次另当别论外,"结论"部分的 20 次中有 17 次是在"小资产阶级知识分子"的词组或相关语境下使用的。而"文艺工作者"则或者作为中性词单独使用,或者作为褒义词确认其归

---

① 《毛泽东选集》第 3 卷,第 812 页。顺便指出,城市小资产阶级虽然也被看作"革命的同盟者",但似乎更应该看作毛泽东政治策略的权宜之计,因为紧随其后的便是对"小资产阶级知识分子"的批判,这种批判消解了它的"人民大众"的意味。

② 同上书,第 823 页。

属("我们的文艺工作者"10次,"革命的文艺工作者"3次,"党的文艺工作者""我们的知识分子出身的文艺工作者""知识分子出身的文艺工作者"各1次)。

我之所以不厌其详地呈现如上统计情况,是为了说明这样一个简单的道理:作家、艺术家等并非毛泽东看重的称谓,知识分子及其限定又主要呈现的是负面的联想,这与它所关联的被改造语境非常吻合。而无论是有意还是无意,他所推出的都是一个崭新的说法——文艺工作者。

本雅明把作家看作"生产者"(producer)富有深意,毛泽东把作家定性为"工作者"(worker)也意味深长。查《毛泽东早期文稿》《毛泽东选集》与《毛泽东文集》,毛泽东在《讲话》之前使用过"工作者"词组的文章只有四篇:在《关心群众生活,注意工作方法》(1934)的讲话中曾用过"模范工作者"(2次);①在《在鲁迅艺术学院的讲话》(1938)曾用过"艺术工作者"(6次);②在《新民主主义论》(1940)中曾用过"文化工作者"(3次);③在《关于共产党员与党外人员的关系》(1942)中曾用过"党报工作者"(2次)。④ 这种使用频率及使用量意味着如下事实:《讲话》之前,毛泽东对"工作者"一词的使用并不热衷;"文艺工作者"虽经过了"艺术工作者"和"文化工作者"的铺垫与准备,但它的首次且大面积使用确实是从《讲话》开始的。而文艺座谈会结束后的第六天(1942年5月28日),毛泽东在中央学习组会上做报告,第三部分内容又名为《文艺工作者要同工农兵相结合》,⑤这可看作对此称谓的进一步固定。从此往后,"文艺工作者"便成为中共官方的正式说法,一直沿用至今。⑥

"工作者"与"文艺工作者"究竟启用于何时,笔者还没能找到相

---

① 参见《毛泽东选集》第1卷,北京:人民出版社1966年版,第126页。
② 参见《毛泽东文集》第2卷,北京:人民出版社1993年版,第121—125页。
③ 参见《毛泽东选集》第2卷,北京:人民出版社1966年版,第623、668页。
④ 参见《毛泽东文集》第2卷,第397页。
⑤ 参见同上书,第424—433页。
⑥ 例如,中国文学艺术界联合会第九次全国代表大会、中国作家协会第八次全国代表大会召开时(2011年11月),胡锦涛曾发表讲话,媒体大都以《胡锦涛:文艺工作者要德艺双馨》加以报道;在"纪念毛泽东同志《在延安文艺座谈会上的讲话》发表70周年座谈会"上(2012年5月),胡锦涛又作出重要指示,新华网的报道题目是:《文艺工作者要把握以人民为中心创作导向》。

关的文献资料,但可以肯定的是,"文艺工作者"并非毛泽东的发明。因为早在1936年6月,鲁迅、巴金等63人就发表过《中国文艺工作者宣言》,此宣言曾在《作家》《文学丛报》和《译文》等刊物上刊载过。①1937年1月,一份名为《文艺工作者》的刊物也在上海创刊(仅出两期便停刊)。② 这至少说明,迟至1930年代中后期,"文艺工作者"就已在文艺界的左翼人士中开始使用。种种迹象表明,《讲话》中的"文艺工作者"之说既是毛泽东对此前"艺术工作者"和"文化工作者"的化用,也应该是对左翼人士说法的进一步借用。而无论是哪种情况,都意味着一种革命文艺新话语的诞生。在这种新话语机制中,即便"文艺工作者"还没有完全取代"作家艺术家""知识分子"等称呼,但与后者相比,前者不但获得了一种至尊至荣的地位,而且还被赋予一种新的意涵。概而言之,这种新意涵主要体现在以下两个方面。

首先,虽然"文艺工作者"被直译为英文(literary and art workers 或 literary and artistic workers)时显得怪异,以至于后来《讲话》被"输出"时中国的英语专家们不得不尽量避免直译,而是在大多数情况下依然意译为"作家和艺术家"(writers and artists),③但是,在马克思主义的语境下,"文艺工作者"却具有了新的气象。李博指出:"现代汉语中表示'劳动'的有两个词:'工作'和'劳动'。前者指各种劳动(包括体力劳动和脑力劳动),大致相当于英语的'work'。后者指'体力劳动'。'劳动'一词大致相当于英语的'labour'一词,是政治经济学专门术语的常用词。"④同时他还梳理了"劳动者"从日本"旅行"到中国的过程,并且认为:"由于在整个中国的革命运动时期里,中国工人阶级从数量上看非常微弱,所以'劳动者'这个中国概念对中国共产党人来说自然就比对俄国共产党人更加重要。毛泽东经常同时使用'工人阶级'和'劳动群众'。"⑤如此看来,毛泽东把"文艺家"定位成"工作

---

① 参见鲁迅:《答徐懋庸并关于抗日统一战线问题》注释部分,《鲁迅全集》第6卷,北京:人民文学出版社2005年版,第563页。亦参见巴金:《关于〈中国文艺工作者宣言〉及其他》,《鲁迅研究月刊》2004年第9期。
② 参见立青:《提倡微型小说的〈文艺工作者〉》,《上海师范大学学报》1984年第3期。
③ 据笔者查阅,在《讲话》英文版中,"literary and art workers"的译法出现过4次,"literary and artistic workers"出现过1次,其余都被译成了"writers and artists"。
④ 〔德〕李博:《汉语中的马克思主义术语的起源与作用》,第192—193页。
⑤ 〔德〕李博:《汉语中的马克思主义术语的起源与作用》,第256页。

者",一方面使作家艺术家的文艺活动性质更接近于"劳动者",这就消解了文艺活动的神秘性;另一方面意在增加作家艺术家的自信心与自豪感,因为一旦能够转化为"我们的文艺工作者",他们就不再是小资产阶级知识分子的一员,他们的工作也具有了"劳动"的意味,或者他们起码在心理上可以把自己视为与"劳动者"一样的阶级了。而如此定位,可能既符合马克思的构想,也是后来缩小或消灭"三大差别"(即工农差别、城乡差别、脑力劳动与体力劳动的差别)之一种(脑体差别)的先声。因为马克思早就指出:"艺术天才完全集中在个别人身上,因而广大群众的艺术天才受到压抑"的罪魁祸首在于社会分工。而"在共产主义社会里,没有单纯的画家,只有把绘画作为自己多种活动中的一项活动的人们"。① "文艺工作者"的称谓固然没有取消分工,但它已最大限度地抹平了分工,或者起码是在概念运作的层面取消了脑力劳动与体力劳动的区分。尤其是后来因"工作者"而诞生了一批新词时(如先进工作者、教育工作者、体育工作者、新闻工作者、法律工作者、党务工作者、社会工作者、妇女工作者等),各行各业因同为"工作者"而仿佛已全面抹平。

其次,在知识界的"五四"话语中,知识分子大都是以"启蒙者"的姿态或身份出现的,这意味着在这场中国的"启蒙运动"中,知识分子是启蒙的主体,而民众则是启蒙的客体。但在毛泽东对"五四运动"的革命叙事中,他固然已认识到了知识分子的重要性,但知识分子启蒙失败的原因则更是他在意的一面:"在中国的民主革命运动中,知识分子是首先觉悟的成分。辛亥革命和五四运动都明显地表现了这一点,而五四运动时期的知识分子则比辛亥革命时期的知识分子更广大和更觉悟。然而知识分子如果不和工农民众相结合,则将一事无成。革命的或不革命的或反革命的知识分子的最后的分界,看其是否愿意并且实行和工农民众相结合。"②如果说在1939年毛泽东还只是停留在这种口头的呼吁上,那么三年之后他却是要通过《讲话》落到实处了。于是,"文艺工作者"的定位便显出了它的威力和魅力:通过概念转换,它不知不觉地驱除了笼罩在知识分子头上的神秘光晕,破除了知识分

---

① 《马克思恩格斯列宁斯大林论文艺》,北京:人民文学出版社1986年版,第36页。
② 毛泽东:《五四运动》,《毛泽东选集》第2卷,第523页。

子那种高高在上的启蒙心态,以便使他们更好地投入到毛泽东重新命名的"启蒙运动"之中。① 因此,看似小小的概念转换,但在其背后却隐含着一种政治策略。因为这样一来,知识分子便开始了从"启蒙者"到"工作者"位移的过程,而这一过程其实就是从神圣到凡俗、从精英到平民、从精英主义到大众主义的过程。

当然,要完成这一过程,仅仅靠概念的转换是远远不够的,更为关键的是要触及知识分子的灵魂,于是便有了"思想改造"。② 在"引言"部分,毛泽东在把"大众化"解释为"我们的文艺工作者的思想感情和工农兵大众的思想感情打成一片"之后,现身说法,以自己为例呈现了思想改造和感情变化的过程:以前他认为工人农民比较脏,知识分子最干净,但是通过革命熟悉了工农兵之后,感情却起了变化:

> 这时,只是在这时,我才根本地改变了资产阶级学校所教给我的那种资产阶级的和小资产阶级的感情。这时,拿未曾改造的知识分子和工人农民比较,就觉得知识分子不但精神有很多不干净处,就是身体也不干净,最干净的还是工人农民,尽管他们手是黑的,脚上有牛屎,还是比资产阶级和小资产阶级知识分子都干净。这就叫做感情起了变化,由一个阶级变到另一个阶级。我们知识分子出身的文艺工作者,要使自己的作品为群众所欢迎,就得把自己的思想感情来一个变化,来一番改造。没有这个变化,没有这个改造,什么事情都是做不好的,都是格格不入的。③

---

① 毛泽东说:"现在工农兵面前的问题,是他们正在和敌人作残酷的流血斗争,而他们由于长时期的封建阶级和资产阶级的统治,不识字,无文化,所以他们迫切要求一个普遍的启蒙运动,迫切要求得到他们所急需的和容易接受的文化知识和文艺作品,去提高他们的斗争热情和胜利信心,加强他们的团结,便于他们同心同德地去和敌人作斗争。"《毛泽东选集》第3卷,第818页。

② 据谢泳梳理,"思想改造"作为专有名词是1949年以后才开始出现的,但在延安整风运动中已有了"坚持真理,修正错误,联系实际,改造思想"的口号,而"改造"一词也频频出现在毛泽东那一时期的相关文章中。因此,笔者以为,无论作为一个专有名词还是一场运动,都可把延安整风看作"思想改造"的先声。参见谢泳:《思想改造运动的起源及对中国知识分子的影响》,见《思想利器——当代中国研究的史料问题》,北京:新星出版社2013年版,第250页。

③ 毛泽东:《在延安文艺座谈会上的讲话》,见毛泽东等著:《文艺工作论集》,东北书店安东分店1949年版,第8页。此段文字进入《毛泽东选集》时把"就觉得知识分子不但精神有很多不干净处,就是身体也不干净"改成了"就觉得知识分子不干净了"。

而在"结论"部分,毛泽东更是指出了知识分子的诸多毛病:"只在知识分子的队伍中找朋友","注意力放在研究和描写知识分子上面",喜欢"把自己的作品当作小资产阶级的自我表现来创作","对于小资产阶级出身的知识分子寄予满腔的同情,连小资产阶级的缺点也加以同情甚至鼓吹"。在进一步呈现了知识分子不爱工农兵的感情、姿态和处于萌芽状态的文艺后,毛泽东指出:"这些同志的屁股还是坐在小资产阶级方面,或者换句文雅的话说,他们的灵魂深处还是一个小资产阶级的王国。"①笔者在这里特意引用《讲话》初版本中还未删改的句子,是为了说明在知识分子思想改造和情感转变的问题上,毛泽东既有循循善诱的现身说法,又有暗含威严的调侃讽刺。为了解决这一问题,毛泽东可谓用尽了心思。

与本雅明所信奉的"功能转变"相比,毛泽东的"思想改造"显然更有威力,因为它解决的是知识分子心灵世界和意识结构层面的问题。李博指出:在中共的语言当中,改造"几乎总是与'思想'和'自己'连用,从而表示向着具有社会主义意识的方向进行的'思想的改造',以及'对自己的改造'。'改造'这个词经常不带宾语,单独使用,这时候他的含义往往是'被改造'。……毛泽东和其他中国共产党人都坚信,外部世界革命性的改造必须伴之以人们意识结构的改造"②。可以说,"思想改造"其实就是后来所谓的"灵魂深处闹革命"的先声。而既然意识结构或灵魂深处都起了变化,那么,也就为知识分子深入群众,描写工农兵扫清了最大的障碍。

但是,文艺工作者若想写出工农兵所喜闻乐见的作品,还需要解决一个技术问题,这就是语言。

虽然《讲话》中论及语言的地方不多,但毛泽东在《讲话》之前已有幅度不小的论述,《讲话》中他似乎无意进一步重复这一话题。比如,《在鲁迅艺术学院的讲话》中,毛泽东谈论过艺术技术和技巧,而谈论的重心则落到了语言那里:"艺术技巧是多方面的,并不只限于语言。但是,对于艺术工作者来说,掌握语言的能力确是非常重要的。

---

① 毛泽东:《在延安文艺座谈会上的讲话》,见毛泽东等著:《文艺工作论集》,东北书店安东分店1949年版,第12—13页。此段文字进入《毛泽东选集》时把"这些同志的屁股还是坐在小资产阶级方面"改成了"这些同志的立足点还是在小资产阶级知识分子方面"。

② 〔德〕李博:《汉语中的马克思主义术语的起源与作用》,第309页。

我看鲁迅先生便是研究过大众语言的。""到群众中去,不但可以丰富自己的生活经验,而且可以提高自己的艺术技巧。夏天的晚上,农夫们乘凉,坐在长凳子上,手执大芭蕉扇,讲起故事来,他们也懂得胡适之先生的八不主义,他们不用任何典故,讲的故事内容却是那么丰富,言辞又很美丽。这些农民不但是好的散文家,而且常是诗人。"①在《反对党八股》(1942)中,"语言无味,像个瘪三"成了党八股的第四条罪状。而"向人民群众学习语言"则成为解决这一问题的办法之一。②《讲话》延续了这一思路,并把向群众学习语言提到与工农兵大众打成一片的高度加以认识:"要打成一片,就应当认真学习群众的语言。如果连群众的语言都有许多不懂,还讲什么文艺创造呢?英雄无用武之地,就是说,你的一套大道理,群众不赏识。"③

单独来看毛泽东的这些论述,我们甚至可以在"学在民间"的层面阐发其微言大义。而赵树理之所以能成为实践《讲话》的典范,并被命名为"赵树理方向",很大程度上也在于这位农民作家本来就掌握了群众的语言,他不需要那种"痛苦磨炼"的过程。但是,一旦把语言问题还原到知识分子思想改造的问题框架中,事情也许就不那么简单了。因为在知识分子工农化与大众化的过程中,学习、掌握进而运用群众语言进行创作,既是文艺工作者接近群众、深入群众的有效途径,同时又可让它反作用于自身,加速自己的思想改造过程。结构主义者认为:"说话的主体并非控制着语言,语言是一个独立的体系,'我'只是语言体系的一部分,是语言说我,而不是我说语言。"④这就意味着人的思想、思维方式、情感表达方式等都是被语言控制的。如此说来,毛泽东在嬉笑怒骂中让文艺工作者去学习群众语言,固然首先是为了普及与提高的需要,但同时也是逼使他们清除其知识分子话语系统,代之于大众话语系统(从而也是革命话语系统)的过程,一旦这个新的话语系统进驻他们心中,即意味着他们已被新的语言机制所操控,也意味着语言操控的思想将会发生翻天覆地的变化。

---

① 《毛泽东文集》第 2 卷,第 125、124 页。
② 《毛泽东选集》第 3 卷,第 794 页。
③ 同上书,第 808 页。
④ 〔美〕弗雷德里克·杰姆逊:《后现代主义与文化理论》,唐小兵译,西安:陕西师范大学出版社 1987 年版,第 26 页。

从起点到归宿：异中之同与同中之异

通过以上的梳理，我已呈现出毛泽东《讲话》与本雅明"讲演"的诸多相似之处。这种相似不光体现在大的思路走向上，而且体现在一些具体的操作细节上：本雅明把作家定位成"生产者"，毛泽东把作家定性为"工作者"。本雅明认同革命的知识分子应该背叛自己的阶级，毛泽东强调知识分子必须转变自己的阶级立场。本雅明以特列契雅科夫为例，力论作家不能做生活的旁观者，而是要投身其中；毛泽东不断呼吁文艺工作者要到群众中去，深入生活，他甚至以法捷耶夫的《毁灭》为例，论证越是为群众所写的作品就越有世界意义。① 本雅明把"功能转变"奉为至宝，毛泽东把"思想改造"看作重中之重。本雅明强调"技术"，那既是生产工具，也是革命的手段；毛泽东则更看重"技术"中的"语言"，转换整个话语系统因而成为知识分子大众化的前提条件。本雅明把"无产阶级"或"工人阶级"挂在嘴边，"大众"因而成为他思考相关问题的隐秘维度；毛泽东则让"大众"或"群众"频频亮相，"群众"因此成为他进入相关问题的逻辑起点……凡此种种，都意味着这两个文本穿越了时空隧道，构成了一种意味深长的互动。

然而，若是仔细辨析，我们马上又会发现这种相似无法掩盖其相异之处，大体而言，这种相异性体现在如下几个方面。

首先，本雅明一直是在技术的层面做文章的，而由技术引发的生产工具、生产器械等相关论述虽然富有新意，也把马克思的艺术生产理论向前推进了一步，但说到底依然算是知识分子的迂阔之举。尤其是当他不去过问作家的政治倾向与政治态度，而只关注作家是否能作为生产者出现时，也就为他的理论留下了许多漏洞。因为他谈论的是作家的技术，却拒绝谈论作家的"屁股"和"脑袋"。而当技术被夸大到不适当的地步时，人（作家）就有可能被湮没。因此，当有人指出本雅明对马克思主义的解读"极其不辩证"②时，显然并非无稽之谈。因

---

① 参见《毛泽东选集》第 3 卷，第 833 页。
② Richard Wolin, *Walter Benjamin, An Aesthetic of Redemption*, p.158.

为马克思固然说过"手推磨产生的是封建主的社会,蒸汽磨产生的是工业资本家的社会"①,以此说明生产力的重要;本雅明也把其思考置放于生产力与生产关系的问题框架中,力论艺术生产力的重要。然而,精神生产或艺术生产毕竟无法与物质生产等量齐观,这就意味着一旦让艺术与生产力挂钩,情况立刻就变得复杂起来。于是当本雅明说出"对于那种作为生产者的作家来说,技术进步就是其政治进步的基础"②之类的话时,他对技术进步与政治进步的关系显然理解得过于机械了。

如果说"革命的首要问题"在本雅明那里是"物",那么在毛泽东这里却是"人"。早在1925年,毛泽东就说过一句名言:"谁是我们的敌人?谁是我们的朋友?这个问题是革命的首要问题。"③从此往后,从阶级意识和阶级斗争的维度去考察人、分析人、改造人便成为其固定思路。抗战期间,他又说过:"武器是战争的重要的因素,但不是决定的因素,决定的因素是人不是物。"④这其实是把由技术形成的"物"放在了一个次要位置。《讲话》虽然谈论的是文艺问题,但依然沿用了这种思路。所以,与文艺创作中的物(语言)相比,他的思考重心不光是落在了人(文艺工作者和群众)上,而且落在了人的"屁股"(坐在哪一边)和"脑袋"(灵魂深处)上。这种路数当然要比本雅明的方案更有效果,但是也必须指出,当毛泽东把革命文艺看作"整个机器不可缺少的齿轮和螺丝钉"⑤时,他就不但把文艺工具化,而且也把为这架机器工作和服务的人"物化"了。

其次,由于重视物,本雅明就只能在"功能转变"上做文章。而这里所谓的"功能"指的是生产工具的"功能",所谓的"转变"应该是消除生产工具中与生产者相敌对的因素,把它转变到有利于生产者(从而也有利于接受者)的方面来。而借助于"中断原理""间离效果"等写作技术和舞台技术,布莱希特也确实做到了"功能转变"。因为根据

---

① 《马克思恩格斯选集》第1卷,北京:人民出版社1995年版,第142页。
② Walter Benjamin, *Selected Writings*, Volume 2, Part 2: 1931-1934, trans. Edmund Jephcott, p.775.
③ 毛泽东:《中国社会各阶级的分析》,《毛泽东选集》第1卷,第3页。
④ 毛泽东:《论持久战》,《毛泽东选集》第2卷,第437页。
⑤ 《毛泽东选集》第3卷,第823页。

本雅明的分析,史诗剧并非让观众沉浸于感情(即便它很煽情),而是让观众通过思考,与自己的处境形成一种疏离。而且,笑常常是思考的触机,"特别是大笑引发的隔膜的震动往往比灵魂的震撼能给思考提供更多机会,史诗剧只对大笑的场合慷慨大方"①。而当本雅明如此解释时,他的落脚点已走向了观众。这种观众(大众)并非一味纠结于情感世界的观众,而是借此装备了反思机制的大众。这种大众是否真正存在也许还值得商榷,但起码在本雅明的想象和期待中,他已高估了大众的接受水平与能力。或者用毛泽东的话说,本雅明所做的事情是用特殊方式"提高"大众。

与本雅明相反,因为毛泽东更看重人,所以他便在"思想改造"上下功夫。"思想改造"自然也包括人民群众,因为群众也有缺点,他们也就有了改造的必要。而文艺的任务之一是把"他们在斗争中已经改造或正在改造自己"的过程描写出来。② 但如前所述,由于人民群众永远处在一个至高无上的位置,所以文艺工作者"在教育工农兵的任务之前,就先有一个学习工农兵的任务"③(这一观点后来凝聚成"要做人民的先生,先做人民的学生")。这种学习的过程就是自我改造的过程。而通过"思想改造",也通过深入生活和"典型化"(某种程度上相当于"功能转变")的表现手法之后,文艺作品"就能使人民群众惊醒起来,感奋起来,推动人民群众走向团结和斗争,实行改造自己的环境"④。表面上看,以"思想改造"始,以"环境改造"终,毛泽东的革命目标要比本雅明的革命理想更为远大,而后来《讲话》催生的革命文艺也确实让群众"惊醒"和"感奋"起来了,但这种文艺显然重在激活群众的情感机制,以便让他们在眼泪和怒火中形成阶级仇和民族恨,却某种程度上取消了群众的反思机制。从这个意义上说,本雅明所追求的受众效应在毛泽东的中国是行不通的。例证之一是,布莱希特虽然

---

① Walter Benjamin, *Selectied Writings*, Volume 2, Part 2: 1931—1934 trans. Edmund Jephcott, p.779.
② 《毛泽东选集》第 3 卷,第 808 页。
③ 《毛泽东选集》第 3 卷,第 816 页。
④ 同上书,第 818 页。

在其晚年对毛泽东情有独钟,①但他的戏剧观和戏剧实践却在毛泽东时代的中国鲜有影响。② 究其原因,或许在于他的戏剧革命与毛泽东的文艺思想存在着某种抵牾。

第三,无论本雅明如何为作家祛魅,"作为生产者的作家"依然是主体。换句话说,在知识分子与大众的二元格局中,前者是施动者,后者是受动者。而施动的目的是想尽办法让后者"动"起来,从而或者成为布莱希特戏剧那种能动的观众(反思者),或者成为苏联报纸那种积极的读者(合作者或写作者等)。因此,他对技术装备的焦虑和痴迷并不是让作家以此享受消遣,而是让他们有了更好的发动群众的武器。另一方面,虽然本雅明希望知识分子走到工人阶级阵营之中,但他并没有要求他们消灭自己的思想,泯灭自己的个性。而且他也清楚,"左翼知识分子不可能变成无产阶级,只能是本阶级的叛逆"。③ 从这个意义上说,他们的角色扮演既接近于葛兰西所谓的"有机知识分子",同时又保留着知识分子所固有的精英意识和启蒙意识。因此,我们不妨说,本雅明的设计可称之为"知识分子化大众",或者起码可以说,他在"化大众"与"大众化"之间取得了一种平衡。

然而,无论从哪方面看,毛泽东都是在"知识分子大众化"的思路上展开其思考的。于是,在作为革命主体的群众面前,知识分子只能是客体,是需要进行"思想改造"从而无限接近人民大众思想感情的改造对象,而改造的成功与否不但要看其是否清除了自己的语言,而且还要看其是否废除了冷嘲热讽的"鲁迅笔法"。所有这些,其出发点都在于人民大众。当知识分子从"屁股"到"脑袋",从思想到行动都能工农化后,他们所创作的文艺作品才能大众化。而如此一来,知识分子的精英意识、启蒙意识和社会批判意识也便荡然无存了。

因此,尽管"大众化"如其英文所译的那样首先是一种"大众风格"(a mass style),④且在《讲话》的语境和逻辑中合情合理并能自圆

---

① 布莱希特认为:"在社会主义国家的领导人当中毛泽东是继列宁以后唯一的辩证唯物主义者,毛泽东的《矛盾论》是他晚年最经常阅读的书籍之一。"〔德〕克劳斯·弗尔克尔(Klaus Völker):《布莱希特传》,李健鸣译,北京:中国戏剧出版社1986年版,第512页。
② 参见胡星亮:《布莱希特在中国的影响与误读》,《外国文学评论》2007年第4期。
③ 刘北成:《本雅明思想肖像》,上海:上海人民出版社1998年版,第177页。
④ See Mao Tse-tung, *Talks at the Yenan Forum on Literature and Art*, Fourth Edition, p. 6.

其说,但实际上,"知识分子大众化"却演变成了"知识分子被大众同化"。

第四,以上的种种不同最终都会在"艺术政治化"的归宿上聚焦,于是一者形成了"介入文学(艺术)",一者造就了"遵命文学(艺术)"。

本雅明思想中虽然有多种维度,但受布莱希特影响,马克思关于费尔巴哈的第十一条提纲("哲学家们只是用不同的方式解释世界,问题在于改变世界")成为他们共享的理论资源。① 于是本雅明拥有了具有浓郁政治实践色彩的战斗姿态和理论主张,这种姿态和主张被后人概括为"介入",它的集大成者当首推萨特。关于"介入",库登(J. A. Cuddon)曾有如下解释:"参与或介入(*engagé*)的作家(艺术家)通过其作品致力于某种信念与政纲的主张,特别是那种政治、意识形态和支持社会改革的主张。"② 由此看来,本雅明的马克思主义中虽然有神学维度,但马克思主义依然是其主要信念;他虽然没有创作文学艺术作品,但是通过对布莱希特史诗剧的解读,他实际上阐明了一种政治纲领,并让它体现出一种政治意识形态上的亲共色彩。而如果说本雅明还只是共产党的"潜在的同路人"(potentially a fellow-traveler),③那么萨特不仅明确承认了他的"同路人"身份,④而且通过让存在主义与马克思主义相融合,进一步把"介入文学"的理论与实践推向了一个更激进的层面。在《什么是文学?》(1947)中,他提醒作家"我们仍然是资产者",告诫作家要占领"大众传播媒介","学会用形象来说话,学会用这些新的语言表达我们书中的思想",反复发出"我们有读者,但没有读者群"呼吁。⑤ 凡此种种,都意味着萨特对"介入文学"理论主张和实践方案有了更清晰也更强硬的表达。从这个意义上说,萨特显然是布莱希特与本雅明"介入文学"的捍卫者、继承者和发扬光大

---

① 〔美〕梅·所罗门编:《马克思主义与艺术》,杜章智等译,北京:文化艺术出版社1989年版,第579页。

② J. A. Cuddon, *A Dictionary of Literary Terms*, London: André Deutsch Limited, 1979, p.141.

③ Walter Benjamin, *Moscow Diary*, ed. Gary Smith, trans. Richard Sieburth, Cambridge, Massachusetts and London: Harvard University Press, 1986, p.139.

④ 〔法〕萨特:《今天的希望:与萨特的谈话》,见《萨特哲学论文集》,潘培庆等译,合肥:安徽文艺出版社1998年版,第174页。

⑤ 〔法〕萨特:《什么是文学?》,见《萨特文集》第7卷,施康强译,北京:人民文学出版社2005年版,第295、289、287页。

者。而尽管《什么是文学?》还不可与《作为生产者的作家》等量齐观,但它们在许多方面却又惊人地一致。

大概正是这一原因,把布莱希特、本雅明与萨特捆绑在一起批而判之,就成为阿多诺批判"介入文学"的固定思路。而他之所以要批判,一方面因为他担心萨特与布莱希特的文学实践有可能变成"文化工业"(culture industry),①另一方面他也意识到,艺术作品在实践层面干预政治有多深,并不仅仅取决于作品本身,而是主要取决于社会契机。"博马舍(Beaumarchais)的喜剧肯定不是布莱希特或萨特风格上的政治介入,但它们实际上具有了某种政治影响,因为作品的具体内容与一种社会运动相吻合,而这种运动也盼望着在作品中寻找到迎合自己的东西。"②今天看来,这种批判不能说没有道理,但它也以"艺术自律"的名义封堵了知识分子的政治参与意识和社会批判精神。实际上,本雅明等人虽然在特定的年代中陷入到了一种政治迷狂之中,而"介入"也确实对文学艺术构成了某种损害,但是他们那种主动出击的姿态,与法西斯主义死磕的理念却依然值得保护。因为在强权面前,手无寸铁的知识分子若想有所作为,除了以笔为枪之外似乎别无选择。这当然只是权宜之计,然而只要政治还在干预文学,文学干预政治也就有了充分的理由。③ 如此,才能避免文学在敢怒不敢言中成为犬儒主义的俘虏。

"遵命文学"是鲁迅的说法,他曾把自己的《呐喊》戏称为"遵命文学",意指当年他在"文学革命"感召下写出了一些"革命文学"。但他马上解释道:"不过我所遵奉的,是那时革命的前驱者的命令,也是我自己所愿意遵奉的命令,决不是皇上的圣旨,也不是金元和真的指挥

---

① Theodor W. Adorno, "Commitment," in *The Essential Frankfurt School Reader*, eds. Andrew Arato and Eike Gebhardt, trans. Francis McDonagh, New York: Urizen Books, 1978, p. 305.

② Theodor W. Adorno, *Aesthetic Theory*, trans. Robert Hullot-Kentor, London: The Athlone Press, 1997, p. 242.

③ 1987年诺贝尔文学奖得主布罗茨基曾经说过:"文学必须干预政治,直到政治不再干预文学为止。"此说法曾广为流传,其较准确的译法应该是:"至少,文学有权干涉国家事务,直到国家停止干涉文学事业。"〔美〕布洛茨基:《诺贝尔奖获奖演说》,见《文明的孩子》,刘文飞、唐烈英译,北京:中央编译出版社2007年版,第31页。

刀。"①《讲话》的本来用意是要让文艺变成为工农兵服务的无产阶级革命文艺的,这样,以阶级和人民的名义来定性文艺就具有了某种正义性和合法性。但是,由于种种原因,革命文艺最终变成了鲁迅所否定的那种"遵命文学"。

借助于"文艺政策"的宣传力和威慑力,"思想改造"取得了成功,"遵命文学"也落到了实处。《讲话》正式发表(1943年10月19日)不久,党的意识形态主管部门便出台了《中共中央宣传部关于执行党的文艺政策的决定》,《决定》认为,《讲话》"规定了党对于现阶段中国文艺的基本方针",而毛泽东所指出的文艺工作者所存在的问题,又是"有普遍原则性的"问题,因此,必须提高"这些分子"的觉悟,使其认真检讨,深刻反思。② 而许多文艺工作者也纷纷发表学习《讲话》和"思想改造"的感想与体会。从此往后,《兄妹开荒》《白毛女》《小二黑结婚》《太阳照在桑干河上》《暴风骤雨》《东方红》等一系列作品相继问世。而1949年之后,《讲话》精神更是催生了反映革命历史题材的"红色经典"。

需要指出的是,当《讲话》精神被当作穿越历史时空的金科玉律而被绝对化以后,"艺术政治化"也就走向了它的反面,而"大众化"(a mass style)则变成了阿多诺一生警惕并长久批判的"大众文化"(mass culture)。种种迹象表明,商业大众文化与政治大众文化在生产、消费、宣传和传播等环节的策略都非常相似。③

由此看来,在"艺术政治化"的道路上,本雅明与毛泽东从几乎相同的起点出发,却走向了截然不同的终点。若是继续追问成因,显然涉及二者更为复杂的思想根源。而这一层面的解读我在这里已无法展开,当另文论述。

2013年2月7日写,5月22日改

(原载《文学评论》2013年第5期,《新华文摘》2013年第23期转载)

---

① 鲁迅:《〈自选集〉自序》,《鲁迅全集》第4卷,北京:人民文学出版社2005年版,第469页。

② 参见毛泽东等著:《文艺工作论集》,第1—3页。

③ 关于此问题的进一步论述,可参见拙作《对"红色经典"做文化研究》,《当代文坛》2013年第3期。

文学介入与知识分子的角色扮演

——萨特《什么是文学?》的一种解读

在萨特(1895—1980)的存在主义文论中,"介入"(engagement/commitment)或"介入文学"(littérature engagée/committed literature)是其重要的关键词之一。萨特的许多思考或者围绕着介入展开,或者隐含着介入的思路。然而,由于表达的含混与暧昧,由于萨特本人前期、后期的言论和行动存在着差异,所以,介入本身以及和介入相关的问题依然云遮雾罩。比如究竟什么是介入?在萨特使用的具体语境中,介入的确切含义是什么?文学介入与政治介入的区别何在?实践文学与介入政治关系几何?作家与知识分子存在着怎样的关联?所有这些,对于《什么是文学?》来说又意味着什么?诸如此类的问题,显然需要认真清理。

何谓"介入"

在对萨特的介入作出辨析之前,让我们先来看一种崭新的观点。

法国新哲学派的领袖人物贝尔纳·亨利·列维(Bernard-Henri Lévy)认为,萨特有两种介入理论,一种是他1950年代成为共产党同路人之后的介入理论,一种是他早期的介入理论。前者"被说成是要符合一定的规诫,是苦修,是憎恨,是将文学化为虚无",这种介入我们大体上可以看作政治介入;后者则截然相反,而是比较纯粹的文学介入。然而遗憾的是,许多人都误解了萨特的意思,而把两种介入混为一谈。于是列维反复申辩:萨特的《什么是文学?》中没有说文学"应当"介入,也没有说介入对于文学是义务、法规和使命。萨特之所以没有这样说,是因为"文学介入是自然而然的,自发地,而且从某种意义上说,是不言而喻的","文学是用文字写成的,这一事实必然会导致文学的介入"。对于萨特来说,"'介入'首先意味着:意识到话语的力量";"介入的概念不是强调作家的社会责任的政治概念,而是哲学上的概念,说明语言具有形而上学的能力。所谓介入,不是要征调文人从军,而是要提醒他们每个都知道,或者都应当知道的东西:每一个用文字意指事物的行为都会'融入客观精神';而且在意指的同时,作家会使文字和事物具有一种'新的维度';作家说的每句话都会有助于'披露世界',而披露世界总是而且已经意味着'改变'世界"。为了让萨特的早期介入理论显得清白无辜,列维甚至有了如下掷地有声的表述:"《什么是文学?》从来没有说文学应当为政治事业和政治斗争服务,从来没有期待文学产生为正义、真理和善良而斗争的诗歌和小说。尽管人们极大地歪曲了这本书的意义,可人们也不能无中生有。"①

列维为萨特辩护的良苦用心不难理解,但问题似乎没有这么简单。在《萨特的世纪》一书中,列维曾把萨特一分为二,结果有了"两个萨特"的划分。他虽然意识到"两个萨特"的"相互交叉和相互干扰",但其基本策略依然是把天使的身份交给"年轻萨特",而让"后期萨特"扮演魔鬼的角色,如此一来,头一个萨特便显得纯洁起来了。显然,列维对两种介入理论的思考也是"两个萨特"区分之下的产物;在其总体思考框架中,他的辨析似言之成理,但显然也把复杂的问题简单化了。

那么,列维所言有无道理呢?应该说有一定道理。在萨特的思考中,介入确实首先是一个哲学概念。当他在《什么是文学?》中对介入的散文和非介入的诗歌、音乐、绘画等进行区分时,他想要论证的是语词作为符号具有一种力量,这种力量一方面来自于语言本身,更重要的还在于语言伴随着行动:"语言是行动的某一特殊瞬间,我们不能离开行动去理解它。"②因此,当一个作家开始写作的时候,一方面他已

---

① 〔法〕贝尔纳·亨利·列维:《萨特的世纪——哲学研究》,闫素伟译,北京:商务印书馆2005年版,第96—99页。
② 〔法〕萨特:《什么是文学?》,见《萨特文集》第7卷,施康强译,北京:人民文学出版社2005年版,第105页。

然借助了语言的力量,一方面也意味着他开始了某种行动。为了使自己的行动合乎目的,他会进一步去寻找一种适合于他的语言和话语表达方式。"人们不是因为选择说出了某些事情,而是因为选择用某种方式说出这些事情才成为作家的"①,或者"社会和形而上学日新月异的要求促使艺术家寻找新的语言和新的技巧。如果我们今天不再像17世纪那样写作,那是因为拉辛和圣埃弗勒蒙的语言不适合谈论火车头和无产阶级"②。从这些思考中,我们看到萨特对语言甚至有了一种迷信。语言使作家付诸行动,语言又使行动如虎添翼。通过语言,作家释放了自己主体的能量,同时又指向了一个有待揭露的客体世界,而且,它最终清理出来的是通往自由的通道。正是在这个意义上,萨特才说:"不管你是以什么方式来到文学界的,不管你曾经宣扬过什么观点,文学把你投入战斗;写作,这是某种要求自由的方式;一旦你开始写作,不管你愿意不愿意,你已经介入了。"③

单独来看萨特的这些思考,我们确实很难发现介入的其他含义。显然,在《什么是文学?》的前两部分内容中,萨特更多地借用了他在《想象心理学》和《存在与虚无》中的哲学研究成果,因此,我们甚至可以说他是在现象学的思考范围内提出并论证介入这一命题的。但是,我们也必须同时意识到,《什么是文学?》关于介入的论述并不是萨特思考的全部,而且仅就《什么是文学?》而言,虽然在后两部分内容中,介入不再是萨特直接谈论的对象,但字里行间却又隐含着他对介入概念的补充说明,那么,这是不是意味着后面的论述也为介入输入了新的内容?

让我们从介入的正式亮相说起。实际上,在《什么是文学?》写作之前,萨特就已经频繁地谈论开了介入问题,同时也让介入与文学形成了一种固定的联系。1945年,在《现代》杂志的发刊词中,萨特更是明确地表达了他的"介入文学"观。他认为,所有资产阶级出身的作家都有过不负责任的企图,而"沦陷让我们懂得了'作家的责任感'"。"我们不是在追求不朽的过程中使自己永存的,不是因为我们在作品

---

① 〔法〕萨特:《什么是文学?》,见《萨特文集》第7卷,第108页。
② 同上书,第109—110页。
③ 同上书,第142页。

中反映了某些冷漠空洞的原则以求传世而成为绝对的,而是因为我们将在我们的时代满怀激情地战斗,因为我们将满怀激情地热爱我们的时代,因为我们甘愿承受与时代同归于尽的风险"。"在'介入文学'中,介入在任何情况下都不应该忘记文学。……我们关注的应是通过给文学输入新鲜血液为文学服务,犹如试图给集体奉献适合于它的文学为集体服务一样。"①自从正式打出"介入文学"的旗帜后,萨特不仅在《什么是文学?》中做过重点阐述,同时也在后来的不同场合反复强调过介入的重要性。比如,1969年,萨特曾有过如下论述:

> 对知识分子来说,介入就是表达他自己的感受,并且是从唯一可能的人的观点来表达,这就是说,他必须为他本人,也为所有的人要求一种具体的自由,这种自由并不仅仅是资产者所理解的那种自由,但它并不取消后者。这就是赋予自由一种具体的内容,使之成为既是质料又是形式的自由。因而今天比任何时候都更必须介入。作家与小说家所能够做的唯一事情就是从这个观点来表现为人的解放而进行的斗争,揭示人所处的环境,人所面临的危险以及改变的可能性。②

1974年,在与波伏瓦的对谈中,萨特又有过如下表白:

> 一部介入的书并不是对技巧作出限制,而是体现了一个人以词语为工具创造的欲望。但这没有造成一种改变,因为介入的作品同某种政治的或形而上学的关注联系在一起,这是一个人在这作品中想要表达的东西并且现实地存在着。即使一部作品不自称是"介入的",它也有这种东西。③

可以对以上三段论述作出如下分析。《现代》发刊词的"介入文学"观无疑是"年轻萨特"的论述,同时也和后来的《什么是文学?》相呼相应。由于是发刊词,他没有后来在《什么是文学?》中绕来绕去的

---

① 〔法〕萨特:《发刊词》,《现代》1945年10月1日。转引自何林编著:《萨特:存在给自由带上镣铐》,沈阳:辽海出版社1999年版,第195—196页。
② 〔法〕萨特:《现在比任何时候都更需要介入》,《捷克生活》1969年3月。转引自何林编著:《萨特:存在给自由带上镣铐》,第198页。
③ 〔法〕西蒙娜·德·波伏瓦:《萨特传》,黄忠晶译,南昌:百花洲文艺出版社1996年版,第244页。

表述,所以也就更清晰地传达了他的观点。这个观点就是:作家要有责任感,要为同时代的人写作;文学必须被输入新的东西,唯其如此,文学才具有战斗力量。这里面虽然没有谈及政治,但是他让文学本身成为政治话语以求获得一种意识形态力量的观点已呼之欲出。(1944年,萨特曾说过:"文学并不是一首能够和一切政权都合得来的无害的、随和的歌曲,它本身就提出了政治问题。"①)《现代》发刊词问世后,文学界人士非常惊讶,纪德率先撰文对介入的概念发难。② 之所以如此,恐怕一方面既是对一种新的文学观无法马上适应,一方面也是对萨特论述中的潜台词流露出一种担心。《什么是文学?》虽然对这些责难做了回应,以至于它一开篇就富有论辩色彩,充满了浓浓的火药味,③但起码在介入的问题上,萨特使用了现象学的尖端武器。这一武器对于萨特来说自然是得心应手,也有利于为自己辩护,却也容易把他的论敌弄得云里雾里,以至于进一步埋下了误解的种子。当然,在这一问题上,萨特本人也难逃其咎。因为正像有人针对《什么是文学?》指出的那样:"在理论方面,大多数解释上的困难都是由于萨特所造成的,因为他喜欢在哲学和政治(或道德化的政治)两种含义上使用'自由'和'介入'这些术语,而且没有始终如一地加以区分,就像他后来在研究福楼拜的论著中没有区分政治介入与文学介入一样。"④"没有区分政治介入与文学介入"恐怕不是萨特不想区分,而是他无法区分。因为从一开始,他就在文学介入中就埋下了政治介入的伏笔,他又如何能把政治介入从文学介入中剥离出去呢?

1969年的文字是"后期萨特"的思考,但这种思考似乎也体现出

---

① 〔法〕萨特:《文学这种自由》,《法国通信》1944年4月。转引自何林编著:《萨特:存在给自由带上镣铐》,第194页。
② 参见〔法〕米歇尔·贡塔等编:《萨特著作目录及提要》,见〔法〕萨特《词语》,潘培庆译,北京:三联书店1989年版,第217页。
③ 《什么是文学》开篇便是这样的表达:"一个年轻的笨蛋写道:'既然你想介入,你为什么不去加入共产党?'一位经常介入,更经常脱身,但又忘了这回事的大作家对我说:'最坏的艺术家是介入程度最深的;请看苏联画家便知分晓。'一位老批评家悄悄地抱怨:'你想杀害文学;你的杂志肆无忌惮地表示对文学的蔑视。'……真是蠢话连篇!这是因为人们读得太快,囫囵吞枣,还没弄懂就作出判断。"〔法〕萨特:《什么是文学?》,见《萨特文集》第7卷,第105页。
④ 〔法〕米歇尔·贡塔等编:《萨特著作目录及提要》,见〔法〕萨特《词语》,第229—230页。

与他前期思考的一贯性和连续性(比如召唤自由)。更重要的是,当萨特强调介入的必要性时,前面论述的介入主体是"知识分子",后面的介入主体却是"作家和小说家",这是不是意味着在萨特论述的语境中,知识分子与作家并无本质区别,而列维的那种区分没有太大的实际意义?列维指出:"作家和知识分子是分开的。作家走作家的路,而知识分子则有时通过一些文章和剧作,为伟大的事业奔走呼号。"①之所以作出如此区分,他依然是要为萨特文学介入与政治介入的并无瓜葛进行辩护。在他看来,萨特作为作家或他对作家提出的要求是文学介入,而萨特作为知识分子和他对知识分子提出的要求才是政治介入。但实际上,萨特能够把他所扮演的作家和知识分子角色分得一清二楚吗?假如两者是一种我中有你、你中有我的关系,是不是也意味着文学介入和政治介入本来就纠缠不清呢?

1974年的说法更是耐人寻味。这时的萨特已是69岁的老人,他与波伏瓦的对谈很大程度上带有一种自我回顾和总结的意味。经历过"后期萨特"的政治迷狂之后,萨特已开始不断反思;和自己亲近的人对谈也应该非常放松、随意,没必要作秀。所以,这时候的说法也许更接近于事实的真相。当他谈到介入表现为"一个人以词语为工具创造的欲望"之观点时,这并不新鲜,而依然是《什么是文学?》的遥远回响;但"介入的作品同某种政治的或形而上学的关注联系在一起"却是新说法,此一观点在《什么是文学?》中从来没有作过如此清晰的表达。如此总结他的介入说,是不是意味着这样一个事实:《什么是文学?》中的介入本来就隐含着政治或形而上学关注的思路,以前由于种种原因他可能还想掩饰。而经过时代的风云变幻,特别是经过了自己的亲身实践之后,他已经可以勇敢地正视这一问题了。于是,为了向后人有所交代,萨特就以这样一种特殊的方式为他的早期介入说提供了一个必要的注释?

我之所以作出如上辨析,是想澄清如下问题:第一,从一开始,介入就既是一个哲学概念,又是一个政治学的概念。两种概念的丰富含义纠缠在一起,共同在文学领域寻找着栖身之地。萨特并非不清楚这种纠缠,但他却听之任之。他的有意无意的放纵,造成了文学介入与

---

① 〔法〕贝尔纳·亨利·列维:《萨特的世纪——哲学研究》,第102页。

政治介入的相互依傍和共存共荣。同时代人和后来者对萨特文学介入说的质疑和批判并非捕风捉影,而是起因于介入本身的含混与暧昧。第二,但是,这并不意味着"早期萨特"就已经大张旗鼓地开始了文学介入政治实践的进程。起码在写作《什么是文学?》时期,萨特依然想让文学介入和政治介入保持某种张力和平衡。那么,在《什么是文学?》中,萨特怎样形成了那种张力,又如何保持着那种平衡呢? 若要弄清楚这些问题,显然需要重新回到这个文本之中,做进一步的辨析。

实践文学与介入政治的纠缠

《什么是文学?》的前三部分内容虽头绪繁多,但其核心意思都与介入存在着关联。在对这三部分内容的把握上,列维的观点值得重视。他指出,《什么是文学?》既告诉了人们"介入"不是什么,也说明了"介入"是什么。萨特在这篇长文里其实通过介入回答了三个具体的问题:(1) 写什么? 答案:写今天。(2) 为谁而写? 答案:为今天而写。(3) 写给谁看? 答案:写给多数人看。因此,萨特鼓励作家拥抱时代,为广大的公众写作。"总之,对于一本小说来说,'介入',就意味着抛弃作品会永恒的幻想。打'介入'这张牌,就是不要像瓦勒里生前所做的那样,就是抵制'为后世写作'的诱惑。介入的作家,就是'在死之前曾经活过'的作家。捍卫介入,不是别的,正是抛弃死后扬名的幻影。"①

列维此处的概括虽依然体现了为萨特辩护的思路,但其把握却非常到位。在《什么是文学?》的字里行间,我们确实看到了萨特迫切介入当下现实生活的决心和勇气,而且每每论述到这一问题,就有力透纸背的句子出现,令人眼睛一亮。比如:"今天对许多人来说,精神产品就是这样一种花不了几个钱就能买到的游魂。……人们把使这些游魂变得不能加害于人的全套加工过程叫做文学艺术。""香蕉似乎是刚摘下来的时候味道更好:精神产品亦然,应该就地消费。""文学沙龙变得多少有点像头衔、身份相同的人的聚会,人

---

① 〔法〕贝尔纳·亨利·列维:《萨特的世纪——哲学研究》,第109页。

们在沙龙里怀着无限的敬意低声'谈论文学',人们讨论音乐家从音乐中得到的审美享受是否大于作家从他的书中得到的;随着艺术离生活越来越远,它再次变成神圣的。"①这些论述无论是批判还是褒扬,常常妙语连珠,流光溢彩,由此亦可看出萨特写作此文的兴奋点在哪里。

那么,当萨特如此思考问题的时候,我们是不是可以把他所谓的介入看作对当下现实生活的介入? 当然,介入首先是萨特向写作主体呼唤的一种战斗姿态,但介入无疑也必须面对对象世界。那么,当下的现实生活是不是介入的客体?

回答应该是肯定的。起码在此文的前三部分中,萨特基本上没有让介入涉及政治问题。因此,我们可以把介入现实生活看作泛指。因为他极不满意以往的贵族文学和资产阶级文学脱离现实生活、无视读者大众,所以他倡导的介入就是要与过去的文学一刀两断。在这个意义上,介入首先是一种批判理论,它是对以往文学的否定和摧毁;然后它才是一种建构理论,即通过申明利害关系,把作家的视野扭转到当下的现实处境中,然后让他们在这种处境下去战斗和搏杀。如此说来,假如我们非得像列维那样去强调介入的纯粹性时,萨特的文本确实能够提供出必要的论据支援。

但这只是问题的一面,问题的另一面是,一旦我们进入到论文的第四部分内容,就会看到情况发生了微妙的变化。第四部分论述的是"1947年作家的处境",这一处境便是法国的当下处境。从前三部分的逻辑走向上看,这一处境也正是文学介入的对象,但非常奇怪的是,"介入"或"介入文学"之类的概念在此部分内容中突然消失了,取而代之的是"处境""处境文学""实践文学"等概念。这种偷梁换柱之术非常巧妙,也似乎很难引起人们的注意,但此种做法是不是也暴露了萨特思维过程中的某种裂缝?

---

① 〔法〕萨特:《什么是文学?》,见《萨特文集》第7卷,第115、148、186页。

让我们先来看看处境。处境虽然首先是一个哲学概念,①但是根据萨特在《什么是文学?》中的相关论述,②我们可以把处境理解为一种特殊历史关头的紧急状态。在萨特的心目中,这种紧急状态不仅意味着战后的法国处在一种内外交困的境地中,也意味着无产阶级与资产阶级将会有一场交锋和较量。于是号召作家正视这种处境,从而把潜在的工人阶级读者群发动起来,就成了萨特首先需要考虑的问题。如何才能接近无产阶级呢?萨特的回答是"只有一条狭路通向无产阶级:共产党",③但为了接近无产阶级,作家是不是需要加入共产党?萨特又作出了否定的回答。从这一部分的总体论述情况来看,反对资产阶级文学、寻找工人阶级或无产阶级读者群、要不要与共产党合作,乃至建立社会主义的整体文学等,成为萨特思考的重心。由此我们也看到了一个比较奇怪的现象:当萨特在"介入"的层面上思考问题时,他是哲学家;当他面对"处境"展开分析时,他却仿佛成了一个政治学家或政治家。更耐人寻味的是,通过概念的转换,萨特在文学这个巨大的平台上已悄悄完成了从抽象的哲学思考到具体的政治关注的位移。于是,如果说在论文的前三部分中,所谓的介入还是介入到宽泛的当下现实生活中,那么,在第四部分,当下现实生活已经具体化为一种政治。而介入的对象自然也就从原来的空泛含混走向了后来的具体明朗。

然后我们再来看看萨特发明的"实践文学"。既然已经有了所谓的"介入文学",为什么还要另起炉灶专门造出一个"实践文学"呢?

---

① 萨特曾经举例说:"一块岩石,如果我想搬动它,它便表现为一种深深的抵抗,然而当我想爬到它上面观赏风景时,它就反过来成为一种宝贵的援助。……它是中性的,也就是说它等待着被一个目的照亮,以便表露自己是一个对手还是一个助手。"参见〔法〕萨特:《存在与虚无》,陈宣良等译,北京:三联书店1987年版,第618—619页。这个例子常常被用来说明萨特所谓的处境与选择之间的关系。杜小真在引用了这段文字之后解释道:"所谓处境,在萨特看来就是自在的偶然性与自由的偶然性的共同产物,是一种模棱两可的现象。在每种具体的、特定的处境下,很难区分那些回到自由中去的和回到自为的原始存在中去的东西。所谓障碍与帮助是模棱两可的,它们都只有在自由选择的行动中才可获得意义,也就是说,人处处可能遇到不是自己建立的障碍或帮助,但只是在自由选择中才可遇到。"处境显现具有五种方式,包括"我处的地点(ma place)、我的过去(mon passé)、我的周围(mes entours)、我的邻人(mon prochain)和我的死亡(ma mort)。"杜小真:《一个绝望者的希望——萨特引论》,上海:上海人民出版社1988年版,第129—130页。

② 参见〔法〕萨特:《什么是文学?》,见《萨特文集》第7卷,第249、251、257、306、318页。

③ 同上书,第278页。

仔细分析一下,原来这里大有讲究。萨特提出实践文学时,曾强调否定性与建设性是其两翼。在对否定性进行解释的时候,萨特虽然指出了"作家的责任是表明立场反对所有不正义行为,不管它们来自何方"①,但他似乎更关心语言层面出现的问题。在他看来,经过法西斯主义的占领和宣传之后,语言已经遭到污染,所以"作家的首要义务是恢复语言的尊严"。② 对语言进行矫正和修复从而让语言具有战斗力量一方面体现了萨特的敏感,一方面也让他后来的实践文学与前面的介入形成了某种内在关联。然而,两者的联系也仅此而已,一旦进入到建设性的层面,萨特便开始为实践文学输入新的内容。"因为文学就其本质而言是表明立场",所以萨特特别强调"必须在我们的文学里表明立场"的重要性;③因为他认为"在每一时代,文学整个儿都是意识形态"④,所以文学的意识形态属性被他放到了重要位置。虽然文学应该表明怎样的立场他并没有说透,文学应该具有怎样的意识形态他也没有明言,但通过其前后语境,其政治意图已昭然若揭:作家必须在无产阶级与资产阶级的斗争中表明立场,文学必须在社会主义与资本主义的较量中体现出鲜明的意识形态色彩。只有经过如此这般的脱胎换骨,作家与文学才能共同获得新生。

由此我们便可以看出,实践文学一方面与介入文学存在着某种联系,一方面又扩大了介入文学的内涵与外延。究其原因,我们似可作出如下推测:当萨特局限于哲学的层面思考文学问题时,介入的概念还可以担此重任;而一旦他转换到政治层面,介入就显出某种滞重和小气,这时候,他需要一个更灵活、更具有弹性和包容性的概念来承载自己的思考,于是,实践文学横空出世。必须指出,实践文学并非就是介入政治的文学,两者不能完全画上等号;但是也必须同时指出,由于实践文学的意图、设计、实施方案和最终归宿等均与既定的政治意识形态话语紧密相连,所以,我们完全可以说实践文学包含着介入政治的内容。实际上,在萨特思考的语境里,也正是因为有了介入政治的内容才使实践文学显得神采奕奕,容光焕发;一旦抽去这一内容,实践

---

① 参见[法]萨特:《什么是文学?》,见《萨特文集》第 7 卷,第 301 页。
② 同上书,第 300 页。
③ 同上书,第 296 页。
④ 同上书,第 304 页。

文学立刻会变得形神涣散,一副死相。

但问题是,文学可以介入政治吗?由于实践文学与介入政治的暧昧关系,萨特的实践文学概念和由此形成的写作观与文学观遭到了许多人的质疑与批判。在这种质疑与批判的声音中,阿多诺的思考最有力度。1962年,阿多诺专门撰写《介入》一文,直接对萨特、本雅明和布莱希特的文学艺术观发难;而在他最后的著作《美学理论》中,亦对萨特等人的介入文学展开批判。在他看来,给介入性提供超过倾向性的美学便利一方面会使艺术家要表达的内容本能地陷入含混,一方面又会使文学滑入极端主观主义的深渊,甚至还会使文学变成一种他所批判过的文化工业。① 因此,对艺术能否介入政治表示怀疑是正当的。因为艺术一旦介入政治,所产生的影响也是边缘性的,更糟糕的是这种介入还会损害艺术的质量。"如果说艺术真有什么社会影响,它并不是通过夸夸其谈的宣讲,而是以微妙曲折的方式改变意识。任何直接的宣传效果很快就会烟消云散,原因大概在于甚至这类作品也往往被看作完全的非理性之作,结果是介入的审美原则反而中断了原本可能会引发实践的机制。"② 应该说,这种批判切中肯綮,实践文学与介入政治的危害由此也可见一斑。

不过,话说回来,虽然实践文学中的介入政治值得批判和反思,但当时的萨特还守着一条底线,这就是不让文学成为为政党服务的工具。于是,我们在他的第四部分论述中看到了如下表述:"今天在法国,确实只有通过共产党才能接近劳动阶级,但是,只有思想糊涂的人才把劳动阶级的事业与共产党的事业等同起来。即使我们作为公民在一些严格规定的场合可以投票支持共产党的政策,这并不意味着我们的笔应该屈从于它。"③ 现在看来,1947年的萨特之所以还能守住这条底线,一方面是因为主观原因——当时的萨特既对苏联共产党非常失望,又对法国共产党十分不满;另一方面,也是因为在对实践文学的

---

① See Theodor W. Adorno, "Commitment," in *The Essential Frankfurt School Reader*, eds. Andrew Arato and Eike Gebhardt, trans. Francis McDonagh, New York: Urizen Books, 1978, pp. 303-306.

② Theodor W Adorno, *Aesthetic Theory*, trans. C. Lenhardt, London: Routledge & Kegan Paul, 1984, p. 344.

③ [法]萨特:《什么是文学?》,见《萨特文集》第7卷,第286页。

设计中,阶级利益被放在了政党利益之上。让我们看一看如下的论述:

> 只要共产党集中了被压迫阶级的愿望,我们就与它在一起反对资产阶级;只要资产阶级中某些善良人士承认精神性应该同时是自由的否定性与自由的建设性,我们就与这些资产者站在一起反对共产党;只要一种僵化的、机会主义的、保守的、决定论的意识形态与文学的本质相矛盾,我们就同时反对共产党与资产阶级。这就清楚地意味着,我们为反对所有人而写作,我们有读者,但没有读者群。①

显然,在萨特的心目中,阶级利益、自由与社会主义革命是高于一切的,它们构成了实践文学的主旋律。在这样的主旋律里,基本上没给政党留有位置。如此看来,起码1947年萨特还没有让文学委身于政党的企图。然而事隔五年之后,萨特的这条底线却松动了。那么,这是不是意味着他在1947年的思考本身就存在着某种裂变的缝隙?因为我们完全可以作出如下猜想:当他更多地考虑以文学实现既定的政治目的时,是当时的客观形势和主观情绪阻止了文学与政党的婚合,但并不必然意味着文学不能与政党结成联盟。一旦形势变化或时机成熟,他就会自食其言,从而迈出重要的一步。这时候,与其说是萨特本人的选择,不如说是他的那套设计方案本身就已经隐含着这种选择,或者说是一种客观的推动力帮助萨特完成了这种选择。

这就是萨特的矛盾与含混,而这种矛盾与含混客观上也使他的介入说、实践文学论充满了一种张力。这种张力既来自于《什么是文学?》中四个部分的相互牵制,也来自于哲学概念与政治观念的相互制衡。正是基于这一原因,我们依然有必要承认,《什么是文学?》是一个非常富有魅力的文本;在西方文论史上,也许它是第一个制造出文学介入与政治介入既对立又统一、既有些排斥又相互包容之效果的文本。那么,为什么萨特会形成这样一个特殊的文本呢? 显然,仅仅聚焦于文本层面的分析还无法充分回答这一问题,我们需要进一步深入到萨特本人的角色扮演以及他对作家群体的角色期待上。

---

① 〔法〕萨特:《什么是文学?》,见《萨特文集》第7卷,第287页。

从作家到知识分子

关于萨特本人的角色扮演,他后来的所作所为以及他对自我角色的重新定位已能够给我们提供一个明确答案。波伏瓦指出,1968 年的政治动荡深深影响了萨特,也促使他进一步思考知识分子的作用,并修正自己过去对它的认识。她强调:

> 在 1968 年政治动荡之前,萨特认为,知识分子是"实践知识的技术员",他们为知识的普遍性和产生自己的统治阶级的独占性之间的矛盾所折磨——知识分子是黑格尔所谓的痛苦意识的化身,而正是为满足对这种痛苦意识的意识,他们认为自己因而可以站到无产阶级一边。现在萨特认为应该超越这一阶段。与传统知识分子相对立,萨特提出新知识分子的概念:要自我否定,试图找到一种新的大众化形象。新的知识分子把自己融入民众中,以期使真正的普遍性取得胜利。①

从波伏瓦的分析中可以看出,萨特是在 1968 年之后提出"新知识分子"(nouvel intellectuel/new intellectual)的概念的,这也就意味着萨特在经历了政治介入的迷狂及世界形势的种种变化之后,进一步明确了自己的角色认定,从而也对更多的知识分子提出了更新自我角色的要求。但波伏瓦的分析显然还不足以回答如下问题:如果说在 1968 年之后,萨特对知识分子的认识有了质的飞跃,那么,他是如何完成这种从量变到质变的进程的?是不是在二十年前他就已经开始了对知识分子角色扮演、功能作用等方面的思考,以至于那时的思考就已经隐含了"与传统知识分子相对立"的观点?如果带着这些问题重新审视《什么是文学?》,我们又会在这个文本中发现怎样的秘密呢?

让我们再一次回到《什么是文学?》中。重新审视这一文本,我们马上会发现这样一个问题:此文本通篇谈论的是"作家"应该如何,而不是论述"知识分子"应该怎样,那么,这里的作家与知识分子究竟是一种怎样的关系?二者能够画上等号吗?如前所述,列维对此问题是

---

① 〔法〕西蒙娜・德・波伏瓦:《萨特传》,第 3 页。

分而论之,但有人却作出了肯定的回答。萨义德认为,《什么是文学?》中"使用的字眼是作家,而不是'知识分子',但所说的显然是知识分子在社会中的角色"①。虽然萨义德并没有提供出足够的论据展开论述,但是他的这一发现已足以使人振奋。因为一旦我们稍作语义换算,原来许多麻烦的问题便可以变得头绪清楚:萨特虽然一直在拿作家说事,但他却赋予作家一种浓郁的知识分子含义,所以他才会大谈介入、参与、责任承担。如果仅仅从作家的角度去思考萨特的种种说法,也许会觉得他的要求有些过分;可是一旦我们意识到这是萨特为知识分子的招魂之举,所有的一切也就变得顺理成章了。如此说来,我们是不是需要同意萨义德的观点,而把作家与知识分子看作一个二而一的概念?

虽然这是一个论证起来比较麻烦的问题,但我们依然能发现许多蛛丝马迹。早在《现代》发刊词中,萨特就曾说过这样一番话,今天看来依然显得意味深长:

> 作家处在的具体环境,就是我们所生活的这个时代,他的写的每一句话都要引起反应,连他的沉默也是如此。我认为,巴黎公社失败后发生了大规模的镇压,对于这一点福楼拜和龚古尔都要负责,因为他们没有写出一行阻止镇压的话来。有人会说,写阻止镇压的话与他们的份内工作无关。好吧,我们就来看看:呼吁为卡拉冤案平反是伏尔泰的份内工作吗?反对德雷福斯案件的判决与左拉的份内工作有什么关系?抨击刚果的行政制度和纪德的份内工作又有多大关联?这三位作家每人在各自一生所处的具体环境中都考虑衡量了本人作为一个作家应负的责任。②

以上说法固然关联着萨特存在主义哲学的核心命题(如自由选择与承担责任),但更应该看作他对作家成为知识分子的向往,对当代作家提出的一种要求。当他指出福楼拜与龚古尔要对大镇压负责时,他是在批评这两位作家缺少知识分子的责任感;当他挑明伏尔泰、左拉

---

① 〔美〕爱德华·W.萨义德:《知识分子论》,单德兴译,北京:三联书店2002年版,第65页。
② 〔法〕萨特:《〈现代〉杂志纲领宣言》,陈锌译,见《法国作家论文学》,北京:三联书店1984年版,第326—327页。

和纪德敢于站出来呼吁时,他又是在褒扬这三位作家履行了知识分子的职责。而由于左拉的《我控诉》直接关联着现代知识分子的诞生,萨特如此要求作家"负责"便隐含着他让作家由"份内工作"走向"份外事务"的企图,也寄托了他想让作家"变成"知识分子的希望。他在这里固然还没有使用知识分子这个说法,但让作家向知识分子的所作所为看齐的意图已呼之欲出了。

如果再来面对《什么是文学?》,我们就会发现萨特对班达(Julien Benda)的批判也很耐人寻味。班达1927年曾出版《知识分子的背叛》(*La Trahison des Clercs*)一书,其书名英译为 *The Treason of the Intellectuals*。但以"intellectual"对译"clerc",显然已把法语的"clerc"固定成了"知识分子"。而实际上,"clerc"一词含义丰富,除"知识分子"这层意思外,还有"教士""神职人员""文人""学者"等意思。萨特与班达在"clerc"的使命、功能、作用等层面展开辩论,是不是意味着前者已让作家与知识分子纠缠在一起,以至于这两者事实上已无法剥离?

让我们看看双方的观点。班达认为,知识分子的价值虽然名目繁多,但归纳起来不外乎如下三个特征:第一,这种价值是静态的;第二,这种价值是大公无私的;第三,这种价值是理性的。从这三个特征出发,他把所有沉溺于政治激情的知识分子行为看作是对知识分子使命的背叛。因为在他看来,"知识分子的作用不是去改变世界,而是忠实于理想"。① 而在该书1946年版的序言中,他又把批判的矛头直接对准了萨特。他认为萨特让作家"介入当下充满偶然性的战斗中",让"思想介入到狭路相逢的搏击中",完全是知识分子背叛的新形式。② 由此我们也可以发现一个有趣的现象,班达的著作虽然完成于1927年,却似乎早已预见到了二十年之后萨特的"背叛"。通过这种先见之明,他就把萨特的言谈和行为钉到了知识分子的耻辱柱上。

对于《知识分子的背叛》一书中的观点,萨特批判起来也毫不含糊。据我统计,《什么是文学?》中至少提到过班达五次。分析一下这五次的具体语境,也许我们可以看出一些眉目。

---

① 〔法〕朱利安·班达:《知识分子的背叛》,佘碧平译,上海:上海人民出版社2005年版,第59页。

② 同上书,第41—43页。

第一次，班达的名字出现在第二部分的结尾段："作家是否守卫理想价值，如班达的神职人员在背叛以前所做的那样，或者需要在政治和社会斗争中明确表态，从而保护具体的、日常生活中的自由？这个问题与另一个问题相联。"①第二次，班达在第三部分的开头段就被提起："如果作家如班达要求的那样选择说废话，他可以用漂亮的和谐复合句谈论这个同时为国家社会主义、斯大林共产主义和资本主义民主国家所要求的永恒自由。他这样做不会使任何人为难，他将不对任何人说话：人们事先就把他需要的一切都给他了。但这是一个抽象的梦。"②第三次，依然是第三部分："由于这一切，作家的使命就是专事静观永恒，从而证明自身的独立性；他不停地断言永恒是存在的，而且用他本人专以注视永恒为业这一事实来证明永恒的存在。在这个意义上他倒是实现了班达的理想，但是我们且看这个理想得以实现的条件……"③第四次，还是第三部分："虽然他老想着普遍的人和人性的抽象权利，我们不应认为他扮演了班达描写的那种文人角色。"④第五次，在第三部分的最后，我们又见到了如下文字："一名神职人员不管他信奉善、神的完美、美或者真，他总是站在压迫者这一边的。由他自己去选择，是当走狗还是当小丑。班达先生选择了宫廷丑角的人头杖，马赛尔先生选择了狗窝；这是他们的权利。但是，如果文学有一天应该能够享有自己的本质，到那个时候作家就没有阶级，没有由身分相等的人组成的团体，没有沙龙，没有过多的荣誉，也没有耻辱，他将被投入世界，投入人们中间；到那个时候连神职人员这个概念本身也将是难以设想的了。"⑤

由于班达的名字主要出现在《什么是文学？》的第三部分，由于第三部分内容主要是对 12—19 世纪中的作家进行批判，所以，班达及其观点就成了萨特可资使用的最好的反面教材。根据法国史学家勒戈夫（Jacques Le Goff）的研究，知识分子群体出现于 12 世纪的城市学校里，他们是"以思想和传授其思想为职业的人"，最初的知识分子就是

---

① 〔法〕萨特：《什么是文学？》，见《萨特文集》第 7 卷，第 142 页。
② 同上书，第 143 页。
③ 同上书，第 157 页。
④ 同上书，第 174 页。
⑤ 同上书，第 209 页。

教士,其后,作家、学者、教授走进了知识分子的阵营。① 而班达所谓的知识分子的价值观,应该指的就是12世纪以来所形成的以"思"为其基本特征,以"忠实于理想"为其基本信念的知识分子传统。但是,在萨特看来,这个传统是很成问题的。因为只有具体的自由,却没有抽象的自由,既如此,班达所谓的"永恒价值"不啻是痴人说梦。更重要的是,如果知识分子的使命就是静观永恒,它一方面会把知识分子永远固定在思想的巨人、行动的侏儒的位置,一方面也会使其思想成为统治阶级意识形态的帮凶。班达虽然强调过知识分子的"批判"职能,但在萨特的思考中,写作没有真正的读者,思想无法延伸于社会与公众,理想只能解释世界而不能改变世界,这样的批判岂不是纸上谈兵?所以萨特一锤定音:"中世纪教士的心安理得是以文学的死亡为代价的。"②

由此我们也可以看出,当萨特对历史中作家与文学的毫无作为开始清算时,他其实是要与班达宣扬的知识分子传统价值观彻底决裂。不破不立,只有摧毁了原来那个知识分子传统,新型的知识分子价值观才能建立起来。所以,如果只是从文学理论的解构与建构方面看问题,虽然我们也可以明白萨特其中的用意,但是却并不完全彻底。项庄舞剑,意在沛公,萨特真正想要做的事情是粉碎原来那个知识分子的永恒梦想,从而把知识分子组织起来、发动起来,让文学成为知识分子投入战斗的武器,最终重建知识分子的新传统。萨特后来说:"知识分子应该做团体的成员,参加团体的行动,同时要坚定地维护原则并且批判团体的行动,如果这个行动背离原则的话。我以为这就是当前知识分子的作用。"③而事实上,这一观点已经潜藏在他的《什么是文学?》中,只不过由于如前所述的那种张力,由于萨特在这一文本中使用的概念是"作家"而不是"知识分子",他这一时期的思想还没有充分显露而已。

如果我们再来看一看萨特对"大众传播媒介"的关注,他的用意也许会看得更加清楚。为了使文学最大限度地走到公众那里,萨特对书

---

① 〔法〕雅克·勒戈夫:《中世纪的知识分子》,张弘译,北京:商务印书馆1996年版,第1—3页。
② 〔法〕萨特:《什么是文学?》,见《萨特文集》第7卷,第157页。
③ 〔法〕萨特:《七十岁自画像》,见《萨特文集》第7卷,第418页。

籍、报纸、广播、电影的作用和受众作过分析和对比,分析和对比的结果是他意识到了"必须征服'大众媒介'"的重要性:

> 书有惰性,它对打开它的人起作用,但是它不能强迫人打开它。所以谈不上"通俗化":若要这么做,我们就成了文学糊涂虫,为了使文学躲开宣传的礁石反而让它对准礁石撞上去。因此需要借助别的手段:这些手段已经存在,美国人称之为"大众传播媒介";报纸、广播、电影:这便是我们用于征服潜在的读者群的确实办法。自然我们必须压下一些顾虑;书当然是最高尚、最古老的形式;我们当然还要转回去写书,但是另有广播、电影、社论和新闻报导的文学艺术。根本不需要注意"通俗化":电影本质上就是对人群说话的;它对人群谈论人群及其命运;广播在人们进餐时或躺在床上时突然袭来,此时人们最少防备,处于孤独的、几乎生理上被抛弃的境地。今天广播利用这个情况哄骗人们,但是这一时刻也是最适合诉诸人们的诚意的时刻:人们此时不扮演自己的角色或者不再扮演。我们在这块地盘上插上一脚:必须学会用形象来说话,学会用这些新的语言表达我们书中的思想。①

毫无疑问,必须征服大众传播媒介,必须学会用形象直接说话,必须直接为电影和广播写作,这应该是一种崭新的思想。因为在传统知识分子的价值观念中,包括电影、广播在内的大众传播媒介曾经被认为是一种"退化的媒介";②与印刷媒介的书籍相比,这种媒介让人关闭了注目沉思的通道。更令人担心的是,在"文化工业"的生产中,电子媒介往往扮演着至关重要的角色。因此,电子媒介同样成了阿多诺批判的对象。然而,萨特虽明知道介入大众传播之后的文学将会变成"工业化的艺术",③但是为了实现文学介入的目标,他却是更多地看到了文学工业的好处。这个好处就是文学经过"通俗化"之后,可以以最方便的形式、最快捷的速度走向广大的公众那里。与其说这是为了

---

① 〔法〕萨特:《什么是文学?》,见《萨特文集》第 7 卷,第 289 页。
② Theodor W. Adorno, "Prolog zum Fernsehen," Quoted in Miriam Bratu Hansen, "Mass Culture as Hieroglyphic Writing: Adorno, Derrida, Kracauer," in *The Actuality of Adorno: Critical Essays on Adorno and the Postmodern*, ed. Max Pensky, Albany: State University of New York Press, 1997, p. 86.
③ 〔法〕萨特:《什么是文学?》,见《萨特文集》第 7 卷,第 270 页。

让作家获得潜在的读者群而不顾一切,不如说这是为了让知识分子争取和发动无产阶级大众而不择手段。因此,我们完全可以说,当萨特作出如此呼吁并提供出如此的操作方案时,他已经把文本中的"作家"转换成心目中的"知识分子";与此同时,他对"新知识分子"角色与身份的构想也已初露眉目。更令人深思的是,就在萨特写作《什么是文学?》的前后,他本人也以身示范,开始了积极介入媒体的进程。斯克里文(Michael Scriven)指出:萨特介入媒体的时间(1944—1980)正好与国家垄断广播、电视的时间(1948—1982)大体相当。① 如此长的介入时间,是不是意味着他早就有了如下意图:通过自己的实际行动去占领阵地,进而为"新知识分子"营造一个对抗的话语空间。在这个意义上,我们是否可以把《什么是文学?》看作与传统知识分子决裂、向"新知识分子"过渡的宣言书?

通过以上分析,我想澄清的是如下两个问题:第一,列维认为,在萨特那里,作家与知识分子是分开的。虽然列维的思考有他自己的道理,但这种井水不犯河水的区分却容易简化问题,从而也容易回避一些实质性的问题。而萨义德那种把作家、知识分子合二为一的说法虽稍嫌绝对,但起码让我们意识到这样一个事实:在《什么是文学?》中,作家身份与知识分子角色是颇为奇妙地缠绕在一起的。因此,当实践文学与介入政治形成了一种意味深长的联系时,很大程度上也是因为作家与知识分子双重身份的相互渗透和纠缠不清。第二,萨特对"新知识分子"的明确定位与阐释虽然是后来的事,但是早在1940年代中后期,他就开始了这种定位与阐释的进程。而在这种进程中,《什么是文学?》又扮演着非常重要的角色,因为它第一次全面、系统、完整地论述了传统知识分子的痼疾和知识分子传统(班达所论意义上)的危害,并提出了建构未来"新知识分子"的初步设想。虽然他还需要通过时间和实际的政治实践活动来使这种设想进一步清晰,但雏形和框架早已确定。他后来需要做的工作只不过是进一步的加工和完善,却没有出现根本性的变化。正是因为如上原因,我们也就需要为《什么是文学?》重新定位:《什么是文学?》当然不是一个纯粹的文学理论文本,

---

① See Michael Scriven, *Sartre and the Media*, New York: ST. Martin's Press, 1993, p.21.

但它也并非一个完全的政治理论读物。公正地说,它应该是萨特从文学介入到政治实践过渡的桥梁,也应该是作家与知识分子角色转换的中介。明白了这一点,或许我们才算真正吃透了萨特的用意所在。

2006 年 9 月 5 日初稿,12 月 2 日改定

(原载《外国文学》2007 年第 4 期)

被简化的本雅明

——略谈《艺术作品》在文化研究中的命运

几乎所有的文化研究"导论"性著作都会谈到本雅明,而谈到本雅明时又必提他那篇《机械复制时代的艺术作品》(下面简称为《艺术作品》),但谈来谈去,似乎也出现了一些问题。为谨慎起见,我还是先引几本"导论"中的文字,以便于下面的分析思考。

比如,斯特里纳蒂(Dominic Strinati)的《通俗文化理论导论》在简述了《艺术作品》中的主要观点之后指出:"本雅明强调了当代通俗文化的民主潜力和参与潜力,而不是独裁主义的潜力和约束的潜力。这种见解有其突出的原创性,但并非没有它自身的问题,这些问题包括权力与各种新通俗艺术的关系,以及一种被夸大了的技术乐观主义。但是,我在这里所关心的,并不是对本雅明文章的详细评价。相反,我希望把它当作对法兰克福学派著作的一种批判性注脚提出来,以便显现出本雅明对'机械复制时代的艺术作品'进行分析的批判性锋芒。"①

再比如,斯道雷(John Storey)的《文化理论与通俗文化导论》一书,同样把《艺术作品》作为其重点分析对象。在对比了阿多诺的《论流行音乐》之后,作者指出:"本雅明褒扬'机械复制'的积极潜力。他认为,'机械复制'开启了从'光晕'文化向'民主'文化发展的进程。在'民主文化'中,意义不再被看作是独一无二的,而是可以质疑、可以使用和调动的。他的这一观点对文化理论和通俗文化产生了深刻的(常常不被承认的)影响。苏姗·威利斯是这样评价本雅明的这篇文

---

① 〔英〕多米尼克·斯特里纳蒂:《通俗文化理论导论》,阎嘉译,北京:商务印书馆2001年版,第96—97页。

章的:'这很可能是马克思主义通俗文化批评发展进程中最重要的一篇文章。'"①

又比如,以鲍尔德温(Elaine Baldwin)为首的几位学者在《文化研究导论》中认为,本雅明对文化研究的贡献主要体现在现代性和视觉文化理论方面:首先,本雅明指出新科技(特别是摄影和电影)的发展让视觉文化发生了重要变化;其次,19世纪城市(特别是巴黎)中日常生活的特殊方面亦在他的关注范围之内。而关于《艺术作品》,该书的评论如下:与法兰克福学派的其他几人相比,本雅明对艺术发展趋势的看法要更积极。"他认识到,通过机械复制所形成的更大的艺术民主化,可以使艺术作品变得更加实用有效。于是,艺术能够成为进步的政治实践的一部分,它曾经以这种方式被使用过,比如布莱希特的戏剧。"②

不难看出,以上的说法虽有一些相异之处,但其共性也非常明显:第一,本雅明是"艺术民主化"的先驱,所以他的思考给文化研究带来了诸多启迪;第二,本雅明是法兰克福学派的叛逆者,他对大众文化的态度,很大程度上反证出法兰克福学派主流观点的消极、保守乃至落伍。可以说,这两个归纳不但在西方文化研究界几成定论,而且也在很大程度上影响到国内文化研究界对本雅明的判断与定位。比如,在一本也相当于"导论"的书中,我们可以读到这样的文字:"关于20世纪的大众文化特征,本雅明写于1936年的《机械复制时代的艺术作品》一文中有清楚描述。他认为技术的进步直接关系到艺术的进步,技术促进艺术直接参与阶级斗争,成为政治斗争工具的各种手段、媒介、形式、技巧……此一观点,使本雅明成为法兰克福学派中难得对大众文化持肯定态度的理论家。"③

如果仅仅面对本雅明的《艺术作品》,得出上述结论应该问题不大。然而,这只是问题的一个方面;问题的另一面是,本雅明的许多文章不但构成了一种"共振"关系,而且还应该存在一种"互补"的关系。

---

① 〔英〕约翰·斯道雷:《文化理论与通俗文化导论》,杨竹山等译,南京:南京大学出版社2001年版,第154页。原译aura被译作"氛围",现改为更通用的"光晕"。

② Elaine Baldwin et al, *Introducing Cultural Studies*, London: Prentice Hall Europe, 1999, p.374.

③ 陆扬、王毅:《大众文化与传媒》,上海:上海三联书店2000年版,第59页。

克劳斯哈尔(Wolfgang Kraushaar)论及本雅明时主要谈的是"共振",他认为《1900年前后柏林的童年》与《巴黎:19世纪的都城》是本雅明作品共振的具体化。① 由此我们可以联想到,《艺术作品》一文与《摄影小史》和《作为生产者的作家》二文其实也是存在一种共振关系的。

然而,更应该注意的还是《艺术作品》与其他文章的互补关系。那么,《艺术作品》与什么文章构成了一种互补呢?应该是《讲故事的人》,也许还应该算上《小说的危机》。在前一篇文章中,本雅明说:"讲故事的人所讲述的东西取材于经验——他自己经历或道听途说的经验。然后他又反过来把这种经验变为听众的经验。小说家则闭门独处。小说诞生于离群索居的个人,他不再能通过提供自己最关心的例子去表达自己,他得不到别人的忠告,也无法忠告别人。"②在后一篇文章中,本雅明又说:"小说家就是这样的。他是真正孤独、沉默的人。史诗的人只是休息。在史诗中,人们劳动一天之后便休息了;他们聆听、做梦、收集。小说家把自己排除在人群和他们的活动之外。小说的诞生地是离群索居的个人……写一部小说就是把人的存在表现出来的不协调(incommensurable)推到极端。"③除了对小说的性质作出界定外,本雅明还指出对讲故事和小说构成冲击乃至破坏的力量来自于新闻报道,因为新闻报道和小说一样,"都是讲故事艺术所面对的陌生者,但其威胁更大;而且它还给小说带来了危机"④。本雅明的这种论述总会让我想到阿多诺的相关思考:"对小说的叙述者来说更为困难的情况是,正如摄影使绘画丧失了许多在传统上属于它们的表现对象,新闻报道以及文化工业的媒介(特别是电影)也使小说丧失了许多在传统上属于它们的表现对象。"⑤在大众文化的问题上,也许本雅明与阿多诺等法兰克福学派的成员确实存在着分歧,但是在对小说的看法上,他们却戏剧般地相遇了。

---

① 〔德〕克劳斯哈尔:《经验的破碎(1)》,李双志等译,《现代哲学》2004年第4期。
② Walter Benjamin, *Illuminations*, trans. Harry Zohn, London: Fontana Press, 1992, p. 87.
③ 转引自秦露:《文学形式与历史救赎:论本雅明〈德国哀悼剧的起源〉》,北京:华夏出版社2005年版,第105页。
④ Walter Benjamin, *Illuminations*, p. 88.
⑤ Theodor W. Adorno, *Notes to Literature*, Volume One, trans. Shierry Weber Nicholsen, New York: Columbia University Press, 1991, p. 31.

罗列本雅明的如上说法,我想说明什么问题呢?如果把《讲故事的人》与《艺术作品》两相对比,我们可能会发现这样一条线索:前一篇文章本雅明谈史诗和小说,后一篇文章他主要在谈电影。讲故事是属于口头文化传播中的事情,当写小说成为文人的一种职业时,讲故事逐渐失去了存在的理由;写小说是印刷文化媒介之下的产物,当电影成为一种电子媒介产品时,写小说开始面临一种深刻的危机。用《艺术作品》中本雅明所反复论述的核心观念加以分析,我们可以说,相对于小说与写小说而言,故事与讲故事更具有"膜拜价值";而相对于电影来说,小说则成为"膜拜价值"与"展示价值"的混合物。在本雅明那里,电影作为一种机械复制艺术的形式主要是以"展示价值"体现其存在理由的,但是,如果考虑到后来兴起的清汤寡水的电视剧,是不是意味着电影也在逐渐获得某种"膜拜价值"?如果我的这一推断可以成立,那么本雅明在这两篇互补性的文章中,其实是以媒介的变迁为基础,而在文学/艺术史的链条上呈现"光晕"如何消失的过程。同时也令人深思的是,每当他在《艺术作品》中对机械复制艺术做出正面评价时,他似乎又迫不及待地要对富有光晕的艺术进行挽留——《讲故事的人》体现的便是本雅明的这种情感趋向。于是,《讲故事的人》成功地消解了《艺术作品》中技术崇拜主义的轻度迷狂,却也把事实判断的清醒和价值判断的暧昧留给了后人。

当然,指出这一点,也并不妨碍我们把大众文化时代的到来看作一个艺术祛魅的过程(所谓的"艺术民主化"即隐含着这一思路)。然而,这也仅仅是问题的一个方面,问题的另一面是,大众文化除了有祛魅之功外,还有返魅之术。布克-穆斯(Susan Buck-Morss)在研究本雅明的《拱廊计划》时发现,如果说马克斯·韦伯告诉我们现代性的本质是一个世界的祛魅过程,而本雅明则在提醒人们注意,在资本主义的条件下,工业化的进程已带来了世界的返魅,大众文化正在使一种神话力量获得再生。[①] 那么,为什么大众文化具有一种返魅的力量呢?也许需要重新回到本雅明的《艺术作品》中,我们才能把这个问题看得更清楚。塞缪尔·韦伯(Samuel Weber)在比较了本雅明的《艺术作

[①] Susan Buck-Morss, *The Dialectics of Seeing: Walter Benjamin and the Arcades Project*, Cambridge, MA: MIT Press, 1989, pp. 253-254.

品》与海德格尔的《世界图像的时代》后,提出了一个独创性的概念:mass mediauras(我在这里姑且把它译成"大众媒光")。① 可以看出,"媒光"(mediaura)是媒介(media)与光晕(aura)的奇妙组合,它分明隐喻着这样一个事实:当艺术经过大众媒介之手的梳理而变成大众文化之后,这固然让艺术走向了普罗大众("艺术民主化"的意义即在于此),但是大众媒介同样可以制造出大众文化的神话,从而赋予大众文化一种新型的"膜拜价值",结果,媒光得以形成,返魅能够实现。在本雅明的那个时代,也许这一问题还呈现得不甚清晰;但是,我们今天却不得不一再与它狭路相逢。从"超级女声"打造的大众偶像到"百家讲坛"推出的学术明星,似乎都在印证着本雅明的预言:大众文化祛艺术之魅之日,其实也是大众文化本身的返魅之时。

走笔至此,我想我可以回到本文开头所涉及的问题了。本来,本雅明是以其思想的丰富性和复杂性著称于世的,然而,在文化研究那里,本雅明的含混却被抽象得如此清晰明了,本雅明的多副面孔也被简化成了一张脸——这张脸上写满了他对大众文化的深切同情,也似乎挂着他对"艺术民主化"的欣然微笑。他对大众文化的忧虑、不满和隐藏得很深的批判哪里去了? 显然是被删除了。为什么被删除? 试着推测出的原因如下:

第一,虽然凯尔纳(Douglas Kellner)把法兰克福学派的"批判理论"看作文化研究的元理论(metatheory)之一,②但也许这只是他自己的一厢情愿。而在实际的运作中,文化研究又似乎总是要把法兰克福学派当成一只拦路虎。所以,如何对它批而判之打而倒之,就成了文化研究的固定路数。在这种批判活动中,文化研究者发现了本雅明在法兰克福学派阵营中的另类性和异己性,于是,抽取乃至放大本雅明思想中不利于法兰克福学派主流观点的那一面,很可能就成为其批判活动中的一个战略战术。第二,宽泛而言,在对待大众文化的问题上,

---

① See Samuel Weber, "Mass Mediauras; or, Art, Aura, and Media in the Work of Walter Benjamin," in *Walter Benjamin: Theoretical Questions*, ed. David S Ferris, California: Stanford University Press, 1996.

② See Douglas Kellner, "The Frankfurt School and British Cultural Studies: The Missed Articulation," in *Rethinking the Frankfurt School: Alternative Legacies of Cultural Critique*, eds. Jeffrey T. Nealon and Caren Irr, Albany: State University of New York Press, 2002, pp.31-58.

文化研究基本上采取的是"理解"而不是"谴责"的做法。在这样一种思维框架中,本雅明便被打造成了大众文化的"理解者"。有了这个前提,自然就要寻找出一些论据,这样,本雅明的《艺术作品》就成了文化研究的早期代表作。

然而,即便是光谈《艺术作品》,"艺术政治化"也应该是与"艺术民主化"同等重要的内容,为什么文化研究者对前者闭口不谈或谈得很少呢?写作《艺术作品》时的本雅明无疑已是一个左翼知识分子,而西方的文化研究者也大都是学院中的新左派人士,这是不是意味着同样作为知识分子的话语实践,本雅明还试图从书斋延伸至社会,而文化研究者已满足于一场书斋里的革命或学院里的革命了?果如此,这其中是不是也隐含着知识分子角色转换的诸多秘密?

这个问题太大,我在这篇短文中已无法回答了。但我依然想把它提出来,也许它能成为我们思考文化研究与本雅明思想资源的另一个切入点。

2007 年 1 月 14 日

(原载《中国图书评论》2007 年第 2 期)

关于文化研究的历史考察及其反思

种种迹象表明,文化研究(cultural studies)似已成为当下中国文学研究界的头等大事。在被介绍、传播、言说、质疑、批评和争论的过程中,文化研究不断拓展着自己的边界,壮大着自己的队伍,并不断提出了一些值得论证与探讨的学术命题;与此同时,随着文化研究的深化与普及,文化研究本身也暴露出许多问题。于是,把文化研究作为一种学术思潮,考察它在西方的演进逻辑,在中国出场的历史语境,并在此基础上思考其价值与意义、面临的问题与解决的方案,就成为一件富有意义的事情。

西方文化研究的演进逻辑

文化研究并非中国土生土长的产物,而是来自于西方学界的一种学术话语。因此,要想回答文化研究在中国的相关问题,我们首先需要清楚文化研究在西方发展演变的来龙去脉。

虽然西方许多学者都曾指出过定义文化研究的困难,但文化研究在西方的发展线索依然清晰可辨。一般所谓的"文化研究"主要是指1950年代从传统的英国文学学科中逐渐发展起来的一种研究,其先驱人物是威廉斯和霍加特。1964年,霍加特在伯明翰大学创办"当代文化研究中心"(CCCS)并首任主任之后,该中心进行了一系列迥异于传统文学批评的研究,比如,通过对英国工人阶级青少年亚文化的考察,他们发现这种亚文化实际上对体现着中产阶级保守价值观念的英国主流文化构成了一种象征形式的抵抗,具有深刻的阶级内容。由于其具体操作充分考虑到了性别、年龄、种族等文化政治因素,从而使文化研究与实际的社会政治运动结合了起来。而按照美国文学理论家乔纳森·卡勒(Jonathan Culler)的看法,文化研究的另一个源头可以追溯到法国的罗兰·巴特。巴特在其早期著作《神话集》(1957)中对摔跤、洗衣粉广告、汽车式样、电影明星、脱衣舞等进行了一系列有趣的解读,并指出了这些日常文化背后所隐藏的意义,因此,亦可把巴特的研究看作文化研究的一种形式。① 近年来,在对文化研究的反思中,一些学者又开始注意到法兰克福学派在文化研究中所扮演的重要角色。比如,从1990年代中后期开始,凯尔纳(Douglas Kellner)就在反复申明这样一个观点:法兰克福学派的"批判理论"是文化研究的元理论(metatheory)之一,其大众文化理论与大众传播研究实际上是文化研究的早期模式,这一学派所发展起来的跨学科方法可以给后来的文化研究带来许多启迪。因此伯明翰学派应该与法兰克福学派尽释前嫌,相互对话。②

尽管对于文化研究存在着种种不同的说法,我们还是应该把英国的"文化研究"看作文化研究的主要源头,这是因为从文化研究的发展和流变方面看,它都处在一个特殊的知识谱系和思想传统之中。从批评方法和文化观念上看,威廉斯和霍加特都受到了利维斯的影响,但是在对待大众文化的态度上,他们却与利维斯等人产生了重大分歧。一方面,他们也接受了利维斯的基本理念,即承认那些经典的文本要比当代的大众文化意蕴丰富;另一方面,由于他们出身于工人阶级家庭,所以也就有了接触到大众文化的更多机会。在他们的经验中,大众文化并不像利维斯等人说的那么一无是处,而是蕴含了许多更为复杂丰富的东西。而所有这些,恰恰是出身于社会精英阶层的利维斯等人所无法看到的。正是在这一背景下,霍加特写出了《文化之用》(1958),威廉斯写出了《文化与社会》(1958)。前者一方面肯定了工人阶级通俗文化的自然与纯朴,一方面又描述了美国那种娱乐大众文化对工人阶级文化的冲击;后者一方面承认工业革命以来,"文化"的内涵已发生了很大的变化,一方面又认为利维斯的主张夸大了文学的

---

① Jonathan Culler, *Literary Theory: A Very Short Introduction*, Oxford: Oxford University Press, 1997, pp. 44-45.

② Douglas Kellner, "The Frankfurt School and British Cultural Studies: The Missed Articulation," in *Rethinking the Frankfurt School: Alternative Legacies of Cultural Critique*, eds. Jeffrey T. Nealon and Caren Irr, Albany: State University of New York Press, 2002, pp. 31-58.

作用,而忽略了制度、风俗、习惯等文化形式。在他们的研究中,"理解"而不是一味地"谴责"大众文化成为其共同思路,①这既是他们与"利维斯主义"的重要区别,也是后来的伯明翰学派所奉行的基本立场。此后,威廉斯又出版了《漫长的革命》(1961),再加上汤普森(E. P. Thompson)的《英国工人阶级的形成》(1963),这些著作都成了文化研究的奠基之作。

从政治的层面上看,文化研究的出现又与英国"新左派"(New Left)的崛起密切相关。根据台湾学者陈光兴的梳理,"新左派"之名诞生于1956年的历史语境中。11月,苏联坦克开入匈牙利并镇压其革命;不久,英法入侵苏伊士运河区。这两个重要的历史事件,很明显地揭露了两种极为不同的体制(西方帝国主义与斯大林主义)在操作上具有相同的暴力性与侵略性。"匈牙利事件"之后,英国社会主义分子已不可能盲目地相信斯大林主义的教条,甚至必须根本质疑苏联革命以降的历史大悲剧。另一方面,"苏伊士事件"也使左翼分子意识到殖民主义并未终结,福利国家的出现更不代表剥削的消失。正是在这样一种历史语境中,"新左派"出现了。作为一种思想运动,"新左派"企图去寻找第三种政治空间,重新界定新的社会主义立场。而面对英国"二战"之后出现的新问题(如晚期资本主义的特性;经济及政治殖民主义/帝国主义的新形式;在所谓民主世界中种族歧视的严重矛盾;各种形式的权力关系中,文化及意识形态所扮演的角色;消费资本主义对工人文化所造成的影响等),"新左派"进行了积极的回应。在试图勾勒出英国社会多重变迁的意义中,"新左派"首次展开有关文化的辩论。他们认为社会主义面对社会剧变的浪潮,必须在文化论述中找到新的语言,即如何与社会潮流及大众意识相结合。于是重新提出社会主义的论题及认识新世界的方式,就成为极重要的战略问题。因此,文化研究能够浮出历史地表,实际上是"新左派"面对"二战"后的英国社会进行全面反思的结果。这样,"文化研究并不被视为一门独立学科的兴起,而是一种文化政治层次的介入。也就是说,在一开始文化研究就与英国社会紧密接合,参与的成员大都投入社会运动之

---

① See Graeme Turner, *British Cultural Studies*: *An Introduction*, London, Sydney and Wellington: Unwin Hyman, 1990, p.44.

中,知识上的关切(intellectual concern)与政治上的坚持(political commitment)无法做截然的区分,这些是它与英国既有体制中学院派最大不同之处。"①

由此看来,文化研究从它诞生的那一天起,就是与传统的文学批评分道扬镳、积极介入社会政治运动的产物。从传统的文学批评中走出来,意味着它从此走出了被学科圈定的狭小天地,"穿越学科边界"②的"跨学科方法"(transdisciplinary approach)将成为文化研究的重要标记和主要特征;积极介入社会政治运动又意味着文化研究并不是供人在书斋中沉思的纯粹学问,而是一种进行社会斗争、从事社会批判的武器。这样,政治性与批判性又成了文化研究的主要传统。"当代文化研究中心"第三届主任约翰逊(Richard Johnson)认为,文化研究有三个主要前提:第一,文化进程与社会关系密切相关,尤其是与阶级关系、阶级构形、种族建构、年龄压迫等密切相关;第二,文化涉及权力,它帮助着生产出了个人与社会团体能力的不平衡;第三,文化既不是自律的也不是外在地被决定的领域,而是社会差异和社会斗争的场所。③ 从这种归纳中,我们已能感受到文化研究与其他学术研究的本质区别。

尽管文化研究在总体思路上有着相对稳定的研究策略与方法,但在其研究范式上却有着两次重要的转换:第一次因为阿尔都塞的理论而发生,第二次因为葛兰西的理论而出现。阿尔都塞的意识形态理论进入英国之后,文化研究者接受了阿尔都塞对意识形态的新定义,并因此改变了威廉斯等人的"文化主义"研究范式(强调人的经验和人的主观能动性等)。由于意识到主体是被意识形态建构出来的,文化研究者便能够以一种更加复杂的目光来对待种种文化现象。因为阿尔都塞,文化研究进入到了结构主义阶段。然而,由于阿尔都塞从结构主义立场出发,过分强调意识形态的结构框架对人的决定作用,也

---

① 陈光兴:《英国文化研究的系谱学》,见陈光兴、杨明敏编:《Cultural Studies:内爆麦当奴》,台北:岛屿边缘杂志社1992年版,第7—10页。
② See Elaine Baldwin et al, *Introducing Cultural Studies*, London: Prentice Hall Europe, 1999, p.3.
③ Richard Johnson, "What is Cultural Studies Anyway?" in *What is Cultural Studies?: A Reader*, ed. John Storey, London and New York: A member of the Hodder Headline Group, 1996, p.76.

就带来了诸多问题,这种问题正如巴克(Chris Barker)所指出的那样:"如果我们全都是被意识形态建构出来的,那些让我们解构或认识意识形态的非意识形态观点又是如何产生的呢?"①显然,阿尔都塞的理论无法对这种问题作出回答。正是由于这一原因,文化研究者在葛兰西那里发现了他们更需要的东西。

葛兰西认为,国家是由政治社会和市民社会组成的,而并非马克思所谓的经济基础加上上层建筑。无产阶级革命之所以在俄国取得了胜利,是因为俄国的市民社会不发达。因此,俄国可以以"运动战"(war of manoeuvre)的形式武装夺取政权。而对于市民社会比较发达的资本主义国家来说,要想进行社会主义革命,必须通过"阵地战"(war of position)的方式,在市民社会里建立和赢得社会主义道德和文化领导权(cultural hegemony)。而为了获得这种文化领导权,培养"有机知识分子"的任务至关重要,因为只有通过他们,才能占领大众的"常识"和大众文化领域,也才能够夺取资产阶级的文化霸权。这样,在阿尔都塞那个个体被询唤为主体的、同时对于个人来说也是无可奈何的意识形态领域,在葛兰西这里就变成了一个谈判、协商、对话、斗争的场所。正是因为葛兰西对文化领导权和大众文化领域的关注,使得文化研究(尤其是大众文化研究)获得了新的思路。"当代文化研究中心"的第二届主任霍尔指出:"葛兰西的论述最能表达我们想要做的事情。"②这种观点可以为文化研究的"葛兰西转向"(一译"转向葛兰西")提供一个很好的注释。

英国的文化研究虽然有其辉煌的时期,但是在1970年代之前,却基本上是英国本土学界的事情,而并没有引起整个西方学界的更多关注。从1980年代初期开始,文化研究开始蔓延到澳大利亚、加拿大和美国等地,遂使文化研究成为一种世界性的学术思潮。然而,文化研究的全球化(尤其是美国化)一方面意味着"理论旅行"的成功,一方面也意味着英国文化研究的传统将处在不断被改写的过程之中。约

---

① Chris Barker, *Cultural Studies: Theory and Practice*, London: Thousand Oaks and New Delhi: Sage Publications, 2000, p.58.

② Stuart Hall, "Cultural Studies and its Theoretical Legacies," in *Cultural Studies*, eds. Lawrence Grossberg, Cary Nelson and Paula A. Treichler, New York and London: Routledge, 1992, p.281.

翰·卡洛斯·罗指出:"澳大利亚和美国的文化研究在20世纪80年代成为一场具有个体特征的知识运动。它们不仅有别于60年代的英国文化研究,而且对80年代和90年代的英国文化研究产生了转变性的影响。"①文化研究的变形固然使它获得了新的生机(比如女性主义和后殖民主义的加盟或被吸纳),却同时也带来了一些问题。其中更为人关注的问题是霍尔提出的文化研究"迅速专业化和体制化"②之后带来的问题。比如,澳大利亚学者葛拉米·特纳(Graeme Turner)指出,在澳洲和美国,学院之内的文化研究变得越来越安全和舒服,英国的文化研究因此变成了一种教学活动,而不是成为一种批判或政治事业。③ 美国学者特丽萨·埃伯特认为,现在的文化研究是向保守主义屈服的结果,它更注重文本和美学功能,而其中的政治意识却越来越少,活动能力也越来越低。④ 英国学者格雷厄姆·默多克(Graham Murdock)则强调,1980年代以来,当不少高校设立了文化研究系和文化研究专业之后,文化研究日益变得体制化和学术化了。它开始逐渐与政治和社会实践相脱离,原来的人文知识分子也蜕变为学有专长的单一性学者。他们不再积极参与公共论坛的讨论,却热衷于为越来越多的文化研究领域的学术刊物撰写论文。⑤ 由此看来,西方的文化研究已陷入到某种困境之中。

由于无法"给学校带来足够的经济效益",英国伯明翰大学于2002年6月关闭了该校的文化研究与社会学系(前身为"当代文化研究中心"),一时在文化界和学术界掀起轩然大波。⑥ 但是,从目前的形势看,伯明翰学派的历史虽已终结,文化研究却方兴未艾。尤其是在中国,文化研究已呈如火如荼的发展势头。

---

① 谢少波、王逢振编:《文化研究访谈录》,北京:中国社会科学出版社2003年版,第209—210页。
② Stuart Hall, "Cultural Studies and its Theoretical Legacies," in *Cultural Studies*, p. 285.
③ See Graeme Turner, "'It Works for Me': British Cultural Studies, Australian Cultural Studies, Australian Film," in *What is Cultural Studies?: A Reader*, p. 322.
④ 参见谢少波、王逢振编:《文化研究访谈录》,第51—52页。
⑤ 赵斌:《文化分析与政治经济:与默多克关于英国文化研究的对话》,见李陀、陈燕谷主编:《视界》第5辑,石家庄:河北教育出版社2002年版,第164页。
⑥ 参见张华、Gargi Bhattacharyya:《伯明翰学派何去何从?——对伯明翰学派嫡系传人Gargi Bhattacharyya博士的访谈》,http://www.cc.org.cn/old/wencui/031222200/0312222025.htm。

文化研究在中国出场的学术语境及其意义

文化研究在中国成为显学是世纪之交的事情,但是却有一个较长时间的铺垫期。有人把杰姆逊的《后现代主义与文化理论》看作"西方文化研究成果在中国的第一次亮相"①,这种说法虽然不一定十分准确,但是把杰姆逊看作文化研究火种的携带者大体不错。这就意味着早在1985年(杰姆逊在北京大学的演讲时间)或1986年(演讲录的出版时间),文化研究就已经进入中国了。1988年,伯明翰学派两位理论先驱威廉斯与霍加特著作的部分章节被翻译过来,②可看作正宗的文化研究的正式到场。然而,在1980年代中后期的文化语境中,尽管"文化热"轰轰烈烈,但无论是杰姆逊的著作还是伯明翰学派的译作却几无反响。可以说,在这一时期,中国的理论界实际上还不具有接受文化研究的现实条件。

1992年,随着市场经济机制的启动,中国进入一个新的时期,与此同时,一些新的社会问题也开始出现。而社会问题最终又与文学问题和文化问题挂钩牵连,成为学术界关注的目标。在这些问题中,最受人关注的是大众文化问题。而在对大众文化的讨论中,许多学者借用了法兰克福学派的主流观点,对大众文化采取了批判的立场。现在看来,尽管这种批判有情绪化之嫌,但是那种立足于某种震惊体验之上的判断依然真实可信。同时,对比一下英国文化研究出场的语境,我们也会发现一个有趣的现象:大众文化在1950年代的英国大量出现后,首先遭到了利维斯等人的迎头痛击,然后才有了文化研究的出场和文化研究者立场的调整。中国的部分学者面对大众文化时虽然使用了法兰克福学派的批判武器,但是在文化研究的链条上,他们似乎又成了不能与时俱进的"利维斯主义者",这是不是也为中国文化研究的登场埋下了伏笔?不过,无论怎样思考这一现象,我们都必须面对这样一个事实:在1990年代中前期,中国学界主要流行的是文化批

---

① 陶东风:《文化研究:西方与中国》,北京:北京师范大学出版社2002年版,第2页。
② 霍加特与威廉斯著作的译文分别为:《当代文化研究:文学与社会研究的一种途径》、《马克思主义与文化》,二文被收入周宪等人编订的《当代西方艺术文化学》(北京大学出版社1988年版)一书中。

评/批判,而并不存在严格意义上的文化研究。

于是,有必要对文化批评和文化研究略作辨析。尽管一些学者把这两个概念混为一谈,但是,在 1990 年代以来的中国语境中,它们所指涉的对象和所隐含的问题意识等虽有联系,但并不完全相同。大体而言,文化批评是立足于中国的现实土壤而主要在文学研究/批评领域中自然生长出来的一种批评话语。它更关注文学事象也更多从文化批判的视角介入分析,并主要盛行于从事现当代文学研究的学者那里。在文学研究/批评的谱系中,我们甚至可以把文化批评看作 1980 年代以来继社会政治批评和审美批评之后的第三次转型。[①] 文化研究则主要是借助于外来资源而形成,结合中国的现实问题而思考,并流行于文艺学研究领域中的一种理论话语。它虽然与文化批评的对象不无重叠之处,但因其具有更强大的学理支撑,更广泛的研究范围,逐渐对文化批评形成了一种覆盖。如今,文化批评与文化研究已基本趋同,或者说,文化研究已完成了对文化批评的同化和整合。

中国学界真正开始关注文化研究是从 1990 年代中后期开始的。1994 年,《读书》杂志连续两期发表美籍华裔学者李欧梵的访谈,对文化研究的来龙去脉和美国文化研究的最新动态做了介绍。[②] 1995 年,周小仪在文学研究与文化研究的关系轴上对英国文化研究的历史与现状进行了梳理与分析,[③]汪晖对中国大陆文化研究与文化批评出场的动因与背景做出了交代和说明。[④] 与此同时,旅美学者徐贲撰文指出中国大众文化批评走出阿多诺模式的重要性。[⑤] 而徐文的意义更在于,通过介绍与评析费斯克、威廉斯等人的理论,使国内学者知道了英国文化研究语境中存在着怎样的大众文化研究范式。1996 年,李陀等

[①] 参见拙文《文化批评:为何存在和如何存在——兼论 80 年代以来文学批评的三次转型》,《当代文坛》1999 年第 2 期。

[②] 访谈者为汪晖,访谈文章分别是《什么是"文化研究"》和《文化研究与地区研究》,刊发于《读书》1999 年第 7、8 期。

[③] 参见周小仪:《文学研究与理论——文化研究:分裂还是融合?》,《国外文学》1995 年第 4 期。

[④] 参见汪晖:《九十年代中国大陆文化研究与文化批评》,《电影艺术》1995 年第 1 期。

[⑤] 徐贲此时发表过两篇文章,分别为《美学·艺术·大众文化——评当前大众文化批评的审美主义倾向》(《文学评论》1995 年第 5 期)和《影视观众理论与大众文化批评》(《文艺争鸣》1996 年第 3 期),后收入作者本人的《走向后现代与后殖民》(中国社会科学出版社 1996 年版)一书中。

学者有过关于文化研究的讨论,他们集中探讨了中国的广告现象,可看作文化研究个案分析的较早尝试。① 此后,以"文化研究"为题的学术会议开始出现,运用文化研究理论对大众文化现象分析(而不是单纯批判)的论文逐渐增多。从 1999 年开始,李陀主编的"当代大众文化批评丛书"(江苏人民出版社)和"大众文化研究译丛"(中央编译出版社)的出版发行,很大程度上推动了中国文化研究的工作。2000年,罗钢、刘象愚主编翻译的《文化研究读本》问世,陶东风等人主编的《文化研究》杂志创刊,《天涯》杂志特设"媒体与大众文化研究专栏",李陀、陈燕谷主编的《视界》常设"文化研究"专栏,《中国社会科学》(2000 年第 6 期)在"文化研究:西方与中国"的主题之下发表了金元浦等人的一组文章。与此同时,一些中青年学者如戴锦华、王岳川、陈晓明、孟繁华、王晓明、南帆、王德胜等也纷纷著书撰文,介入到了文化研究领域(他们当中的一些人其实就是最早的文化批评实践者)。2000 年前后,北京大学、北京师范大学、中国人民大学、首都师范大学、华东师范大学、上海师范大学等高校的文学专业为研究生或本科生开设了"文化研究"的课程。2002 年,金元浦主持的文化研究学术网站(www.cul-studies.com)创办,陶东风的专著《文化研究:西方与中国》出版。2002 年之后,《文艺研究》《文艺争鸣》《浙江社会科学》《河北学刊》等刊物发表了文化研究的专题讨论文章。2004 年,鲍尔德温(Elaine Baldwin)等人撰写的教材《文化研究导论》被翻译过来。以上种种事实表明,中国的文化研究已步入正轨。

以上的梳理可能不尽全面,但文化研究的火爆势头已略见一斑。那么,为什么文化研究能够成为世纪之交新的学术景观呢?如果深入下去,我们会发现有多个原因,而所有的这些原因又最终在学科和学术的层面聚焦。因此,从学科与学术层面进行思考,能在一定程度上厘清中国文化研究浮出水面的历史语境。

在思考文化研究兴起的原因时,一些学者不约而同地把它与文艺学学科联系到一起,并形成了如下观点:文艺学的教学和研究已变成知识分类和学科规划的体制化生产,成为一小部分学人专有的话语游

---

① 其他讨论者为戴锦华、宋伟杰与何鲤,参见《漫谈文化研究中的现代性问题》,《钟山》1996 年第 5 期。此文亦收入戴锦华的《犹在镜中》(知识出版社 1999 年版)一书中。

戏之所。而中国当代的文化研究/批评的兴起，正是要打破体制化、学院化的文艺学藩篱，拓展文艺学的研究范围与方法。由于当今的日常生活已发生了变化，所以，从经典文学艺术的美学阐释走向日常生活的文化解读不仅是可能的，而且也是必要的。研究的重点因此也就从对象的审美特征和艺术特性方面转移到文化生产、文化消费与政治经济之间的复杂互动上。这样，当代文艺学研究也就不必固守原有的精英主义苑囿，而应当"越界"和"扩容"，去关注日常生活中那些新出现的审美现象。此为文艺学的文化转向的题中应有之义。①

必须指出，中国目前的文化研究实际上是从事文学研究的学者（其中许多人隶属于文艺学学科）倡导之下的产物，专业背景决定了他们在进行文化研究时往往会与自己的学科联系到一起，并因此反思本学科所存在的种种缺陷，这样，"文艺学"便与"文化研究"发生了意味深长的关系。客观地说，因意识到文艺学的自身缺陷而走向文化研究，或因文化研究而进一步看清了文艺学自身的缺陷，其思路是具有很大程度的合理性的。因为在福柯界定的意义上，学科(discipline)既是知识生产的领域，也是规训(discipline)学者和学生的一种手段。作为一种"以一定的措辞建构起来"的"历史的产物"，②中国的文艺学学科在1950—1970年代基本上成了主流意识形态掌控的场所，文学理论则成了文艺政策的论证者和阐释者。1980年代以来，无论是新的批评理论方法的引进，还是文学主体性、文学审美特性等问题的讨论，都可以看作文艺学学科走向自治的一种努力。这种努力最终使文学理论回到了文学内部，文学理论因此贴近了文学本体从而焕发出了新的生机。然而，文艺学学科在找到自己位置的同时，也逐渐走进了高度体制化的牢笼。这种体制化首先意味着文艺学经过教育机器的生产之后已变成了一种专门知识，这种知识是现行教育体制的组成部分之一，面对现实是否有效反而成了一个次要的问题。其次意味着种种学术评价机制和课题研究把学者打造成了"学问家"，却不一定能把他们

---

① 参见罗钢、孟登迎：《文化研究与反学科的知识实践》，《文艺研究》2002年第4期；陶东风：《日常生活审美化与文艺社会学的重建》，《文艺研究》2004年第1期；金元浦：《当代文学艺术边界的移动》，《河北学刊》2004年第4期。

② 参见[美]华勒斯坦等：《学科·知识·权力》，刘健芝等编译，北京：三联书店1999年版，第34页。

造就成"思想者"。他们为了完成教学、科研等任务,为了应对考核而疲于奔命,现实关怀的冲动与热情已日渐耗尽。在这样一种背景之下,文艺学学科也就日益走向狭隘和自闭。面对鲜活的现实,尤其是面对新型的大众文化和泛文学文本,它已失去了必要的应对能力和阐释能力。从这个意义上说,让文艺学走向文化研究或让文化研究走进文艺学可以被看作一种"学科自救"。

另一方面,从某种意义上说,文学研究领域内的学者从事文化研究,实际上也是他们的一种"学术自救"。一般的文学研究既可以面对当下说话也可以面向历史发言,但文化研究却是要直接面对当代的、处于变动中的社会现实和文化事实,因此,"当下性"是文化研究的显著特征之一。正是因为这一原因,杜林(Simon During)才强调,文化研究固然是对文化的研究,但更确切地说,它是对"当代文化"(contemporary culture)的研究。① 而既然要研究当代文化,当代文化又不是固定不变的,所以文化研究就需要不断地直面现实问题,不断地对已经出现或即将来临的新情况作出迅捷的回应。那么,以此为视角来审视中国当下的文学现实,我们又会发现什么问题呢? 一个不得不承认的事实是,1990 年代以来,虽依然有为数不多的作家坚守着古典意义上的文学写作(比如把写作看作自我生命体验的一次倾吐),但越来越多的作家也在商业大潮的冲击下走进了市场。而为了迎合消费大众的需要,为了满足昆德拉(Milan Kundera)所谓的"意象设计师"的要求,文学变得越来越商品化、时尚化、平面化和能指化了。它们很可能有趣或好玩,也可能具有某种特殊的震惊效果,但是却越来越远离了传统的文学创作原则和写作规范,而变成了商业时代的大众文化产品。于是,陈晓明指出:"当代中国文学越来越具有文化色彩,过去的意识形态特征,现在为更多重的历史实践所制约。……90 年代的中国文学是一个调和的产物,政治/文化/经济的多元调和,使当代文学(包括创作与理论批评)更像是一种'亚文学',一种类似霍米·巴巴说的'文化杂种'。"②

---

① See Simon During, Introduction to *The Cultural Studies Reader*, in *The Cultural Studies Reader*, ed. Simon During, London and New York: Routledge, 1993, p.1.
② 陈晓明:《文化研究:后—后结构主义时代的来临》,见金元浦主编:《文化研究:理论与实践》,开封:河南大学出版社 2004 年版,第 36 页。

"文学越来越具有文化色彩"意味着这样一个事实,当研究者依靠传统的文学研究观念、思路、方法与范式等介入到这样的文学中来时,很可能会面临某种尴尬:不发言即意味着失职,一发言则很可能是错位或扑空。在这种情况下,借助于文化研究或许才是逼近文学本质,进而对当下变动着的文学作出强有力阐释的有效途径之一。然而,在一个迅速变动着的世界里,文学只是与现实联系的一条纽带,却不是唯一的纽带;更何况这条纽带已呈现出种种破绽。于是,仅仅依靠文学显然已无法完成对当下现实的辨识与思考。这时候,越来越多的文学研究者开始面对文学以外的文化现象将变得不可避免。这种情况正如青年学者倪文尖所言:"像我这样做文学研究的人,之所以转到了文化研究,是因为在当下,文学已经在社会中边缘化、碎片化了,通过文学来观察中国社会文化的变迁已经可疑乃至不可能,而更为通俗而广大的文化现象中有可能蕴藏着当代中国的更多秘密。"[①]

由此看来,一些文学研究者选择文化研究,文学研究向文化研究的位移,其实是要把学术从书斋中解放出来,让它在介入文学现实与文化现实的同时也介入社会现实。同时,也正是这种面对当下现实的姿态,有可能会不断刺激出文化研究的学术激情、释放出它的学术潜力、威力和魅力,从而完成一些学者在本专业本学科所无法完成的学术工作。布迪厄指出:"哪里突破了学科的藩篱,哪里就会取得科学的进展。"[②]因此,从学科的发展与建设上看,把文化研究请进文艺学或文艺学的文化研究化,并非是让文艺学"死"掉而是让它"活"起来的重要举措。而从学术自身的演变轨迹和逻辑走向上考察,文化研究其实又是一种学术起义或学术造反,它挣脱了纯粹学问的锁链,把学术变成了一种贴近现实的事情。正是由于如上原因,笔者以为文化研究的意义是不容忽视的,任何简单否定其存在理由的做法均不足取。

---

① 倪文尖:《希望与陷阱:由几篇习作谈"文化研究"》,见李陀、陈燕谷主编:《视界》第7辑,石家庄:河北教育出版社2002年版,第114页。
② 〔法〕皮埃尔·布迪厄、〔美〕华康德:《实践与反思——反思社会学引论》,李猛、李康译,北京:中央编译出版社1998年版,第197页。

文化研究面临的问题及其对策

仔细思考中国当下的文化研究,我们在充分肯定其价值与意义的同时,也发现其中存在着一些问题,这些问题构成了文化研究进一步发展的障碍。认真面对与反思这些问题并积极寻求应对措施,应该构成文化研究的主要工作之一。在其学术层面思考,以下三个问题值得重视。

1. 学科抑或身份问题

中国的文化研究兴起之后便不断遭到一些学者的质疑。其质疑的重点不在于能不能搞文化研究,而是在于文艺学专业的人都去搞文化研究后,文艺学将会丧失自身的学科品格。正是因为有了这样的声音,才有了文学理论"越界"或"边界"问题的讨论。文化研究的倡导者认为,文艺学应该"越界"和"扩容",文艺学转型是大势所趋人心所向;文学研究的坚守者认为,文艺学的边界无论如何移动,都不能远离文学,文艺学不能变成文化研究。笔者以为,之所以会形成这种争论,表面上看是文学研究与文化研究之间的关系问题,但更深层的原因在于文化研究者的学科背景,而归根到底,这里面还牵涉到一个文化研究的身份问题。

如前所述,当我们在当下文学、文化变迁等层面来思考文化研究兴起的原因时,我们很容易看出文学研究向文化研究位移的必然性与合理性。但这只是问题的一个方面,问题的另一面是,一旦从学理的层面进入,我们又会发现,文化研究的出现只是提供了一种新的接近文学与文化的方式,却并不能必然证明原来的文学研究已然终结,因为这两者在研究的基本理念、思路、方法和效果上确实存在着重要区别。比如,对于文学经典,文化研究的立场是"承认经典是存在的,但同时指出经典确立的复杂性和文化差异性,并解释隐含在经典认可过程中的复杂权力关系"[①];而文学研究的思路之一是首先把经典当成审美对象,进而通过种种"内部研究",去阐释与论证它的文学性和审美价值,最终提供出它之所以成为经典的合法性依据。至于经典是如

---

① 周宪:《文化研究:学科抑或策略?》,《文艺研究》2002年第4期。

何被确立的,文学研究并不关心。由此观之,文学研究的思路是"建构式"的,文化研究的方案则是"解构型"的;后者对于前者来说是一种重要的参照,前者对于后者来说也是一种必要的补充。失去前者,文学的秩序将无法建立,人们的判断势必陷入混乱;没有后者,文学的复杂关系将无法辨认,人们的思考又会在种种盲视中走向自闭。因此,公正地说,文学研究与文化研究是一种相互补充、相互矫正的关系,而并非兵戎相见、你死我活。这就意味着二者都需要尊重对方的存在,而不可能以宣判对方死刑为由来赢得自己的胜利。

既然如此,为什么文化研究者会不断呼吁文艺学的转型呢?为什么不是社会学或人类学的转型呢?关键还在于文化研究者的学科背景。如前所述,目前中国的文化研究者大都出身于文学研究专业,专业的原因使他们更多地意识到本学科所存在的缺陷,于是借助于文化研究的东风,他们在大量的泛文学作品和大众文化文本面前开始了自己的阅读实践和阐释之旅。但是身为文学研究人员而从事文化研究,在文化研究的大语境中不但合情合理,而且还会成为学术造反的英雄,而在文学研究的小环境里却面临着合法性危机乃至身份危机,这样,借清算文艺学学科的"罪过"从而解决自己的身份危机问题也就成了顺理成章之举。

进一步思考,我们又会发现文化研究者的身份危机其实是文化研究本身的身份不明所造成的。在西方,文化研究一开始就是以"跨学科"或"反学科"的面目横空出世的,这意味着无论从方法的使用上还是从研究的方式上,文化研究都不应该以"学科"作为自己的追求和归宿。但文化研究发展到今天,其实它早已结束了"寄人篱下"的日子,变成了"一个不是学科的学科"。[①] 它拥有自己的专门期刊、专职教授、专业学生和专用教材,成立了以"文化研究"为名的系和中心。因此,"对许多年轻人来说,文化研究成了一个独立的、自成体系的学科。学生们在这一封闭的学科体系中从事阅读和研究就足够了,不必跨越学科界限去了解其他知识领域的东西。这样,文化研究就失去了原有

---

① 王毅:《文化研究向何处去?》,《河北学刊》2004年第3期。

的跨学科的冲动和动力"①。

中国当下的文化研究还处于初级阶段,其"跨学科"和"反学科"的潜力还没有充分发挥出来。这就意味着,要想让文化研究在中国修成正果,较长时间的"非学科化"应该是其发展的主要方向。然而,种种迹象表明,文化研究者已经有了让文化研究学科化的冲动,因为这是解决文化研究身份问题,从而也是解决文化研究者身份焦虑的唯一有效的途径。如果有一天,中国的许多大学都成立了文化研究系或文化研究中心,文化研究也就变得名正言顺,其身份问题将随之解决,文化研究倡导者与文学研究坚守者的争论将变得没有意义。但问题是,一旦成为学科或准学科,也就意味着文化研究主动戴上了体制化的枷锁,它也就不可避免地会陷入西方文化研究已经陷入的困境之中。从目前的情况看,文化研究者大都是文学研究学科的体制中人,他们不会意识不到学科体制对研究者构成的种种制约。因此,让文化研究既游离于现行的文学研究体制,又不忙于让它学科化,可能才是对文化研究的真正关爱。无论从哪方面看,文化研究的"在野"状态都是必要的。与这种状态相比,学科问题或身份问题完全可以被"悬搁"起来,忽略不计。

2. 研究对象问题

文化研究及文化研究者如果能解决了自己的身份问题,研究对象将不成其为问题。因为文化研究本来就是以大众文化而不是高雅文化为研究对象的(西方一些学者甚至把文化研究等同于大众文化研究),这就意味着文学研究学者指责文化研究失去或不具有文学性将变得毫无意义。但实际上,在文化研究面对那些属于自己的研究对象时也出现了问题,这个问题就是大众文化。

在20世纪西方的文化理论传统中,大众文化往往是经过了严格界定的。比如在法兰克福学派的主流观点看来,大众文化(mass culture)具有"标准化、模式化、守旧性和欺骗性"等诸多特性,它是"一种控制消费者的产品",②大众文化因此成为被批判的对象。而早期的

---

① 赵斌:《文化分析与政治经济:与默多克关于英国文化研究的对话》,见李陀、陈燕谷主编《视界》第5辑,第164页。

② Leo Lowenthal, *Literature, Popular Culture, and Society*, Englewood Cliffs, N.J.: Prentice-Hall, Inc. 1961, pp.10-11.

伯明翰学派理论家则认为，大众文化(popular culture)基本上可以等同于工人阶级文化，因此，关注大众文化其实就是关注工人阶级的生存状态。正是基于这种认识，他们主要发掘的是大众文化的抵抗功能。但是当中国的文化研究者谈论并研究着大众文化时，大众文化的性质、特点、身份、功能等却陷入了种种的暧昧之中。

如果结合中国学界对大众文化的认识过程加以考察，这个问题也许会看得更加清楚。1990年代中前期，当大众文化在中国急剧膨胀之后，许多学者对大众文化持激烈的批判态度。大众文化因此被指认为一种具有"商业性质"和"反大众性"的文化，它会迅速取得垄断性支配地位，"成为一种无所不在的权力"。[①] 1990年中后期，自从有了李泽厚等学者"正视大众文化在当前的积极性、正面性的功能"的说法，[②]尤其是有了徐贲那个"走出阿多诺模式"的呼吁之后，学界对大众文化的批判逐渐平息。原来的批判者也大都刀枪入库，其批判也往往被当作一种"过度反应"而羞于提起。与此同时，大众文化则被看作当代中国的一种进步的历史潮流，具有冲击和消解一元的意识形态与一元的文化专制主义，推进政治与文化的多元化、民主化进程的积极历史意义。[③] 世纪之交以来，大众文化又被置换成"日常生活审美化"，话题提出者与阐释者认为，由于社会形态的改变，时尚、酒吧、身体、超市、度假村、健身房、美容院、街心花园、主题公园等应该也必须成为文化研究的关注对象。这时候，大众文化似乎又变成了小资文化或中产阶级文化。在这样的大众文化面前，一些文化研究者终止了自己的价值判断，而代之以一种欣喜、赏玩的研究姿态。因为日常生活审美化推翻了康德的美学信仰，"成为一种新的日常生活的伦理、新的美学现实"，它"开启了人的快感高潮"。[④] 虽然我们承认，中国当代社会处在不断的变化之中，大众文化随着这种变化也发生了某种变异；而中国当下现实的复杂性也要求我们把大众文化打量得更加复杂起

---

① 参见张汝伦：《大众文化霸权与文化生态危机》，《探索与争鸣》1994年第5期。
② 李泽厚：《与王德胜的对谈》，《世纪新梦》，合肥：安徽文艺出版社1998年版，第285页。
③ 参见陶东风：《批判理论与中国大众文化》，刘军宁等编：《经济民主与经济自由》，北京：三联书店1997年版，第291页。
④ 参见王德胜：《视像与快感——我们时代日常生活的美学现实》，《文艺争鸣》2003年第6期。

来,但这并不意味着 1990 年代以来中国大众文化的本质属性不可把握。马克思说:"人体解剖对于猴体解剖是一把钥匙。"①如果说大众文化在其初级阶段还有点雾里看花朦朦胧胧,那么在其成熟阶段却是愈见分明了。然而,由于文化研究者过分倚重于"反本质主义"的立场和"历史主义"的姿态,大众文化的面目在他们的不断言说中反而变得模糊不清了。而一旦研究对象变得模糊不清,一旦对它失去了准确的判断和定位,文化研究虽依然可以把大众文化解读得风情万种,但它将有可能丧失把握现实的判断力和介入现实的穿透力,从而跌入倪文尖所谓的"陷阱"当中:文化研究变成了一种时尚的学术话语,成为一套掌握了"权力""区隔""镜像""霸权""身份认同"等关键词之后便可以运用自如的操作程序,以至于"大三本科生就能够大面积地生产颇为'像样'的文化研究产品"了。②

那么,如何解决文化研究的研究对象问题呢?笔者以为,正视法兰克福学派和伯明翰学派的理论遗产并结合中国的具体语境予以思考应该是其对策之一。沿着它们的思想传统来思考中国的大众文化,我们就会发现,中国当代大众文化虽然在其草创期(1980 年代)曾经是一种进步力量,但是在其逐渐成熟期(1990 年代以来),它已经形成了自己的运作机制,建立了新的文化霸权。至于大众文化的新形式——日常生活审美化,它"并非放之四海而皆准的普遍的解放原则。从意识形态角度看,它所代表的常常是某个社会集团在占有社会文化资本的要求下对自身进行感性塑造的过程"③。因此,大众文化在今天已无革命性可言,它是保守的甚至是反动的;它不是远离而是越来越走进了法兰克福学派大众文化批判理论的伏击圈。对于这样的大众文化,任何把它看成是进步的动力、民主的源泉的想法很可能都显得书生气或学究气。文化研究面对这样的大众文化,政治经济学意义上的分析与批判依然是有效的,而符号学层面、叙述学层面、后现代主义美学层面的解读虽然有趣,但是却很可能落入一个更大的陷阱当中。莫蕾斯基(T. Modleski)指出:当今的大众文化研究者"一头浸淫

---

① 《马克思恩格斯选集》第 2 卷,北京:人民出版社 1995 年版,第 23 页。
② 参见倪文尖:《希望与陷阱:由几篇习作谈"文化研究"》,见李陀、陈燕谷主编《视界》第 7 辑,第 114 页。
③ 周小仪:《唯美主义与消费文化》,北京:北京大学出版社 2002 年版,第 235 页。

于(大众)文化当中,半遮半掩地与他们的研究主体发生了爱恋,有些时候,他们也就因而不再能够与受其检视的文化体,保持贴切的距离。结果一来,他们或许就在不经意间,一手为大众文化写下满纸的歉语,一手却又紧抱大众文化的意识形态"①。这里说的虽然是西方的文化研究者,但显然也值得中国的文化研究者三思。

3. 研究方法问题

巴克认为,文化研究本身并不致力于方法或方法论问题,如果必须得谈论其方法,则更应该关心文化研究的哲学方法而不是方法的技术性问题。在认识论层面,文化研究的方法有三:民族志(ethnography)、文本方法(textual approaches)和接受研究(reception studies)。②

但是在中国当下的文化研究中,研究者使用的基本上是文本分析的方法,而鲜有其他的方法。这种情况依然与文化研究者的专业背景有关,因为文本分析实际上来自于文学批评。而文化研究中的文本方法,其实就是像对待文学作品一样,把所有的研究对象当成文本,然后运用相关的理论进行解读。从20世纪西方文学批评的知识谱系上看,文本方法主要借助于英美新批评的文本细读(close reading)理论,并成型于结构主义符号学的叙事分析中。这种方法的优势是讲究科学性和客观性,其缺陷是只见树木不见森林,同时也在很大程度上冻结了分析者的价值判断。文化研究的文本方法则更多依靠符号学、叙事理论和解构主义,通过解剖一个麻雀,去分析文化产品中意义的表征(representation)、生产、流通和消费等问题。③ 这种方法虽依然存在着一些从文学批评那里延续过来的缺陷,但其操作方案已基本成型。

从目前一些文化研究者所做的个案研究中可以看出,他们既没有采用文化研究中那种已经成型的文本方法,也没有遵循文本方法在文学批评那里已经生成的科学精神,而是简单地转换和套用文学批评的文本方法。这样,不但无法发挥出文本分析的优势,反而会使文化研

---

① Tania Modleski, "Introduction," in *Studies in Entertainment*, ed. Tania Modleski, Bloomington: Indiana University Press, 1986, p. xi. 转引自 David Morley:《电视、观众与文化研究》,冯建三译,台北:远流出版事业股份有限公司1995年版,第60—61页。

② Chris Barker, *Cultural Studies: Theory and Practice*, pp. 26-27.

③ Ibid., p.30. 并参见[英]保罗·杜盖伊等著《做文化研究——索尼随身听的故事》,北京:商务印书馆2003年版,第3—5页。

究走向轻浮和随意,从而失去它本来应该具有的科学研究价值。更有甚者,为了验证某种新理论(这种理论通常来自西方)的灵敏或为了使这种理论能够更好地走向中国市场,文化研究者常常把某个文本拿来作为理论的练习靶或试验品。这种文本分析也许十分精彩,但由于文本被剥离了历史语境而成为一种孤立的标本,文本分析的价值很难得到充分体现。或者说,它只是借助于某种理论才获得了价值。这样的文本分析其实已很难称其为"方法",而只不过是理论的一种例证。然而,此种文本分析在文化研究中却比比皆是。

为了解决文化研究的方法论问题,笔者以为一方面需要继续打磨文本方法,一方面有必要借鉴民族志的方法。民族志是"主要来自于人类学的一种田野调查研究(fieldwork research)方法,研究者努力进入到某个特殊的群体文化之中,并'从其内部'提供有关意义与行为的解说"①。事实上,早期的文化研究者便常常使用这种方法来研究工人阶级的社区生活,并取得了显著成效。比如,霍加特的《文化之用》通常便被认为是对两次大战之间英国北部工人阶级社区生活的民族志研究。威利斯(Paul Willis)为了写作《学习劳动》,自己曾花费三年时间,与12个工人阶级家庭出身的男孩一起学习,共同劳动,并进行了广泛的访谈和和长期的追踪调查,最终完成了这项被人称道的民族志研究。民族志方法强调研究者个人的感受和经验在研究过程中的重要性,也在很大程度上强化了研究者的平民眼光和民间立场(有的西方学者甚至把民族志通俗地说成是"写人民"②)。

对于中国的文化研究者来说,民族志的方法显然有助于调整他们那种高高在上的研究姿态,也有助于纠正他们那种虚浮不实的研究心态。由于学科背景的原因,文学研究者在进入到文化研究领域中时,常常会把自己原来使用得得心应手的文本分析方法带进来,这是可以理解的,而且也确实具有一定的必要性。但是,相比较而言,文本分析毕竟是一种比较省心省力的方法。通过图书馆,甚至足不出户(通过互联网)常常就可以解决问题。然而,以这样一种在文学研究中形成

---

① Tim O'Sullivan et al., *Key Concepts in Communication and Cultural Studies*, London and New York: Routledge, 1994, p.109.
② D. J. Hess, "Introduction," in *Knowledge and Society*, Vol. 9, p.4. 参见刘珺珺:《科学技术人类学:科学技术与社会研究的新领域》,《南开学报》1999年第5期。

的思维惯性进入到文化研究之中,很可能会陷入某种误区。因为与社会大文本相比,那些以印刷文字、图片存在的,通过种种电子媒介生产出来的文本既是小文本,也是波德里亚所谓的"仿真"文本。长期与这种文本为伍,既远离了真正的现实,也悖离了文化研究的实践精神。因此,让文化研究者走进真正的现实生活中,亲自去接触、体验、跟踪研究某种特殊的文化群体就显得尤为必要。

4. 价值立场问题

文化研究的政治性与批判性决定了它不可能是纯而又纯的学术研究,因此,对于研究主体来说,韦伯所谓的"价值中立"将变得没有意义。研究者必须选取某种价值立场,并为这种立场的选择做出某种道义上的承诺。正是在这一意义上,西方学者有了这样一种更为激进的声音:文化研究的伦理取向与价值立场是坚决地站在最少拥有此类资源的、被压迫的边缘群体一边。"文化研究为被剥夺者辩护,代表那些屈从的、沉默的、被支配的、受压迫的和遭到歧视的个人与群体的声音。它的言说不只为了'这里'的人们,而是为了'那里'的人们,即为那些在统治性话语中没有声音的人们和在统治性政治与经济等级中没有地位的人们说话。"[1]也有中国学者认为:"提倡文化研究的路径,可以重新确立我们价值论的批判立场……特别是在一个相对主义流行和价值中立时髦的时代,少一些价值中立而多一些价值关怀的研究不但是可能的,而且是必要的。"[2]

但是,在当下的文化研究中,一些研究者并没有调整好自己的价值立场,以至于使中国的文化研究患上了某种软骨病。比如,在一些学者的文化研究文章中,我们看不到为"那里"的人们说话,相反,我们倒是看到了大谈发展文化产业的必要性、紧迫性与合法性。"发展文化产业"已写进了十六大的报告之中,这样来谈论文化产业自然显得"政治正确"。而且在全球化的背景中,从国家与民族的利益出发,我们确实也需要这样的思路和角度。但问题是,由于文化产业在当今的中国既接受着主流意识形态的渗透也面临着跨国资本的裹胁,还承担

---

[1] Jennifer. D. Slary and Laurie. A. Whitt, "Ethics and Cultural Studies," in *Cultural Studies*, p. 573.

[2] 周宪:《文化研究:学科抑或策略?》,《文艺研究》2002年第4期。

着教育、娱乐、赢利、与他国竞争等诸多功能,所以它也就变得更为复杂与微妙;同时,自从有了法兰克福学派对"文化工业"的批判之后,我们在谈论当今的文化产业时也不得不变得更加小心谨慎。从事文化研究的知识分子应该祛文化产业之魅,或者起码应该对文化产业多一份怀疑,而不是盲目乐观或者简单地为其叫好。因此,对于文化研究者来说,这样一种谈论方式已在很大程度上偏离了知识分子的话语系统。而究其原因,这种谈论方式很可能与研究者背后缺少既定的价值立场的支撑或价值立场的紊乱有关。

如何解决文化研究中的价值立场问题应该是一项系统工程,但是一些策略上的考虑可能有助于情况的好转。周宪指出:"文化研究对于研究者来说,具有双重意义。第一,文化研究者就在他所研究的对象之中,因此,研究具有某种反身性或反思性。这就要求研究者不能只作为事实的观察者和价值中立者来表达自己的观点,而是必须介入所描述和评价的事实之中,并防止自己所批判和否定的东西重新发生在自己身上。""第二,文化研究者本身又必须通过研究来干预研究对象,影响对象的演变,使之朝向有利于社会进步和民主正义的方向发展。……它努力使研究者摆脱单纯的'阐释者'角色,回到'立法者'角色,进而对社会文化的发展产生积极的影响。"[①]

笔者以为,这样一种思路和做法是值得认真考虑的。因为自从鲍曼区分了"立法者"与"阐释者",并指出今天"扮演着传统的文化立法者角色的知识分子,必然是一个悲剧式的、无家可归的漂泊者"[②]之后,中国的一些文化研究者就靠到了"阐释者"的角色上,而自动放弃了"立法者"的角色。但问题是,一旦以"阐释者"的价值观与研究对象形成关系,文化研究便不但不可能"干预"和"影响"研究对象,反而有可能成为研究对象"干预"和"影响"之下的俘虏。结果,知识分子的价值立场消失殆尽,取而代之的是市场的立场或主流意识形态的立场。当这样一种立场进入文化研究之后,文化研究也就改变了颜色,成了一种为权贵效忠、为市场效力的学术。因此,在中国当下的现实

[①] 周宪:《文化研究:学科抑或策略?》,《文艺研究》2002年第4期。
[②] 〔英〕齐格蒙·鲍曼:《立法者与阐释者——论现代性、后现代性与知识分子》,洪涛译,上海:上海人民出版社2000年版,第210页。

语境中,回到"立法者"角色或许比鲍曼描绘的那种局面更加悲壮,但也唯其如此,才能让文化研究走出沼泽,有所作为。进而言之,假如知识分子自身存在的这种问题能够得到妥善解决,文化研究的研究对象、研究方法和价值立场等问题才有望得到某种改观。

结　　语

通过以上分析可以看出,西方的文化研究在经过了半个世纪的实践之后尽管依然火爆,但问题也暴露得相当充分。如今的文化研究在变成一种"学院政治"之后,已成为一种纯粹的知识活动、书本作业和课堂游戏。[①] 正是因为这一原因,有人提出放弃"文化研究"的说法,[②] 有人提供了"回归文学研究"的方案,[③] 中国不是英国,也不是美国,文化研究在中国还属于"新生事物",目前的文化研究还不是它的成熟形态,所以,西方文化研究所面临的问题很大程度上还不是我们的问题,西方学者的说法与方案自然也不一定适合中国的实际。因此,对于中国的文化研究,我们首先需要的是宽容和理解,并充分意识到它在这次学术演进中的革命性和先锋性。但是,这并不意味着中国的文化研究可以在高歌猛进中淡忘了对自身的反思。由于种种原因,中国文化研究的某些缺陷是与生俱来的,学术层面所暴露出的一些问题仅仅是其不充分的表现形式而已。然而,比较遗憾的是,来自文化研究阵营内部的反思之声却几乎没有。无论从哪方面看,都不能说是一种正常的现象。这样,如何意识到文化研究自身的缺陷并积极寻求应对措施,从而避免陷入西方文化研究已经陷入到的困境之中,很可能是摆在文化研究者面前的一个长期课题。从学术的层面考虑,紧密结合中国当下的社会、经济和文化变迁,多做一些个案研究,少谈一些空疏的理论,应该是文化研究的当务之急;在现实的层面思考,真正介入社会生活之中,特别是介入老百姓的底层生活之中,并对人们关心的公共

---

　　① 参见汪民安:《文化研究与大学机器》,见金元浦主编:《文化研究:理论与实践》,第150页。
　　② 赵斌:《文化分析与政治经济:与默多克关于英国文化研究的对话》,李陀、陈燕谷主编:《视界》第5辑,第168页。
　　③ 王毅:《文化研究向何处去?》,《河北学刊》2004年第3期。

问题发言,应该是文化研究的用力之处。如果有一天,我们不仅看到了作为报告文学的《中国农民调查》,还看到了类似于《中国农民调查》之类的文化研究著作,那么中国的文化研究可能才算真正承担起了自己的责任和使命。

2004 年 8 月 18 日初稿,12 月 20 改定
(原载《中国社会科学》2005 年第 2 期)

附录一

我的这篇博士论文
——关于大众文化的通信

卢芳:你好!

大札收到,谢谢你的阅读并提出一些相关问题。我的这篇博士论文不久就会在北京大学出版社出版,虽做了些修改,但文中的基本观点和框架没有什么变化,只是把当时因字数原因"存目"的内容还原了回去。书出来后,也许会看到法兰克福学派大众文化理论较全的面貌。不过,还是因为字数原因,有5万字的"国内外研究综述"临交稿时被迫拿掉了,这是一件比较遗憾的事情。

我现在依然在断断续续地读法兰克福学派的文章著作,有原著,有评论文字;有中文的,有英文的,主要是想把他们的思想理解得更清楚、更透彻些。在我看来,"批判理论"的最关键之处是对现存秩序或体制的批判,而大众文化批判则是"批判理论"的合理延伸。因为阿多诺等人到了美国之后,发现大众文化其实是对现存秩序的修复和维护,它让人沉浸在欢乐祥和之中,却又逐渐变得麻木起来。于是,无产阶级大众不仅丧失了革命斗志,而且也遗忘了革命的对象和革命的目标。所以,阿多诺等人批判大众文化,实际上是一件很复杂的事情。其中既有他们在法西斯德国所形成的既定体验,也在一定程度上携带他们那种精英文化观的打量视角,同时还隐含了他们对无产阶级大众(这样的大众曾经是马克思语境中的"革命主体")的深深失望。读阿多诺的批判文字,我总会想起中国的鲁迅先生,想起他对麻木大众哀其不幸、怒其不争的心理状态。说不定,在对待大众的问题上,阿多诺与鲁迅还真有相似的地方呢。

如果这样来思考问题,我可能无法同意你的观点。你在信中说:

"关于法兰克福学派的批判理论框架分析中可以看到'大众'、'大众文化'只是批判(学术)的策略,研究对象只是目的的工具、手段、桥梁,不管肯定性话语还是否定性话语,'大众'只是由无可救药晋升为可以救药。"也许我的论文给你造成了某种错觉,但这样来理解法兰克福学派我以为是不妥当的。如果把"批判理论"看成是一种学术,那么,这种学术是紧扣当时现实的学术(事实上,回应当时的现实问题也是"批判理论"的要义之一)。由于"批判理论"的目标对准的是资本主义体制(从这个意义上说,批判理论家确实是马克思的传人),由于大众文化完善、美化着这种体制,所以我觉得这里并不存在一个目的与手段的分离的问题,也不存在一个为了达到自己的(学术)目的而不择手段的问题。因为大众文化尽管温馨可人,尽管大众与大众文化相处得其乐融融,但大众文化与大众究竟是一种什么关系?前者对后者来说究竟意味着什么?这些问题在当时显然是真问题而不是伪问题。许多人不愿意正视这些问题也就罢了,而更让人深思的是,当今的一些英美学者纷纷充当起大众文化的辩护律师,这样就等于自动删除了那些似乎已经变得"陈腐"的问题。在我看来,学术也许就这样沦为了学者手中的玩物,而远离了你所谓的"世界的真实存在"。不仅是大众文化,其他许多的事情、现象、问题也往往如此。当它们最初出现的时候,往往是一个现实问题,当时的学者也往往是在面对现实问题思考和发言,但越往后走,越是随着更多的人加入进来讨论,这个现实问题也越会变成一个学术问题。为了占领学术的制高点,为了争到学术的话语权,学者们往往会挖空心思出奇招。结果,这个问题虽然变成了一个学术热点,但是却离真正的现实越来越远了。

走笔至此,其实已触及你信中的另一个观点。你说:"很多对大众文化的批判都基于大众文化'伪文化性'、'标准化(伪个性)'、'宰制性(意识形态控制)'等元素展开,可这些特征仅仅是大众文化的病症吗?不也是以'学术'为代表的精英文化所表现出来的'症候'吗?如果这些特征是致命的,那如何解释大众文化的生命力,如何确认精英文化自身存在的合法性呢?"问得好!事实上,当一些学者或知识分子在批判大众文化的时候,已事先假定自己是站在一个绝对正确的立场上,而他们所依傍的精英文化也天然地享有被质疑、被审判的豁免权,这实际上是成问题的。根据我的感觉,西方最初批判大众文化的那些人,他们也许还有资格这样做,因为在他们那里,精英文化还显得比较纯真可爱,不像现在这样假模假式;同时,他们往往也不会以精英文化占有者自居;他们批判大众文化,可能更多是出于对某种价值观念的捍卫。这种价值观念也许已经浸透了精英文化的理性内涵,但是却并不令人生厌,因为它们的诉求与人类所追求的理想状态的目标是一致的。比如阿多诺批判大众文化,是因为他意识到大众文化对人的精神结构具有强大的破坏力与腐蚀性;英国的利维斯在批判大众文化的同时则呼吁人们要回到"伟大的传统"中,是因为他意识到大众文化在给人带来快感的同时,也剥夺了人的坚实而和谐的"生命感"。我想,当他们如此来思考问题时,你已很难说他们是站在精英文化的立场上如何如何。实际上,在精英文化/大众文化二元对立的结构框架中来确认一些学者的身份,本身就存在着一种认知陷阱。

但是,最初批判大众文化的人问题不大并不意味着后来的批判者不成问题。美国的一位学者说,如今美国的所有文化已变成大众文化,这种说法虽然比较偏激,但在一定程度上道出了事情的某种真相。前些日子,我读到美籍华裔学者奚密女士的一篇文章:《"理论革命"以来的文学研究》(《书城》2004 年第 12 期),很受震动。她说,加州大学历史教授亨福瑞(R. Stephen Humphreys)写过一篇文章,名为《我们为什么写些连同行都不看的东西?》。作者认为,人文学科运用跨学科理论,研究的"面"似乎开阔了许多,但学者急于出版,用的都是时髦理论,而不愿花充分的时间去用"原创的、系统的、批判的"角度思考问题。结果是,出版的文章和书籍有太多的"重复和老套"。究其原因,北美学院奉行"不出版就出局"(publish or perish)的标准,虽然保证了机械化的数量生产,却很难在质量上作出承诺。而在我看来,这种局面的背后也许还有更深层的原因。当后现代主义文化全面抹平的时候,它其实也把所谓的精英文化逼到了麦当劳化生产的流水线上。于是,那些本来属于大众文化的特征(如雷同、重复、平面化、标准化、伪个性化等)也就成了精英文化的重要标记。如今,精英文化的生产者还敢把自己的东西当回事吗?估计他们已没有这样的底气了。他们失去了十年磨一剑的耐性,他们也就只能丧失他们本来应该拥有的自信和自负。他们嘴上在批判大众文化,装出一副贞洁的面孔,但其实却是五十步笑百步,如此而已。

说到中国,情况似乎会更复杂些。当下中国有所谓的精英文化吗?我有时甚至会怀疑这种说法。上个世纪的80年代,学院还是思想生产的重要基地,学院知识分子也在为他们的理想或事业奔走呼号,那个时期,也许存在着一种精英文化的东西。但是,90年代以来,精英文化已迅速瓦解、溃败,它或者被主流文化所收编,或者被大众文化所整合。当然,这其中不乏一些我所尊敬的学人还在一个逼仄的空间中苟延残喘,但他们只有通过种种伪装之后才能发出一点微弱的声音,而这种声音又常常湮没在喧嚣和嘈杂中,于世无补。之所以会出现这种局面,除了陈丹青先生所反复强调的"学术行政化"之外,我觉得还有一个"学术商业化"的问题。如今,高校已成为一个巨大的行政机关,所谓的课题申报、学术会议、论文发表、著作出版、职称评定等等,已越来越失去了它本来的含义,而变成了可以使这架行政机器高速运转起来的润滑剂。于是,高校虽然搞得热火朝天,一派繁荣昌盛的景象,但所有的种种规章制度、量化管理,似乎只是加速了学术非学术化的进程。学术最终变成了某种政绩,甚至变成了一种权术。另一方面,学院里面的学术也早已和围墙之外的商业机器接通,它们竖起精英文化的牌坊,装点着商业文化的门面。而商业文化又不断地抛出许多诱饵,把众多学者搞得心旌摇荡。如此这般之后,他们就没法不批量生产,也没法不把自己那点可怜的东西做成快餐食品。在主流文化与大众文化的双重夹击下,精英文化早已魂飞魄散,体无完肤。它已经和主流文化重归于好,也正在和大众文化握手言和。这样,它也就走进了你的判断之中。

那么,在当今这样一个时代,以学术为志业的人还能做些什么?接下来,我试着对你提出的另一个问题作出回答。你说"在学术繁荣的过程中,不明的围墙越来越高,学术本身日益专门化、媒介化、工具化,成为权力宰制力的化身。而身处其中的我们由于中枢神经系统的自我保护机制而浑然不知",以至于"快要毕业仍惶惶不可终日,不知何为真理,真理为何;何为学术,学术为何?!"老实说,你的这种困惑也是我的困惑。如果在"学术行政化"的范围之内思考这个问题,陈丹青在他的《退步集》中已说得非常明白:弄学术做学问其实就是为了一个饭碗。但实际上,我相信有相当一批学人其实并不甘心于这种选择,但由于他们已成为这架机器上的齿轮和螺丝钉,他们又不得不被迫作出这种选择。这种选择当然很痛苦,但如果能逐渐麻木起来,也就无所谓痛苦了。我想,只有对学问依然抱着某种幻想,或者以一种理想主义的情怀对待学术的人,才会长久地痛苦下去。所以我有时候也会想,在中国想做点真学问的人,也许痛苦就是他的常态。他要面对那些说不清道不明的种种压力,他要练就闪展腾挪的功夫来躲避明枪暗箭,他得想方设法寻找说话的空间,讲究话语技巧,以便不让自己的思想老朽或枯死。也就是说,他必须能够妥善解决种种非学术问题之后,才可能去面对一些学术问题。流年易逝,人生苦短,这种消耗型的学问之路岂有不痛苦之理?

话说回来,你以上所涉及的问题其实与学者或知识分子的去势化密切相关。我曾经设想,理想的学术境界应该是让思想的光芒照亮学问,要先做一个思想者,然后做一个学问家。但现在想想,我们现在哪里有让你思想真正发育、生长的环境?不错,有所谓的学术环境,但是有思想的环境吗?鲁迅当年所面对的环境不可谓不严酷,但他依然可以自由地表达自己的思想,我们今天还能像鲁迅那样说话吗?如果我们的学者在说话之前必须接受各种各样的审查,如果长此以往,学者们已经把自我审查落实在自己的言行当中,如果有学术无思想就是我们所必须面对的现实,这样的学问还有多大意思?这样的学问做它干甚?但事实上,学术已经形成一种体制,它必须维持自己的正常运作,许多人也或主动或被动地成为体制的合作伙伴,共同维护着学术的虚假繁荣,于是学术越来越专门化也就变得在所难免。既然没办法跟别人玩,也就只好自己跟自己玩了。这个问题说到底,也许就这么简单。

你看,你问了我一些问题,我似乎作出了回答,但似乎也没说出个所以然,也许许多问题是我无法回答的。而且,即使在回答,也多是一些丧气的话,书呆子的话,没有多少用处。近读《红楼无限情:周汝昌自传》(北京十月文艺出版社2005年版),他在"自序"中说:"书呆子的真定义不是'只会抱书本'、'纸上谈兵',不是这个意思,是他事事'看不开'、'想不通',人家早已明白奥妙、一笑置之的事情,他却十分认真地争执、计较——还带着不平和'义愤'!旁人窃笑,他还自以为是立德立功立言。"我是个书呆子,我觉得你也算得上书呆子,否则你就不会提出这些让"旁人窃笑"的问题了。那么,就把这次通信看作书呆子之间的交流吧。

再一次感谢你在"国图"读我的论文,也感谢你的来信——在这个数字媒介的时代,写在纸上的信已越来越稀少了,所以尤其珍贵。书出来之后,我要送你一本,请你指正。

即颂
学安!

赵勇

2005 年 4 月 15 日

(原载《粤海风》2006 年第 2 期)

贴着人物写，或如何"对付"阿多诺

——致在读硕士生、博士生的一封信

诸位同学：

我曾说过我在写一篇有关阿多诺的文章，"十一"长假期间终于把它写完了。上个学期我给大家提供过一篇长长的译文：《一个欧洲学者在美国的学术经历》，这个学期则提供这篇更长的论文，算是我对读书会的一种参与。此文不是专门针对《美学理论》的，但对于理解这本书或许也会有一点帮助吧。

此文最终确定的题目是《艺术的二律背反，或阿多诺的"摇摆"——"奥斯威辛之后"命题的由来、意涵与支点》。从准备写作到完成这篇文章，花了我两个多月的时间。而实际上，若从2008年作为一次课的内容讲起，准备的时间则要更长一些。"奥斯威辛之后写诗是野蛮的"是阿多诺的一句名言，我在做博士论文时就意识到了它的分量，但当时并未深究。而到了2008年，我却有了一种强烈的冲动：想弄清楚他这句话究竟说的是什么意思，它背后还有哪些意思。让我产生这一冲动的是现实的境遇。那一年的5月12日，汶川发生了大地震，伤亡惨重。我像所有的人那样关注着灾区的救援情况，同时也关注着文学发出的种种声音。这时我看到，诗歌开始大面积地出现了，诗歌也成了人们以文学方式进入救援现场的一种手段。而在这些诗歌中，既有朵渔《今夜，写诗是轻浮的……》的沉重之作，也有像邢昊《默哀》之类的愤怒之作，同时还有王兆山"纵做鬼，也幸福"之类的格调低劣之作。后者用死难者的亡灵歌功颂德，很奇葩，也让人不可思议。于是网友愤怒了，他们发明了"兆山羡鬼""秋雨含泪"之类的新成语来讥讽这种现象，以解自己的心头之恨。而我则想到了阿多诺的这句名言，想到了他在《否定的辩证法》中有关第一自然的灾难（如里斯本的大地震）和第二自然的灾难（如奥斯威辛集中营）的对比论述。那年秋天，我给我们专业的研究生上课，主要是在讲阿多诺，所以便特意增加了一讲内容，主要结合奥斯威辛和法西斯主义的暴行去解读阿多诺的这句名言。2010年在给博士生上课时又把这个内容讲了一遍，题目已改成了《"奥斯威辛之后写诗是野蛮的"之解读与汶川诗歌现象之分析》。

但我后来再也没有讲过这个内容，原因之一是我觉得自己还没有把这句话完全弄清楚。我记得2008年为了准备那次课，还是下了点功夫的。比如，特意去读阿多诺的《文化批评与社会》《奥斯威辛之后的教育》等英译文，读凯尔泰斯的小说《无命运的人生》，看六集纪录片《奥斯威辛》等影像资料，加上此前已读过阿多诺的《介入》，又翻阅了一些中英文资料，总觉得自己已有了些底气，但讲过之后我就开始疑惑了：这句话的意思我完全吃透了吗？阿多诺的意思就是我呈现出来的这种意思吗？这样讲述时，是不是我已把复杂的问题简单化了？因为有了这些疑惑，我就觉得还应该去下些功夫，好好琢磨一下，然后写成文章。但没想到的是，从有了这个念头到现在成文，居然经过了六个年头。

借着我们读《美学理论》之机，我终于痛下决心，决定今年无论如何也得把这篇文章写出来了，但只是到8月份才找到了时间。8月1日，我开始进入阅读状态，先是重读《文化批评与社会》，因为读得云里雾里的，便又动了翻译的念头。我们读《美学理论》的英译版时已尝到了这种苦头：不知阿多诺为什么说出这样一句话或那样一句话，我译《文化批评与社会》同样也是如此。我当时一边翻译，一边想着《否定的辩证法》的英译者阿什顿的那种困惑："后面的句子和前面的句子以及更前面的句子究竟是什么关系？"而终于折腾出这篇一万五千字的译文，居然花了半个多月的时间。其后又读《文学笔记》《最低限度的道德》《形而上学：概念与诸问题》中的相关内容，读《阿多诺传》，读《阿多诺与文学》中的相关篇章。到8月底，我觉得得开始写了，于是便又调整到一个写作状态，但写写停停，颇不顺畅。而写作的停顿之日便是阅读的重新开张之时——我总觉得读得还不够，而读得不够，心里就不踏实，下笔就不牢靠。

我之所以跟大家叨叨这些,主要是想提醒准备做西方选题的同学,要想把自己的文章做出点模样,还是需要狠下一番功夫的。尤其是面对阿多诺、本雅明这种难度系数极高的理论家,首先把他们读懂就颇费周折;而只有读懂或尽可能读懂,才能把他们的思想说出个子丑寅卯。我这次读阿多诺,依然不敢说就完全读懂了,但与我先前对这句话的理解相比,自认为已有了不小的提升。我在文章中已谈到了许多人对阿多诺这句名言的误解,这种误解一半是因为那些诗人、作家和学者往往就事论事,而并没有入乎其内(我甚至猜测那些跟阿多诺叫板的作家并没有认真读过他那篇《文化批评与社会》),一半则是因为阿多诺说得过于绝对了(当他这么表达时,也许这位辩证法大师已丧失了辩证法的丰富性和柔韧性)。在此情况下,要想为他进行辩护已变得非常困难。好在阿多诺后来又不断对他这句话进行补充、说明、再阐释和自我辩护,于是雪球越滚越大,意涵越来越多。我之所以最终能靠到"艺术的二律背反"的层面命意作文,且一并去解读"阿多诺的'摇摆'",关键在于我看到了阿多诺在《形而上学:概念与诸问题》中的那番说辞。而这则"材料",不要说国内的学者没有注意到,就连英语学界的学者也并未触及(至少在我看到的英文资料中,这则"材料"是付之阙如的。我甚至都有点好奇,为什么蒂德曼为 *Can One Live after Auschwitz?: A Philosophical Reader* 一书写的长篇导言也没有提到。而这篇导言,很大程度便与阿多诺的那句名言有关;此书亦选收了《形而上学》的五讲内容,其中就包括含有阿多诺那番说辞的第14讲)。格拉斯当年曾经写诗调侃阿多诺,说阿多诺有三寸不烂之舌,能言善辩(Adorno with the silver tongue)。由此我便想到,像阿多诺这只狡猾的老狐狸,我们是不能轻易放过他的任何说辞的。不定什么时候,他就会冷不丁地来一下。而他的"这一下"或"那一下"常常很关键,甚至很要命。

因此,当我说阿多诺的"奥斯威辛之后"命题是一种二律背反的表达时,这并不是我的异想天开,而是靠在阿多诺自我解释基础上的再阐释。而他对艺术问题的相关思考,他在《美学理论》中的那些犹疑和矛盾,也恰恰能够支撑起我的这种阐释。沈从文当年在西南联大讲课时经常说的一句话是"要贴到人物来写",这句话让汪曾祺终生受益。汪曾祺对这句话的理解是:"小说里,人物是主要的,主导的;其余部分都是派生的,次要的。环境描写、作者的主观抒情、议论,都只能附着于人物,不能和人物游离,作者要和人物同呼吸、共哀乐。作者的心要随时紧贴着人物。什么时候作者的心'贴'不住人物,笔下就会浮、泛、飘、滑,花里胡哨,故弄玄虚,失去了诚意。"(《汪曾祺全集》[三],北京师范大学出版社1998年版,第465页)这里说的是写小说,但我以为把它拿来用到做论文上,同样也是可以成立的。我们论述的对象是阿多诺、本雅明,是萨义德或杰姆逊,他们便是我们论文中要面对的"人物"。我们既要弄清楚这个"人物"做过什么事,说过什么话,想过什么问题,还要一并琢磨"主要人物"和那些隐在幕后或走到台前的诸多"次要人物"打过怎样的交道。而所有这一切,都是"贴着人物"进行的。我们把"人物"的话搬过来,就像本雅明那样把"引文"从原来那种晦暗不明的状态下救出来,这是"照着说";然后我们又对"引文"进行一番阐释或解读,这应该是"贴着说";只有这两步走好了,才可能"接着说"或"对着说"。如果贴不住人物所言所思所想,就忙着发议论,跑野马,塞私货,那是非常危险的。在小说中,作家不能凌驾于人物之上,论文写作应该也是如此。我们先得跟着人物走,跟等既久,才可能并排而行,与他对话。而能否超过他,走到他的前面,那就看自己有没有这种本事了。

实际上,我这篇文章,应该主要是在"照着说"和"贴着说"的层面展开的。我使出了浑身解数,不过就是想看看能否清理出一条理解阿多诺这句名言的通道,能否把它的来龙去脉说清楚。这也是我当初为自己制定的一个写作目标。这个目标看似不高,但要落到实处却也颇费周折。比如,我既要搞清楚《文化批评与社会》一文的写作语境,同时也要弄明白他每次回应时的具体背景。此外,还有他与策兰怎样交往,他为什么会喜爱贝克特的作品,他的那些掷地有声的说法有没有陈平原所谓的"压在纸背的心情",如果有,这种心情又是什么。而一旦要把这些问题弄得八九不离十,就会发现很是麻烦。因为尽管阿多诺的许多句子颇难理解,但既然已形成文字,总还有破译的可能——此谓水面漂浮的冰山;更难破译的应该是沉入水中的巨大底座。

而且,"照着说"还涉及翻译问题。做中国的选题一般是不存在翻译问题的(除非你去引用西方人的说法),因为你的研究对象们说的都是中国话。即便他们说着文言文,我们也很容易把它整明白。但是西方的选题却完全是另外一种情况:你得把所有看到的外文资料转换成汉语。这样,翻译就成了一个绕不过去的关口。你说得准不准,传达的意思对不对,很大程度都与你的翻译好不好直接相关。所以,我甚至觉得做西方的选题,一定程度上就是在做翻译。或者也可以说,只有你的翻译工作做好了,你的论文写作才会变得通畅起来。我当年做博士论文,事先便对一些资料做过翻译,但当时并无任何翻译经验,有点赶鸭子上架的味道。最近两三年因为带着李莎等几位同学翻译布莱斯勒那本《文学批评:理论与实践导论》(顺便说,此书不久就会在中国人民大学出版社面世),似乎才算是有了点感觉。这次写这篇文章,我又一次意识到翻译的必要性和重要性,于是便不断与阿多诺的句子较劲,力求让那些文字在我的手里变得准一些、通一些和好一些。我曾经跟你们说过,好的翻译应该是两情相悦,而不是两败俱伤。我要说的意思无非是要尽可能去照顾双方的含义和表达,尽可能把一种语言的美转换成另一种语言的美。有时我会觉得,翻译时仿佛是两种语言在排兵布阵,你有刀枪剑戟,我便得有斧钺钩叉,这样才能战成个平手,否则便是外语欺负汉语或汉语欺负外语。在这个意义上,翻译者又扮演着老吏断狱的角色,他不能拉偏架,应该做到不偏不倚。

所以,打算做西方选题的同学,我是希望你们能够过好翻译关的。既要确保自己文章中的翻译准确无误,同时也要让它们好上加好。别的且不说,仅从文章的美感上考虑,也应该这样做。道理很简单,因为翻译文字是他人之言,不是你说的话。别人的东西进入到你的文章中本来就是"异物",如果翻译得再不好,那是会破坏你文章的语感、节奏甚至文气的。好的文章应该是一气呵成,如行云流水,而不是疙疙瘩瘩,磕磕绊绊,中间有无数断续之痕。你应该抚平或消化这些"疙瘩",仿佛盐溶于水,让它们成为你文章有机体的组成部分,而不是听之任之,让它们变成文章中的拦路虎或绊脚石。

那么,又该如何对待一些著作文章的汉译本呢?我自己的经验是,如果有条件,引用时便尽可能去核对一下原文,一方面看看它有无错误,另一方面也对译文进一步加工。有的译本是可信的,但我引用时还是会修改其翻译。之所以如此,往往是我觉得那个翻译还不够好,我得通过我的修改让它与我的文字融为一体,而不至于成为"异物"或"疙瘩"。还有一些译本并不可信或很成问题,那就更需要核对了。我以前写文章时,曾捎带批评过耶格尔(Lorenz Jöger)的《阿多诺:一部政治传记》(上海人民出版社 2007 年版)译得粗糙,错讹甚多(此文名为《阿多诺这个倒霉蛋》,网上可搜到)。这次因为写作此文,又找出这本书翻阅,居然发现了这样的句子:"策兰是赞同对犹太人进行种族屠杀的诗人,这一态度并非始于著名的《死亡赋格曲》。"(第 248 页)记得看到此处时我大吃一惊,因为仅凭常识推断,策兰也是不可能"赞同"的。他的父母死于集中营,他岂有赞同种族灭绝之理?于是我立刻找出我以前复印的英译本核对,此处的英文是这样的:"Celan is the poet who, more than any other, confronted the question of the genocide of the Jews—and not only in his famous *Deathfugue*."英文的句子很简单,想必德文的表达也不复杂(这本书是从德语原文译过来的),然而变成汉语却错得如此惊心动魄。面对这样的译本,我们引用时若照单全收,岂不是会以讹传讹,见笑于大方之家?我在文中引用时也遇到过类似情况,比如,我给大家提供的杰木乃兹的那本《阿多诺:艺术、意识形态与美学理论》,是台湾译者从法文译过来的,我读此书,感觉总体上译得还不错,但依然发现了一些问题。例如,此书引用阿多诺的一段文字,结尾句译作"曾经被深刻地思考过的东西将来必然在其他地方,由另一个人再思考:伴随这一确切性的是最孤独最有力的思想"(第 9 页)。因冒号后面的句子很费解,我便找到了两个版本的英译文核对。原来,译作"确切性"的地方是 confidence;而"最孤独最有力的思想"对应的英译文分别是 the most solitary and powerless thought 和 the loneliest and most impotent thought。这样,汉译者或法译者译成"最有力",就把意思完全译反了。

但我没有能力去核对德文,这是我的软肋。李莎来信说,她正在美利坚上德语课,上得很欢实;苏岩也跟我说,他正在国内的歌德学院学德语,学得很来劲;而田原则跑到了德意志,正在一个德语的环境中日夜熏陶。希望你们都能把德语学好,这样,你们去做本雅明或阿多诺时便能从德语入手,做出最地道的论文了。

接下来,我还想跟你们说一个问题,那就是如何把文章"打开"。

这篇文章写完之后我统计了一下字数,不带注释三万六,加上注释四万三。显然,这已大大超出一般论文通常规定的字数,连发表也变得非常困难了。我这样做也并非有意为之,而是在写作的过程中发现,一般的篇幅已很难容纳我要展开的问题,于是就索性放开写,直到写得山穷水尽为止。而这么去写,我也意识到了"打开"的重要性。阿多诺的文字就像策兰的秘奥诗,往往处在一个密封的状态,这本身就需要打开;阿多诺的话语风格是碎片式的,许多句子像一块块压缩饼干,信息量很大,但又高度浓缩,这同样需要打开;阿多诺在其思想的关节处往往用笔简省,它们呈现为一个个的"点",这也需要打开;阿多诺仿佛觉得读者都像他那样学富五车,随手的引用、明喻、暗喻不加注释也不作解释,这还需要打开。所谓打开,就是打开天窗说亮话,就是把文字的晦涩处挑明,把句子的浓缩处稀释,让思想的关节处活动起来,让寓意丰富的表达清晰起来。除此之外,还要考虑如何把点连成线,如何把线搓成绳,何处需要铺垫,何处需要交代,何处又需要见缝插针,借力发力。写论文当然不是写史传,但我以为也是需要一点"以文运事"的能力的。否则,便只能就事论事,下笔不舒展,论述很骨感。论文是不能节衣缩食的,不是越精瘦越骨感就越美,而是要想办法把它变得丰满起来。而能否丰满的前提是你能否把该打开的地方全部打开。它们原来可能是一个个花骨朵,你要让它们盛开、绽放。

我这次把阿多诺的一句话写成了三四万字,也算是对"打开"的一次小小的尝试吧。

而通过琢磨阿多诺的这句话,我似乎也有了一些额外的收获。比如,我在文中说奥斯威辛是阿多诺的一个创伤点,他的全部思想都是围绕着这个点生发、展开的。于是我便想到,在许多思想家那里,或许都有一个创伤点(当然也可以是其他"点"),找到了这个点,可能就找到了打开其思想密码的一把钥匙。再比如,因为这次主要阅读和翻阅的是阿多诺有关文学问题的论述,我发现阿多诺熟读过许多作家的文学作品。卡夫卡、贝克特、波德莱尔、瓦莱里等人是挂在他嘴边的名字,他年轻时把克尔凯郭尔的理论著作和文学作品一网打尽了,他对他的批判对象萨特和布莱希特的文学作品了如指掌,他在讲道德哲学问题时信手拈来的例子是易卜生的戏剧作品……于是我又想到,阿多诺的美学理论有相当一部分内容应该是与这些作家作品互动的产物,而他思想的运作究竟是从特殊(作家作品)中显示出一般(理论),还是用一般照亮了特殊,或者是二者同时发力,鹊桥相会,我还没有想清楚(或者很可能也不容易搞清楚)。但可以确定的是,他不仅熟读过许多已故作家的作品,而且也密切关注着许多在世作家的写作。最近微信上流传着一篇文章,题目是《不会画画的作家不是好裁缝》,人们特意把句式造得拧巴或弄成个弯弯绕,以便向会画画的作家表示敬意。而如果说的是阿多诺,我想他会更"绕"一些:他是装着整个欧洲哲学的音乐社会学家,又是装着整个欧洲古典音乐和现代音乐的文学理论家,同时还是装着整个欧洲文学的哲学家。这种把自己武装到牙齿的人是很可怕的,想要"战胜"他难度极大。

但我对他的所思所想并非没有疑虑。比如,他所谓的"反艺术"是不是就必然拥有了他所谓的那种否定性?当"反艺术"深奥难解到绝大多数人不懂的地步时,它们还能否释放出"革命"的能量?反艺术是如何介入社会的?它与社会究竟构成了何种关系?现代主义被后现代主义取代当然有多种原因,但是不是也意味着是前者走投无路之后的弃暗投明?倘如此,阿多诺苦心经营的那种理论将如何面对今天的现实问题,又如何对那段历史做出交代?

但我现在还没有能力回答这些问题,假如我想"打开"它们,我得好好去琢磨一下阿多诺所推崇过和批判过的那些作家,而那些作家通常又是很不好琢磨的。我曾在萨特那里下了些功夫,当时便是想着要为继续研究阿多诺做些准备。但卡夫卡和贝克特呢?瓦莱里和策兰呢?一想到阿多诺背后站着那么多的作家,我就有些气馁,或许这也是我的阿多诺研究计划依然是纸上谈兵的原因之一吧。

我这篇文章还会放一放,想一想,但大体上就是这样了。你们阅读时也可以帮我看看哪里是否还有问题,是否有读不明白之处,等等。

祝

好!

赵勇

2014 年 10 月 16 日

(原载《粤海风》2014 年第 6 期)

附录二

文化工业述要[①]

阿多诺

文化工业(culture industry)这一词语大概是在《启蒙辩证法》这本书中第一次使用的。此书由我与霍克海默(Horkheimer)合作,1947年出版于阿姆斯特丹。在草稿中,我们使用的是"大众文化"(mass culture),后来我们用"文化工业"取而代之,旨在从一开始就把那种让文化工业的倡导者们乐于接受的解释排除在外:亦即,它相当于某种从大众当中自发产生的文化,乃是民众艺术(Volkskunst)的当代形式。但是"文化工业"与民众艺术截然不同,必须严格加以区分。文化工业把家喻户晓、老掉牙的东西加以融合,产生出一种新的东西来。在其所有的分支中,文化工业的产品都是或多或少按照特定的意图、专为大众消费而量身定做出来的,且在很大程度上决定这种消费的性质。文化工业的各个分支在结构上相似,或至少彼此适应,因而自成系统,浑然一体。而这种局面之所以成为可能,全赖当代技术的能力以及财力与管理的集中。文化工业有意自上而下整合其消费者,它把分离了数千年,各自为政、互不干扰的高雅艺术与低俗艺术强行拼合在一块,结果是两者俱损。高雅艺术的严肃性在于其精确的效力,文化工业对这种效力进行投机追求而毁坏了它;低俗艺术的严肃性在于社会控制尚不彻底的情况下它与生俱来的反叛性抵抗,但是文化工业将文明化制约强加于其上,消灭了它的这种特征。因此,尽管文化工业针对的

[①] 此文德语原题是"Résumé über Kulturindustrie",英译为"Culture Industry Reconsidered",原载 *New German Critique* 6, Fall 1975, pp. 12-19;英译者为 Anson G. Rabinbach. 本文译自 Theodor W. Adorno, *The Culture Industry: Selected Essays on Mass Culture*, London: Routledge, 1991. pp. 85-92. 题目根据德语原题译出。文中几处疑难之点曾向方维规教授请教,并得到他来自德文的翻译;全文由曹雅学女士校订,特此致谢。——译者注

是大众,尽管它毋庸置疑地在对芸芸众生的意识与无意识状态投机押宝,但是大众对它来说并不是首要的,而是次要的,他们仅仅是被算计的对象,是整个运转机制的附属物。顾客并不像文化工业试图让人相信的那样是它的上帝,也不是它的主体,而是它的对象。大众媒介(mass-media)是专门为文化工业打造出来的一个词语,它已经不动声色地将侧重点转移到了与人无害的范畴里。它既不是一个是否把大众放在首位的问题,也不是表达这种关切的传播技术问题,相反,它是一个精神问题,这种精神以主人的声音充斥到大众当中。文化工业歪曲使用它对大众的关切,以便复制、强化和巩固他们的心理态势。它认为这种心理态势是既成不变的,因此,对它会如何发生变化根本不予考虑。虽然文化工业本身必须去适应大众才能存在,但大众并非文化工业衡量自己的尺度,而是它的意识形态。

正如布莱希特(Brecht)与苏尔坎普(Suhrkamp)①在三十年前所言,工业化生产文化商品的主导原则是价值实现,而非其自身特定的内容及其和谐的构成形式。文化工业的一切所作所为都在于把赤裸裸的赢利动机移接到种种文化形式上。这些文化形式自从作为市场上的商品第一次开始为其创作者赚钱谋生以来,它们便在一定程度上具有了这种属性。但那时候它们只不过是在保持其自主的本质之外间接追求利润。而现在,在文化工业最典型的产品中,第一要务乃是追求精确而彻头彻尾地算计出来的效力,直截了当,毫不掩饰。这一点是前所未有的。艺术作品的自主性当然很少以一种完全纯粹的方式凸现出来,相反,它总是与各种各样的效果难解难分。文化工业从自己的意愿出发,铲除了艺术的这种自主性,不管这是不是它的支配者们有意识的行为。后者既包括那些执行指令的人,也包括那些大权在握的人。从经济上说,他们过去或现在总在经济最发达的国家寻找新的利用资本的机会。产业集中的过程使旧的产业形式日益艰难,但文化工业却正是通过这个过程而成为无处不在的庞然大物。真正意义上的文化并不仅仅去满足人类的需要;它同时还对支配人的僵化关

---

① 彼得·苏尔坎普(Peter Suhrkamp, 1891—1959),德国出版家。1950年,在作家黑塞的提议下创立苏尔坎普出版社(Suhrkamp Verlag),从此出版人文科学类书籍,影响甚大。——译者注

系提出反抗,因而予人类以尊重。但是,当文化被全部同化并整合进这种僵化关系的时候,人类就再一次遭到贬低。文化工业的典型产物不再"也是"商品,它们已然是彻头彻尾、不折不扣的商品。这一量变如此巨大,它引发出一种全新的现象。到最后,文化工业甚至不再需要处处直接追求它所起源的利润动机。这些利润动机已经内化在它的意识形态当中,甚至使自己脱离了文化商品强制性的出售本能,因为不管人们是否愿意,这些文化商品反正会被塞进他们的喉咙里。文化工业变成了公共关系,或者说是制造所谓的"友善",至于是哪家公司或什么产品,则无关紧要。如同专门针对大众而制作出来的广告一样,它所推销的是一种通行的、不加批判的认可,而文化工业的每个具体产品都成了文化工业自身的广告。

虽然如此,这个过程仍然保持了当初文学转换成商品时所带有的特征。最重要的一点是,文化工业有它自己的本体论,亦即一个由界限严格且保守不变的几种基本类型所构成的支架。从17世纪末与18世纪初英国的商业小说中,我们可以找到这些类型的踪迹。文化工业所夸耀的进步以及不停地向我们提供的所谓新东西,不过是千篇一律之物的不同伪装;在其不断翻新的花样下面乃是同一具骷髅,正如文化工业的利润动机从取得了对文化的支配时起就再也没有起过任何变化一样。

因此,对文化工业中"工业"一词的理解不可拘囿于字面意思。它指的是事物的标准化(例如每个电影观众都熟悉的西部片的那种标准化),发行技术的合理高效化,而不仅限于制作过程。在电影这个文化工业的中心领域,虽然制作过程与技术生产模式类似,同样是分工高度精细,使用机器,劳动者与生产方式分离(表现为文化工业中起很大作用的艺术家与那些掌握着控制权的人之间不停的冲突),但是它却又保持了制作的各种个别形式。每一件产品都给人一种独特而有个性的感觉,在人们心里唤起一种幻觉,好像这种完全物化的、经他人从中处理过的东西乃是逃脱现时与生活的避难所一样。如此一来,所谓的个性又在起着强化意识形态的作用。今天的文化工业,如它一如既往的那样,为"服伺"第三者而存在,与衰退中的资本流通过程以及它从中生发出来的商业唇齿相依。其意识形态首当其冲的特征是采用明星制,而此种制度又是从个性化艺术以及对其商业价值的发掘中借用来的。文化工业的运作手段与内容越是非人化,它就越是卖力而且成功地宣扬所谓的大明星,借助于令人销魂的俊男靓女而运作。它的工业性更多的是社会学意义上的,这在于其采纳工业化的组织形式,而不在于它通过技术理性(technological rationality)实际生产出了什么。相反,即使它像效率合理化的办公室工作一样什么也不生产,它也是工业。因此,文化工业在很大程度误用了其能量,令那些因新技术的使用而变得过时的文化分支深陷危机,而这些危机很难给这些分支带来好的转变。

文化工业中的技术概念只是在名义上与艺术作品中的技术相等同。在艺术作品中,技术考虑的是对象本身的内在组织与其内在逻辑。与此相反,文化工业中的技术从一开始就是营销的技术,机械复制的技术,因而总是外在于它的对象。文化工业恰恰是在它小心避免使其产品中的技术充分发挥潜能之时而找到了对其意识形态的支持。它寄生于艺术之外的物质生产技术当中,但是却不顾及技术的功用性(Sachlichkeit)中所隐含的对内在艺术整体的服从,也不关心审美自主性(aesthetic autonomy)所要求的形式法则。这样一来,文化工业的面貌基本上成为以下两方面的混合物:一方面是经流线处理的、摄影的硬性与精确;另一方面是个性化的残余,感伤的表达与经过理性处理和改造之后的浪漫主义。采用本雅明(Benjamin)在定义传统艺术作品时使用的光晕(aura)概念(一种不在场的在场),文化工业在严格意义上并没有另立一个与光晕相对的原则,而是保存了一个残败的、薄雾般的光晕。由此,文化工业暴露了它自身在意识形态方面的恶劣行径。

近年来,文化官员和社会学家喜欢告诫人们不要低估文化工业,指出它在发展消费者意识方面的重要性。他们认为,文化工业应该受到认真对待,不要用文化教养深厚的人的那种势利眼去看待它。就实际效应而言,文化工业的重要之处在于它是今天占主导地位的精神阶段。任何人如果出于对文化工业所塞给民众的那些东西持怀疑态度而忽视其影响,那就太天真了。然而,有关认真对待它的警告却具有一种炫人耳目的欺骗性。鉴于文化工业所扮演的社会角色,有关其性质,有关真实与非真实,有关文化工业产物的美学水准等种种令人不安的问题受到压制,或至少被排除在所谓的传播社会学(sociology of communications)的范围之外。批评者被指责钻在自负而深奥的学问里。首先,让我们指出文化工业的这种重要性所具有的双重意义,因为它正在缓慢地、不为人注意地渗透到人们的心里。事物的功能并不能保证它就一定具备某种特定品质,哪怕它对千百万民众的生活发挥着影响。美学与文化工业残留的传播功能的合流并没有把作为社会现象的艺术引向一个适合它、与某些人所指责的艺术上的势利相对立的恰当位置;相反,这种合流通过各种各样的方式利用艺术去卫护其恶劣的社会后果。我们不能因为文化工业在大众精神构成上的重要性而免除对其客观合法性、对其存在本质的反省,一种自认为注重实效的科学尤其不应该省略这种反省。恰恰相反,正因为文化工业的这一重要性,这样的反省变得必不可少。文化工业毋庸置疑的作用要求我们去认真对待它,但是也正因为如此,我们必须要批判性地认真对待,而不是在其一手遮天的特性面前退缩。

有些知识分子极其希望与这种现象握手言和,他们渴望找到一个通用的公式,既表达他们对文化工业的保留态度,又表达对其权力的尊敬。这些知识分子要么已经从强加于人的退化中创造出了一套20世纪的神话,要么就是持一种带点挖苦的容纳态度。这些知识分子认为,说到底,人人都知道口袋本小说、按固定套路制作出来的电影、包装成系列和集锦而推出的家庭电视秀、给失恋者的忠告和占星术栏目是怎么回事。在他们看来,所有这一切非但是无害的,反而是民主的,因为它满足了一种需求,尽管这是一种刺激出来的需求。比如说,他们指出,通过传播信息和忠告,向人们介绍能缓和心理压力的行为模式,这一切对人们来说未尝不是好事。当然,正如衡量公众的政治了解程度这种基本的社会学研究所证实的那样,这种信息要么少得可怜,要么无关紧要。更何况,从文化工业的体现物中所获得的忠告空洞、陈腐,甚至更糟,而它所宣扬的行为模式则毫无廉耻地顺从主流。

卑躬屈膝的知识分子与文化工业之间的这种双面互悖关系,并不只限于这两者本身。我们或许可以假定消费者的意识也被分裂为二:他们一方面享受文化工业照方子供应给他们的娱乐,另一方面则对它到底是好是坏怀着不加掩饰的怀疑。"上当受骗,心甘情愿"(The world wants to be deceived)①这一谚语从未像现在这样贴切。正如这句谚语所言,民众上当受骗不说,而且如果被骗的确能够带给他们哪怕是一瞬间的满足,他们也心知肚明地对这欺骗趋之若鹜。他们对文化工业递到他们手里的东西睁一只眼闭一只眼,发出赞美之声,心里则完全知道这些文化产品的目的为何,对自己这样则怀着某种厌恶。他们虽然不愿意承认,但是他们感觉到如果自己一旦摈弃那原本就不存在的满足,生活将会变得完全不可忍受。

当今对文化工业最富雄心的辩护是赞美它的精神,赞美它是一种能建立秩序的因素,但是这种精神不外乎是意识形态而已。这种辩护认为,在这个混乱无序的世界里,文化工业给人提供一个类似导向系统的东西,仅仅这一点就值得我们赞美。然而,文化工业的辩护者想象当中那些被文化工业所保存下来的东西,事实上恰恰遭到了它更为彻底的摧毁。在很大程度上,彩色电影对亲切的老客栈的毁灭超过了炸弹的威力:电影灭绝了我们心中珍藏的那个美好形象(imago)。没有哪个家园能在一部赞美它的电影中逃脱被加工的命运:电影利用它那种独一无二的特征叫座,但却由此将它变成千篇一律的东西。

作为对于苦难与矛盾的表达,那种可以名正言顺地称之为文化的东西试图紧紧抓住美好生活的理念不放。文化既不能代表那些仅仅存在于目前的东西,也不能代表那些因袭的,且不再具有约束力的秩序范畴。然而文化工业却把它们覆盖在美好生活的理念之上,好像既存现实便是美好生活,又好像那些秩序范畴是衡量美好生活的真实尺度。如果文化工业代表人物们的回应是它根本不出产艺术,那么这本身就是一种意识形态。正是通过这一意识形态,他们逃避了文化工业对它依附而生的那种东西所应负的责任。一种不端行为并不能因解释其缘何不端而得到纠正。

单单诉求于秩序而无明确的针对性乃徒劳之举;诉求于准则规范的传播而它们却不曾在现实中或意识前证明自己,也同样徒劳无益。一种能客观地行使效力的秩序被兜售给民众,是因为对民众来说,这种秩序正是空缺之物。如果这一秩序既没有从自身内部,也没有在与

---

① 此句完整的表达是"The world wants to be deceived, so let it be deceived."是对那句古老的拉丁语谚语(Mundus vult decipi, ergo decipiatur)的英译。——译者注

人的对峙中得到验证,那它便无任何真实性可言。而这恰恰是任何文化工业的产品都不会去从事的事情。这类深深植入人思想中的秩序概念无一例外总是现状下的秩序概念。尽管这些秩序概念对于接受他们的人来说已不再具有任何实质性内容,人们对它们仍然不加质疑,不作分析,不加辩证推演。与康德意义上的绝对律令相反,文化工业的绝对律令(categorical imperative)与自由已经没有任何共同之处。它宣告:你必须顺从,却不指出顺从什么;顺从于业已存在的东西,跟大家共同的想法保持一致,这是人们对文化工业的权威与无所不在性的一个条件反射。文化工业意识形态的力量如此之大,其结果是,顺从取代了意识。文化工业所宣扬的秩序是否货真价实从未经受过考验,它也从未与人类真正的攸关利害交锋过。然而,秩序本身并非一定就是好的。只有当它真是好秩序时,才能称其为好。文化工业并没有意识到这一点,而只是从观念出发对其大唱赞歌,这一事实证明了它所传达的信息之孱弱与虚假。它声称给迷惑的人们以引导,却以虚假的冲突来蛊惑他们,用这种虚假的冲突取代他们所面临的真正冲突。它只是在表面上为他们解决冲突,而且它解决冲突的方式根本无法解决真正生活中的冲突。在文化工业的产品里,人陷入困境,以便能够安然得救,而拯救者通常是一个善良群体的代表;然后,在一种空洞的和谐之中,他们与这个世界和解;而在一开始的时候,这个世界的要求与他们自己的利益是不可调和的。出于这一目的,文化工业已经形成了一套程式(formulas),这种程式甚至已蔓延到诸如轻松音乐娱乐等非概念的领域(non-conceptual areas)。在这里,人们也陷入"困境",遇到节奏上的麻烦,但随着基本节拍的获胜,问题立刻迎刃而解。

然而,就连文化工业的辩护者们也不会公开反对柏拉图的说法。柏拉图认为,客观与本质上不真实的东西,不可能是在主观上对人类真实而有益的东西。文化工业调制出来的东西既不是幸福生活的向导,也不是有道德责任感的新艺术,而不过是要人们顺化服从的训诫,而这一切的幕后操纵者则是最为强势的利益集团。它所宣传的共同观点强化了盲目而不透明的权威。如果不是按照文化工业自身的实质和逻辑来衡量文化工业,而是按照它的效力、它在现实中的地位和它赤裸裸的假面来衡量的话,如果认真关注的焦点总是放在其效力上,而效力又恰恰是它本身总在诉求的东西,那么文化工业的潜在作用就会双倍严重。然而,这种潜在作用在于它对自我意识缺陷(ego-weakness)的鼓吹和利用;而在权力高度集中的当代社会,那些无权无势的社会成员注定摆脱不了这些缺陷。文化工业将他们的意识进一步朝着倒退的方向发展。据说那些玩世不恭的美国电影制片人说,他们的电影必须考虑 11 岁小孩的理解水平,这绝非巧合。以他们的所作所为看,他们十分乐意把成年人变成 11 岁的少年儿童。

诚然,迄今为止还没有充分的研究向我们有理有据、无懈可击地证明文化工业特定产品给人带来的退化效果。毫无疑问,一项富有想象力的实验将会比有关强大利益集团所乐于接受的方式更成功地达到这一目的。无论如何,我们可以毫不犹豫地说,滴水终会穿石,特别是因为包围着大众的文化工业体制不能容忍任何偏离,没完没了地灌输同一行为模式。大众之所以还没有按照文化工业为他们所建构的那个样子来理解和接受这个世界,唯一的解释是他们无意识深处还保留着猜疑,它是艺术与构成大众精神的经验现实之间最后残留的一点差异。即使文化工业所传达的信息貌似无害(在很多情况下,这些信息显然并非无害,比如一些电影用习惯成见去塑造知识分子,从而附和当前大众中的反知识分子潮流),文化工业所促成的各种各样的态度则十分有害。假如一个占星者告诫他的读者在某个特殊的日子里要小心开车,这当然于人无害;但是如果他号称其天天灵验、万金油般、因而是愚蠢的忠告乃是星象显现出来的,那么这就成了一种愚弄手段,的确会给人造成危害。

人类的依赖性与奴性,亦即文化工业的终极点,没有比美国的某个受访者描述得更确切了。其观点是,只要民众跟着大人物们走,当今的一切问题就会得到解决。当文化工业在人们心中唤起一种幸福而满足的感觉,让他们觉得这个世界正好符合文化工业所传达的那种秩序,那么文化工业为人所制造出来的这种替代满足恰恰会从他们那里掳去它虚假地投射出来的那种幸福感。文化工业的总体效果是反启蒙(anti-enlightenment)。正如我与霍克海默曾经指出的那样,在这种反启蒙的行为当中,作为进步的、对自然的技术统治的启蒙变成了一种大众欺骗,继而又被转化为奴役和锁铐意识的工具。自主、独立的个体有意识地行使判断,做出决定,而文化工业则妨碍这种个体的发展。民主社会需要这样的个体作为前提,它需要心智成熟的成年人来维系自身并得到发展。假如大众已被自上而下地贬为乌合之众,那么文化工业是把他们变成乌合之众,继而又鄙视他们的罪魁祸首之一。文化工业阻挠人的解放,而在现时代的生产力前提下,人类已经具备了人性解放的成熟条件。

2009 年 4 月 24 日初译,7 月 21 日校译
(原载《贵州社会科学》2011 年第 6 期)

一个欧洲学者在美国的学术经历①

阿多诺

一份来自美国的邀请恭敬且友好,想让我写写我对美国科学与美国智识生活(intellectual life)的贡献,我已请求对这一主题稍加修改。因为贡献与否不能由我来谈——即便要谈,也只有美国人能谈这个东西。何况我眼下也没有谈这个问题的能力,因为我离开美国已有十四年了,缺少恰当的视角。相反,我请求自由表达一些我能够表达的东西——系统阐述一下我在美国以及与美国有关的学术经历,以及更广泛的智识经历。由此,或许可间接推演出那些年——从一开始在纽约到后来在洛杉矶工作——我所瞄准的方向。试着这么做,也许不会给美国公众造成太大负担;因为我代表了一种极端的情况,因其极端,这种情况能将一种很少有人去阐述的东西稍加显示。我把自己看作一个彻头彻尾的欧洲人,从旅居海外的第一天到最后一日,我始终是这样认为的,从来也没有否认过。对我来说,保持我个人生活的智识连

---

① 此文的德语原题及相关信息是:Theodor W. Adorno, "Wissenschaftliche Erfahrungen in Amerika" (1968), in *Stichworte*: *Kritische Modelle 2*, Frankfurt am Main: Suhrkamp, 1969, S. 113-148. 英译本目前有二:1. "Scientific Experiences of a European Scholar in America," in *The Intellectual Migration*: *Europe and America*, *1930-1960*, eds. Donald Fleming and Bernard Bailyn, trans. Donald Fleming, Cambridge: The Belknap Press of Harvard University Press, 1969, pp. 338-370. 2. "Scientific Experiences of a European Scholar in America," in *Critical Models*: *Interventions and Catchwords*, trans. Henry W. Pickford, New York: Columbia University Press, 1998, pp. 215-242. 德语原题可译为《在美国的学术经历》。本文的翻译主要依据第一个英译本(简称 F 译本),并参考第二个英译本(简称 P 译本)比对,较明显的参考处或两个版本出入较大处会加注释说明。P 译本有 80 个注释,主要涉及该文最初的电台版和后来的版本在遣词造句方面的区分,并提供了文中部分著作文章的版权信息等,译者视其需要与否酌情译出。除最后两段外,全部译文由曹雅学女士于 2009 年校订,文中的部分德语说法曾向黄雨伦同学请教,特此致谢。——译者注

续性不仅是自然而然之举,而且我在美国也很快且充分地意识到了这一点。我依然记得我们初到纽约不久,一位像我们一样也是移民的女佣所说的那番话所给我带来的震惊。这位出身于所谓好家庭、有教养的女士解释道:"以前这座城市里的人们常常去听交响乐,现在他们则去无线电城(Radio City)①看演出。"我一点也不想像她所说的那样。即便我想这样做,我也没有能力做到这一点。就我的天性及个人经历而言,我并不适合智性方面的所谓"适应"(adjustment)。即便我充分认识到智性个体(intellectual individuality)仅能通过适应过程与社会化过程发育成长,我也仍然认为,超越于纯粹的适应既是成熟个体的义务,同时亦可证明其成熟。经过了与权威形象(images of authority)②相关的认同机制之后,一个人必须让其自我从那种认同中解放出来。自主(autonomy)与适应之间的关系很早以前就被弗洛伊德(Freud)所认识,后来也为美国学界所熟悉。但是对于三十年前流亡到美国的难民来说,情况却并非如此。那时候,"适应"仍然是一个充满魔力的词,特别是对于那些来自欧洲的受迫害者来说,美国期望他们会在新的国度证明自己,不会如此傲慢以致顽固地坚持自己以往形成的东西。

我生命的头三十四年走过来的方向是纯理论思维(thoroughly speculative)的方向,我指的是在这个词最平常、前哲学的(pre-philosophical)意义上,尽管就我的情况而言,这跟哲学上的努力是分不开的。我认为对现象进行诠释(interpret)——而不是对事实加以确认、筛选和分类,并把事实当作信息以供使用——适合于我,而且客观上也是必要的。这不仅符合我的哲学想法,而且也吻合我的社会学观念。时至今日,我从来都没有对哲学与社会学这两个学科严格区分,虽然我很清楚不管是在德国还是在美国,学科专业化的必要性都不是

---

① 这里指的是 Radio City Music Hall,位于纽约曼哈顿第六大道洛克菲勒中心,于1932年12月7日正式开张,为世界上最大的剧院之一。Radio City Music Hall 一般直译为"无线电城音乐厅",但实际上是"综艺剧院"。其绰号为"国家剧院"(Showplace of the Nation)。——译者注

② P译本这里译作 ego ideals(自我理想)。无论是 images of authority,ego ideals 还是 identification(以前译作"求同作用"或"自居作用"),都是来自于弗洛伊德的概念。如"自我理想"是"超我"人格机构中的次级系统,"自我理想"往往与儿童心目中的道德观念相吻合。参见〔美〕C. S. 霍尔:《弗洛伊德心理学入门》,陈维正译,北京:商务印书馆1985年版,第23页。——译者注

一个人一厢情愿就可以取消的。举例言之,《论音乐的社会情境》("Zur gesellschaftlichen Lage der Musik")是1932年我在法兰克福作为编外讲师(Privatdozent)发表于《社会研究杂志》(*Zeitschrift für Sozialforschung*)上的一篇专题论文,这篇与我后来的音乐社会学研究形成关联的论文已具有了纯理论定位。它建立在一种固有的、与总体性相矛盾的观念之上。这种矛盾也"显现"(appear)于艺术之中,借助于它,艺术可以获得诠释。在某一类型的社会学里,这种思考模式顶多提供假定却从不提供知识,我与此类社会学毫不相容,背道而驰。另一方面,前往美国至少我希望能完全摆脱民族主义与文化傲慢;在精神史(Geistesgeschichte)的意义上,我尤其意识到传统的(特别是德国的)文化观念的可疑。与文化问题相关、在美国智识氛围中被认为理所当然的启蒙精神,也对我构成了一种强烈的吸引。而且,能从1937年那场迫在眉睫的大灾难中被解救出来,我也充满了感激。我决定尽我心力能有所改进,同时也不放弃我自己的个性。某种程度上,这两种冲动所形成的张力规定了我如何叙述我的在美经历。

1937年秋,我在伦敦收到了我的朋友马克斯·霍克海默(Max Horkheimer)发来的电报,他在希特勒上台前已是法兰克福大学社会研究所(Institut für Sozialforschung)的所长,如今他依然与位于纽约的哥伦比亚大学继续保持着联系。电报中说,如果我愿意与一个"电台项目"(radio project)合作,我很快就能移民到美国去。短暂考虑后我回电表示同意。实不相瞒,当时我并不知道"电台项目"是什么东西;"项目"(project)如今可用德语的研究项目(*Forschungsvorhaben*)对译,但我当时却对这个词的美国用法一无所知。大体考虑后我意识到,如果我的朋友不是确信我作为职业哲学家能胜任此项工作,他就不会提出这一建议。我只能勉为其难地为它准备起来。在牛津大学三年我曾自学英语,但也只是差强人意。经霍克海默邀请,1937年6月我曾在纽约待过数周,对美国算是有了一个初步印象。1936年,我在《社会研究杂志》发表过一篇对爵士乐进行社会学诠释的文章,此文固然十分欠缺专业的美国背景,但我至少涉及一个公认为十分美国化的主题。基于如上原因,很可能我会快速而集中地掌握美国生活的某些知识,特别是那里的音乐状况;这应该是不成什么问题的。

有关爵士乐的那篇文章,其理论核心基本上符合我后来所从事的社会—心理调查。很久之后我才发现,我那些理论中的许多方面已被温索普·萨金特(Winthrop Sargeant)①那样的美国学者所证实。虽然我那篇文章与相关的音乐事实紧密相连,但根据美国的社会学观念,却依然存在未经验证的缺陷。它逗留于对听众起作用的材料领域,即"刺激物"(stimulus)方面,却没能或不愿通过使用数据采集法进展到"篱笆的另一边"(other side of the fence),②因此,我听到的反对声音不绝于耳:"证据在哪里?"

后来证明,我对美国境况的无知要更严重一些。我当然知道何谓垄断资本主义和大托拉斯(great trusts),却不知道"合理化"(rationalization)与标准化在多大程度上渗透到了所谓的大众媒介乃至爵士乐那里,它们在其产品中已扮演了如此重要的角色。实际上,我仍然把爵士乐看作一种自发表达的形式,而爵士乐也确实喜欢这样标榜自己,却没意识到被算计或被操纵出来的伪自发性(pseudo-spontaneity)问题(即二手货问题)。这一问题是我在美经历的过程中逐渐明白的,后来我好歹(tant bien que mal)也尽力阐述了一下。《论爵士乐》("Über Jazz")一文的再次发表差不多是在它首次面世的三十年之后,我与它已有了很大的距离。因此,除注意到爵士乐的缺陷外,我还能感受到它所具有的各种优点。正是因为此文对美国现象的感知并非美国人那样清楚明了,而是从"间离的"(alienated)观点——就像如今人们在德国能非常流利地按照布莱希特(Brecht)的意思比划一番那样——去接近它,《论爵士乐》一文才指出了爵士乐的特性。鉴于爵士乐行话(jazz-idiom)人所共知,此特性很容易被忽略不计,却很可能就是其本质所在。在某种意义上,这种局外人视角与无偏见洞察的两相结合,很可能就是我对有关美国素材所有研究的特点。③

---

① 温索普·萨金特(1903—1986),美国音乐批评家,著有《聆听音乐》(Listening to Music, 1958),《爵士乐史》(Jazz: A History, 1964)等。——译者注

② F译本并无through using methods of statistical data collection 等文字,此处采用了P译本中的译法。other side of the fence 是英语习语,意谓从对方的角度考虑问题,这里指从听众的角度做研究。——译者注

③ 此句F译本译作:In a way, this lack of involvement on the part of an "outsider" and freshness of judgment are maintained in all of my writings on American themes. P译本译作:In a certain sense such a conjunction of the outsider's perspective and unbiased insight is likely characteristic of all my studies on American material. 此处中译采用了后者的译法。——译者注

从伦敦到纽约后(1938年2月),我为社会研究所和普林斯顿电台研究项目(Princeton Radio Research Project)工作的时间各为一半。后者由保罗·F. 拉扎斯菲尔德(Paul F. Lazarsfeld)主持,哈德利·坎垂尔(Hadley Cantril)与弗兰克·斯坦顿(Frank Stanton)——那时他还是哥伦比亚广播公司的研究总监——也是该项目的合伙人。我自己则理应负责该项目中所谓的音乐研究。由于我隶属于社会研究所,我并没有像通常的情况那样屈从于竞争十足的争斗之中,也没有因外部强加的要求而具有压力。我有可能去追求自己的目标了。通过一系列活动,我试图公平对待我的双重承诺。在那一时期我为研究所撰写的理论文本中,我已形成了我想在电台项目中加以应用的一些观点和经验。起初,它们应用于《论音乐中的拜物特性与听的退化》("Über den Fetischcharakter in der Musik und die Regression des Hörens")一文中——此文于1938年在《社会研究杂志》面世,今天可在《不谐和音》(*Dissonanzen*)卷中读到;也与1937年起笔于伦敦、论述理查德·瓦格纳(Richard Wagner)一书的末尾部分有关。其中的若干章节被我们放在1939年的《社会研究杂志》上(全书于1952年由苏尔坎普出版社出版)。这本书与那种音乐实证社会学(empirical sociology of music)①的正统出版物区别巨大。虽然如此,它还是属于那一时期我所从事工作的整体框架。《试论瓦格纳》(*Versuch über Wagner*)致力于社会学、美学与音乐技巧分析的结合,依此方式,一方面通过分析瓦格纳的"社会

---

① empirical 和 empiricism 在本文中频繁出现,其译法统一说明如下。据《牛津袖珍英语词典》解释,empirical 意为 based on observation or experience rather than theory or logic(以观察或经验而非理论或逻辑为根据的);《朗文当代英语辞典》的解释是:based on scientific testing or practical experience, not on ideas from books(以科学实验或实践经验为基础,而不是以书本的理念为依据的)。但国内翻译此词时多译为"经验的"或"经验主义的",丢失了更重要的"以观察或实验为基础的"那层意思。又据《法兰克福学派史》一书的译者郭力请教作者埃米尔·瓦尔特-布什先生:Empirie 源自希腊文,感知获悉之意,最初是指古希腊医生拒绝遵守教条规定,坚持通过感官观察及实践经验进行诊断的手段。因此,无论是 Empirie 还是 Empirismus 都与现代科学认识论有关,认为理论应建立在对事物观察实验的基础上,而不应建立在直觉与迷信上。典型的例子是牛顿通过这个方法得出了万有引力定律。因此郭力认为 Empirie 与 Empirismus 可分别译为"察知法""察知主义"(参见《法兰克福学派史·译者序》,北京:社会科学文献出版社2014年版,第6—7页)。综合以上信息,笔者一般把 empirical 试译为"实证的",如 empirical sociology 译作"实证社会学",empirical methods 译作"实证方法",empirical research 译作"实证研究",等等。而 empiricism 则依然沿用"经验主义"这一较为固定的译法,以区别于那个约定俗成的"实证主义"(positivism)。——译者注

性格"（Sozialcharakter/social character）与其作品的功能,阐明了音乐作品的内在结构;另一方面(这一面在我看来更为重要),内在技巧的结果又应该被理解成社会意义的象形文字。不过,论拜物特性那篇论文,旨在把我从美国获得的新的音乐—社会学经验概念化,也想为实施特定的研究勾勒出一个"参照系"（ein Bezugssystem/frame of reference）之类的东西。与此同时,这篇论文也是对我朋友瓦尔特·本雅明（Walter Benjamin）论技术复制时代的艺术作品一文(此文发表在我们的杂志上)的批判性回应。文化工业中的生产问题与相关的行为模式被我强调并批评,而在我看来,由于其技术潜力,本雅明则对文化工业抱有一种过于肯定的态度。①

那时候普林斯顿电台研究项目有一个总部,不过它既不在普林斯顿也不在纽约,而是设在新泽西州纽瓦克一个废弃的啤酒厂里,这实在有那么一点拓荒精神。每当经过哈得逊河下面的隧道前往那里,我就觉得有点像在卡夫卡的那个"俄克拉荷马露天剧场"（Nature Theater of Oklahoma）。② 研究场所的选择如此随意且满不在乎确实让我十分惊奇,如此行事,这在欧洲学术界简直是不可想象的。对于那项正在进行中的研究,我的第一印象是它并不具有很多可以理解的明确特点。在拉扎斯菲尔德的建议下,我在一个个房间里四处走动,与同事们交谈,听到了"喜欢还是不喜欢研究""节目安排的成或败"等等之类的言辞,刚开始时我对这些东西几乎一无所知。但尽管了解有限,我也足以意识到,这项研究涉及数据采集,理当使大众媒介领域中的计划部门受益;不管是直接设在行业中的部门还是文化咨询委员会之类的机构里的部门,均为受益对象。我第一次看到了我面前的"管理研究"（administrative research）;如今我已想不起究竟是拉扎斯菲尔德发明了这一词组,还是我自己震惊于这种我完全陌生的实用型科学而使用了这一术语。无论是哪种情况,拉扎斯菲尔德后来都在一篇文章

---

① 阿多诺与本雅明关于此问题的往来信件收在《美学与政治:布洛赫、卢卡奇、布莱希特、本雅明与阿多诺之争》（Aesthetics and Politics: Debates between Bloch, Lukács, Brecht, Benjamin Adorno, ed. Ronald Taylor London: NLB, 1977; Berso, 1980.）一书中,可参考。——P译本注

② 卡夫卡的第一部长篇小说名为《失踪者》（Der Verschollene）,又名《美国》（Amerika）,此小说中最后一章的题目是《俄克拉荷马露天剧场》。——译者注

中界定了这种管理研究与我们研究所所追求的批判的传播研究(critical communications research)之间的区别,该文被收入 1941 年的《哲学与社会科学研究》(Studies in Philosophy and Social Science)之中,①那是我们献给"传播研究"(communications research)的专刊。

不用说,在普林斯顿项目的研究框架中几乎没给批判的社会研究留有空间。项目的规章来自于洛克菲勒基金,它明确规定,诸种研究必须限定在美国有影响的商业广播系统之内加以进行。这意味着广播系统本身,它的文化与社会学意义上的后果及其社会与经济方面的预设,都不应该予以分析。不能说我严格遵守了这一规章,但我也丝毫没被为批判而批判的欲望所驱使。倘如此,这对一个其第一要务是使自己熟悉其文化氛围,并有责任使研究就其所位的人来说将是不合适的。其实,让我感到困扰的是一个基本的方法论问题——与"方法"(method)一词的美国含义相比,欧洲人对它的理解更多是认识论意义上的;而这里的方法论(methodology)却差不多意味着研究的实际技巧。我非常愿意走向著名的"篱笆的另一边",亦即研究听众的反应;而我现在还能想起,当我为了自己的定位独自进行一系列非常随意且毫无系统的访谈时我是多么高兴,而且我学到了那么多的东西。因为从孩提时代起,我就总是对出于冲动、毫无章法的思维心神不安。② 另一方面,今天我依然确信,在文化领域中被感知心理学仅仅看作"刺激物"(stimulus)的东西,在我看来其实是属于"客观精神"(objective spirit)方面的问题,它在质上可以被确定,在其客观性上也可以被认知。我反对的是陈述和测量了效果,却对效果与那些"刺激物"的关系不管不顾。也就是说,对让文化工业消费者(亦即电台听众)作出反应的客观内容不予理会。我觉得那些在社会研究的普遍规则中不言自明的东西完全成了肤浅之物和被误导之物,亦即通过受试者的反应进行研究时,就好像这种反应是最重要的事情,是社会学知识的最终来源。或者更谨慎地说:社会研究依然不得不决定的是,对人们的主观

---

① 拉扎斯菲尔德的这篇文章名为《评管理的传播研究与批判的传播研究》("Remarks on Adminstrative and Critical Communications Research"),发表于《哲学与社会科学研究》1941年第 9 期。——P 译本注

② 此句的表达是 Since earliest childhood I had always felt uneasy with impulsive, undisciplined thinking,来自 P 译本,F 译本无此句子。——译者注

反应进行研究,究竟在多大程度上像受试者想象的那样是自发的和直接的;而传播方法和这个系统的暗示力量(the power of suggestion),乃至听众所接触的材料之客观含义又在多大程度上左右着他们。而且最终,这项研究还取决于广泛的社会结构,甚至作为整体的社会在多大程度上发挥作用。然而,研究中我仅仅是因为用艺术的客观影响取代了统计测量上的听众反应,我便与盛行于美国科学中那种几乎不受挑战的实证主义思想习惯发生了冲突。①

而且,特定的音乐问题也阻碍了我从理论思考走向经验主义(empiricism)的进程,亦即困难在于描述音乐在听众那里主观上被唤醒的东西,也就是被我们称作"音乐经验"(musical experience)却对此全然无从认知的东西。我简直不知道如何去接近这种经验。对于所需要发现的复杂性而言,那个除了别的功能,还可以在一曲音乐播放时摁一个按钮来显示听者是否喜欢的小机械装置(即所谓的音乐节目分析器②),在我看来实在是难以胜任;尽管它提供的数据表面上具有客观性。不管怎么说,我还是决定在进入实地研究之前,深入追究一下那个也许能称作音乐"内容分析"(content analyses)的东西,而不把"音乐"和"节目音乐"相混淆。我现在还记得,社会研究所的已故同事、《巨兽》(*Behemoth*)一书的作者弗朗茨·诺伊曼(Franz Neumann)曾问我有关音乐研究的调查问卷是否已被发放出去,那一刻我是多么无地自容!因为那些被我视为关键的问题能否被问卷妥善解决,我还不甚了了。老实说,直到现在我也依然不清不楚。当然,这里也留下了我的误解(像我后来才意识到的那样),他们并没指望我去深入了解音乐与社会的关系,而只是要我提供信息而已。彻底转变自己去满足这种要求,让我内心产生了一种强烈的抵触情绪。就像霍克海默安慰我的那样,即便超出我的智性取向是我所求且有此可能,恐怕我也不能完成此项工作。

---

① 此句据 P 译本译出,F 译本的表达亦大体相当,但无"实证主义"之说。P 译本译为:But simply because I proceeded from objective implications of art instead of statistically measurable listener reactions I collided with the positivistic habits of thought that reign virtually unchallenged in American science.——译者注

② F 译本中无 the so-called program analyzer 字样,故此前此后采用了 P 译本的译法。P 译本在 program analyzer 后作注道:阿多诺把 program analyzer 译成的德文是 die Programmanalysiermaschine。——译者注

我更多是作为音乐家而不是社会学家走向音乐社会学这一特殊领域的,这在很大程度上也决定了我所做的一切。尽管如此,一种真正的社会学冲动也在其中发挥着作用,这种情况直到多年之后我才能做出解释。在借助于音乐的主观态度去研究音乐时,我遇到了那个自发性(spontaneity)①问题。唤醒这一关注的是如下事实:把那些明显是最初的自发性反应当作社会学知识的基础是不恰当的,因为那些反应本身也是被决定的。职是之故,我们便可以指出:在社会研究主要涉及主观反应及其一般规律的所谓动机分析(motivation-analysis)中,某种手段对于修正自发性的呈现,并通过附加详细的、定性的个案研究去洞察主观反应的先决条件,是方便有用的。但是三十年前,实证的社会科学并未像它后来那样集中关注动机研究的技巧,除了这一事实,我过去认为且现在也依然觉得,甚至这样一套程序——无论它有多少东西诉诸"常识"(common sense)——也是很不充分的。因为它依然不可避免地停留在主观领域:种种动机不过是存在于个体意识和无意识之中的东西。单单通过动机分析,并不能确定音乐反应是否与如何被所谓的文化氛围和超越文化氛围之上的社会结构因素所决定。当然,通过主观的看法和行为,客观的社会因素也会间接地变得分明起来。进而言之,受试者本人的看法和行为也总是客观的、"既成的"东西。它们对于显示整个社会的发展趋向至关重要,不过其程度并非像那种社会学模式里出现的情况那样——把议会民主制(所有人的意愿[la volonté de tous])的法则与活生生的社会现实绝对地等同起来。一般而言,客观社会因素可以解释主观反应,直到最具体的细节。从主观材料中,我们也可以反过来去辨析其客观决定因素。实证方法唯我独尊的名头能够得到支持,是因为主观反应比总体的社会结构更容易确定和量化,而总体的社会结构却不肯轻易就范于直接的实证方法。一个人可以从受试者那里采集的数据出发,进而研究客观的社会因素,也可以反过来操作,这两种路径似乎都有道理;只不过当社会学从这些数据的测定出发时,人们脚踏实地,感觉更稳固而已。但尽管如此,人们从个人的看法与反应出发是否确实能走到社会结构与社会本质层面,这种情况依然无从证实。甚至这些看法所统计的平均反应

---

① P译本此处译为mediation(中介)。——译者注

也像涂尔干(Durkheim)已经认识到的那样,依然是一种主观性的缩影:

> 而且,不能把客观反应与平均反应加以混淆的另一原因是:平均出来的个体反应仍然是个体反应……"我喜欢这个"与"我们当中的一些人喜欢这个",这两种陈述并无本质区别。①

那些追求精准的经验主义的代表人物把这种限制强加于理论的建构之上,以致阻碍了整个社会与其行为法则的重构,这并非一次事故。不过,首要的问题是,一种科学所选择使用的参照系、范畴和技巧在涉及研究对象的内容时,并不像某种对方法与对象严格区分的哲学所假定的那样中立和无关紧要。是从一种社会理论出发而把所谓的可靠观察数据诠释为纯粹的理论副产品,还是有选择地把数据看作科学的本质,把社会理论看作对数据加以整理后而形成的纯粹抽象物——无论是哪种做法,都会对社会观念构成深远的实质性影响。与任何具体的偏见或"价值判断"(value judgment)相比,选择什么样的参照系更能够决定一个人是把抽象的"社会"当作最根本的、控制一切具体事物的现实,还是鉴于其抽象性,在唯名论(nominalism)的传统上只不过将其看作声息(*flatus vocis*)。② 这种选择延伸到了包括政治在内的所有社会判断中。动机分析走不了多远,它顶多能研究一下选择出来的几样因素对主观反应所产生的影响。而在文化工业的整体语境中,这些因素不过是多多少少偶然脱离于总体性(totality)的东西;而那个总体性,不但从外部操控着民众,而且长期以来已被内化到民众之中了。

对于传播研究来说,这背后还隐藏着更为严重的问题。尤其是在美国,大众媒介社会学必须予以关注的现象,与标准化、艺术创造向消费品的转化、精心计算出来的伪个性化以及诸如此类在德语中被称为"物化"(Verdinglichung/reification)的种种表现是不能分开的。与此

---

① 埃米尔·涂尔干:《社会学与哲学》(*Sociologie et Philosophie*),巴黎,1963 年,第 121—122 页。——原注

② 声息(*flatus vocis*),即有名无实之物。中世纪法国经院哲学家、贡比涅的罗瑟林(Roscelin de Compiègne,1050—1125)曾认为,个别或殊相才具有真实性,一般或共相只是"声息",是有名无实的存在。——译者注

状况相匹配的是一个物化了的、大体上可操纵的、已经不会产生自发经验的意识。不必借助任何详细的哲学解释,只用一个实际经历我就能以最简单的方式例证我所意谓的东西。在普林斯顿项目频繁更换的同事中,有位年轻女士与我有过接触。几天之后她开始与我谈心,并以一种非常迷人的方式问道:"阿多诺博士,问一个私人问题您介意吗?"我说:"这要看是什么问题,不过您尽管往下说。"于是她继续道:"请告诉我,您性格外向还是内向?"这就好像她作为活生生的个体生命进行思考,但其思路却是根据问卷调查上那些所谓的"自助餐式"问题("cafeteria" questions)①模式展开,她已被这种模式控制了。她能使自己适应到这种僵硬的、预设好的分门别类中,就像人们在德国时常观察到的那样。例如,在征婚广告中,男女双方用出生星座来描述自己的特征——室女座与白羊座。物化意识(reified consciousness)绝不仅限于美国,而是社会的普遍趋向所培育和提倡的。但我只是在美国才第一次意识到它的存在。与经济—技术的发展趋势相协调的当代欧洲也正紧随其后。在此过程中,这种情结早已渗透到美国人的普遍意识中。1938年前后,若是有人胆敢使用"物化"这一概念,必会遭遇强有力的抵制;而时至今日,过度使用已让它变得陈旧不堪了。

　　来自方法论怪圈(methodological circle)的威胁尤其让我心神不安:一个人要是根据实证社会学(empirical sociology)的流行标准去抓住文化层面的物化现象,他将不得不采用物化的方法,而这些方法就如同那台机器(节目分析器)一样充满威胁地在我眼前晃动。当我被要求去"测量文化"(measure culture)时,我意识到文化有可能恰恰处在这样一种状态:它把那种长于对文化进行测量的思路排除在外了。一般而言,我对不分场合地应用"科学即测量"(science is measurement)②的原则十分抵触,但那时候,这种做法甚至在社会科学界也几乎不被批评。定量研究法被赋予约定俗成的优先权,而理论和个别的定性研究充其量只应该是其补充,这种情况恰恰要求我们必须对这个

---

　　① "自助餐式问题"(P译本写作 cafeteria-style questions)是调查问卷中多选题式问题的一种特殊形式,答案一般由数个完整的句子构成。回答者通过选择某些答案,能表明对某一问题的态度或看法。——译者注

　　② "科学即测量"是意大利科学家伽利略(Galileo Galilei,1564—1642)提出的一个著名说法。——译者注

悖论予以解决。把我的思考转换成研究用语就相当于化圆为方（squaring the circle）。① 若去断定这在多大程度上跟我个人的观察误差（personal equation）相关，我当然并非合适人选，但是其中的种种困境无疑也是客观存在的。它们在社会学科学概念的混杂性（inhomogeneity）中拥有了这种基础。在批判理论（critical theory）②与自然科学的实验步骤之间并不存在一个连续统一体。它们的历史起源完全不同，只有竭尽全力才能把它们整合到一起。多年以后返回德国，我曾探讨过这种非连续性（discontinuity），③在数篇有关方法论的文章中反驳塔尔科特·帕森斯（Talcott Parsons）④的观点，其中一篇是《社会学与实证研究》("Soziologie und empirische Forschung")。此文现已收入霍克海默与我合著的《社会学》第 2 辑（*Sociologica* II）中，该著是社会研究所编辑的《法兰克福社会学文库》(*Frankfurter Beiträge zur Soziologie*)系列中的一本。三十年前，我在这个问题上的怀疑累积到如此程度，以至我让自己沉浸在美国音乐生活（尤其是电台系统）的观察之中，并形成了与它相关的种种理论和假定；但我却无法设计出能够直抵事物核心的调查问卷与访谈计划。当然，我的努力多少也有些孤立。我的同事们并不熟悉我所关心的那些事情，这样他们就不是跟我合作，而是对我持怀疑态度。非常有趣的是，所谓的文秘工作者（secretarial workers）立刻被我的想法吸引。我依然记得露丝·柯亨（Rose Kohn）与尤妮丝·库珀（Eunice Cooper），她们不仅抄写并改正了我的很多手稿的错讹之处，而且还给我打气加油——我对她们的感激溢于言表。但是学问级别愈高，局面也就变得愈加不快。比如，我曾有过一个助手，其祖先很早以前来自德国，是门诺派教徒（Mennonite）的后人；他本应是来帮助我的，尤其是要在流行音乐研究中助我一臂之力。他曾是一位爵士乐音乐家，我从他那里学到了大量的爵士乐技巧，还了解了美国的"热歌"（song hits）现象。但他不但没有帮我把我的问

---

① "化圆为方"是古希腊三大几何难题之一。此题的假定是：利用尺规作图，求作一个正方形，使它的面积等于已知圆的面积。而如果不去掉"尺规作图"这一限制，此题将永无解决的方案。——译者注

② F 译本此处为 critical theorems，现据 P 译本译出。——译者注

③ 此处 P 译本注释文字中写为"混杂性"（inhomogeneity）。——译者注

④ 塔尔科特·帕森斯（Talcott Parsons, 1902—1979），美国著名的社会学家，结构功能主义的代表人物，主要著作有《社会行动的结构》《社会系统》《经济与社会》等。——译者注

题构想转换成研究策略——不管多么有限,反而写了一份类似抗议的备忘录。在那里,他情绪激烈地将自己看待世界的科学观与我那些毫无根据的空想(这是他对我那些思想的看法)加以对照。他根本没有把握住我的思想要点,又明白无误地心怀某种怨恨:在他看来,我所带来的那种文化类型是毫无道理的傲慢,尽管我打心眼里并没觉得这种文化多么高人一等,也没觉得我业已成型的对社会的批判态度多么居高临下。他对欧洲人有一种不信任,18世纪的布尔乔亚看待法国流亡贵族的眼光恐怕就是这样。虽然我没有任何影响力,与社会特权也毫无关系,但在他的眼里,我却成了某种篡位者。我丝毫没有掩饰我自己在这一项目中的心理困境,尤其没有掩饰一个目标已定的大老爷们儿的顽固不化,也许我能以一些回忆为例,以此说明这些困境并非完全出于我自身的限制。一位在其自身领域干得很好的同事早已获得了要职和敬重,但这些与音乐社会学毫无关系。他请我就一项爵士乐调查做一些预测:这种轻音乐形式是在城市流行还是在乡村风靡,是年轻人追捧还是年长者喜欢,是受那些隶属于教会的人喜爱还是更受"不可知论者"(agnostics)之类的人欢迎。我回答了这些问题,这些问题完全处于我所研究的爵士乐社会学的范围之内,我用简单的"常识"(horse sense)回答了这些问题,就像一个毫无成见、没被科学吓住的人那样。我的预言谈不上深刻,却得到了证实。其效果令人惊奇。我的那位年轻的同事并没有把此结果归因于我的常识,而是认为我在直觉上有某种神奇的能力。于是我在他那里获得了一种威信,但我不过是知道爵士乐粉丝(jazz fans)多半在大城市而不在乡村而已,实在是不配获得这种威信的。他所完成的学术训练很显然对他起了这样的作用,即任何思考若还没有被严格观察和记录的事实所覆盖,就应该加以排除。的确,我后来碰到的一种观点认为,如果在进行实证研究(empirical investigations)之前形成太多假定性的想法,那么一个人就有可能屈从于偏见,而这些偏见又可能会危及研究结果的客观性。我的这位非常友善的同事宁愿把我当成一名巫医(medicine man),也不愿意容纳跟推想(speculation)这一禁忌搭界的东西。这类禁忌有扩散到其初始领域之外的趋向。对未经证实的东西持怀疑态度很容易转换成一种对思想的否定。另一个同样能干且已功成名就的学者把我对轻音乐的分析看作"专家意见"(expert opinion)。他是从听众反应的角度进入这些问题的,而不是对实际事物本身(即音乐)进行分析;他想把音乐作为纯粹的刺激物而排除在分析的范围之外。

这种论点我遇到过许多次。在美国,游离于人文学科(liberal arts)这一特殊领域之外去理解精神(spirit)方面的客观性观念,显然是件很困难的事情。人们把精神无条件地等同于承载它的主体,对其独立性与自主性则毫无认知。最为重要的一点是,组织化的学术研究(organized scholarship)几乎认识不到根据创造者的心理状态去理解艺术作品是多么无足轻重。我曾观察过这种情况中的一个例子,极端可笑。为给一组电台听众做一个音乐分析,分析他们在音乐中将要听到的结构成分,我曾被指派给一项任务(现已忘了什么原因)。考虑到要从熟悉的东西着手同时也要符合大众的兴趣,我在舒伯特 B 小调交响曲(B-Minor Symphony)的第一乐章中选择了形成第二主题的那个著名曲调,以此例证连锁似的、交织在一起的主题特性为什么有其特殊效果。参与这次聚会的人中有一位年轻男子,因其穿着过于花哨,此前我已注意到他。他举着手粗鲁地说道:我所谈论的东西都很好且令人信服。但我要是戴个面具,穿上舒伯特的装束,就好像音乐家本人在提供有关其创作意图的信息,展开这些想法,那一定会更有效果。这种经验中呈现出的东西,马克斯·韦伯(Max Weber)差不多五十年前就在其层级制理论(theory of bureaucracy)①的绪论中诊断出来了,而这种东西在 1930 年代的美国已得到了充分发展——技术专家(expert technician)与欧洲意义上的"知识分子"(intellectual)、"有文化的人"(gebildete Mensch)之间的对立。知识分子与专家的区分是否仍然存在,他们在多大程度上存在着这种区分,后者这些年来是否变得更趋于自我反省,这些问题本身就值得做社会学分析。

当乔治·辛普森(George Simpson)博士被指定与我一道工作时,我在普林斯顿电台研究项目上才得到了第一个真正的帮助。我很高兴能有这个机会向他公开致谢。辛普森在理论方面见多识广,作为土生土长的美国人,他熟悉那些在美国所遵循的社会学标准;作为涂尔

---

① 韦伯的 bureaucracy 一般译为"官僚制"或"科层制",有学者认为,作为管理学用语,最恰当译法应是"层级制"。参见张政、向程:《Bureaucracy——官僚制、科层制还是层级制》,《中国翻译》2011 年第 6 期。——译者注

干《社会分工论》(Divesion du travail)①一书的译者,他也熟悉欧洲的传统。我多次观察到,本地的美国人思想更开明;与欧洲移民相比,他们的最突出之处是更乐于助人。而欧洲移民在偏见与竞争的压力下,常常比美国人还美国化,他们也动辄把每一个新来的欧洲伙伴看作一种威胁,危及他们自己的"适应"。辛普森在职务上是"编辑助理",事实上,他做的工作远不止这个:其初步尝试是把我那种不同寻常的努力转化成了美国社会学的语言。② 这个过程是以一种令我意外且很有启发的方式完成的。就像被灼伤的孩子怕火一样,我已养成一种过分的谨慎。我简直不敢如其需要那样用美式英语③表达自己的想法,让它们毫不掩饰、理直气壮地出场亮相。但是现在看来,这种谨慎并不适合像我这种远离试错法(trial and error)的哲学。而辛普森不仅鼓励我写作时尽可能畅所欲言,毫不妥协,他还使出了浑身解数促使其成功。

从1938年至1940年,即在普林斯顿电台研究项目中进行音乐研究期间,我通过与辛普森合作,完成了四篇分量较大的专题论文。没有他的帮助,这些论文也许就不会存在。第一篇论文名为《电台音乐的社会批判》("A Social Critique of Radio Music"),发表在《肯庸评论》(Kenyon Review)1945年春季号上。那是我在1940年向从事电台项目的同事所做的一个讲座。此文发展了我著作中的基本观点,虽然有点粗糙,但也许还清晰明了。另三篇具体的研究把这些观点运用到了数据材料中。头一篇《论流行音乐》("On Popular Music"),刊载于《哲学与社会科学研究》杂志的传播卷中,是一种流行歌曲的社会现象学;该文特别提出了标准化(standardization)与伪个性化(pseudo-individualization)的理论,并呈现了可以由此推及严肃音乐与轻音乐之间的明显区分。如果我在此指出,伪个人主义现象的发现预示了后来在《威权主义人格》(The Authoritarian Personality)一书中扮演着重要角色的人格化(personalization)概念,而且它的确在一般意义上的政治社会学里获得了一些重要性,也许这并非完全没有意味。第二篇是对国家广播

---

① 此书的全名是:De La Division Du Travail Social. ——译者注
② P译本这里的表达是:"其初步尝试是把我的特殊努力与美国方法整合到了一起。"——译者注
③ F译本中无in American English之说,此处借用了P译本的译法。——译者注

公司音乐欣赏节目(NBC Music Appreciation Hour)的研究,这一内容详尽的英文文本当时不幸未能发表,而今天它在许多方面显然已过时落伍,无法在美国产生任何影响。承蒙拉扎斯菲尔德的善意与许可,后来我把此文中我认为重要的东西以德语插入到《被欣赏的音乐》("Die gewürdigte Musik")中——那是《忠实的伴奏者》(Der Getreue Korrepetitor)一书中的一个章节。此文涉及批评性的内容分析,是要简明而严格地呈现如下问题:作为一个受到高度评价、有着广泛听众、被看作倡导音乐文化的非商业性节目,达姆罗施节目(Damrosch Hour)[①]其实是在传播着有关音乐的虚假信息,散布着一个具有欺骗性的、不真实的音乐概念。此文找到的那个虚假的社会基础与负责这一"欣赏节目"的那些人所持的观点吻合一致。最后,我完成了《电台交响乐》("The Radio Symphony")这一文本,并把它发表在《电台研究(1941)》(Radio Research 1941)卷中。[②] 此文的主旨是,严肃的交响乐一经电台转换就不再是它所呈现的东西,因此,电台工业声称把严肃音乐带给了民众纯属子虚乌有。这篇文章一经发表便立刻遭到强烈反对,于是著名的音乐批评家B. H.哈金(B. H. Haggin)发表文章予以批驳,并给它贴上了标签:此为那些基金会最喜欢的胡说八道之辞——这种指责当然不适用于我这种情况。我也把这篇论文的要点合并到《电台的音乐用途》("Über die musikalische Verwendung des Radios")中,此为《忠实的伴奏者》的最后一章。当然,其中的一个想法现已过时:我的观点是电台交响乐根本不是交响乐,此观点与声音质量的技术转换有关,因为当时电台中仍然流行使用唱片,普遍失真;[③]而后来的高保真立体音响技术(the techniques of high fidelity and stereophonics)已克服了这一缺陷。但我相信,此种状况并不会影响到我的这两种理论:"原子式收

---

①　"达姆罗施节目"即达姆罗施主持的"音乐欣赏节目"(Music Appreciation Hour)。瓦尔特·达姆罗施(Walter Johannes Damrosch,1862—1950)是德裔美籍作曲家和指挥家,1928—1942年担任美国国家广播公司(NBC)音乐指挥,主持"音乐欣赏节目"。此节目为系列广播讲座,主要针对学生谈论如何欣赏古典音乐。节目在学生在校时播出,广播公司还为教师提供了教科书等材料,以方便师生收听、学习,所以很受欢迎。——译者注

②　此文题目与发表的完整信息是:"The Radio Symphony: An Experiment in Theory," in Radio Research 1941, ed. Paul. F. Lazarsfeld and Frank N. Stanton, New York: Duell, Sloan, and Pearce, 1941, pp. 110-139。——P译本注

③　此句翻译参考了P译本的译法。——译者注

听"(atomistic listening)和电台上呈现的是古怪的音乐"形象"(image)。这两种理论已幸存下来,超越了实际的声音失真。

与"音乐研究"(Music Study)实际上本应成就的东西相比,这四篇论文至少在提纲形式上是不完整的,或者用美国人的话说,这个结果只是一次"打捞行动"(salvaging action)。电台音乐的社会学与社会心理学理论应有系统阐述,从这方面的呈现情况看,我并没有取得成功。后来的德语著作《音乐社会学导论》(*Einleitung in die Musiksoziologie*)究竟在多大程度上满足了这一需要,不能由我来判断。那几篇论文不过是提供了一些研究示例,而并非那种我觉得人们所期待我拿出来的整体规划。这一缺陷也许主要是来自于如下事实:我向受众研究的转型并不成功。如果仅仅是为了改进与修正我的主张,这样的研究绝对是必要的。音乐内容分析中所观察到的社会意义是否为听众自己所理解,以及在多大程度上被他们理解,他们又是如何对这些影响做出反应的,这些问题还悬而未决,只能通过实证手段获得答案。把刺激物中可以体察到的社会含义与那些体现于"反应"(responses)中的社会含义想当然地当成是一回事,固然幼稚;而仅仅由于对听众反应还缺乏确定的研究就认为这两者完全互不相干,无疑也同样天真。事实上,正如《论流行音乐》研究中所推论的那样,如果流行音乐工业的标准与规则是在一个还没有彻底标准化、技术组织化的社会中公众偏好的沉淀物,那么我们仍然能够推断出,客观内容的社会含义并没有完全脱离它们所诉诸对象的意识与无意识——否则流行将不成其为流行。界线是在人为操纵下制定出来的。另一方面,也应该考虑到,从一开始就打算让人以娱乐形式接受的那种浮浅与表面的材料,所期待的也只能是相对浮浅与表面的反应。音乐工业所折射出来的意识形态并不必然需要与受众的意识形态相等同。举一个类似的例子,包括美、英在内的许多国家,其通俗报刊(popular press)常常宣传极右翼观点,但迄今为止,这些鼓吹在形塑民众意志方面并未造成任何严重后果。在实证社会学与理论社会学(theoretical sociology)之间的争辩中,我自己的立场往往会遭到歪曲,在欧洲就更是如此①。我的观点可大致总结为:实证研究不仅合理合法而且绝对必要,甚至在文化现象的

---

① P译本这里是"德国"。——译者注

领域也是这样。但是我们绝对不能赋予其自主性，或是把它看作一把万能钥匙。重要的是，实证研究本身也必须以理论知识为归宿。理论并非仅为获得数据的工具；一旦数据到手它便成了多余之物。

也许需要指出的是，来自于普林斯顿项目中论音乐的四篇文章，连同那篇论音乐拜物性的德语文章，还有《新音乐哲学》(*Philosophie der neuen Musik*)中所包含的主题，直到1948年才全部完成。我在美国的文章中已运用起来的有关音乐再生产与消费的观点，也将运用到音乐生产方面。当时完成于美国的《新音乐哲学》涉及我后来与音乐写作有关的所有东西，包括《音乐社会学导论》。①

有关"音乐研究"的著述绝不仅限于在我名下呈现出来的这些东西。另外还有两项研究（其中一个是严格的实证研究），它们至少可看作是受我的著述启发而成，虽然我并没有指导它们——我当时并不在《电台研究（1941）》的编辑队伍中。在《请听音乐》("Invitation to Music")②一文中，爱德华·萨齐曼（Edward Suchman）考察了《电台交响乐》("Radio Symphony")中论听众反应的一个论点，这是迄今为止如此考察的唯一尝试。他确立了那些熟悉现场严肃音乐者与那些仅靠电台了解严肃音乐者在音乐欣赏能力上的区别。此问题的性质关联着我自己的研究路径，因为我的著作也关注现场经验与"物化"经验（来自于机械复制手段）之间的区分，其观点也许已被萨齐曼的研究所证实。有些人听过现场的严肃音乐，还有一些人只是通过专门播放音乐的纽约电台 WQXR 频道③去熟悉它，前者的趣味要优于后者。但这种区分是否就像我的理论所阐明，或像萨齐曼的结论大致暗示的那样，真的可全部归因于音乐经验的理解模式，或者像我现在大体认为的那样，是否存在着第三种因素的进入，即一般去听音乐会的人们已属一个传统，此传统让他们比"电台粉丝"(radio fans)更熟悉严肃音

---

① F 译本中无此句，这里采用了 P 译本的句子：*Philosophy of New Music* then, completed in America, implicated everything I wrote about music later, including the *Introduction to the Sociology of Music*. ——译者注

② 此文题目及发表的完整信息是："Invitation to Music: A Study of the Creation of New Music Listeners by the Radio," in *Radio Research 1941*, ed. Paul. F. Lazarsfeld and Frank N. Stanton, New York: Duell, Sloan, and Pearce, 1941, pp. 140-188。——P 译本注

③ WQXR 是纽约古典音乐电台的一个频道，其全名是 WQXR—New York's Classical Music Radio Station。——译者注

乐,他们也的确比那些局限于听电台的人有一种更专门的兴趣,此类问题无疑还悬而未决。而且,用本身已物化了的方法去探讨意识的物化问题非我所愿,而这种不情愿在这项研究中已变得相当具体,可以想见,对此我是比较满意的。使用人们所熟悉的瑟斯顿量表(Thurstone Scale)①的技法,一组专家应该能选出有某种特性的作曲家,由此又能区分出通过现场和通过电台熟悉音乐的那些人的标准有何不同。而这些专家又大都是因为他们在音乐界的突出成就而被挑选出来的。在这一点上所引发的问题是,这些专家本身的观念是否已打上了物化意识(这恰恰是我们研究的对象)中常规观念的烙印。在我看来,柴可夫斯基在这个量表中名列前茅,只是证明了我的这种疑虑不无道理。

刊发于《电台研究(1941)》上的《流行音乐工业》("The Popular Music Industry")由马尔科姆·麦克道格(Malcolm McDougald)完成,此项研究有助于演示音乐趣味的可操纵性理论。此文对于认识表面上的自发性如何被塑造而成也做出了贡献,因为它详细描述了"金曲"(hits)的制造过程。乐队是广为传播热门歌曲的最重要的渠道。通过"高压"(high pressure)广告宣传法,乐队受到扶植,以便某些特定的歌曲经常被演唱,特别是在电台上经常播放。到头来,纯粹是因为不停的重复,它们才有了为大众所喜爱的机会。因此,麦克道格的功劳在于他第一次详尽展示了音乐界的这种机制。但即便如此,我也并不完全同意他的观点。我的看法是,他所坚持的那些事实是属于电台技术集中化和大众媒介被少数大亨控制之前的那个较早的时期。在这项研究中,对民众趣味的操纵基本上依然呈现的是那些插手过多的"经纪人"(agents)的所作所为,要么干脆就是行贿受贿与腐败的结果。但事实上,客观体系以及具有相当大程度的新技术条件早已接手了这项工作。鉴于此,麦克道格的研究今天需要被重复进行,以探究流行音

---

① 瑟斯顿量表(又称"瑟斯顿量表法")是心理学和社会学领域测量态度的第一个正式方法,由美国心理测验学和心理物理学的先驱瑟斯顿(Louis Leon Thurstone, 1887—1955)于1928年提出。此方法首先搜集一系列有关所研究态度的陈述,然后邀请一些评判者将这些陈述按从最不赞同到最赞同方向分为若干类。经过淘汰、筛选,形成一套约二十条意义明确的陈述,沿着由最不赞同到最赞同的连续统分布开来。要求参加态度测量的人在这些陈述中标注他所同意的陈述,所标注的陈述的平均量表值就是他在这一问题上的态度分数。——译者注

乐之所以成为流行的客观机制,而不是那些喋喋不休的家伙所进行的策划和交易——对于这号人招徕生意时的"油嘴滑舌"(spiel),麦克道格曾描述得活灵活现。在目前的社会状态下,这种油嘴滑舌因其作风老派而很容易惹人注意,所以便好像有了一种吸引力。

1941年,我在普林斯顿电台研究项目——应用社会研究所(Bureau of Applied Social Research)就是从这里发展起来的——的工作结束了,与妻子一道移居加利福尼亚,之前霍克海默已在那里落脚。后来的几年,我与他几乎完全待在洛杉矶,联手进行《启蒙辩证法》(*Dialektik der Aufklärung*)一书的写作。此书完成于1944年,而书后的附录则写于1945年。在此期间,我与美国研究界断了联系,直到1944年秋天才又恢复过来。当我们还在纽约时,霍克海默面对欧洲正在发生的恐怖事情,已在着手反犹主义问题的研究。与研究所的其他成员一道,我们已勾勒并发表了一个研究项目规划,不时去触及一下。此规划除别的内容外,还包括一个反犹类型学(typology of anti-Semites)。经过充分修改,这个类型学又出现在后来的研究中。正如普林斯顿电台研究项目的音乐研究是以我那篇用德语写就的理论文章——《论音乐中的拜物特性与听的退化》为理论前提一样,《启蒙辩证法》中"反犹主义要素"(Elemente des Antisemitismus)那一章(我与霍克海默在这章中有最严格意义上的合作,由我们一起逐字逐句口述而成)则预见了我后来与伯克利民意研究组(Berkeley Public Opinion Study Group)的合作,其研究成果体现在已出版的《威权主义人格》一书中。此处提及《启蒙辩证法》(此书还未被翻译成英语①)我以为并非多余,因为这本书最能够消除《威权主义人格》从一开始就遇到的以及在某种程度上因其重点强调而引发的一个误解,即《威权主义人格》的作者们基于纯粹的主观臆测而试图去解释反犹主义以及更广泛意义上的法西斯主义,因而错误地认为这一政治—经济现象主要是心理学层面的东西。我在普林斯顿项目音乐研究的构想所指出的那些足以显示,根本就没有这样的意图。"反犹主义要素"从理论上把种族偏见放在

---

① 《启蒙辩证法》的英译本是阿多诺去世之后才出版的,出版时间是1972年。——译者注

了一个具有客观趋向的社会批判理论的语境之中。当然,与某种经济正统论相比,我们并没有完全排斥心理学,而是把它作为一种解释性的因素,在我们的研究方案中给它一个适当的位置。但是,客观因素高于心理因素而居于首位,我们则从未有过怀疑。我们坚持了一个在我看来非常可信的观点,即在当代社会,客观的建制与发展趋势已获得了对个人的支配,越来越多的个人不过是把自己的头脑变成了接受那种趋势的代理商(agents)①而已。越来越少的东西取决于他们意识到的和未意识到的自我存在,即他们的内心生活。与此同时,对社会现象的心理学和社会心理学解释在很多方面已成为一种意识形态伪装(ideological camouflage):②人们对整体系统的依赖越大,就越是对它无能为力,因而也就越是有意无意地受到引导,误以为一切事情都能靠自己做主。我曾非常尖锐地说过:"人就是非人化的意识形态。"③因此,已被提出的与弗洛伊德理论有关的社会心理学问题,尤其是涉及深度心理学与性格学的问题,绝不是无足轻重可有可无的。早在为社会研究所《权威与家庭》(*Autorität und Familie*)1935 年卷写的长篇导言中,霍克海默就已谈到把社会黏合在一起的"水泥"(cement),并形成了如下论点:鉴于社会向其成员所做的承诺与社会实际上给予他们的东西之间存在着误差,除非社会对民众的心灵内部加以重塑以使他们与社会保持一致,否则社会机器就无法运转。随着对自由劳动力需求的增加,资产阶级时代曾经产生出与新生产方式之需成龙配套的人,这些看似由社会经济体系之需产生出来的人后来又成了一种额外因素,以确保按那些条件去形塑人的本质(inner man),④并使那些条件得以延续。正如我们现在所知道的那样,社会心理学探讨客观社会体系如何对主观进行调理与控制,没有这样的机制,社会就无从操控主体。在这些理论中,我们的观点与那些从主观着手去矫正刻板思维

---

① P 译本这里译作"公务员"(functionaries)。——译者注
② P 译本这里译作"意识形态的屏幕形象"(ideological screen-image)。——译者注
③ 此句的表达是:I once put it very pointedly: "Man is the ideology of dehumanization." F 译本中有引号中所言但无前面的半句,P 译本正文中无此引文但在注释中有详细说明。此句名言来自阿多诺的《本真性的行话》一书,该书的相关信息是:*The jargon of Authenticity*, trans. Knut Tarnowski and Frederic Will, London: Routledge & Kegan Paul, 1973, p. 59。——译者注
④ P 译本这里译作"主体"(the subjects)。——译者注

的研究方法有些类似；在这种方法中，对体系至上的倚重替代了对体系与其构成成分之间的具体关系的洞察。另一方面，具有主观趋向的分析只有在客观理论之内才有其价值。在《威权主义人格》中，这一点是被反复强调过的。大概正是因为这种智识境况，人们才会从这本著作着重研究主观冲动这一事实出发，误以为我们把社会心理学当成点金石（philosopher's stone）而加以运用。其实，这本书不过是试图根据弗洛伊德的一个著名公式，在我们已知的东西中增加一些新东西而已。我希望以后能另有机会把这一点讲得透彻明白。

霍克海默与加利福尼亚大学伯克利分校（University of California at Berkeley）的一些研究者已有过接触，主要有尼维特·桑福德（Nveitt Sanford），现已过世的艾尔丝·弗伦克尔－布伦斯威克（Else Frenkel-Brunswik），还有丹尼尔·莱文森（Daniel Levinson）。我觉得霍克海默与他们的最初接触始于桑福德发起的一项关于悲观主义现象的研究，该研究后来再次进行时形式上已有很大改动，涉及的研究范围也更为广阔。其中破坏性冲动被看作威权主义人格（authoritarian personality）[①]的决定性维度之一，不仅仅是在"显见的"（overt）悲观主义的意义上如此看待它，而是把它看作对威权主义人格的一种经常性的反应形式。1945年，霍克海默接手负责设在纽约的美国犹太人委员会研究部（Research Division of the American Jewish Committee），由此得以将伯克利小组与我们研究所的科学资源拢到一起，合伙经营，这样，在数年的时间里，我们能就共同感兴趣的理论问题进行详尽的研究。霍克海默不仅负责这项研究的总体规划——其文稿收集在《偏见研究》（*Studies in Prejudice*）系列中，由哈泼斯（Harper's）[②]出版，而且如果没有他，《威权主义人格》的具体内容也是不可想象的。长期以来，他与我在哲学与社会学方面的反思已完全融为一体，以至于我们的思想已很难分清彼此。伯克利研究项目（Berkeley Study）的组织形式是这样的：桑福德与我担任主任，布伦斯威克夫人与丹尼尔·莱文森是我们

[①] F译本译作 authoritarian character，此处采用P译本译法。——译者注
[②] 哈泼斯一般是指《哈泼斯杂志》（*Harper's Magazine*），该杂志于1850年由哈珀兄弟出版公司（Harper & Brothers）创办于美国，主要刊发文学、政治、文化、金融和艺术方面的内容，是仅次于《科学美国人》（*Scientific American*）杂志的第二古老的月刊。此处应该是指哈泼斯出版机构。——译者注

的主要研究伙伴。不过从开始起,一切事情都是通过完美的"团队合作"(team work)完成的,并无任何等级讲究。《威权主义人格》一书的题名页上给予我们全体人员同等的著作权,这一事实充分反映了实际情况。这种不拘正式的上下级礼节并扩展到所有计划和执行细节上的民主合作,对我来说不仅非常愉快,也是我在美国所经历的最富有成果的事情,这与欧洲的学术传统形成了对照。从我的美国经历看,德国大学目前将其内部运作民主化的努力对我来说是很熟悉的。虽然二十多年过去了,①但能够竭尽全力地在德国实现类似的民主化,这让我真正感到我在延续着我在美国时所参与其中的那个传统。伯克利那里的合作没有摩擦,没有阻力,也没有学者间的竞争。例如,桑福德博士花了很多时间,以最友善和最细心的方式编辑了我写出的所有章节,推敲其行文风格。当然,合作如此顺利并不单单在于美国的"团队合作"气氛,而且也因为一个客观因素——我们每个人都对弗洛伊德有着共同的理论兴趣。我们四人一致同意,既不能让自己刻板地拘泥于弗洛伊德,也不能以精神分析修正主义者的方式去稀释他。我们研究的是一个具体的社会学问题,有鉴于此,我们在一定程度上偏离了他。我们在文化环境因素之上包括了客观因素,这与仅仅作为应用心理学的弗氏社会学观念并不完全匹配。我们将定量分析作为必需品对待,这也与弗洛伊德形成某种对照,因为对于弗洛伊德来说,研究的本质就在于定性研究,即"个案研究"(case studies)。不过自始至终,我们对于定性因素都是认真对待的:撑起定量研究的那些类别本身都具有定性的特征,它们来自于分析性格学(analytical characterology)。而且从一开始,我们就打算通过追加定性的个案研究来弥补定量研究中机械成分所造成的危险。纯粹的定量测定很难抵达遗传基因意义上的深层机制,而定性分析的结果又很容易被指责为缺乏普遍性,从而失去其客观的社会学价值。通过使用一系列不同的技术,通过设立的种种类型使它们互为一体,我们试图打破这一僵局。布伦斯威克夫人做出了很大努力,对其专门负责的那个领域所获得的那些严格意义上的定性临床分析结果进行了量化,我对此提出了反对意见,

---

① F译本和P译本正文均无 and although twenty years have gone by 一句,这里采用的是P译本注释中电台版的句子。——译者注

因为这种量化只能使我们再次失去定性分析所具有的互补优势。由于她不幸英年早逝,①我们再也无法继续这个争论了。就我所知,这一问题至今依然悬而未决。

有关威权主义人格的研究比较分散。虽然研究中心在伯克利,我每两星期去那里一次,但与此同时,我的朋友弗雷德里克·波洛克(Frederick Pollock)也在洛杉矶创办了一个研究小组,有社会心理学家C. F. 布朗(C. F. Brown),心理学家卡萝尔·克里顿(Carol Creedon),还有几个人也参与其中。那时候,我们已和精神分析学家弗雷德里克·海克(Frederick Hacker)医生②及其合作者建立了联系,类似于研讨会性质的讨论也常常在洛杉矶感兴趣的学者之间进行。把若干单个的研究辑成一套有规模的文字著作,这个想法是慢慢地且几乎是不自觉地形成的。此文集共同成就的核心内容是"法西斯倾向量表"(F-scale),③《威权主义人格》中所有的部分似乎都对它构成了巨大影响。经过无数次的应用与修改,"法西斯倾向量表"后来在德国针对当地情况作了调整,成了用来衡量威权主义可能性的一种量表的基础。1950年重建于法兰克福的社会研究所希望在1969年就此量表出版一个报告。根据美国杂志上的某些测试以及几个熟人的不太系统的观察,我们得出了如下看法:即使没有直截了当地去征询有关反犹和其他法西斯性质的意见,我们也可以通过某种偏执顽固的观点间接推断出这种倾向。我们能在很大程度上肯定的是,这些偏执的想法通常伴随着某些具体的观点,并与这些观点构成了一种性格学上的统一。因此,我们在伯克利本着自由创造的精神研发出了这个法西斯倾向量表,它在

---

① 布伦斯威克夫人(Else Frenkel-Brunswik, 1908—1958)中年不幸。丈夫自杀后,她一直没有从那种死亡震惊中恢复过来,并日渐消沉下去。1958年3月31日,她死于用药过量。阿多诺这里含蓄提及的应该是这件事情。——译者注

② 弗雷德里克·J. 海克(Frederick J. Hacker, 1914—1989),出生于维也纳,精神病学家和精神分析学家,在瑞士巴塞尔大学取得医学学位(1939)后前往美国,1945年在洛杉矶创建"海克精神病疗诊所"(Hacker Psychiatric Clinic)。著有《十字军战士、罪犯与狂热分子:我们这个时代的恐怖与恐怖主义》(Crusaders, Criminals, Crazies: Terror and Terrorism in Our Time, New York: W. W. Norton, 1976)等。阿多诺在后面会谈到他与海克医生的进一步交往。——译者注

③ 此处的"F"指代的是"法西斯主义"(Fascism)。在《威权主义人格》一书中,阿多诺等人制作了许多测量调查表,其中的一种是"潜在的反民主、法西斯倾向量表(The Implicit Antidemocratic Trends of Potentiality for Fascism [F] Scale)。——译者注

相当程度上偏离了步步为营的学术研究观念。对此,我的解释是,从事这项研究的四个人都有所谓的"精神分析背景"(psychoanalytic background),尤其是对自由联想法(the method of free association)都比较熟悉。我之所以强调这一点,是因为像《威权主义人格》这类著作虽多遇批评,但却从来没有人指责它不谙美国材料与美国方法,而且就其面世方式而言,它也无意把自己隐藏到社会科学领域中惯常的实证主义门面之后。① 这样来进行推测一点也不显得牵强:无论《威权主义人格》有多大价值,它都是一种自由精神的产物。这种自由精神超越常规,富有独创性,充满了想象力,且直指核心问题。在我看来,这种游戏冲动对于所有的智识生产力(intellectual productivity)都是必要的,在研发法西斯倾向量表的过程中,这种东西当然不能付诸阙如。我们花了很多时间去琢磨整个的维度、变量与综合症状,包括具体的调查问卷条目。这些条目与研究主题的关系透露得越少,我们就越是满意。因为理论上的原因,我们期待在种族中心主义、反犹主义与反动的政治经济观点之间看到种种关联。然后我们按标准的预测试(pretests)形式检查了这些条目,由此也把调查问卷的长度调整到对其技术性要求的限度之内;排除了那些"区分力"(discriminatory power)已被证明不够充分的条目之后,这样的问卷长度依然是可靠的。

当然,在此过程中,我们也不得不酒中兑水,稍作稀释。出于种种原因,我们常常不得不恰好放弃那些我们自认为设计得最深刻透彻也最有原创性的问卷条目,优先考虑那些更接近民意表层,从而能获得更大区分力的条目,把那些具有深层心理学(depth-psychology)依据的条目放在次要位置。在这些考虑中,后来被称为"文化敏感性"(cultural susceptibility)②的东西发挥了不小的作用。鉴于此,我们不得不索性撇开威权人格类型敌视现代艺术③这一维度,因为这种敌意已预设了某种文化水准,亦即具有这种水准的人已接触过这样的艺术,而我们那些绝大多数的受访者是缺乏这种文化经历的。尽管我们相信,通过定量法与定性法的结合,那些具有普遍性的东西与那些只有特定

---

① P译本中此句可译为:"它也绝不与社会科学领域中通常的实证主义形象吻合一致。"——译者注
② F译本这里译作 educational factors,此处用了P译本译法。——译者注
③ P译本这里译作"先锋艺术"(avant-garde art)。——译者注

相关性的东西之间的对立状态能被消除,但这个问题依然如影相随,凸现在我们的工作过程中。任何形式的实证社会学似乎都无法避免这样的缺陷,那就是它必须在其结论的可靠性与深刻性之间做出抉择。不过,我们依然可以使用在操作上界定明确的李克特形式(Likert form)①的量表,这种方式的量表常常能使我们一石数鸟,②亦即用一个条目同时获得几个维度上的结果。在我们有关威权主义人格的理论架构中,此种情形叫作"高产",与此相反的情形则谓之"低产"。按照哥特曼(Guttman)③对先前常规量表法的批评,我们这个法西斯倾向量表的观念是不可想象的。实证社会学的诸多方法正变得越来越精确,但不管其立论如何无懈可击,我还是很难不对它们心存疑虑。我认为它们往往会限制科学生产力。

我们不得不为较快出版而完成这本著作。它差不多正好在我1949年年底返回欧洲时公之于世,这样我就不可能见证它在后来的岁月里对美国造成的影响了。我们是在时间紧迫的情况下成书的,这就形成了一种悖论。有个广为人知的英国笑话说,一个人在刚开始写信时说他没时间把信写短。我们的情形也是这样:这本书之所以像现在这样庞大笨重,卷数不菲,仅仅是因为我们无法从头到尾把这部著作重新整理一遍,以缩短其长度。我们对这一缺陷心知肚明,而通过多种多样、彼此相对独立的方法和由此获得的材料,或许能在一定程度上弥补这一缺陷。此书不够严谨和统一的缺点,也许会在某种程度上因以下事实而得以补偿:许多来自不同方位的具体洞见汇聚在同一个重要的主题上,这样一来,按严格标准而未经证明的东西就获得了一种可信性。如果说《威权主义人格》做出了什么贡献,这并不在于其积极的洞见具有绝对的真实性,更不在于其统计数字,而首先在于它所

---

① 更通常的说法是"李克特量表"(Likert scale)而非"李克特形式"。这是一种通常用于调查问卷的心理测量量表。一般会在问卷中设计"五点"量表,即1)非常同意,2)同意,3)无所谓(不确定),4)不同意,5)非常不同意。——译者注

② F译本这里译作 kill several flies with one swat, P译本译作 kill several birds with one stone。——译者注

③ F译本写作 Gutmann,应为拼写错误。路易斯·哥特曼(Louis Guttman, 1916—1987),以色列心理学家,出生于美国,在康奈尔大学工作期间(1941—1947)创制了哥特曼量表(Guttman Scale)。该量表主要用于度量心理态度和性质,由单向且具有同一性质的条目所构成。——译者注

提出的问题上。这些问题由真正的社会关切所促发,关系到此前还从未被转化成定量研究的一种理论。这里的关键并不在于它测量了什么,而在于它所形成的诸多方法。这些方法经过改进之后,使得以前不大可能进行测量的方面变得可以测量了。说不定正是受到《威权主义人格》的影响,人们才常常借助于实证方法试着去检验精神分析理论了。

  测定当前的舆论、倾向和它们的分布情况并非我们的主要意图,我们感兴趣的是法西斯主义倾向的可能性(petential),并就此予以抵制。我们在研究中尽可能地包括了遗传(genetic)维度,亦即威权主义人格的发展过程。这一研究虽然工作量巨大,但我们都把它看作一种试点研究(pilot study),更多是探索各种可能性,而不是收集不可辩驳的结论。不过我们的研究结果相当有分量,足以支持我们的结论:不只是各种偏见,而是那些简单的事实陈述。艾尔丝·弗伦克尔-布伦斯威克在她所从事的那部分研究中对这一点尤其注意。

  正如在许多其他类似的研究中那样,在我们的研究中,样品的性质也存在着一定的缺陷,对此我们并没有轻描淡写,一笔带过。美国大学(而且还不止于大学)的实证社会学研究中有一种痼疾顽症,那就是研究者过多使用学生凑数,充当被实验对象,这就远不符合按人口分布有代表性地取样的原则。后来在法兰克福进行的类似研究中,通过把明确指定的联系人组织起来,通过按人口分布各部分所形成的配额安排各实验对象小组,我们试图来改正这一缺陷。① 但我必须指出的是,在伯克利,我们的目标并不在于取样的代表性上。相反,我们的兴趣在于核心群体:与其说值得找的人可能在那种后来已被大加讨论的"意见领袖"(opinion leaders)那里,不如说在我们假定的特别"敏感的"(susceptible)群体之中,比如说圣昆丁(San Quentin)②监狱中的囚犯(他们的敏感性实际上"高于"普通人),或者是精神病诊疗所的患者。从病理学知识出发,我们期望获得有关"正常"(normal)的信息。③

---

  ① 此句采用 P 译本的译法。——译者注

  ② 全名为"圣昆丁州立监狱"(San Quentin State Prison),是加利福尼亚州监狱的所在地,也是该州最古老的监狱。——译者注

  ③ P 译本此句译为:because we hoped from familiarity with pathological structures to gain information about "normal" structures. (因为我们希望从熟悉的异常结构出发,去获得有关"正常"结构的信息。)——译者注

还有一种更实质性的反对意见,特别是雅霍达(Jahoda)与克里斯蒂(Christie)提出来的意见,①是对循环论证(circularity)的反对:那种理论本来是由研究手段假定而成,到头来则又被同样的研究手段证实了。本文并非深入探讨这一反对意见的地方,我在这里只能说:我们从来没有把理论简单地看作一组假定,而是在某种意义上把它看作可以单独成立的东西,因此,我们并没有打算通过我们的发现去证明或推翻理论,而只是由此出发,提出具体的问题来进行研究;而这些问题必须反映出某种现行的社会心理学结构,判断这些问题也必须以它们本身的优劣为前提。当然,对法西斯倾向量表的批评是不容否认的,通过间接方式建立因害怕审查机制(censoring mechanisms)而无法直接得到的倾向,其先决条件是,你已首先证实了这些倾向的存在,而且你已假定受访者不愿意承认这些倾向。就此而言,循环论证的指控是可以成立的。但我要说的是,人们不应该把这一反对意见推得太远。通过一定数量的预测试,一旦明显症候与潜在倾向之间的联系得以建立,我们就可以在正式测试中,在一组完全不同的、没被任何明确问题所干扰的受试者那里寻求这种联系。唯一可能存在的困难是,由于在1944年和1945年,自觉拥有反犹倾向和法西斯倾向的人不会痛快地暴露其观点,这两类问题最初的相互关系很可能导致了一些过于乐观的结果,从而高估了"低分"的潜能。然而,对我们的批评却指向了相反的方面:我们被指责为使用了偏向于取得"高分"的技术。这些方法论上的问题都是围绕假定—证据—结论(hypothesis-proof-conclusion)这一模式而形成的,它们后来促使我在有关知识理论的著作中(《认识论的元批判》[*Metakritik der Erkenntnistheorie*],1956)②从哲学上对绝对"原初"(Primary)的科学概念进行了批判。

就像电台项目的那种情况一样,其他一些研究也是围绕着《威权主义人格》结晶成型的。比如,"儿童研究"(Child Study)始于我与布

---

① 理查德·克里斯蒂、玛丽·雅霍达编:《"威权主义人格"的研究范围与方法》(*Studies in the Scope and Method of "The Authoritarian Personality"*),格伦科,Ⅲ:自由出版社1954年版。——原注

② 此书的完整书名是:《认识论的元批判:胡塞尔和现象学二律背反研究》(*Zur Metakritik der Erkenntnistheorie: Studien über Husserl und die phänomenologischen Antinomien*)。——译者注

伦斯威克夫人在伯克利的儿童福利研究所（the Child Welfare Institute）的合作，研究的实施主要落在了她的头上。遗憾的是此项研究并未完成，只是出版了其中的部分成果。① 个人的研究在大规模的研究项目中有一定的夭折率，这是不可避免的事情。由于当今的社会科学已具有了很强的自我反思能力，系统研究一下为什么有那么多当初启动的选题却从未完成，这将是很有价值的。"儿童研究"使用《威权主义人格》中的基本范畴，因此便获得了不同寻常且完全意想不到的结果，即在恪守常规与威权主义气质之间提炼出了可以形成区分的概念。恰恰是那些"好"孩子，亦即那些恪守常规的孩子更能摆脱攻击性，因此也就更能摆脱威权主义人格中最重要的一个方面。反之亦然。回想起来，这种情况呈现得非常明显，而并非先验（a priori）之物。从"儿童研究"方面的成果看，我第一次开始理解罗伯特·默顿（Robert Merton）独自觉察到的、对于实证研究来说最重要的一个辩护——只有所有的调查结果可以利用时，它们实际上才能在理论上被解释，但反命题却不能成立。如此明白无误地体会到实证研究的合法性和必要性，而且它也确实回答了理论方面的问题，这样的机会对我来说真是难得。

甚至在与伯克利小组开始合作之前，我自己就已写过一篇较长的专论，论述法西斯主义煽动者马丁·路德·托马斯（Martin Luther Thomas）所使用的社会心理学煽动技巧，那段时间此人在美国西海岸（the American West Coast）相当活跃。该文完成于 1943 年，是对法西斯主义煽动者所使用的多少有些标准化了的不多几样刺激手段所进行的内容分析。这里我再次使用了曾在普林斯顿研究项目的音乐研究中所使用的观念——既考虑不同的反应类型，也考虑客观决定因素。在"偏见研究"的框架中，这两种"做法"（approaches）还没有达到进一步的调和与统一。当然，我也需要指出的是，煽动者对"极端分子"（lunatic fringe）所产生的精心算计出来的影响，绝不是在大众中宣

---

① 这几句采用了 P 译本的译法。由埃尔丝·弗伦克尔-布伦斯威克出版的儿童研究成果如下："A Study of Prejudice in Children," *Human Relations* 1 (1948): 295-306; "Patterns of Social and Cognitive Outlooks in Children," *American journal of Orthopsychiatry* 21 (1951): 543-548; and together with J. Havel, "Authoritarianism in the Interviews of Childred: 1. Attitudes toward Minority Groups," *Journal of General Psychology* 82 (1953): 91-136; "Further Explorations by a Contributor to 'The Authoritarian Personality,'" in *Studies in the Scope and Method of "The Authoritarian Personality,"* ed. Richard Christie and Marie Jahoda, 226-275。——P 译本注

扬的具有法西斯思想倾向的唯一客观因素,甚至恐怕不是最重要的因素。在政治煽动家(demagogues)主动出来推波助澜之前,这种倾向性已植根于社会本身的结构之中,并由社会所催生。政治煽动家的种种观点绝不像我们一开始所乐观估计的那样只限于极端分子。它们也在很大程度上出现在所谓的"值得尊敬的"(respectable)人①那里,只不过后者的表达没有那么直截了当、言辞激烈罢了。有关托马斯的分析在很多事项上让我很受启发,而这些事项在《威权主义人格》中也十分有用。这一研究肯定是美国最早形成的批评性与定性的内容分析之一。

我于1949年深秋返回德国,之后整整一年里,我和霍克海默全身心投入到社会研究所的重建之中。霍克海默与我为此贡献了我们的全部时间,而我在法兰克福大学还有教学活动。经过1951年的短暂访问后,我最终于1952年重返洛杉矶,在那里待了大约一年时间,担任比华利山庄海克基金会(the Hacker Foundation in Beverly Hills)的科研主任。我在那里的情况与我在普林斯顿项目以及研究《威权主义人格》时的情况都很不一样。我既非精神病医生,也非心理治疗师,我的工作一开始就定位在社会心理学上。与此同时,海克医生诊所(隶属于基金会)的工作人员则都是精神病治疗的社会工作者(psychiatric social workers)。无论何时我与他们合作,无不进展顺利。但我的同事们却几乎无暇从事研究,而我虽是研究主任,却也无权要求那些临床医生从事研究。这样一来,与海克医生和我期待的相比,形成研究成果的可能性也就必然更为有限了。用一个地道的美国说法,我是被迫演起了"单人秀"(one-man show)——差不多是单枪匹马独当一面,除了必须从事基金会的科研工作,还要安排讲座和一定数量的宣传活动。就这样,我又一次回到了对"刺激物"(stimuli)的分析研究上。我圆满完成了两项内容研究(content studies)。一项是论述《洛杉矶时报》(*The Los Angeles Times*)的占星术栏目,该成果实际上是以《群星降世》("The Stars Down to Earth")为题,用英文发表在1957年德国的《美国研究年鉴》(*Jahrbuch für Amerikastudien*)上,后来又成为我那篇德语文章《作为二手迷信的占星术》("Aberglauben aus zweiter Hand")

---

① P译本译为"值得尊敬的政客"(respectable politician)——译者注

的基础,此文发表于《社会学》第2辑。我对这种材料的兴趣可以追溯到伯克利研究中,尤其可以追溯到弗洛伊德在《文明及其不满》(*Civilization and Its Discontents*)一书中业已发现的破坏性冲动的社会心理学意义上。在当前的政治情境下,我觉得这种冲动已成为大众当中最危险的主观潜能。① 我采用的方法是把自己放在通俗占星家的位置上。占星家通过自己所写的东西,必须为其读者提供一种个人满足;他发现自己不断面临着一个难处,即给根本不认识的人提供看似适用于每个个体的具体建议。结果是,通过商业化和标准化的占星术,也通过占星专栏作家对待受众矛盾心态(这种心态可以追溯到社会矛盾上)的那种貌似有道理的手法(尤其是"两阶段法"[biphasic approach]),主流的观点得以强化。我做的是定性研究,但我至少以一种非常原始的方式统计了我所选择的(延续在两个月的时间段里)、再次出现在材料中的那些基本手法的出现频率。鉴于文化工业的产品(即二手的通俗文化)本身基本上是从统计观点出发而策划出来的,因此,使用定量分析法对其研究是有其正当理由的。定量分析借助其自己的标准可对它们做出检测。某些"花招"(tricks)重复的频率差异是占星家准科学的(quasi-scientific)计算之果;占星家虽然对公开涉及政治主题加以回避,但在许多方面与政治煽动家和挑动是非者十分相似。而且在《威权主义人格》中,我们已遇到过渴求迷信说法(特别是具有威胁性和破坏性说法)的某些"高分"趋向。就这样,占星术研究与我在美国早些时候所做的研究形成了关联。

另一篇研究《如何看电视》("How to Look at Television")的文章,情况也大体相同。此文发表于《好莱坞电影、广播和电视季刊》(*Hollywood Quarterly of Film, Radio, and Television*)1954年的春季卷上,后来又成为《干预》(*Eingriffe*)卷中德语文章《电视作为意识形态》("Fernsehen als Ideologie")的研究材料。全凭海克医生动用了外交手段,才为我弄来了一些电视脚本,使得我能去分析脚本在意识形态上的潜在含义,分析它们有意的暧昧含混。这两篇文章属于有关意识形态的研究领域。

---

① F译本中无"主观潜能"(subjective potential)之说,此处采用了P译本的译法。——译者注

1953年秋，我返回欧洲。除了社会研究所的工作之外，我还在法兰克福大学的哲学与社会学系接受了一个全职教授职位（full chair）。① 从那时至今，我再也没有去过美国。

我应该简短概述一下我希望自己在美国学到的那些东西。首先需要提及的是社会学本身的事情，并且对社会学家的我来说也无比重要——在美国，甚至某种程度上在我逗留英国期间，我不再感到必须把欧洲历史传承下来的情形视为自然之举，也就是"别把任何事情看作理所当然"（not to take things for granted）。我的那位现已过世的朋友蒂利希（Tillich）②曾经说过，他是在美国的时候首先被去地方化（de-provincialized）的；他这样说时，心里想的很可能是类似的东西。在美国，我从一种文化上的天真信念中解放出来，获得了从外部看待文化的能力。这里需要澄清的是：不管怎样对社会进行批评，不管怎样意识到经济诸因素的决定地位，但是对我来说，精神（Geist）的绝对重要性都如同神学教义，它从一开始就是不言而喻、不证自明的。而我在美国获得的教训是，这种不证自明并非绝对有效。③ 在中欧和西欧，不仅是所谓的受过良好教育的阶层，就连这个阶层之外的人都对任何智性的东西肃然起敬，而在美国却并非如此；这种尊敬的缺席，导致精神（spirit）走向批判性的自我反省（critical self-scrutiny）之中。此一状况尤其会影响到欧洲人对音乐教养方面的种种假定，而这种教养

---

① 阿多诺被任命为全职教授的时间是1957年7月1日。《法兰克福学派：历史、理论及政治影响》一书中对阿多诺从申请全职教授到被任命的过程有较详细的描述，可参考。See Rolf Wiggershaus, *The Frankfurt School: Its History, Theories, and Political Significance*, trans. Michael Robertson, Cambridge: The MIT Press, 1994, pp. 466-467.——译者注

② 保罗·蒂利希（Paul Tillich，1886—1965），德国新教神学家和哲学家，伯林"宗教社会主义者联盟"（League of Religious Socialists/Bund religiöser Sozialisten）的领袖。1929年，他被任命为法兰克福大学宗教研究与社会哲学的教授，1933年，被"国家社会主义者"中止教职并移居美国，1940年成为美国公民。先后于1937—1955年、1955—1962年、1963直至去世分别任纽约协和神学院、哈佛大学、芝加哥大学哲学神学教授。1931年，阿多诺在他的指导下写出了任教资格论文（*Habilitation*），该论文成书于1933年，名为《克尔凯郭尔：审美对象的建构》（*Kierkegaard: Construction of the Aesthetic*, trans. Robert Hullot-Kentor, Minneapolis: University of Minnesota Press, 1989）。——P译本注

③ 此句主要采用了P译本的译法并稍有变通。F译本：The fact that this was not a foregone conclusion, I learned in America，P译本：I was taught the lesson that this obviousness was not absolutely valid in America。——译者注

也正是我浸淫其中的东西。我既没有否认这些假定,也没有放弃我对这种文化的诸多观念;但在我看来,究竟是人们不加反省地携带了这些观念,还是清楚地意识到它们与技术上和工业上最发达国家的标准正好相左,这里面有着根本的区分。我现在这样说时,绝不是没有意识到美国在此期间的物质资源已波及音乐生活,致使其重心发生了转移,但是当三十多年前我在美国开始关注音乐社会学问题时,这种情形却仍然是难以想象的。

更重要也更令人满意的是我对民主形式之实质的经历:在美国,民主形式已渗透在整个生活之中;而在德国,它们顶多只是一套正式的游戏规则,过去是这样,现在恐怕也还是这样。在美国,我了解了一种真正的宽宏大量(generosity)①所具有的潜力,而这种东西在古老的欧洲却很难找到。民主的政治形式极其接近民众自身的日常生活。美国的日常生活尽管喧嚣、忙乱,但是却有一种和平、和善与宽宏大量的元素充溢其中,这与1933—1945年爆发于德国的那种被压抑的怨恨与嫉妒形成了鲜明对照。美国当然已不再是一个有无限可能性的地方,但人们依然感到任何事情都是可能的。在德国的社会学研究中,如果我们一再听到这样的说法——"我们仍然没有成熟到可以实行民主",那么,这类渴求着权力又糅合着自卑的表达在所谓的非常"年轻的"新大陆几乎是不可想象的。我这样说并不意味着美国就完全没有转向极权化统治形式的危险。这样的危险存在于现代社会本身的内在趋势之中。但是,美国对法西斯潮流的抵抗力恐怕仍然强于任何欧洲国家,只有英国大概是一个例外。在我们通常没有意识到的很多方面,英国都构成了美国和欧洲大陆之间的一个链环。②

我们欧洲人③倾向于把"适应"(Anpassung)看成一个纯粹消极的概念,看作对个体自发性与自主性的灭绝。但是,所谓人性化与文明化的进程必然要从内到外进行,这种看法却是一个遭到歌德和黑格尔尖锐批判的幻觉。大体而言,这一进程恰恰是通过黑格尔所谓的"外

---

① 此处 P 译本译作 humanitarianism(人道主义)。——译者注
② P 译本此句译得较复杂一些:which in more respects than we are accustomed to recognize, and not only through language, links America and continental Europe(不仅仅是通过语言,而且在很多我们通常没意识到的方面,英国都把美国与欧洲大陆连接到了一起)。——译者注
③ 此处 P 译本译作"像我自己一样的那些欧洲知识分子"。——译者注

化"(alienation)①而完成的。根据这一观点,我们不是通过孤立的自我实现成为自由的人,而是通过超越我们自己,进入与他人的关系之中,并且在某种意义上屈从于他人而做到这一点的。只有通过这个过程我们才能把自己确定为个体,而不是像给植物浇水那样去浇灌我们自己,以便形成普遍有教养的人格。在与他人的关系中,一个在外部约束下或通过其自我本位的兴趣以友好方式待人接物的人,可能会比另一个人更容易获得真正的人性。后者为了保护自己的特性(好像这个特性总是值得保护一样),黑绷着一张脸,让人从一开始就意识到其他人对他来说是不存在的,对他的内心世界毫无助益——而这个所谓的内心世界通常根本就不存在。当我们在德国愤怒于美国人的浅薄时,我们一定要小心谨慎,不要反过来成为浅薄与不讲辩证法的僵化之物。

这种整体观察必须增加涉及社会学家特定处境的东西,或者从不那么专业的角度看,必须增加涉及任何人特定处境的东西——只要他把社会知识看作哲学知识的重要方面或不可分割的组成部分。在中产阶级文明(middle-class civilization)②的整体发展之内,美国无疑已达到一个极致。这个国家差不多是以完美之姿展示着她的资本主义,没有任何前资本主义的(pre-capitalistic)残余。如果一个人与某种普遍持有的观点相反,认为不属于"第三世界"的其他非共产主义国家也正朝着同一种状况发展,那么,美国正好为那些不再天真地看待美国或欧洲的人提供了一个最先进的观察点。实际上,那些归来者发现,当初他在美国遇到的许多事情已在欧洲证实,或眼瞅着它们正在降临。自托克维尔(Tocqueville)③与古恩伯格(Kürnberger)④著书立说以

---

① 此处 P 译本译作 externalization。——译者注
② 此处 P 译本译作 bourgeois world(资产阶级世界)。——译者注
③ 亚历西斯·德·托克维尔(Charles Alexis Henri Clérel de Tocqueville, 1805—1859),法国作家、政治家,1831—1832 年访问美国后,他写出了著名的《论美国的民主》(De la démocratie en Amérique, 1835—1840)。书中他把美国社会描述为一种必然扩张的民主模式,并推测出个人主义的必然消失。——P 译本注
④ 费迪南德·古恩伯格(Ferdinand Kürnberger, 1821—1897),奥地利人,是一位有着自由思想的小说家、剧作家和讽刺小品文作家。因在题为《美国式困顿》(Der Amerika-Müd, 1855)的真人真事小说(roman à clef,法国 17 世纪兴起的一种创作手法,描述真人真事,但隐其真名并略事乔装。——译者注)中描述了 Nicolaus Lenau 去往美国的情景而声名鹊起。鉴于那时美国的通俗文学把一种自由和民主社会、自然的身心健康与欧洲复辟时那种压抑的文明相提并论,古纳伯格便在其小说中把美国描写为一个没有文化的地方,那里盛行利己主义(egoist)和物质主义(materialism)。——P 译本注

来,一种严肃的文化批评面对美国状况时无论它要表达什么,人们都不能回避在美国遇到的这一问题:曾经滋养过我们的关于文化的概念是否已变得陈腐过时。人们想进一步知道的是,当代文化因其失败而走向自责,因其游离于精神领域之外且无法在社会现实中显示自身而产生内疚,这是否并非当代文化总趋势的后果。当然,这种情况并没有在美国发生过,但是在那里,这种预期效果(prospect of such effectiveness)却并非像在欧洲一样受阻遇挫。鉴于量化思维(quantitative thinking)在美国存在着缺乏区别力、神化平均值(apotheosis of the average)①的危险,欧洲人必须提出一个令人深感不安的问题:在当今的社会世界,定性区分究竟在何种程度上还具有意义。欧洲、美国与第三世界国家所有地方的机场都已相似,可以互换;从一个国家去往世界上最远的地方已不再是许多天的事情,而是可以用小时计算。不仅是生活水准方面的不同,还有各民族与众不同的性格与其生存方式上的区别,这些差异皆呈不合时宜之相。诚然,这些相似性是不是决定性的,定性区分是否仅仅意味着倒行逆施,尤其是在一个被合理性组织起来的世界里,那些定性区分的东西以及恰好被当今技术理性(technological reason)联盟压制的东西是否能再次兴盛起来,所有这些依然都不能确定。② 但是如果没有美国经历,这样的反思几乎是无法想象的。可以毫不夸张地说,任何一种还没有被美国经验侵吞的当代意识,即便它还在抗拒,也都是一种极端保守的东西。

总之,对于我个人或对于我的思维而言,也许我得增加一个词来谈论美国学术生活的特殊意义。我的思考大大偏离了"常识"。不过,黑格尔最为看重的原则是,思辨思维(speculative thought)并非绝对不同于所谓的健全"常识"(gesunder Menschenverstand),而是主要在于其批判性的自我反思与自我审查。因此,与后来非理性主义和直觉说的所有形式相比,黑格尔都显示出了他的优越性。甚至那种把黑格尔

---

① 此处 P 译本译作 an absolutizing of the average。——译者注
② 此句部分采用了 P 译本的译法。F 译本的译法如下:To be sure, its still uncertain wherher the similarities are decisive and the qualitative differences merely recessive, and above all whether it might not be that in a rationally ordered world the qualitative distinctions, which are today suppressed by the unity of a technologically oriented spirit, would again come into their own。——译者注

总体规划的观念论(the idealism of the total Hegelian scheme)①拒之门外的思想也不应该缺乏这种洞察力。任何人走到我这种地步去批判常识，首先必须得满足这样一个简单要求，那就是拥有常识。他绝不能声称自己超越了某种他从未能研究精通的东西。虽然从青年时期我就受如下信念引导——不与材料密切接触，便无法拥有丰富的理论知识，但在美国我才第一次真切体验到那个被称之为经验主义(empiricism)的重要性。反过来，我也不得不承认，就美国的经验主义形式应用于科学实践而言，全部的经验领域(scope of experience)都被经验主义的条条框框——它们已把直接生活经验概念中固有的东西排除在外——披枷戴锁，束缚了手脚。说我毕竟还能想到去恢复某种经验(experience)，以此对抗它在经验主义那里的变形走样，这或许并非最差的描述。② 以上所及，加上我在欧洲暂时可以毫无顾忌，遂已所愿，并为政治启蒙尽绵薄之力，这些因素在让我返回德国时并非无关紧要。然而，这丝毫也没有改变我对美国的感激之情，包括智性层面的感谢；作为一个学者，我相信我也不会淡忘我在美国学到的那些东西。

2009年6月15日—11月16日初译、初校，2014年4月、12月修订

---

① idealism 以前译作"唯心主义"或"唯心论"，如今翻译界则倾向于译作"观念论"，其用意是要靠在柏拉图所使用的 idea(idein)上。徐向东曾详细解释过把 idealism 译作"观念论"的原因，可参考。参见[美]汤姆·洛克摩尔：《在康德的唤醒下：20 世纪西方哲学·译后记》，徐向东译，北京：北京大学出版社 2010 年版，第 231—233 页。——译者注
② 此句采用了 P 译本的译法，F 译本的译法是：By no means the worst characterization of what I had in mind would be a kind of vindication of experience against its translation into empirical terms. ——译者注

法兰克福学派大事年表[1]

1918　"第一次世界大战"结束。"德国社会主义革命"爆发。
恩斯特·布洛赫(1885—1977)《乌托邦精神》出版。

1919　《凡尔赛条约》签订。魏玛共和国建立。
瓦尔特·本雅明(1892—1940)完成《德国浪漫派中的艺术批评概念》。

1923　"社会研究所"在法兰克福成立,得到了千万富翁(进口商和谷物商)海尔曼·韦尔(Hermann Weil)的私人捐助。"奥地利社会主义之父"卡尔·格吕堡被任命为首任所长,弗里德利希·波洛克(1894—1970)任其助手。《社会主义史与劳工运动档案》(格吕堡1910年创办)移至法兰克福,并成为"研究所"的内部刊物。
卡尔·柯尔施(1886—1961)《马克思主义与哲学》出版。
格奥尔格·卢卡奇(1885—1971)《历史与阶级意识》出版。

1926　列奥·洛文塔尔(1900—1993)加入"研究所"。

1928　特奥多尔·阿多诺(1903—1969)开始与"研究所"接触。
本雅明《德意志悲苦剧的起源》出版。

1930　马克斯·霍克海默(1895—1973)加入"研究所"并成为所长。
格吕堡的《档案》停刊,埃里希·弗洛姆(1900—80)加入"研究所"。

1932　《社会研究杂志》开始出版。赫伯特·马尔库塞(1898—1979)加入"研究所"。

---

[1] 译自 Fred Rush ed., *The Cambridge Companion to Critical Theory*, Cambridge: Cambridge University Press, 2004, pp. xiii-xv. 原名为"Chronology"。——译者注

1933　魏玛共和国终结。希特勒成为总理。"研究所"大楼被盖世太保搜查,并被转至"纳粹学生联盟"(Nazi Student League),为其所用。"研究所"暂时迁至日内瓦。

1934　"研究所"重新安置于纽约城的晨边高地(Morningside Heights),与哥伦比亚大学保持着松散的联系。
霍克海默、弗洛姆、洛文塔尔、马尔库塞和波洛克移民美国。阿多诺注册为牛津大学的"高级学员"(advanced student)。研究所的实证研究(empirical research)骤减。

1936　弗朗茨·诺伊曼(1900—1954)加入"研究所"。合作成果《权威与家庭研究》出版。

1937　霍克海默发表《传统理论与批判理论》一文。

1938　阿多诺成为"研究所"正式成员并移居纽约。

1939　"第二次世界大战"在欧洲开始。
弗洛姆离开"研究所"。《哲学与社会科学研究》取代原来的《社会研究杂志》,成为"研究所"的定期出版物。

1940　因逃避纳粹,本雅明在法国—西班牙边境的波特博(Port-Bou)自杀。几个月后,汉娜·阿伦特在同一地点过境,把本雅明的《历史哲学论纲》手稿转交给阿多诺。"研究所"于1942年发表此文。

1941　"珍珠港事件"后,战争扩大至太平洋。霍克海默、阿多诺和马尔库塞迁居至洛杉矶市郊的圣塔莫尼卡(Santa Monica),成为南加州德国流亡侨民的一部分。其中著名者包括小说家托马斯·曼、作曲家阿诺德·勋伯格和诗人兼剧作家贝尔托·布莱希特。波洛克与诺伊曼留在东海岸。最后一期《哲学与社会科学研究》面世,结束了"研究所"不间断进行的连续出版物及其工作。
弗洛姆《逃避自由》出版。
马尔库塞《理性与革命》出版。

1942　马尔库塞与诺伊曼加入战略情报局(Office of Strategic Services)——战争年代中央情报局(CIA)的前身,设在华盛顿哥伦比亚特区。波洛克受雇于美国司法部的反托拉斯部门。洛文塔尔在战争情报办公室(Office of War Information)做顾问。只剩下霍克海默和阿多诺还在从事纯粹的理论工作。
诺伊曼《巨兽》出版。

1945　"第二次世界大战"结束。
1947　阿多诺与霍克海默的《启蒙辩证法》出版。
1949　霍克海默与阿多诺返回法兰克福重建"研究所"。洛文塔尔离开"研究所"并留在美国,如同马尔库塞和诺伊曼那样。
1951　阿多诺《最低限度的道德》出版。
1955　阿多诺(与霍克海默一道)担任"研究所"所长。霍克海默于1958年荣休。尤尔根·哈贝马斯(1929—　)成为阿多诺的助手,并于1956年成为"研究所"成员。
　　　马尔库塞《爱欲与文明》出版。
1964　马尔库塞出版畅销著作《单面人》,并成为美国"新左派"和学生运动的哲学导师。
1966　阿多诺《否定的辩证法》出版。
1968　哈贝马斯《知识与人类旨趣》和《作为"意识形态"的技术与科学》出版。
1969　"学生争取民主社会组织"(SDS)在法兰克福抗议。阿多诺招来警察,逮捕了"占领"其办公室的学生们。德国学生运动与"研究所"的关系破裂。阿多诺在瑞士度假时去世。
1970　阿多诺尚未完成的遗著《美学理论》出版。哈贝马斯拒绝管理"研究所",却在慕尼黑市郊施塔恩贝格的"马克斯·普朗克研究所"(Max Plank Institute)获得职位。两个长达十年的时期开始。在此期间,"研究所"终止了对"批判理论"的聚焦。"后阿多诺式批判理论"(post-Adornian critical theory)的不同主题在卡尔-奥托·阿佩尔(Karl-Otto Apel, 1922—　)、克劳斯·奥菲(Claus Offe, 1940—　)、阿尔布雷希特·韦尔默(Albrecht Wellmer, 1939—　)等人的作品中占据一席之地。
1981　哈贝马斯《交往行为理论》出版。
1992　阿克塞尔·霍耐特(Axel Honneth, 1949—　)《为承认而斗争》出版。
1997　霍耐特加入"研究所"。

2006年6月28日初译,2014年11月20日修改

人 名 索 引

A

特奥多尔·路德维格·维森格伦特·阿多诺（Theodor Ludwig Wiesengrund Adorno） 2—5,7—10,16—18,22,23,25—27,29—31,33—48,50,64,70,77—79,82—151,156,157,164—169,172,173,185,194—198,201,204,215,216,218,229,230,232,233,235,237,239,242,248,249,251,253,256—261,270,271,276,282,301,302,313,320,323,325,336,344,355,357,361—368,371,380,390,416—418

路易·皮埃尔·阿尔都塞（Louis Pierre Althusser） 219,241,332,333

路易·阿拉贡（Louis Argon） 280

汉娜·阿伦特（Hannah Arendt） 114,417

阿梅龙（Iwo Amelung） 180,198

克劳斯·冯·阿姆斯贝格（Claus von Amsberg） 88

马修·阿诺德（Matthew Arnold） 108,259

卡尔-奥托·阿佩尔（Karl-Otto Apel） 418

E. B. 阿什顿（E. B. Ashton） 362

翁贝托·艾柯（Umberto Eco） 231,249

T. S. 艾略特（T. S. Eliot） 140,259

费迪南德·艾文南留斯（Ferdinand Avenarius） 229

佩里·安德森（Perry Anderson） 18,24,33,70,160,161

阿尔弗雷德·安德施（Alfred Andersch） 114,115,

京特·安德斯（Günther Anders） 114

何塞·奥尔特加·伊·加塞特（José Ortega Y Gasset） 253,254,256

克劳斯·奥菲（Claus Offe） 17,418

简·奥斯丁（Jane Austen） 259

B

霍米·K. 巴巴（Homi K. Bhabha） 339

米哈伊尔·巴赫金（Mikhail Bakhtin） 51,52,81,219,241,272

巴金（Ba Jin） 291

克里斯·巴克（Chris Barker） 241,333,346

罗兰·巴特（Roland Barthes） 52,219,239,241,248,249,272,330

朱利安·班达(Julien Benda) 317—319,321

阿雷恩·鲍尔德温(Elaine Baldwin) 324,337

齐格蒙特·鲍曼(Zygmunt Bauman) 22,97,134,169,221—223,275,349,350

路德维希·凡·贝多芬(Ludwig van Beethoven) 3

丹尼尔·贝尔(Daniel Bell) 66,236,238,

塞缪尔·贝克特(Samuel Beckett) 33,34,118,120,138—141,143—146,150,364,367,368

T. 本内特(T. Bonnett) 268,269

瓦尔特·本雅明(Walter Benjamin) 4,8—10,17,23,27,33,34,38—41,43—51,53,55,80,95,112,114,116,142,145,195,198,201,229,261—264,266,269,273,277—286,290,294,296—302,313,323—328,363,364,366,374,385,416,417

巴勃罗·鲁伊斯·毕加索(Pablo Ruiz Picasso) 118,145

夏尔·皮埃尔·波德莱尔(Charles Pierre Baudelaire) 23,33,44,45,133,134,142,367

让·波德里亚(Jean Baudrillard) 219,241,248,249,348

爱德华·伯恩斯坦(Eduard Bernstein) 16

J. M. 伯恩斯坦(J. M. Bernstein) 83

弗兰茨·博尔肯瑙(Franz Borkenau) 17

西蒙娜·德·波伏瓦(Simone de Beauvoir) 306,308,315

彼得·伯克(Peter Burke) 228,229

柏拉图(Plato) 121,377

弗里德里希·波洛克(Friedrich Pollock) 17,403,416,417

皮埃尔-奥古斯丁·加隆·德·博马舍(Pierre-Augustin Caron de Beaumarchais) 301

皮埃尔·布尔迪厄(一译布迪厄,Pierre Bourdieu) 167,169

苏珊·布克-穆斯(Susan Buck-Morss) 24,326

查尔斯·E. 布莱斯勒(Charles E. Bressler) 365

贝托尔特·布莱希特(Bertolt Brecht) 40,45,50,81,116,122,123,145,262,263,278—283,285,297—301,313,324,367,372,383,417

C. F. 布朗(C. F. Brown) 403

克林斯·布鲁克斯(Cleanth Brooks) 116

恩斯特·布洛赫(Ernst Bloch) 38,39,201,416

赫尔曼·布洛赫(Hermann Broch) 229

贝娅特丽克丝·威廉明娜·阿姆加德(Beatrix Wilhelmina Armgard) 88

约瑟夫·布罗茨基(Joseph Brodsky) 147

米基塔·布罗塔曼(Mikita Brottman) 273

C

伊姆雷·采曼(Imre Szeman) 223

曹卫东（Cao Weidong） 4,159,187,189
曹文轩（Cao Wenxuan） 212
曹雅学（Yaxue Cao） 11,84
保罗·策兰（Paul Celan） 33,118—121,138,141—147,150,364,366—368
彼得·伊里奇·柴可夫斯基（Peter Ilyich Tchaikovsky） 398
陈冲（Chen Chong） 94
陈丹青（Chen Danqing） 358
陈光兴（Chen Guangxing） 331
陈嘉映（Chen Jiaying） 181,182
陈剑澜（Chen Jianlan） 7
陈平原（Chen Pingyuan） 183,364
陈燕谷（Chen Yangu） 337
陈晓明（Chen Xiaoming） 337,339
崔卫平（Cui Weiping） 190

D

戴锦华（Dai Jinhua） 337
迈克尔·丹宁（Michael Denning） 235
雅克·德里达（Jacques Derrida） 193,196,210,219
吉尔·路易·勒内·德勒兹（Gilles Louis Réné Deleuze） 1
塞姆·德累斯顿（Sem Dresden） 148
米歇尔·德塞都（Michel De Certeau） 52,219,272
邓丽君（Teresa Teng） 170
狄安涅（Anett Dippner） 192,194—196
罗尔夫·蒂德曼（Rolf Tiedemann） 114,124,125,363
保罗·蒂利希（Paul Tillich） 411

弗兰克·蒂斯（Frank Thiess） 101
西蒙·杜林（Simon During） 259,339
约翰·多克（John Docker） 171,273
朵渔（Duo Yu） 361

E

汉斯·马格努斯·恩岑斯伯格（Hans Magnus Enzensberger） 115,117,118
弗里德里希·冯·恩格斯（Friedrich Von Engels） 254,255

F

方维规（Fang Weigui） 83,281
路德维希·安德列斯·费尔巴哈（Ludwig Andreas Feuerbach） 24,25,50,262,300
拉蒙·费尔南德斯（Ramón Fernandez） 284
约翰·费斯克（John Fiske） 8,52,53,162,167,169,171,178,219,220,233,241,243,248,270—275,336
阿伦·乔治·伯纳德·费希尔（Allan George Bernard Fisher） 174
伏尔泰（Voltaire） 316
米歇尔·福柯（Michel Foucault） 1,219,241,338
路德维希·福利德堡（Ludwig V. Friedeburg） 16,17
居斯塔夫·福楼拜（Gustave Flaubert） 33,307,316
艾尔丝·弗伦克尔-布伦斯威克（Else Frenkel-Brunswik） 401,406
埃里希·弗洛姆（Erich Fromm） 17,23,29—32,164,183,192—194,

416,417
西格蒙德·弗洛伊德(Sigmund Freud)　4,23,29—33,61,69,72—76,194,203,208,240,253,381,400—402,410
傅永军(Fu Yongjun)　184—186,200

G

甘阳(Gan Yang)　181,209,210
高丙中(Gao Bingzhong)　83
皮埃尔·高乃依(Pierre Comeille)　34
高占祥(Gao Zhanxiang)　175
施特凡·安东·格奥尔格(Stefan Anton George)　133
约翰·沃尔夫冈·冯··歌德(Johann Wolfgang von Goethe)　34,412
克莱尔·戈尔(Claire Goll)　120
伊凡·戈尔(Yvan Goll)　120
库尔特·阿尔伯特·格拉赫(Kurt Albert Gerlach)　16
君特·格拉斯(Günter Grass)　144,147,148,363
安东尼奥·葛兰西(Antonio Gramsci)　219,222,241,268—270,299,332,333
克莱门特·格林伯格(Clement Greenberg)　230,233
卡尔·格吕堡(Carl Grünberg)　16,23,416
戴维·格罗斯(David Gross)　237,249
亨里克·格罗斯曼(Henryk Grossmann)　17
路易斯·哥特曼(Louis Guttman)　405

龚古尔兄弟(Edmond de Goncourt; Jules de Goncourt)　316
古兰德(Arkadij R. L. Gurland)　17
费迪南德·古恩伯格(Ferdinand Kürnberger)　413

H

尤尔根·哈贝马斯(Jürgen Habermas)　6,16—18,22,29,162,187,188—191,198,219,418
B. H. 哈金(B. H. Haggin)　395
汉诺·哈特(Hanno Hardt)　163
马丁·海德格尔(Martin Heidegger)　23,58,124,188,202,209,210,282,327
弗雷德里克·海克(Frederick Hacker)　403,409,410
海容天天(Hai Rong Tian Tian)　192—194
韩寒(Han Han)　6,190,191
韩少功(Han Shaogong)　165
爱德华·汉斯立克(Eduard Hanslick)　35
郝建(Hao Jian)　158
约翰·哥特弗里德·赫尔德(Johann Gottfried Herder)　228
R. 斯蒂芬·亨福瑞(R. Stephen Humphreys)　357
埃德蒙德·古斯塔夫·阿尔布雷希特·胡塞尔(Edmund Gustav Albrecht Husserl)　23
胡晓梅(Hu Xiaomei)　192
安德里亚斯·胡伊森(Andreas Huyssen)　33,196,241
荒林(Huang Lin)　192,193

黄圣哲（Huang Shengzhe） 192，195—197

斯图亚特·霍尔（Stuart Hall） 8，52，219，240，266，268—270，272，333，334

胡戈·冯·霍夫曼斯塔尔（Hugo von Hofmannsthal） 33

马克斯·霍克海默（Max Horkheimer） 15—26，29，30，35—39，42—45，47，53，54，58，61，64，77，84，85，90，91，101，104，106，113，130，138，156，157，164，165，172，173，198，215，232，371，378，382，387，391，399—401，409，416—418

阿克塞尔·霍耐特（Axel Honneth） 16，17，180，198，418

J

伯尔纳·吉安德隆（Bernard Gendron） 93

安德烈·保罗·吉约姆·纪德（André Paul Guillaume Gide） 307，316，317

奥托·基希海默（Otto Kirchheimer） 17

马克·杰木乃兹（Marc Jimenez） 366

弗雷德里克·杰姆逊（一译詹明信，Fredric Jameson） 90，112，262，282，335，364

马丁·杰伊（Martin Jay） 5，24，30，38，88，89，104，130，155，156，162，163

金元浦（Jin Yuanpu） 165，177，178，247，337

九丹（Jiu Dan） 195

K

弗兰茨·卡夫卡（Franz Kafka） 33，118，140，142，145，150，367，368，385

托马斯·卡莱尔（Thomas Carlyle） 112

乔纳森·卡勒（Jonathan Culler） 330

马泰·卡林内斯库（Matei Călinescu） 230，238

道格拉斯·凯尔纳（Douglas Kellner） 18，21，24，25，54，60，62，163，187，200，244，245，249，327，330

凯尔泰斯·伊姆雷（Kertész Imre） 136，147，362

霍华德·凯吉尔（Howard Caygill） 132

约翰·凯里（John Carey） 242，252，253，256，260，261

哈德利·坎垂尔（Hadley Cantril） 384

伊曼努尔·康德（Immanuel Kant） 23，34，35，61，71，94，125，127，128，188，217，344，377

卡尔·考茨基（Karl Kautsky） 16

索伦·阿贝·克尔凯郭尔（Soren Aabye Kierkegaard） 3，367

卡尔·科尔施（Karl Korsch） 23

露丝·柯亨（Rose Kohn） 391

德特勒夫·克劳森（Detlev Claussen） 103

卡尔·克劳斯（Karl Kraus） 92

沃尔夫冈·克劳斯哈尔（Wolfgang Kraushaar） 325

卡萝尔·克里顿（Carol Creedon） 403

恩斯特·克里斯(Ernst Kris) 29
理查德·克里斯蒂(Richard Christie) 407
亚历山大·克鲁格(Alexander Kluge) 167
J. A. 库登(J. A. Cuddon) 300
黛博拉·库克(Deborah Cook) 89
尤妮丝·库珀(Eunice Cooper) 391
约翰·马克斯韦尔·库切(John Maxwell Coetzee) 147
米兰·昆德拉(Milan Kundera) 339

L

雅克·拉康(Jacques Lacan) 131,219
弗雷德·拉什(Fred Rush) 10
斯科特·拉什(Scott Lash) 236,237
阿丝娅·拉西斯(Asja Lacis) 262
让·拉辛(Jean Racine) 34,305
保罗·F. 拉扎斯菲尔德(Paul F. Lazarsfeld) 384,385,395
丹尼尔·莱文森(Daniel Levinson) 401
雅克·勒戈夫(Jacques Le Goff) 318
古斯塔夫·勒庞(Gustave Le Bon) 253,256
雷颐(Lei Yi) 158
让-弗朗索瓦·利奥塔(Jean-Francois Lyotard) 55,219
李彬(Li Bin) 247
李博(Wolfgang Lippert) 255,286,291,294
李大钊(Li Dazhao) 255
莱妮·里芬斯塔尔(Leni Riefenstahl) 108,264
卡尔·李卜克内西(Karl Leibknecht) 57,58
F. R. 利维斯(F. R. Leavis) 108,235,239,259—261,266,267,276,330,335,357
Q. D. 利维斯(Q. D. Leavis) 259,260
李陀(Li Tuo) 336,337
李银河(Li Yinhe) 192,193
李泽厚(Li Zehou) 7,200—209,216,247,248,344
亨利·列斐伏尔(Henri Lefebvre) 249
弗拉基米尔·伊里奇·列宁(Vladimir Ilyich Lenin) 255,256,286,287
贝尔纳-亨利·列维(Bernard-Henri Lévy) 265,303,304,308—310,315,321
刘象愚(Liu Xiangyu) 337
刘小枫(Liu Xiaofeng) 7,74,181,183,184,200—202,204,209,210
格奥尔格·卢卡奇(Georg Lukács) 16,23,24,112,416,
西莉亚·卢瑞(Celia Lury) 236
罗莎·卢森堡(Rosa Luxemburg) 57,58
鲁迅(Lu Xun) 223,290,291,295,299,301,355,359
吕黎(Lü Li) 8
约翰·罗尔斯(John Rawls) 187
罗钢(Luo Gang) 337
列奥·洛文塔尔(Leo Löwenthal) 4,17,18,21,34,36,39,43,45—49,54,163,166,215,228,229,249,416—418

M

赫伯特·马尔库塞(Herbert Marcuse) 4,6,7,17,18,20,21,23,25—29,31,32,34—36,38,39,42,43,47—51,53—55,57—82,104,105,109,156,158,162,164,181—184,187,192—195,198,200—204,207—210,248,416—418

卡尔·海因里希·马克思(Karl Heinrich Marx) 21,23—27,29,32,55,59,61,68,70,71,76,78—80,95,109,113,160,174,181,186,187,193,202,206—208,210,215,236,241,254,255,258,262,282,287,292,296,297,300,333,345,355,356

斯特凡·马拉美(Stéphane Mallarmé) 33

布莱恩·麦基(一译马基,Bryan Magee) 59,68

马尔科姆·麦克道格(Malcolm McDougald) 398,399

戴维·麦克莱伦(David McLellan) 60

马歇尔·麦克卢汉(Marshall McLuhan) 231

德怀特·麦克唐纳(Dwight Macdonald) 231—233,239,251

托马斯·曼(Thomas Mann) 101,102,108,417

毛泽东(Mao Tse-Tung/Mao Zedong) 8,9,11,59,238,255,256,277,278,286—299,302

莫里斯·梅洛-庞蒂(Maurice Merleau-Ponty) 265

孟繁华(Meng Fanhua) 337

查尔斯·赖特·米尔斯(Charles Wright Mills) 238

J.希利斯·米勒(J. Hillis Miller) 240

史蒂芬·米勒-多姆(Stefan Müller-Doohm) 114,118,187

棉棉(Mian Mian) 195

罗伯特·穆齐尔(Robert Musil) 229

木子美(Mu Zimei) 6,192—196

勒内·莫布朗(René Maublanc) 280

格雷厄姆·默多克(Graham Murdock) 334

罗伯特·默顿(Robert Merton) 408

安吉拉·默克罗比(Angela McRobbie) 171

塔妮亚·莫蕾斯基(Tania Modleski) 217,274,345

莫里哀(Molière) 34

瓦尔特·冯·莫洛(Walter von Molo) 101

贝尼托·墨索里尼(Benito Mussolini) 231

N

奥斯卡·耐格特(Oskar Negt) 17,167

南帆(Nan Fan) 337

弗里德里希·威廉·尼采(Friedrich Wilhelm Nietzsche) 23,109,132,133,252,253,256

弗朗茨·诺伊曼(Franz Neumann) 17,387,417,418

P

塔尔科特·帕森斯(Talcott Parsons) 391

布莱士·帕斯卡尔(Blaise Pascal) 46,115,228

马塞尔·普鲁斯特(Marcel Proust) 33

Q

詹姆斯·乔伊斯(James Joyce) 33,140,145,259

Q

日下公人(Kusaka Kimindo) 173,174,178

汝信(Ru Xin) 4,82

S

温索普·萨金特(Winthrop Sargeant) 383

奈莉·萨克丝(Nelly Sachs) 115,118

爱德华·萨齐曼(Edward Suchman) 397

让-保罗·萨特(Jean-Paul Sartre) 8,9,11,40,115,116,127,135,140,145,182,261,262,264-266,269,273,300,301,303—322,367,368

米格尔·德·塞万提斯·萨维德拉(Miguel de Cervantes Saavedra) 34

爱德华·W. 萨义德(Edward W. Said) 97,198,219,221,257,258,316,321,364

尼维特·桑福德(Nveitt Sanford) 401,402

威廉·莎士比亚(William Shakespeare) 34

单世联(Shan Shilian) 155

沈从文(Shen Congwen) 363

圣埃弗勒蒙(Saint—Evremond) 305

阿尔弗雷德·施密特(Alfred Schmidt) 16,17

亚瑟·叔本华(Arthur Schopenhauer) 23,25

弗朗茨·泽拉菲库斯·彼得·舒伯特(Franz Seraphicus Peter Schubert) 393

哥舒姆·朔勒姆(Gershom Scholem) 38

彼得·斯丛迪(Peter Szondi) 118

约瑟夫·维萨里奥诺维奇·斯大林(Joseph Vissarionovich Stalin) 147,231,286,318

约翰·斯道雷(John Storey) 171,227,259,266,323

迈克尔·斯克里文(Michael Scriven) 321

马克·斯特兰德(Mark Strand) 147

史蒂芬·斯皮尔伯格(Steven Spielberg) 135

弗兰克·斯坦顿(Frank Stanton) 384

乔治··斯坦纳(George Steiner) 102,144

多米尼克·斯特里纳蒂(Dominic Strinati) 171,323

海因茨·斯特因奈特(Heinz Steinert) 172

彼得·苏尔坎普(Peter Suhrkamp) 372

苏娜（Nora Sausmikat） 187,188,191
苏仲乐（Su Zhongle） 83
梅纳德·所罗门（Maynard Solomon） 50

T

丹尼斯·汤普森（Denys Thompson） 260
E. P. 汤普森（E. P. Thompson） 331
陶东风（Tao Dongfeng） 83,157,160,165,169,170,218,247,337,338
谢尔盖·特列契雅科夫（Sergei Tretiakov） 279,283,284,296
杜齐奥·特隆巴多利（Duccio Trombadori） 1
葛拉米·特纳（Graeme Turner） 334
童庆炳（Tong Qingbing） 83
埃米尔·涂尔干（Émile Durkheim） 149,389
列夫·托尔斯泰（Leo Tolstoy） 261
亚历西斯·德·托克维尔（Charles Alexis Henri Clérel de Tocqueville） 413
马丁·路德·托马斯（Martin Luther Thomas） 408,409

W

理查德·瓦格纳（Richard Wagner） 384
保罗·瓦莱里（Paul Valéry） 33,120,284,367,368
王德胜（Wang Desheng） 247,337
王菲（Wang Fei） 94
王朔（Wang Shuo） 166,237
王晓明（Wang Xiaoming） 166,337
王岳川（Wang Yuechuan） 337
汪曾祺（Wang Zengqi） 363,364
王兆山（Wang Zhaoshan） 261
马克斯·韦伯（Max Weber） 22,23,65,66,94,348,393
塞缪尔·韦伯（Samuel Weber） 326
弗里克斯·韦尔（Felix Weil） 16,23
海尔曼·韦尔（Hermann Weil） 416
阿尔布雷希特·韦尔默（Albrecht Wellmer） 17,22,418
罗尔夫·维格斯豪斯（Rolf Wiggershaus） 15,145
卫慧（Wei Hui） 194,195
保罗·威利斯（Paul Willis） 323,347
雷蒙·威廉斯（Raymond Williams） 8,90,91,213,219,228,233,235,240,252,256,266—270,329—332,335,336
卡尔·奥古斯特·魏特夫（Karl August Wittfogel） 17
理查德·沃林（Richard Wolin） 38,108,109
V. N. 沃洛希诺夫（V. N. Volosinov） 269
林赛·沃特斯（Lindsay Waters） 282
吴炫（Wu Xuan） 213

X

约翰·克里斯托夫·弗里德里希·冯·席勒（Johann Christoph Friedrich von Schiller） 23,58,61,71,72,76,107,133,135,202
沃尔夫冈·希尔德斯海默（Wolfgang Hildesheimer） 115
爱德华·希尔斯（Edward Shils） 87

麦特·西尔斯(Matt Hills) 274
福柯玛·席古施(Volkmar Sigusch) 195
细见和之(Hosomi Kazuyuki) 122
奚密(Michelle Yeh) 357
阿道夫·希特勒(Adolf Hitler) 58,102,107,131,136,137,231,382,417
夏之放(Xia Zhifang) 207
乔治·辛普森(George Simpson) 393,394
邢昊(Xing Hao) 361
徐贲(Xu Ben) 6,157,167—171,216,218,248,336,344
徐友渔(Xu Youyu) 159
阿诺德·勋伯格(Aunold Schönberg) 33,92,117,118,145,150,417

Y

玛丽·雅霍达(Marie Jahoda) 407
杨扬(Yang Yang) 247
亨利克·约翰·易卜生(Henrik Johan Ibsen) 34,149,367
特里·伊格尔顿(Terry Eagleton) 51,53,148,214,282,283
托马斯·英奇(Thomas Inge) 246
于冬(Yu Dong) 197
理查德·约翰逊(Richard Johnson) 332

Z

翟振明(Zhai Zhenming) 192—194
曾庆豹(Zeng Qingbao) 181
张承志(Zhang Chengzhi) 241
张鸣(Zhang Ming) 190
张汝伦(Zhang Rulun) 247
张晓明(Zhang Xiaoming) 155,156
张正平(Briankle Chang) 8
赵越胜(Zhao Yuesheng) 181,183,184,209
周辅成(Zhou Fucheng) 183
周宪(Zhou Xian) 247,349
周小仪(Zhou Xiaoyi) 217,336
朱学勤(Zhu Xueqin) 158,160,161,205,206,220
爱弥尔·左拉(Émile Zola) 251,316,317

名 词 索 引

A

阿—本之争(The Adorno-Benjamin Debate) 44,116
爱欲解放(eros liberation) 31,32,73,82
奥斯威辛之后(after Auschwitz) 5,99,100,112,114—117,119,121—129,131—135,137,139,146—151,215,361—363

B

百家讲坛(CCTV's Lecture Room) 327
半教育理论(Theorie der Halbbildung) 196,197
标准化(standardization) 42,86,92—94,195,197,257,343,356,357,373,383,389,394,396,408,410
伯明翰学派(The Birmingham School) 52,108,162,171,213,219,233,239—241,249,266,270,271,330,331,334,335,344,345
不幸/苦恼/苦难/痛苦意识(das unglückliche Bewußtsein/unhappy consciousness) 115,126,137,315

C

残余文化(residual culture) 235
阐释者(interpreter) 7,97,169,220—223,275,349
常识(common sense) 28,63,102,268,269,333,388,392,414,415
超级女声(Super Girl) 327
超现实主义(surrealism) 23,33,34,282
处境(situation) 5,6,26,115,117,139—141,146,161,264,280,283,284,298,310,311,413
传播研究(communications research) 163,188,330,386,389
传统理论(traditional theory) 19—21,54,417
创伤性内核(traumatic kernel) 131

D

达达主义(dadaism) 23,33,34,282
大拒绝(Great Refusal) 75,162
大力发展文化产业(to vigorously develop the cultural industries) 6,176—178
达姆罗施节目(Damrosch Hour) 395

大屠杀（The Holocaust） 103，122，130

大众（masses） 4，8，9，20，37，42，45，47—52，55，56，64，69，78—80，87，97，104，136，173，194，196，232，242，245，246，251—257，259—261，263—276，278，281，284—289，295，296，298，310，321，327，333，339，355，356，371—373，378，379，393，398，408，410

大众化（mass style） 9，293，295，296，299，300，302

大众媒光（mass mediauras） 327

大众媒介（mass media） 45，78，85—87，92，189，238，245，264，265，320，327，372，383，385，389，398

大众文化（mass culture） 3—11，17，30，34，36—38，40—53，55，56，77—80，82，84—90，92，94，106，108，134，157，161，163—171，174，185，189，197，213—220，222，227，229—237，239—253，256—261，263—276，302，324—328，330，331，333—337，339，342，346，355—358，371

单面人（one-dimensional man） 18，47，59，60，62，64，67—69，78—80，158，418

单子（monad） 27

当代文化研究中心（Centre for Contemporary Cultural Studies/CCCS） 52，329，332—334

道德理想主义（moral idealism） 222

德国浪漫派（German Romanticism） 23，183，201，210

德雷福斯案（Dreyfus Affair） 251，316

第三产业（Tertiary Industry） 174—176

第十一条提纲（Marx's Eleventh Thesis on Feuerbach） 24，25，50，262，300

定量分析（quantitative analysis） 402，410

定性分析（qualitative analysis） 402，403

冬眠战略（strategy of hibernation） 156

读者群（reading public） 242，264，265，300，311，314，320，321

E

二律背反（antinomy） 5，10，99，126—129，145，146，149—151，196，361，363

二元对立（binary opposition） 4，36，37，109，242，268，357

二战/第二次世界大战（World War II/The Second World War） 66，118，135，236，238，242，331，417，418

F

法兰克福学派（Frankfurter Schule/The Frankfurt School） 1—7，9—11，15—19，21—49，52—56，58—61，70，77，87，88，155—163，165—174，177，178，180，182，184—188，192，194，195，198，200，204，208，213—216，218—220，223，239，240，245，247—249，257，261，271，274，323，325，327，330，335，343，

345,349,355,356,416,432,434
法西斯倾向量表(F-scale) 403—405,407
法西斯主义(Fascism) 4,17,26,28,30,51,61,62,64,78,84,85,87—89,106,123,131,134,144,148,159,160,197,253,254,260,263,277,285,301,312,362,399,406,408
反启蒙(anti-enlightenment) 85,378
反艺术(anti-art) 138,368
反犹主义(anti-semitism) 17,130,399,404
非理性主义(irrationalism) 26,27,414
非同一性(non-identity) 27,121,122,130
否定的辩证法(negative dialectics) 25,27,121
否定性(negativity) 25,27,28,36,51,63,67,69,80,92,106,111,112,142,312,314,368
否定性力量(power of Negativity) 28,63,76
弗洛伊德主义(Freudism) 4,23,29,31,32,61

G

感性解放(liberation of sensibility) 72,206,210
告别革命(farewell to revolution) 7,186,204—206,208—210
高雅文化(high culture) 51,85,90,104,227,232,235,238,239,242,243,258—261,263,266,343

格奥尔格圈/格奥尔格派(George-Kreis/George School) 133
戈尔事件(Goll affair) 120
葛兰西转向/转向葛兰西(turn to Gramsci) 333
格雷欣法则(Gresham's Law) 260
革命主体(revolutionary subject) 9,25,26,48,50,51,53,80,82,264,267,271,288—299,355
个体理性(individual rationality) 63
共产党(Communist Party) 124,176,262,290,291,294,300,303,311,313,314
共产主义(communism) 15,24,25,56,68,181,263,277,279,292,318
公共领域(public sphere) 6,180,187—192,219
公共知识分子(public intellectual) 6,188—191
工具理性(instrumental rationality) 21,35,39,64,65,70,75,76,85,94,186,214
功能转变(Umfunktionierung/functional transformation) 8,9,279,294,296—298
工人阶级(working class) 8,9,25,26,66,68,69,80,161,213,233,255,266,267,270,283—285,291,296,299,311,329,330,331,344,347
管理研究(administrative research) 385,386
观念论/唯心主义(idealism) 20,27,54,415
观相术(physiognomy) 112,120,130

光晕（aura） 95,142,143,292,323, 326,327,374

H

海德格尔式的马克思主义（Heideggerian Marxism） 58

黑格尔化的马克思主义（Hegelianized Marxism） 24,26

黑格尔主义（Hegelism） 4,23,24, 26,28,29,58

后现代主义（postmodernism） 7,8, 37,41,52,55,169,171,219—222, 227,241—243,335,345,357,368

J

激进美学（radical aesthetics） 4,57, 61,70,77

极权主义（totalitarianism） 17,30,55, 56,64,66,67,78,85,106,112, 113,117,130,134,160,169,170, 215,231,257,261

技术（technique） 8,9,45,50,62—69,85,94,105,145,159,177,184, 217,232,244,262,263,278—282, 284—286,294,296,297,299,315, 323,324,326,346,371—374,385, 390,393,395,396,398,404,407, 412,418

技术决定论（technological determinism） 263,282

技术理性（technological rationality） 4,28,47,61,63—66,69,186, 202,374,414

价值中立（Wertfreiheit/value neutrality; value free） 65,220,223, 348,349

间离效果（Verfremdungseffekt/estrangement effect; alienation effect） 45, 50,81,262,263,297

建立新感性（to establish the new sensibility） 4,70,82,202—204

交往理性（communicative rationality） 22,23

接合（articulate/articulation） 241,331

阶级斗争（class struggle） 24,207, 208,255,269,283,285,287,297, 324

介入（engagement/commitment） 9, 10,22,41,100,116,126,127,129, 134,138,171,220,233,239,251, 264,269,279,300,301,303—317, 320—322,331,332,337,340,349, 350,362,368

介入文学（littérature engagée/committed literature） 9,115—117,139, 264,300,301,303,305,306,310—313,340

接受美学（reception aesthetics） 263, 264,287

接受研究（reception studies） 241, 346

紧急状态（state of emergency） 114, 311

经济基础（economic base） 8,31, 236,237,333

经济决定论（economic determinism） 24

精神分析学（psychoanalysis） 17,29, 30,61,240,403

经验主义（empiricism） 162,163,

240,387,389,415
精英主义(elitism) 51,52,98,108,167,169,218,230,234,254,293,338
定格的辩证法(dialectics at a standstill) 27
救赎(redemption) 4,38—40,55,115,196
具体的乌托邦(concrete utopia) 38
绝对律令(categorical imperative) 131,132,377
爵士乐(jazz) 2,51,81,82,84,230,258,382,383,391,392

K

肯定性文化(affirmative culture) 104,105,117,138
跨学科方法(transdisciplinary approaches) 163,330,332

L

老年马克思(Old Marx) 24
立法者(legislator) 7,97,220—223,275,349,350
理论旅行(traveling theory) 6,11,156,163,178,180,182,191,198,333
利维斯主义(Leavisism) 8,239,256,259—261,266,267,270,331,335
流散知识分子(diasporic intellectual) 270
鲁迅笔法(Lu Hsun's style of writing) 299

M

马克思主义(Marxism) 4,16,20—27,31—33,38,40,50,55,58—62,68,69,113,158,182,201,206—209,241,254—256,261,262,266,269,271,277,278,283,286,291,296,300,324,416
麦卡锡主义(McCarthyism) 66
媒介文化(media culture) 8,41,168,243—245
媚俗/媚俗艺术(kitsch) 227,229—231,233,234,238,239,241
美学热(Aesthetics Fever) 7,182,184,204—206,210
蒙太奇(montage) 45,50,51,281
秘奥诗(hermetic poetry) 142—145,367
民粹主义(populism) 52,234
民族志(ethnography) 240,241,274,346,347
膜拜价值(cult value) 285,326,327

N

内部流亡(inner emigration) 101
内在批评(immanent criticism) 111,112
纽伦堡审判(Nuremberg Trials) 102
女性主义(feminism) 193,195,334

P

批判理论(Critical Theory) 2,4—6,8,10,16,19—26,28,34—36,39—42,45,47,48,51,53—55,59,61,77—79,83,84,98,155—171,174,180,181,184—187,197—200,215,216,218—220,242,248,249,310,327,330,345,

355,356,391,400,417,418,429
批判理性(critical rationality) 21,22,28,35,36,63—65,186,213

Q

启蒙运动(Les Lumières/The Enlightenment) 89,168,292,293
青年马克思(Young Marx) 24,61,182,202,206,207
青年黑格尔学派(The Young Hegelians) 28,29
轻松艺术(light art) 36,92
去政治化(de-politicization) 7,200,201,204,209,210
全面管制的社会(totally administered society) 42,110,146
权且利用(making do) 241,272
犬儒主义(cynicism) 41,115,117,133,301
祛魅(disenchantment) 45,94,95,141,143,283,299,326
群众(masses) 8,85,175,176,186,232,241,245,252,253,255,261,267,279,286,299
群众文化(mass culture) 158,167,170,218,227,234,246

R

人道主义(humanitarianism) 23,32,182,206,207,246
人文知识分子(humanistic intellectual) 157,164—166,185,334
日常生活审美化(the aestheticization of everyday life) 217,344,345

S

瑟斯顿量表(Thurstone Scale) 398
上层建筑(superstructure) 8,24,31,69,124,236,333
上流文化保守主义(mandarin cultural conservatism) 85,98
商品拜物教(commodity fetishism) 24,42,45,95,239
商业主义(commercialism) 109,195,229,231
社会研究所(Institut für Sozialforschung/Institute of Social Research) 3,6,15—18,23,29,30,32,36,43—45,47,58,61,62,85,88,180,198,214,382,384,387,391,399,400,403,409,411,416
《社会研究杂志》(Zeitschrift für Sozialforschung) ,15,18—20,53,382,384,416,417
社会主义(socialism) 16,24,71,87,107,138,145,175—177,246,252,266,269,280,294,311,312,314,318,331,333,416
社会主义现实主义(socialist realism) 138,145
审美理性(aesthetic rationality) 35,36
审美之维(aesthetic dimension) 18,35,60,69,183,184,210
身体写作(body writing) 195
生产者(producer) 8,95,277—281,283—285,290,296,297,299,301,325,357
实践文学(literature of praxis) 9,

303,309—314,321

世界的祛魅(Entzauberung der Welt/disenchantment of the world) 94

史诗剧(epic theatre) 45,50,145,262,278,280,281,285,298,300

世俗启迪(profane illumination) 50

实用主义(pragmatism) 19,162,258

十月革命(October Revolution) 15,16,23,286

诗性智慧(poetic wisdom) 74,76

实证研究(empirical research) 391,392,396,397,408

实证主义(positivism) 19,55,68,387,404

斯大林主义(Stalinism) 17,25,331

思想改造(ideological remoulding) 9,293—296,298,299,302

碎片写作(fragmentary writing) 111

T

提喻法(synecdoche) 114

同路人(fellow-traveler) 300,303

通俗文化(popular culture) 36,37,46,47,171,228,229,231—234,237,244,246,247,251,258,269,323,330,410

W

伟大的传统(great tradition) 259,357

伪个性化(pseudo-individualization) 42,86,92—94,197,257,357,389,394

唯美主义(aestheticism) 217,242

威权主义人格(authoritarian personality) 17,30,394,399,401—410

文本方法(textual approaches) 241,346

文化产业(cultural industries) 6,172—178,194,234,236,237,348,349

文化革命(cultural revolution) 18,47—50,53,59,80,82,200,208

文化工业(Kulturindustrie/culture industry) 4—6,10,11,17,36,37,42,48,52,79,83—85,87—98,106,130,134—136,145,146,150,157,164—174,177—180,185,192,194—198,215,227,232—234,236,237,239,244,245,247,251,257,258,261,265,301,303,320,325,349,371—379,385,386,389,410,434

文化领导权/文化霸权(cultural hegemony) 216,219,241,268,333,345

文化批评(Kulturkritik/cultural criticism) 5,7,99—101,103,104,106—113,123,124,128,129,134,151,159,167,168,212—221,223,224,268,324,336,337,362—364,414

文化研究(cultural studies) 6,8—11,41,44,45,52,83,108,162,163,167,169,171,177,210,213,216,217,221,223,227,239—245,248,249,266,268—270,273,323,324,327—351

文艺工作者(literary and artistic workers) 286,289—298,302

文艺青年(literary youth) 184

文艺学（Литературоведение/literary theory） 19,41,184,336—342

物化（Verdinglichung/reification） 19,24,60,70,86,87,93,100,101,105,106,111—113,215,237,258,297,373,389,390,397,398

乌托邦（utopia） 21,22,35,38,40,53—55,61,73,74,77,112,184,207,247,261,286,416

五月风暴（Mai 68/May 1968 events in France） 58,184

X

西方马克思主义/西马（Western Marxism） 15,16,18,33,40,53,55,70,158—161,182

现代性（modernity） 41,134,159,184,188,261,275,324,326

现代主义（modernism） 7,8,23,33,34,37,41,52,53,55,138,145,169,171,196,219,220,237,241—243,259,273,368

先锋派（avant-garde） 34,49,140,230,237,263,282

消费主义（consumerism） 194,195,243,260,272

新感性（new sensibility） 4,48,51,70,75,76,82,184,201—204,206—210

新客观主义/新现实主义/新即物主义（New Objectivity） 279

新媒介（new media） 243,244

新兴文化（emergent culture） 8,235,246

新知识分子（nouvel intellectuel/new intellectual） 222,265,268,315,321

新左派（New Left） 50,59,61,80,160—163,328,331,418

行动主义（Activism） 52,279

形而上学（metaphysics） 39,100,121—129,304—306,308,362,363

性革命（sexual revolution） 6,194,155

匈牙利事件（Hungarian Event） 331

学者粉丝（scholar-fans） 271,273—275

Y

异化（alienation） 24,28,63,69,70,79,81,87,113,182,193,201,206,207

仪式抵抗（resistance through rituals） 239

艺术民主化（democratization of art） 9,324,326—328

艺术政治化（politicized art） 8,56,116,262—264,277,278,281,285,286,300,302,328

艺术自律（autonomy of art） 4,34—36,184,201,210,301

音乐研究（Music Study） 384,387,391,394,396,397,399,408

有机知识分子（organic intellectual） 222,268,270,299,333

犹太神秘主义（Jewish mysticism） 23,38

元理论（metatheory） 163,327,330

Z

再语境化（recontestualization） 160,

218—220
宰制的意识形态(dominant ideology) 37,97
展示价值(exhibition value) 195,326
赵树理方向(Zhao Shuli's direction) 295
震惊(astonishment) 50,51,59,86,103,258,262,280,285,335,339,381,385
真理内容(truth content) 36,142
真艺术(authentic art;genuine art) 4,33,34,36,140
整体文学(total literature) 311
政治审美化/政治美学化(aestheticization of politics) 108,264,277,285
政治诗学(political poetics) 200,211
政治正确(politically correct) 177,255,289,348
知识分子(intellectual) 6—9,11,20,22,23,41,50,52,53,55,56,66,80,97,101,157,159,164—166,177,181,185,188—191,215,220—224,228,233,237,242,247,248,251—254,256—258,260,261,264—266,268—271,274—276,278—280,283—285,288—296,299,301,303,306,308,315—322,328,333,334,339,350,356,358,359,375,378,393

中断(interruption) 50,145,262,263,280,285,297,313
中眉文化(mid-cult;middlebrow culture) 231
主导文化(dominant culture) 8,235
准标准化(quasi-standardization) 195,197
资本主义(capitalism) 4,15,18,20—23,25,26,42,48,49,52,53,55,59,60,64—68,71,77—79,82,84,87,158,170,183,208,219,235,244,257,271—273,312,318,326,331,333,356,383,413
自律文学(autonomous literature) 116
自律艺术(autonomous art) 35—37,242
自由主义(liberalism) 89,106,161—163,186,254
自传式民族志(autoethnography) 240,274
种族灭绝(genocide) 117,122,366
走出阿多诺模式(to go beyond the Adorno's mode) 157,168,185,216,248,336,344
遵命文学(obedient literature) 9,300,302

后　　记

　　整整十年前,差不多也是这个时候,我正在为即将出版的那篇博士论文写后记。至今还记得那时的心情:有些兴奋,有些忐忑,当然更多的还是期待。十年之后,当我又拿出这本与法兰克福学派相关的书稿时,却只剩下一番感慨了。

　　感慨的原因之一是觉得惭愧。如果我一门心思在法兰克福学派处用功,应该不是目前的这个样子。但我却没有固守于此,而是一会儿中,一会儿西,骑着骆驼赶着鸡。加上心血来潮时写散文,不吐不快时写时评,致使整个写作乱糟糟的——群莺乱飞,乱红成阵。不能说这种四面出击毫无成效,但是,不成体统却也是明摆着的事情。对此情景,我的导师童庆炳先生曾耳提面命,不时敲打于我:凡成气候者,岂有东一榔头,西一棒槌乎? 去年年底,他又根据自己的人生阅历和治学经验,总结出一个"单元论"——学人治学,以十年为一个单元。只有抓住一个问题不放,投入时间,沉潜把玩,才能把一件事情做到极致——那显然又是对我的提醒。他的那番话语不重,心却长,让我很受震动。

　　也不全是任性,许多时候实属身不由己。比如,假如你申请了个项目,那么就得把不少时间砸在那里。假如又被老师或朋友拉着编书撰稿做课题,那又得不断转移阵地。记得学界的一位前辈说过,若是同时烧几壶水,肯定哪壶也烧不开。而我却往往处于这种状态,其中的窘迫、忙乱乃至着急上火是可想而知的。

　　而且,对于法兰克福学派,我也一直有一种畏难心理。阿多诺、本雅明等人之难,我在做博士论文时就早有领教,而当我回过头来再一次面对他们的时候,这种难也一直没有消除。德国汉学家卜松山(Karl-Heinz Pohl)教授曾经思考过"法兰克福学派在中国"的话题,有一次我与他聊到阿多诺,他用不太熟练的汉语说:阿多诺,太难了。你们觉得难,我们德国人也一样觉得难。很难的,不好懂。

这让我稍稍感到一丝安慰,原来阿多诺的思想、文风和表达也"折磨"着德国人。但安慰归安慰,难的问题却依然没有解决。何况,我不懂德语,借助于英语翻译,怎么都觉得有点雾里看花,朦朦胧胧。我译阿多诺时,曾在那些不好理解处拿着两个英译本反复比对,那似乎也能解决一些问题,却总归不是个办法。这就好像你捧着两幅画像,左看看,右瞧瞧,琢磨着哪幅的眉眼更像那个美女,却没本事一睹真人的芳容。每当这时候,我便只能一声叹息了。

就是在这种状态和心态中,我在法兰克福学派那里进进出出,犹犹豫豫。不用说,这种弄法自然是有许多毛病的。但回过头来想,却似乎也有一个好处:我不再那么急功近利了——弄懂了就写,搞不明白时就先放着,不着急,慢慢来。这本书里,有些文章就是这么"放"出来的。尤其是写阿多诺和本雅明的那两篇长文,从有了念头到形成文章,拖延五六年,甚至十多年,大概就是因为这个缘故。

这本书里搜集起来的便是我这十年左右写出来的这方面的文章。我没有把它们"整合"成"专著",固然是我缺少这方面的能力,但另一方面,我也想表达一个想法:专著固然重要,但在我的评价尺度中,文章(也就是我们通常所谓的"论文")则要更为重要一些。文章不能酒中兑水,干货可能就会多一些;文章更讲究选材立意、谋篇布局乃至气盛言宜,可能就更难对付一些。记得有一次聚会,学界的一位朋友在饭桌上反复感叹:专著好写,论文难做。我大概明白他讲的什么意思。而近几年我给博士生上课,也总要讲一次"论文的精气神",把自己为文的经验告诉他们,那似乎也是在强调写文章的重要性。

然而,要想写出好文章又是很不容易的。钟敬文先生曾经说过:"我从十二三岁起就乱写文章,今年快百岁了,写了一辈子,到现在你问我有几篇可以算作论文,我看也就是有三五篇,可能就三篇吧。"童老师有一次也跟我们念叨,他编自己的自选集,觉得自己这辈子真正写得满意的文章,有点价值的文章,不过五六篇而已。这都是大彻大悟之言,让我们对好文章生出了许多敬畏。

我这本书里究竟有几篇还算拿得出手,我自己是不敢妄言的。何况,做西方的题目,我从来都没有那种能够写出好文章的自信。正如我在给我学生们的那封信说中所言,许多时候,把人家的东西说清楚,已属不易,而要想在此基础上有所发现,更是难乎其难。我只能说,写这些文章下了些笨功夫,使了些蛮力气。而离真正写好,或许还有不小的距离。

所以,把这些文章老老实实地放在这里,于我更多是一种缅怀。它们让我想起灰头土脸的日子,以及有了点心得感受的小欢喜。而特意附上它们的写作日期,可能还有一层用意:尽管我对法兰克福学派三心二意,但这十年里,它也一直在我的视线之内。我一直吭吭哧哧地努力着,虽不尽如人意,但还是想走进这座城堡,看看那里还有什么风景。

这些文章大都发表过,但这里的文字与当时的面目已有所不同。原因在于,有几篇是版面所限,当时未能全须全尾面世,而这次则还原了它们的全貌。还有一些篇什则觉得论述还不够完善,便对内容稍有补充。所有的文章都有不同程度的文字修订,但并未大修大改。

我要感谢催生其中一些文章的师友(他们的名字在导言中已有所提及),也要感谢使这些文章先期面世的刊物、责编和主编。人往往都有惰性,如果不是他们催要,提供写作契机,我的一些文章或许至今还在怀胎,离生下它们的日子还远着呢。

借此机会,我也要对美国的曹雅学女士郑重致谢。因为赵树理,我们在网上相识;又因为是老乡,且都从晋城一中考上大学,也就进一步拉近了距离。在博客时代,有四年左右的时间,她成为"天涯社区"的常客,在我那块自留地里跟帖留言,嬉笑怒骂,其网名 ycritter(我称她为 Y 兄)也在网友圈里有了名气。Y 兄在美国既做职业翻译——大卫·丹比的那本《伟大的书》(江苏人民出版社 2003 年版)便是出自她的翻译之手,又搞文学创作,中英文写作俱佳。2008 年,她用其生花妙笔,把我的一篇文章《当红色经典遭遇恶搞》译成了英文("When a Red Classic Was Spoofed: A Cultural Analysis of a Media Incident")。2009 年,我先请她校对《文化工业述要》,后又选《一个欧洲学者在美国的学术经历》,跟她学习翻译。那一阵子,我们在邮件中你来我往:我译出一段,交上作业,她则详细批改,举一反三,给我讲解如何拆解长句,如何辨析一个词的用法,如何把一个句子拿捏得到位。正是那次长达半年的训练,才让我对翻译真正有了些感觉。后来,我敢接手布莱斯勒的《文学批评:理论与实践导论》(中国人民大学出版社2015年版),与我的几位学生一起翻译此书,大概就是Y兄让我有了些底气。这里,我附上阿多诺的这两篇译文,自然有许多理由,而其中的一层原因应该是,我要借此纪念一段珍贵的友情,感谢Y兄的辛苦付出。

五年之后,当我把这篇译文修订一番,想请她再看看时,她已忙得没了时间。所以,此文译得若还说得过去,功劳应该记在Y兄名下。而里面存在的问题,则是需要由我本人负责的。

这是我与北京大学出版社的第三次合作,前两次合作都给我留下了愉快的记忆。而这次,将由张文礼先生责编此书,对于他即将付出的辛苦和劳作,我在此表示由衷的感谢。同时,作为"文化诗学理论与实践丛书"的主编之一,童老师的助手,我也要对北京大学出版社的副总编张凤珠女士和文史部的诸位编辑深表谢意。正是张凤珠女士的慷慨应允,我们才有了与北大出版社进一步合作的机会。而我们的书稿迟迟无法到位,也让我心中生出了许多歉意。

2014年12月31日